전북시인론

신아 지역문학연구총서 ④

전북시인론

최명표

신아출판사

『전북시인론』을 펴내며

　이 책은 『전북 지역 시문학 연구』(2007)를 잇는다. 두 책의 터울이 상당한 것으로 보아 게으름이 비만한 줄 알겠다. 그 사이에 『정읍시인론』(2021)을 냈으나, 시를 전공한 흔적이라기에는 성글다. 묶고 보니 시간의 편차를 이기지 못해 빛 바랜 것도 있고, 해져서 나풀거리는 것도 있고, 새로운 것도 있고, 겹쳐진 자국도 있다. 다 있어 책 한 권을 이루었으니 흠마저 소중하다. 글이 글쓴이를 닮는다면, 모난 성격을 담은 것이니 외려 자연스럽다.
　책은 시인에 따라 총 7부로 나누어 묶었다. 제1부는 가람 이병기에 관한 글을 모았다. 가람은 전북뿐 아니라 한국에서 존경받을 만한 인물이다. 그이를 현양하는 자리에 두 번 불려나가서 발표한 소론에다가 흘리기 아까운 일화 2편을 더했다. 시조나 산문이나 일화나, 죄다 가람의 고담한 인품이 배어 있어서 읽을 때마다 감동한다. 가람은 자신을 팔아 이를 취한 이들조차 웃으며 맞이했으나, 웃는다고 허물까지 용서되는 것은 아니다. 수우재를 갈 적마다 가람이 굽어다보는 듯해 기쁘고 반갑다.
　제2부는 김해강론이다. 그는 전북문학이 근대적 모습을 갖추어가기 시작할 때부터 활약한 시인이다. 그는 청년운동에 복무하면서 시를 쓰기 시작한 이유로 1920년대 한국시의 특징을 그대로 보여준다. 그의 발자취는 고스란히 전북의 근대시사이다. 그의 공과를 엄정하게 가려서 합당한 자리를 마련해줘야 한다. 그것은 후학의 도리이고, 연구자의 윤리이다. 그의 시를 다 읽지도 않은 채 시시껄렁한 패설로

하폄하는 이마다 수치한 줄 알기 바란다.
　제3부는 신석정론이다. 그에 관한 글들은 해방기에 집중되었다. 그 시기를 전후하여 그의 시가 확연히 갈린다. 연구자들은 이 점을 놓치거나 건너뛰어 논리의 모순과 당착을 자초한다. 그의 시에 관하여 단편적 얼버무림으로 아는 척하는 무리일수록 해방기 시를 공백으로 처리하는 경향이 있다. 한 시인에 대한 존경심은 신념의 일관성, 시와 언행의 일치 여부를 공정하게 평가하는 자세에서 싹트는 법이다. 연구자는 유족이나 친지가 아니다.
　제4부는 강인한론이다. 상고머리 시절에 초산 아래의 플라타너스 밑에서 갑오년의 핏자국이 흥건한 시내를 내려다보며 혼자 있기를 밥 먹듯 할 때, 시인은 존재만으로도 위안이 되었다. 그의 뒤를 좇을 양으로 말과 글과 행동의 하나됨을 지향한다. 그러나 성정이 들쭉날쭉하고 수양이 부족한데다가 시조차 제대로 읽지 못하니 허물이 날로 커진다. 스승의 그림자도 밟지 말라는 선현의 말씀이 무서운 줄 알게 된 요즈음이다.
　제5부는 이가림론이다. 그는 선대가 이주한 만주를 고향으로 적어왔다. 그에 아랑곳하지 않고 3편에서 일관되게 정읍시인으로 자리매김했더니, 유고시집부터 정읍에서 태어났다. 그의 단정한 시는 친구 강인한 시인과 결이 다르지만, 동학의 본고장 출신답게 뚜렷한 역사관에 터하여 깔끔한 시풍으로 서정을 노래했다. 그의 시를 읽을 적마다 행간에 즐비한 슬픔이 그리움을 불러 와 외로움을 더한다.
　제6부는 기타 시인론이다. 앞의 시인론이 미리 짜기라도 한 듯 편수가 맞춰졌으나, 이 부의 시인론은 각 1편씩이어서 딱히 맞는 이름을 붙이기 사나웠다. 책을 낼 때마다 머리를 긁적이게 만드는 것이 바로 알맞은 작명이다. 여태 그 고민을 해결하지 못하였으니, 아직도 책을 낼만한 그릇이 못 되었나 보다.
　정우상과 박두언은 새로 발굴하여 소개하는 시인이다. 정우상은 전주에서 태어난 십대 초에 동화를 쓰기 시작한 뒤로 시와 소설을 썼다. 고보 시절부터 운동권에 가담한 그는 사상계에서 극렬분자로 통했다. 그러다가 회심한 그는 고등문관시험에 합격하고 법률가의 길에 들어섰다. 해방 후에는 전북의 문단을 정지하다가 남북전쟁 중 인민군에게 총살을 당하는 통에 강제로 시력을 중단하고 말았다.

박두언은 김제에서 태어났다. 그는 대일항쟁기에 열심히 투쟁하며 시, 동요, 평론, 전설 등의 여러 분야에 걸쳐 글을 썼다. 시골 출신의 한 소년이 소년운동을 하다가 서울로 진출하여 청년단체의 고위급 인사가 되는 그의 행로를 따라가노라면, 전문 작가가 출현하기에 앞서 운동가-작가가 존재했던 줄 알게 된다. 그는 전후에 상경하여 동대문에서 살았다. 그의 흔적을 찾고자 만경 고택을 방문했다가 풀만 수북하게 자라고 있어서 씁쓸했다. 지역에서는 그와 같은 작가들을 찾아내 현양하는 일이 현안사업으로 수용되어야 맞다.

박희연은 말없이 시작하여 문단에 이름이 널리 알려지지 않았다. 여지껏 만나보지 못하였으나, 전화음을 타고 들려오는 음성만으로도 고매한 인격을 소지하고 검박한 시를 쓰는 줄 안다. 그처럼 바깥출입을 자제하고 시쓰기에 몰두하는 시인들이 많아진 세상을 꿈꾼다. 이름마저 상품으로 거래되는 세상에서 조용히 시만 쓰는 그의 몸가짐은 타 시인들에게 모범이 된다.

김영석은 내소사 옆에 거소를 마련한 귀향시인이다. 파란한 성장기를 보낸 탓인지, 그의 시편에는 자꾸 가벼워지려는 욕망이 꿈틀거린다. 절집 옆에 사는 사람에게서 흔히 볼 수 있는 텅빔이 그의 고향살이를 채위주는 화두인 듯하다. 그는 전나무숲에서 들려오는 나뭇잎소리로 사바세계의 묵은 때를 씻으며 시월을 낚고 있다. 그 모습은 시편마다 배어서 시와 사상이 하나인 줄 웅변한다.

김동수는 대학 선배시인이다. 그는 항상 비평행위를 응원해주고, 자리에 불러내어 여러 사람들과 낯을 익히도록 주선해준다. 그의 자상한 선배노릇에 값하는 따뜻한 글을 쓰고 싶다. 그의 시가 요즘에 이르러 달관의 경지에 달한 듯하여 감히 한없이 흡족하다. 주위의 만물과 조응하는 그의 시쓰기가 더욱 깊어져 심오한 미감을 이웃에게 나눠주기를 소원한다.

우한용은 대학원에서 소설론을 가르쳐 준 은사이다. 그는 턱없이 모자란 학생일수록 무턱대고 용기를 북돋아주기로 소문났다. 그 덕분에 이만큼이라도 공부하게 되었다. 지금도 그의 학문적 성실성을 본받아 날마다 읽고 밤마다 쓰려고 노력하나, 타고난 능력이 달리고 노력하는 끈기가 모자란 탓에 제자란 말도 못하고 산다. 다만 그의 시를 읽어서 남들에게 대신 들려줄 뿐이다.

제7부는 시집평과 해설을 모았다. 해설을 쓰지 않는 축에 들지만, 수없이 망설이다가 전화했을 친구의 부탁을 외면하지 못하고 고집을 꺾을 때가 있다. 대상 시집은 죄다 친구나 후배니, 새삼 글쓰기가 교유록인 줄 깨닫는다.

책을 낸다는 말에 외우 유성호 교수가 표사를 보내주었다. 그이와 허교하기 시작한지 어느덧 20년이 넘었다. 강산이 두 번이나 바뀌고 서울과 전주에 떨어져 살고 있어도, 둘 사이가 하나도 변하지 않은 줄 알려준 우정에 감사한다. 그의 축하인사는 새로운 글쓰기에 나서는 발길에 힘을 준다. 위와 함께 신아출판사의 도움을 적어서 사의를 표한다.

2022년 섣달에
최명표

차 례

『전북시인론』을 펴내며/5

제1부 이병기론
민족시의 대가, 전북의 큰 스승 ················· 12
한국문학과 가람 이병기 ····················· 31
가람의 일화 2편 ························· 45

제2부 김해강론
김해강의 시에 나타난 매춘의 사회시학 ············· 54
김해강의 서한체 시 ······················· 76
김해강의 도시시에 함의된 공간 표지의 식민지성 ········ 100

제3부 신석정론
해방기 신석정의 방황과 시적 편력 ··············· 124
신석정 시에 나타난 뚜르게네프의 영향 ············· 151
신석정 시의 수사적 책략 ···················· 173

제4부 강인한론
안으로 열(熱)하고 겉으로 서늘하옵기―강인한의 초상 ····· 194
강인한 시에 나타난 병리현상 ·················· 210
시의 위의와 시인의 윤리적 의무―강인한 시집평 ········ 230

제5부 이가림론
이가림 시의 고향의식 ·· 238
이가림 시의 부재의식 ·· 257
이가림 시에 나타난 '슬픔'의 미학 ·· 277

제6부 기타 시인론
극렬한 마르크스주의자의 급작한 전회—정우상론 ······················ 298
사회운동과 문학운동의 상관성—박두언론 ·································· 327
스스로 그러함의 시학—박희연론 ··· 362
은자의 시학—김영석론 ··· 379
'말'과 '낙타'와 그리고 '사람'과—우한용론 ································ 400
전일성의 시학—김동수론 ·· 420

제7부 시집평
여행을 통한 자기성찰—김철모 시집 『꽃샘추위에도 꽃은 피고』 해설 ········ 428
낭만파 사내의 늦은 '사랑' 고백—김무영 시집 『미완성까지』에 부쳐 ···· 435
장소애와 만인보의 혼화—장성렬 시집 『파파실』평 ····························· 446

제1부 이병기론

민족시의 대가, 전북의 큰 스승
—가람 이병기론

1. 가람을 추모하며

　세상이 날로 삭막해진다. 사람들이 서로 헐뜯고 우기느라 힘쓴다. 죄다 사회에 장로가 없어서 생긴 현상이다. 요새는 문단에서도 상호 비방이 넘쳐난다. 문인이 글쓰는 일에 전력하면 될 것을 다른 욕심을 내다보니 벌어지는 사단이다. 이럴 제일수록 가람이 생각난다. 가람은 이 나라뿐 아니라 전라북도의 큰 어른이었다. 그는 허물을 지닌 소수를 타박하지 않고 아우르면서 다수에 편입시켜주기를 반복하였다. 한 예로, 전후에 있을 곳마저 마땅치 않았고 보폭을 떼기조차 힘들었던 신석정을 포옹하여 문단 활동을 하도록 도운 것이 대표적 사례에 속한다. 가람이 아니었다면, 그는 이도저도 못하고 이리저리 갈 곳도 없어서 곤란했을 터이다. 그처럼 가람은 사람의 신분이나 학력, 출신을 따지지 않았으며 과오까지 싸안아주었다. 그 앞에 오면 누구나 가람의 온화한 인품과 관후한 풍격에 감화되고 말았으니, 가히 큰 바다와 같았다.
　가람은 불행한 시대에 태어난 박복한 세대였다. 그는 일제에 의한 주권의 늑탈, 해방정국, 전쟁, 군사독재 등, 어느 것 하나 편안하지 못한 시대를 살았다. 그는 한글학회 사건으로 홍원 감옥에 갇혀 있으며 지은 25수의 시조에서 "하룻밤 지내는 동안 적이 수(壽)를 덜었다"(「홍원저조(洪原低調)」)고 읊으며 식민지적 조건을 더욱 자각하고, 자신의 나아갈 바를 국학에서 찾았다. 그는 시조운동과 한글운동을 겸행하면서 민족에 대한 식자로서의 책무를 이행하려고 헌신하였다. 그것은 그의 운명이었다. 한 비평가가 "그는 하늘로부터 날개를 부여받았으나 바로 그 날개의 의미 때문에 그의 조국으로부터 너무나 많은 짐을 강요당했다"(김윤식, 『한국문학사논고』)고 동정할 정도로 그 무게는 무거웠다. 그럼에도 불구하고 가람은 민족시의 대가이자 전북의 큰 스승으로 삼복을 누리고 살았다고 자부했다. 그것이 그의 아량이고 사람됨의 그릇이다.

2. 민족시의 이론적 체계화

시조는 전세계에서 한민족만이 짓고 있는 유일한 시형식이다. 그러나 시조의 일생이 탄탄한 것만은 아니었다. 태생부터 사족들과 친밀한 관계를 맺으며 자라난 시조는 시일이 지날수록 세력이 커가는 민중들과의 사이가 멀어졌다. 시조의 반민중성은 민족의 태반을 차지하고 있는 민중의 정서를 담아내기에는 역부족이었다. 더욱이 갑오년과 기미년을 거치면서 민중들의 의식이 각성되자, 한유한 집단에서 창으로 명맥을 이어오던 시조의 진로가 암담해졌다. 시조로서는 형식의 모험을 통하여 향유층을 확장하고, 한편으로는 정서의 저변을 확대하여 지지층을 확보하지 않으면 안 되는 난관에 봉착했다. 그것은 발생 이후 창작자와 독자를 늘리는 대신, 지배층과의 밀착을 통해서 생존을 도모했던 시조의 안일한 처세술이 빚어낸 예정된 사태였다.

그러던 차에 육당이 시조집 『백팔번뇌』(1925)를 발간하였다. 그 무렵에 조직된 카프는 세력의 확장과 문단의 패권을 차지할 목적으로 시조에 대한 공격을 감행하였다. 이 와중에 육당은 「조선 국민문학으로의 시조」(『조선문단』, 1926. 5)에서 "시조는 조선인의 손으로 인류의 운율계에 제출된 일 시형"으로 "조선아(朝鮮我)의 그림자"이며 "조선의 국민문학"이라고 강변하였다. 그의 논리는 이율배반적이다. 앞서 말한 대로, 시조는 출발점부터 민족적이지 못했다. 민중들은 시조의 창자도 향유자도 아니었을 뿐 아니라, 한 번도 민족의 구성원으로 상상된 적이 없었다. 즉, 민족의 절대다수를 탄압한 사대부의 문학양식이었던 시조가 육당에 이르러 민족의 대표적 장르로 호명된 것이다. 그것은 곧 육당이 민족문학 계열을 대표하여 문단의 주도권을 유지하려는 책략의 일환으로 시조를 동원한 줄 알려준다. 이러한 움직임이 카프의 집단적 대응으로 번져서 문학 논쟁으로 확대되었다. 1927년 『신민』에서 '시조는 부흥할 것인가'란 특집을 마련한 것은 문단의 추이를 반영한 것이다.

  육당이 일파의 기득권을 보호할 수단으로 민족적 장르를 이용한데 비해, 가람은 시조의 문학성에 중점을 두어서 변별된다. 그는 시조가 처했던 현대라는 시간성과 시조라는 장르성의 이중적 난관을 뚫고 갈 것인가 골몰했다. 두 문제는 시조가 시대의 흐름에 맞추어 고래로 간직해 오던 창의 성질을 폐각하고 (정형)시로 나갈 것이냐의 여부와 관련되어 있다. 이 점에서 가람의 역할이 제 값을 받아야 하는 것이고, 가람이 고민했던 두 문제가 지닌 시의성이 시조의 존망과 결부되어 있다는 사실을 되풀이 강조해야 마땅한 것이다. 이로서 가람이 육당보다 고도의 정치적 감각과 시대적 안목을 지녔던 줄 판명케 해준다. 그런 관점에서 가람은 "썩은 향나무 껍질에 옥 같은 뿌리를 서려두고"(「풍란」) 있던 시조를 부흥시킨 인물로 칭송된다.

  가람은 전주에서 훈도로 재직하던 시기부터 시조에 관심을 보였다. 물론 조부의 막강한 영향력 속에서 자란 그였으므로, 시조와 접촉한 시점은 더 올라갈만하다. 그러나 관련 문헌이 미비하던 시절이고, 스승을 구할 수 없던 때라서 가람은 시조를 혼자 공부할 수밖에 없었다. 그때부터 가람의 도서수집벽은 시작되었고, 시조이론의 체계화가 시도되었다. 가람은 시조론을 체계화하면서 논리적 기틀을 마련하느라 부심하였다. 그 결과로 「시조란 무엇인가 (1-18)」(『동아일보』, 1926. 11. 24-12. 13)를 제출하는 머리말에서 가람은 시조에 많은 의문을 갖고 있던 중에 "이 많은 의문을 가지고 몇 해 전부터 뜻을 두고 알려고 하였으나 묻자니 물을 데도 없고 보자니 문헌에도 보이지 아니 하며 그냥 생각으로만 어느 엉터리를 잡아 쉽사리 말할 수도 없다"고 말하였는데, 그 말인즉 시조가 처한 현실을 깨닫게 되었다는 말에 다름 아니다. 그 뒤로 독습하여 공부한 바를 지면에 밝히면서 시조운동의 주도자로 올라섰다. 즉, 그의 작품은 자신이 익힌 바를 실천한 것이다.

요약하자면, 가람은 시조를 통하여 전통적 문화를 재구성하고, 그것을 현재적 시각으로 계승하는 일에 중점을 두었다. 그것은 시조가 처한 식민지적 현실과 현대적 상황과 복합되어 기획된 것이다. 가람의 시조론이 독자들의 동의를 쉽게 구하는 이유인즉, 시대의 형편을 고려하면서 시조의 정체성을 확립하고, 시조 이론과 실제의 일치를 꾀한 데 있다. 그는 공허한 이론을 제창한 것도 아니었고, 이론과 동떨어진 작품을 창작하지도 않았다. 이 사실이 그를 시조의 대가로 부르게 만든 원동력이었다. 가람의 「시조는 혁신하자 (1-11)」(1932. 1. 23-2. 4)를 주목해서 살펴야 할 이유이다. 그는 이 글에서 주장한 바를 작품으로 실천했을 뿐 아니라, 시조론의 근간으로 삼았다.

가람은 위 글에서 시조의 현대화운동을 전개하였다. 가람의 논지는 1. 실감실정(實感實情)의 표현, 2. 취재 범위의 확장, 3. 영어의 수삼(數三), 4. 격조의 변화, 5. 연시조의 창작 등이다. 이 다섯 가지는 가람에 의하여 제창된 후, 한국 시조단에서 일반화되었다. 이 중에서 실감실정의 표현이란 '주관으로서 하는 서정(抒情)', 곧 '절실한 감정'과 '객관으로서 하는 서경(敍景)', 즉 '색채가 가득한 광경'을 시화하자는 것이다. 가람은 이상에서 언급한 바를 『가람문선』(1966)에서 재론하였다. 그것은 '사생론(寫生論)'이었다.

과연 작품은 창작이라야 한다.
창작을 함에는 먼저 사생(寫生)을 하라.

사생은 모든 사물, 모든 정경을 다 그려낼 수 있는 것이다. 이건 그저, 혹은 생각, 혹은 수작으로서 하는 것이 아니고, 적어도 어느 실물·실사(實事)·실경(實景)·실정(實情)·실감을 근거하여 하는 까닭에 그 재료가 광범하고 풍부하며 그 내용도 진실하고 생신(生新)할 수 있다.

그러므로 사생은 어느 작가에게든지 그렇지마는, 더욱이 초학자에게는 필요하다. 필요하다기보다도 사생 그 그것으로써 밟아 나가지 않으면 될 수 없다. 고금의 시인·문사들도 대개 이 법을 정통한 이라야 그 명편가구(名篇佳句)를 많이 남기었다. 그 명편가구에는 진(眞)이 있고 생(生)이 있고 신운(神韻)이 움직인다. 우리도 이 사생을 힘쓰지 않을 수 없다. 우리도 이것을 정통하여야 할 것이다.

사생을 함에는 반드시 실물 그대로 그리는 것이 아니다. 실물 그대로 그려도 한 아름다운 작품이 될 것 같으면 좋지마는, 그렇지 않은 경우에는 자기의 감정에 맞도록 만들어야 한다. 사생은 사진이 아니다. 사진은 자기의 감정에 맞지 않거나 맞거나 어떤 필요만 있으면 밝히지마는, 이 사생은 그른 것이 아니다.

가람은 이 작법을 자신의 작품에서 몸소 실천하였다. 따라서 시조의 창작과 이론의 탐색은 그가 양자의 일치를 도모한 보기라 할만하다. 그의 언행일치는 아래의 인용시편에서 확인할 수 있다. 그것은 구체적 작품을 통해서 자신의 입론을 입증하려고 했다기보다는, 이론과 실제가 서로 스며들어서 육화되어 있다고 보는 편이 타당하리라. 가람은 시조를 일러 "기쁘나 슬프거나 가장 나를 따르거니"(「시마(詩魔)」)라고 노래함으로써 시조가 삶의 동반자인 줄 인정하고, 시조시인으로서의 자긍심을 내외에 표백한 바 있다. 그만치 가람은 현실적 국면을 냉철히 응시하고 나서 시조론의 골격을 세웠다.

　　나의 무릎을 베고 마즈막 누우시든 날
　　쓰린 괴로움을 말도 참아 못하시고
　　매었든 옷고름 풀고 가슴내어 뵈더이다.

　　깜안 젖꼭지는 옛날과 같으오이다

나와 나의 동긔 어리든 팔구 남매
　　따뜻한 품안에 안겨 이젖 물고 크더이다.

　널리 알려진 명편 「젖」이다. 가람은 어머니와 자식 간의 인륜을 노래하고자 젖을 소재로 채택하였다. 어머니는 '나의 무릎을 베고 마즈막 누우시든 날'에 '깜안 젖꼭지'를 뵈어준다. 그 젖은 '나와 나의 동긔 어리든 팔구 남매'가 같이 물고 자란 생명의 샘이다. 젖을 통하여 어머니의 사랑은 남매들 사이에 전해지고, 그것은 '동긔'인 줄 알려주는 증표가 된다. 이와 같은 보편적인 인류을 주제로 삼았으면서도 가람은 그것을 겉으로 말하지 않는다. 그것이야말로 가람이 말하는 '실감실정의 표현'이다.

　소재의 취재 범위를 확대하는 것은 공맹의 교훈을 전달하느라 주제의식을 확장하지 못한 옛시조에 대한 반성이다. 아울러 그것은 육당이 강조한 관념적 조선주의 담론을 배격하고, 일상과 일상적 체험으로부터 시조의 거리를 취하자는 의견을 가리킨다. 그에 따라 가람의 시조에는 식민지 각지를 여행하면서 얻어진 감동을 작품화한 것부터 난초, 단풍, 다랭이, 물, 소나무, 풀벌레 등의 자연에서 얻어진 소재들이 다양하게 즐비하다. 그러나 이 소재들은 예전에도 쓸거리로 채택되지 않은 것이 아니었다. 문제는 그것이 아니라 일상의 소재에서 관념을 제거하여 독자들에게 친근히 다가갈 수 있도록 노력할 방도를 찾아서 실천하는 것이었다.

　　돌바닥 험한 길에 발은 점점 부르튼다
　　어둑한 숲속으로 좁은 골을 벗어나니
　　하얀 옥깎아 세운 듯 봉 하나이 솟았네

　가람의 「천마산협(天磨山峽)」이다. 가람은 날카로운 바위가 솟아난 산골짜기를 노래하면서도 일체의 감정을 개입시키지 않는다. 이것은 그가 '객관으로서 하는 서경'에 입각하여 시화한 사례이다. 그처럼 가람은 종전의 시조에서와 다르게 아름다움을 예찬할 목적이나 동양적 관조와 같은 관습적 용례를 과감히 타파하고, 서경적 묘사에 치중하려고 노력하고 있다. 그가 굳이 자연과 생활의 밀착을 중시하는 까닭은 필생의 신념이었던 시조의 현대화를 꾀하는 데서 찾아야 한다. 가람이 강조한 서경은 '색채가 가득한 광경'으로 구체화되었다.

  골이 아늑하매 해도 별양 다스하다
  새로 드는 단풍잎마다 발갛고
  바위도 희기도 희고 물은 몹시 푸르다

  성긴 덤불 속에 머루 다래 드리우고
  시드는 산초는 뿌리에 살 오르고
  미미히 이는 골바람 되우 상긋하도다

　가람의 시조 「만폭동」이다. 만폭동은 금강산 비로봉과 중향성 일대의 물이 기암괴석의 골짜기를 따라 흘러오다가 하나로 모이는 곳으로, 정철의 가사 「관동별곡」에도 등장한다. 북한에서는 이 지역을 천연기념물 제455호로 지정하여 보호하고 있으니, 만폭동이 지닌 명성과 자연경관으로서의 가치는 말할 나위 없다. 가람은 이곳을 여행하면서 느낀 감회를 위의 시조로 표현했는 바, 상투적인 어투를 제척하고 가능한 한 한글로 처리하고 있다. 그것이 '용어의 수삼'이다. 옛 시조시인들이 즐겨 구사하던 상투적 표현이나 어구, 한문투 등을 폐기하고 토박이말이나 일상의 삶에서 두루 사용되는 언어들을 작품에 도입하자는 것을 가람은 모범으로 보였다. 그 덕분에 토착어에 기반한 서경의 순수 혹은 순수한 서경이 절로 드러났다.
　격조의 변화는 시조가 창의 자질을 벗어버리고 시라는 새 옷을 입으려고 하는 이상, 시조창의 성격을 탈피하고 '작가 자기의 감정에서 흘러나오는 리듬에서 생기며, 동시에 그 작품의 내용 의미와 조화'를 추구하자는 것이다. 사실 격조는 시조가 현대화의 문턱에서 깊은 고민을 단행하지 않으면 안 되었던 현안과제였다. 이전의 고시조는 창과 더불어 불려왔던 터라 정조(正調), 변조(變調), 난조(亂調) 등의 곡조를 갖고 있었다. 그러나 갑작스럽게 고유한 곡조를 버리는 것은 쉬운 일이 아니었다. 이에 대한 고뇌를 가람은 아래와 같이 말한 바 있다.

> 격조는 과연 음악과도 다르다. 음악은 소리 그것에만 의미있을 뿐이지마는, 격조는 그 말과 소리와가 합치한 그것에 있다. 그러므로 말을 떠나서는 격조도 없다.
> 그런데 시조의 격조는 그 작가 자기의 감정으로 흘러나오는 리듬에서 생기며, 동시에 그 작품의 내용 의미와 조화되는 그것이라야 한다. 그렇지 않으면 딴 것이 되어버린다. 공교스럽다 하여도 죽은 기교일 뿐이다.

가람은 '아직까지도 시조 하면 으례 부르는 것으로 안다'고 전제하면서 격조의 변화 필요성을 시작한다. 이어서 그는 '오늘날부터는 음악으로 보는 시조보다도, 문학으로—시가로 보는 시조로, 다시 말하면 부르는 시조보다도 짓는 시조, 읽는 시조로 하자는 것이다'고 계속하면서 격조론이 시조의 성격을 변화시키는 본질적 차원의 탈바꿈인 줄 설파하고 있다. 그에 따라 가람의 시조에는 기교를 찾아보기 힘들다. 곧, 그는 '시조의 격조는 그 작가 자기의 감정으로 흘러나오는 리듬에서 생기며, 동시에 그 작품의 내용 의미와 조화되는 그것'이라고 보았으므로, 작위적인 면을 탐탁하게 여기지 않았다.

> 오늘도 온종일 두고 비는 줄줄 내린다
> 꽃이 지던 난초 다시 한 대 피어나며
> 고적한 나의 마음을 적이 위로하여라
>
> 나도 저를 못 잊거니 저도 나를 따르는지
> 외로 돌아 앉아 책을 앞에 놓아 두고
> 장장(張張)이 넘길 때마다 향을 또한 일어라

가람이 쓴 「난초 3」이다. 그는 유달리 난초를 사랑하여 가까이에 두고 가꾸면서 세상에서 묻은 진애를 닦는 거울로 삼았다. 그가 비오는 어느 날 외로이 책상 앞에 앉아있는데, 지는 줄 알았던 난초에서 꽃이 피어났던 모양이다. 가람은 새로 난 난초를 보느라고 책장을 넘기는 틈틈이 난초를 다시 본다. 그러자 난초는 책장이 한 장씩 넘어갈 때마다 고운 향을 일렁이며 책읽기를 돕는다. 난초와 자신의 긴밀한 조응 상태가 '나도 저를 못 잊거니 저도 나를 따르는지'로 표현되어 가람이 상정한 격조의 의미가 이미지로 구현되어 있다.

가람이 난초를 사랑한 줄은 널리 알려졌다. 그는 대복사 주지 김계월로부터 받은 도림산의 란을 '도림란(道林蘭)'이라고 명명한 뒤, 그 난향을 "하이얀 줄거리에 비취왕(翡翠王) 같은 그 화관"(「도림란」)이라고 칭송한 바 있다. 이름을 짓는 과정에서 가람은 난의 근원지를 밝히는 배려로 기증자에 대한 예를 갖추었다. 그의 유별난 난초 애호벽은 삶과 동화되어 있다는 점에서 남다르다. 격조는 그의 시조뿐 아니라 자취에서도 풍겼던 심미적 준거였다. 가람의 독실한 고서벽조차 난초 사랑과 분리되지 않고 하나의 결정(結晶)인 양 어우러져 있다는 증거는 다음의 시조에서 찾아볼 수 있다.

    난을 난을 캐어다 심어도 두고
    좀 먹은 고서를 한 옆에 쌓아도 두고
    만발한 야매(野梅)와 함께 팔구년을 맞았다

    다만 빵으로서 사는 이도 있고
    영예 또는 신앙으로 사는 이도 있다
    그러나 나는 이 세상을 이러하게 살고 있다

가람의 시조 「난과 매」이다. 가람의 인생관과 철학 그리고 매란 취미를 한데 감상할 수 있는 가편이다. 그는 일찍부터 고서를 모으느라 가산을 탕진하였다. 그는 "학문을 함에는 물론 사우(師友)도 있어야 하려니와 또한 서권(書卷)과 잠시 떠날 수 없다"(「서권기」)고 결기를 보일 정도로 책을 사랑했다. 더러는 월급이 나오기도 전에 가불하여 필요한 책을 사들였고, 책을 사느라 집안 살림을 축내는 줄 알고 부인에게 미안한 마음을 금치 못하기도 했다. 그럴지라도 가람이 그 많은 고서들을 고가에도 수집하지 않았더라면, 그것들의 종말이 어떠했을지를 생각하면 까마득해진다. 세간에서는 간송의 미술품 수집을 높이 치느라 분주하지만, 그에 못지않게 고평되어야 할 것이 가람의 고서 수집이다. 가람의 혜안이 아니었다면, 국보급 고문헌들의 실물을 볼 수 없었을 테니 말이다.

3. 일화로 듣는 가람의 발자취

해방이 되자 전라북도 문인들은 8월 17일에 김창술과 김해강을 내세워 당시 전북금융조합연합회 건물에서 '전주문화동우회'를 출범시켰다. 회는 6개 분야로 구성되어 문학 백양촌, 미술 김영창, 연극 김영진·서정조·유춘, 음악 이준석, 무용 김미화, 언론 이평권 등이 대표를 맡았다. 연극계에서 3명이 공동 참여한 것이 이채롭다. 또 언론계 인사가 포함된 것도 통례와 다르다. 김창술은 대일항쟁기에 프롤레타리아시인으로 이름을 날렸고, 김해강은 이른바 동반자 시인으로서 김창술과 한 동네에 살던 막역한 친구이자 시우였다. 김영창은 김창술의 동생이고, 유춘은 『금성』을 주재한 시인 유엽의 동생이다. 김미화는 최승희의 제자로, 일제 말기부터 유명한 무용가로 활약한 인물이었다. 이평권은 일어판 『全北日報』 기자였으며, 백양촌은 해방 후 전북 문단이 징성화되는 과정에서 힘쓴 일꾼이었다.

이들의 바쁜 몸놀림은 하루 전, 8월 16일 해방 후 최초로 발행된 신문 『건국시보』가 전주에서 나온 것과 맞물려 있다. 이평권은 전주에서 변호사로 활동하던 정우상과 함께 이 신문을 창간한 최한규를 도와 발간에도 관여하였다. 당시 전주에서는 해방을 맞아서 혼란한 시국의 움직임은 신속히 진정시키고 문단을 바로 세우고자 여럿이 힘을 모으고 있었던 것이다. 그들의 노력은 1946년 2월 김창술, 김해강, 정우상, 채만식, 백양촌 등과 함께 '전북문화인연맹'을 조직하는 일로 발전하는 밑거름이 되었다. 이 모임은 앞서 출범했던 '전주문화동우회'를 좀 더 조직화하여 도내 문화인들을 망라할 목적으로 출발한 동기는 어렵지 않게 짐작할 수 있다. 이 모임에 가람은 추대의 형식으로 합류하여 도내 문인들과 인연을 맺게 되었다.

사실 가람이 전주와 인연을 맺게 된 것은 어릴 적부터였다. 그는 1910년 3월 전주공립보통학교를 졸업하고 상경하여 한성사범학교를 마친 뒤, 전주제2공립보통학교 훈도로 발령받아 다시 전주로 내려왔다. 1915년 그는 이 학교에 근무하면서 전주제일보통학교의 윤상언과 소년단체 '미성회(美成會)'를 조직하였다. 전라북도의 소년운동이 그로부터 시작된 셈이다. '미성회'는 나라 잃은 식민지 소년들에게 근면하고 검약하는 생활습관을 내면화시키고자 만든 단체였다. 그 뒤로 소원하다가, 가람은 한국전란을 맞으면서 전주와 인연을 다시 맺었다.

가람은 1951년 3월 회갑을 맞고 4월 15일 전주 명륜대학 교수로 취임했다가, 5월 7일 전북전시연합대학 교수를 겸임하였다. 여산에서 출퇴근하기 힘들었던 가람은 전주향교의 양사재에서 숙식을 해결하게 되는데, 이때 전라북도의 여러 문우들과 교제하였다. 그가 1956년 3월 정년을 맞아 전북대학교 문리대학장과 교수직을 퇴임하자, 4월 중앙대학교는 교수로 위촉하였고, 서울대학교는 문리과대학과 대학원 강사로 위촉하였다. 그 바쁜 중에도 가람은 전북대학교에 죽 출강하게 되어 양사재를 3년간 전세계약하게 되었다. 그가 전주에 머무는 기간이 연장된 셈이다.

전주에서 생활하는 동안에 가람은 지역 문단의 재건과 문인들 간의 화합에 솔선하였다. 한국전쟁 후에는 호남의 대표적인 시인들끼리 모여 만든 『시와 산문』에 김해강, 신석정, 서정주, 백양촌 등과 같이 참여하여 전후의 황폐한 시심을 추스렸다. 가람이 전주에 있는 동안에 만들어진 문학단체는 여럿이다. 1953년 겨울 가람은 김해강, 신석정, 백양촌, 이철균, 이철수, 박병순, 박상남, 김영만, 최일남, 엄유섭, 하희주, 최승렬, 황호면 등 15명과 '전주문학회'를 결성하였다. 회는 가람을 회장으로 추대하고, 월간 동인지 『맥』의 발행을 위시하여 시화전과 예술제 등을 열기로 계획했으나 실행치 못하고 해체되었다.

그래도 문인들은 가람을 중심으로 교분을 꾸준히 나누면서 전북 문단의 활성화를 꾀했다. 그들의 어울림이 잦아질수록 영성한 전북 문단은 윤기를 더하며 세력을 넓히게 되었다. 전주에서 평생 동안 시작업을 계속한 김해강이 일기를 고쳐 발표한 산문「일배 일배 부일배(一杯 一杯 復一杯)로」(『자유문학』, 1958. 9)에서 당시를 회고한 아래를 읽노라면, 당시의 정겨운 모습을 엿볼 수 있다.

    3월 4일(목)
  가람 이병기 선생의 초대를 받았다.
  석정, 백양촌, 구름재, 그리고 나. 오늘이 선생의 생신이라 하여 박주나마 나누어보자고, 특히 우리 네 사람을 부른 것이다.
  술상이 나왔다. 간소한 술상이지만, 안주로서 놓일 것은 다 놓였다. 약식약과(藥食藥菓)를 비롯하여, 이과(菓) 정과(菓)에 전부침이 있는가 하면 마른 육포도 있고, 전주 명물인 청포묵에 고기에 조림 씀바귀 하며, 홍어회에 불고기 하며, 설기떡에 백병(白餠) 기정까지….
  선생의 고담한 풍격을 말하는 듯, 안주마다 맑은 운치가 일미를 더했다. 권커니작커니 순배가 거듭함에 따라 거나한 취기와 함께 더워 오르는 담소.
  활달하여 조금도 응체(凝滯)함이 없는 선생의 호기(豪氣)는 『가람』 그대로 유연자약하시다.
  태산을 우럴어보는 듯 범치 못할 늠연한 풍모이면서도, 어린애라도 마음 놓고 재롱을 부릴 수 있는 온후하고도 너그러운 금도(襟度). 빙월(氷月)처럼 서슬이 날리는 빛나는 예지에 젊은이로도 감히 따르지 못할 넘치는 정열. 그러면서도 샘처럼 솟는 구슬 같은 동심.
  거기에, 낡은 시형으로도 항상 새로운 솜씨를 보여주는 주옥같은 작품이 만들어지는 것이 아닐까. 노 가람은 몸은 늙어도 시상은 젊어만 간다. 그러기에 선생의 시조는 누가 뭐라든 어린 이파리처럼 새로워지려고만 하는가 보다. 모르는 이는 몰라도, 가람의 가람 된 소이와 가람만이 가질 수 있는 진가는 거기에 있는 것이리라.

　—카나단스라는 고급양주를 누가 보내주어 받아둔 것이 있는데, 한 잔씩 해보라구. 아무리 취했다가도 그놈을 한 잔 할나치면 술이 깨이게 된단 말야. 그 신묘함이란 가위 천하일품이어든! 하고, 손수 따라 놓는 술을 맨 나중판에 한 잔씩 마시고는 저물어서야 자리를 떴다.

　가람의 생일을 맞아 친한 네 사람이 모여서 담소를 나눈 후일담이다. 그로서 확인할 수 있는 사실은 가람이 후배 문인들을 각별히 챙기고 있는 줄 알 수 있다. 김해강은 걸게 차려진 술상에 대한 묘사뿐 아니라, 가람의 시조가 배태된 근원을 찾아내고 있다. 그것은 '태산을 우럴어보는 듯 범치 못할 늠연한 풍모', '어린애라도 마음 놓고 재롱을 부릴 수 있는 온후하고도 너그러운 금도', '빙월처럼 서슬이 날리는 빛나는 예지', '젊은이로도 감히 따르지 못할 넘치는 정열', '샘처럼 솟는 구슬 같은 동심'이다. 김해강은 이것들이 조화를 이루어 '가람의 가람 된 소이와 가람만이 가질 수 있는 진가'를 빚어낸다고 보았다. 그의 진단은 자의적이라고 볼 수 있다. 그렇지만 가람의 인품이 자아내는 '격조'가 시조에 그대로 전이될 줄 짐작하기에는 모자라지 않다.

　1954년 2월 25일 <가람동인회>의 사화집 『새벽』이 출간되었다. 박병순이 총무 역할을 맡아서 고생을 자처했다. 시조와 시를 수록한 사화집은 가람과 함께 전북대에서 교편을 잡고 있던 김준영과 김교선을 비롯하여 김해강, 신석정, 백양촌, 구름재, 최호정, 최세훈, 최승범, 장순하, 문정숙 등이 필진으로 참여하였다. 최세훈은 김제 출신으로, 한국 최초의 아나운서-시인이다. 그들이 3월에 출간을 기념하는 조촐한 자리를 가졌는데, 김해강이 같은 글에서 아래와 같이 술회하고 있다. 이런 류의 글이 중요한 이유인즉, 전북 지역에서 명멸했던 동인지들의 성쇠 과정을 살펴보기에 유효할 뿐더러, 전북문학사를 서술하는데 필요한 보조자료의 중요성을 알려주기 때문이다.

3월 19일(금)

오후 다섯 시 다방 『심원』에서 열린 사화집 『새벽』 출간 축하회. 거기 모인 인사로는 주로 『새벽』에 시를 낸 집필동인들이었는데, 노 가람을 필두로 석정, 백양촌, 구름재, 유림일, 최승범, 최진성, 고림순들이었다. 특히 자리를 빛내기 위하여 김교선 씨도 참석을 해주었고, 그밖에 수삼 인의 청년 문학동지들도 배석해 주었다.

구름재는 진안 출신의 시조시인 박병순이다. 그의 스승에 대한 존경심은 세상에 알려진 것처럼 놀라웠다. 그와 가람의 인연은 1954년 전북대학교 국어국문학과의 설립으로 맺어졌다. 구름재는 최승범과 함께 1회 입학생이었다. 그는 대구사범학교 시절에 일제에 대한 항거로 피체되기도 했던 애국청년으로, 시조를 자습하다가 해방을 맞았다. 전쟁 중에 가람이 전주에 체류하게 되자, 그는 본격적으로 시조를 공부하였다. 그 뒤로 그는 평생 동안 스승의 그림자조차 밟지 않으며 극진히 예우하였는데, 가람이 중풍으로 수우재에 기거할 당시에는 주말마다 거르지 않고 문안인사를 드렸다. 가람이 눕자, 그를 팔아 입신하고 보신하던 이들이 제 살 길을 찾아서 뒤도 안 돌아보고 떠나는 세태 속에서 박병순은 사제관계의 모범을 보이며 세상살이에는 눈치보다 더 소중한 것이 있다는 사실을 온몸으로 보여 주었다.

유림일은 본명이 유기수로, 정읍 태인 출신의 소설가이다. 한국 최초의 의사-소설가였던 그는 전주의 유명한 산부인과 의사였다. 그는 파란만장한 인생을 살았다. 일제 말에 경성의학전문학교에 다니던 중에 징집되어 만주의 전장으로 차출되었고, 남북전쟁 통에는 인민군에게 붙잡혀 군의관을 지냈다. 그 뒤로 그는 인술을 베풀면서 자신의 체험에 바탕한 창작에 열중하였다. 그는 의료계의 비리를 소재로 한 「호로선생」을 발표했다가 동료 의사들로부터 고발당하기도 했고, 분단의 아픔을 소설화하려고 지리산을 드나들며 빨치산 정순덕을 만나 회담하고 기록으로 남겼다. 그는 살아 생전에 '탐진'이란 출판사를 차리고 전주 문화계의 마당발이었던 조규화를 편집인으로 앉혀서 여러 책을 내었다.

　김교선은 함남 출신의 월남인사로, 전북대학교 국어국문학과에서 비평을 가르치고 있었다. 그는 국문과의 교육과정마저 허술하던 시절에 그것을 체계화하느라 열심이었다. 한편으로 그는 뉴 크리티시즘을 차용하고 작품의 분석에 힘써서 그 대학의 국문과에 비평의 학풍으로 심어준 장본인이기도 하다. 그의 가르침을 맞은 이들은 한국의 유수한 평론가로 활동하였다. 그들은 천이두, 이운룡, 오하근, 전정구 등이다. 그의 성실한 교육 덕택에 전북대학교의 국문과에서 비평가들이 속출하였고, 도내 평단을 좌우하고 주도하는 기반이 되었다. 그처럼 열일의 기세로 학생들을 가르친 김교선을 포함한 참석자들의 면면을 보노라면, 전북 지역의 지도급 문인들이 모두 참석하고 있는 줄 알 수 있다. 김교선은 앞에서 김해강이 언급했던 『새벽』 제1호의 입구에 얹은 「권두언」에서 동인과 가람의 관계를 아래와 같이 증언하였다.

　　　허영과 경망의 곡예가 새로운 세기의 지혜인 듯 젊은 심리를 매혹하던 계절도 이미 저무러 시신(詩神)은 새 봄을 장만할 꽃봉오리를 피우기에 사뭇 바쁜 상싶다.
　　　길을 더듬는 새 세대의 시인들이 문학의 고향을 찾아 가람 선생에 귀의하고 인간과 자연의 본연의 자태에서 절실한 생명의 맥박을 들으려 함도 이러한 새 봄의 꽃봉오리가 터지는 소리의 하나로 믿는다.
　　　그러나 아직 봄은 옅어 어떠한 특이(特異) 풍성한 개화가 이들의 앞길을 장식하려는지 예측키는 어려우나 이곳에 싹튼 꽃봉오리들의 이미 풍기는 겸허 청순한 화향(花香)에서 명일의 돈후풍미(敦厚豐美)한 열매를 기약하고 싶다
　　　아울러 이들의 은인(隱忍)한 정진이 가람 선생의 천의무봉한 인간문학에 새로운 기름을 붓고 새로운 불꽃을 일으켜 우리 시단의 명일의 혈맥이 되기를 바란다.

　김교선은 『새벽』이 가람과 떼려야 뗄 수 없는 관계인 줄 위에서 밝히고 있다. 그는 '길을 더듬는 새 세대의 시인들이 문학의 고향을 찾아 가람 선

생에 귀의'한 것이 『새벽』이므로, '이들의 은인한 정진이 가람 선생의 천의무봉한 인간문학에 새로운 기름을 붓고 새로운 불꽃을 일으켜 우리 시단의 명일의 혈맥이 되기를 바란다'고 권두에 붙였다. 그의 서언으로 『새벽』의 성격이 분명해지고, 동인들이 모인 동기가 뚜렷해졌다.

1954년 8월 가람은 일군의 작가들과 전 해에 출범했다가 가뭇없이 사라지고 만 '전주문학회'를 대신한 『시원(詩園)』을 발간하고자 모임을 결성하였다. 그때만 해도 회원들끼리 먹을 것을 안주 삼아 정담을 나누며 우의를 다지던 시절이라서 경찰-소설가 박상남도 가람을 따랐던가 보다. 그는 익산 삼기면 태생으로, 『전라민보』에서 주최한 소설 모집에 김해강의 추천으로 당선되고 난 뒤, 경찰공무원으로 재직하는 틈틈이 소설과 수필을 발표하며 바삐 살았다. 그가 수필 「전파」에서 1950년대 초반에 벌어진 이야기 한 토막을 적어 놓았는데, 짧은 글 속에 가람을 중심으로 뭉쳐 놀던 도내 문인들의 화목한 모습이 담겨 있다. 박상남이 생후 8개월 가량 된 송아지를 선물로 받은 김에, 하룻내 솥에 쪄서 전주의 문인들을 초대하여 대접한 이야기이다. 그의 집에 초대받은 이는 회장인 가람, 김해강, 황호면, 신석정, 신근, 구름재, 최승렬, 김영만 등이었다.

　　술상은 떡도 있었지만 주된 안주는 송아지 찐 것 그거였다. 초장을 맛있게 조리를 해서 볼이 메일 정도로 큰 뎅이를 입 안에 넣어도 보드럽게 목구멍을 넘어갔다.
　　『일미야! 일미!』
　　회장이 더욱 칭찬을 해주었다. 거기에다 기생 출신인 내 아내가 알뜰히 회장의 시중을 들었으니 무던할 밖에. 술잔이 오고가는 도수가 거듭될수록 점잖했던 술자리가 제법 떠들썩해졌다.
　　『여보게! 밖에는 눈이 쌓이는데 자넨 오유월이군.』
　　최승렬은 겨울에도 술을 마시면 땀을 뻘뻘 흘리는 친구였다. 그래 내가 그렇게 아유를 하니까 지금까지 해강과 뭐라고 뭐라고 이야기하고 있던 회장이 느닷없이 나서며
　　『그럼 염병에 걸려도 괜찮지! 하하하하…….』
　　그러곤 그의 버릇대로 왼 수염을 손바닥으로 쓸어내렸다.

가람 선생과 가장 허물없이 말벗이 되는 건 어느 때나 해강였다. 궁작이 맞았다. 해강 선생이 점잖케 뵈어도 가람 선생과 맞나면 보통이 아니었다.

가람의 말솜씨는 좌중을 휘어잡기로 도내에 소문난 터였다. 그의 언변은 다종다양한 책을 읽으면서 얻어진 박학다식에서 우러난 것으로, 좌장으로서의 역할을 수행하고 대화의 우이를 쥐도록 도와주었다. 박상남의 기억에 의하자면, '가람 선생과 가장 허물없이 말벗이 되는 건 어느 때나 해강'이었다. 둘은 '궁작이 맞았다'는 박상남의 정평은 문인들 간의 친소를 알려주는 정보이기도 하다. 가람이 해강을 잡고 얘기하는 동안, 옆에서 술잔을 기울이던 다른 이들의 표정이 궁금하다. 굳이 말하지 않아도 귀를 쫑긋 세우며 두 사람의 주위로 우르르 달려들었을 터이다. 그처럼 가람의 언변은 경계를 자유롭게 오가며 자재하였고, 재미진 얘깃거리가 풍성하여 청중들마다 귀를 쫑긋했다.

가람은 전북대학교에 재직하는 동안에 학술 연구에도 힘을 쏟았다. 그 학교 국어국문학과에서는 '국어국문학연구회'를 만들고 1952년 8월 1일 학회지 『국어문학』을 발행하였다. 처음에는 학술논문과 문학작품을 싣다가, 나중에는 전문 학술지로 탈바꿈하였다. 학회는 '국어문학회'로 회명을 바꾸고 지금까지 등재학술지『국어문학』을 꾸준히 발간하면서 전국적인 학회로 거듭났다. 또 같은 전북대학교의 국어국문학과 학생들은 <호심동인회>를 만들고, 1955년 6월 4일 동인지『호심(湖心)』을 창간했다. 비록 이어서 발행되지 못했으나, 가람은 학생들을 위해 권두언을 써주면서 활동을 독려했다. 학생들의 호주머니 사정이 동인지의 계속 발간에 장애가 되었던 것이나, 문학을 사이에 두고 가람과 독실한 관계를 맺은 그들의 순수의지가 빛난다.

가람의 제자들은 잇따라 동인 활동을 펴서 스승의 위업을 기리고 자신들의 시적 소양을 닦으려고 힘썼다. 그 보기로 들 수 있는 것이 <가람동인회>이다. 그들은 가람에 대한 존경심을 표하고, 자신들의 문학적 신념을 다지고자 회명에 스승의 호를 넣었다. 동인들은 해방 후 최초로 시조동인지를 펴내어 스승의 가르침에 보답했다. 당초 『시조』라는 이름으로 발행한 동인지는 1953년 12월 1일부터 시조단에 새로운 물결을 일으키겠다는 의지를 담아 『신조(新潮)』로 개명하였다. 이로서 가람이 전북 문단의 발전에 기여한 공이 이만저만이 아닌 줄 알 수 있다. 그의 존재만으로도 전라북도의 문인들은 구심점을 찾아 결집할 수 있었고, 전북대학교에서는 교수와 학생들이 그를 따르며 배운 바를 실천에 옮기느라 힘을 다하였다. 그를 가리켜 전북의 큰 스승으로 부르는 이유이다.

4. 가람을 기리며

가람은 "한몸에 지은 짐이 너무나 무거웠다"(「내 한 생」)고 힘들어 하면서도 "다다를 나의 포구는 아직 멀고 멀어라"(「바다」)고 성찰하기를 게을리 하지 않았다. 그는 자신이 게을러지지 않도록 밤낮으로 채찍하면서도, 주위에 한 번도 힘든 내색을 하지 않았다. 그와 같은 엄격한 자기관리가 학문적 업적과 함께 시조단의 어른으로 추앙받도록 이끌었을 터이다. 가람은 문학 말고도 전북 지역의 큰 어른으로 족적을 남겼다. 필명 '용화산인(龍華山人)'을 향리의 뒷산에서 따올 정도로, 그의 고향사랑은 대단하였다. 가람은 해방이 된 8월 17일 고향에서 조직된 여산민회의 부위원장으로 추대되었다. 민회는 당시 해방으로 말미암아 혼란해진 지역사회를 조속히 안정시키고 정식 정부가 출범할 때까지 질서 유지 등을 맡아서 처리했던 자치기구였다. 민회를 조직할 요량으로 여산면민들이 가람을 찾을 정도였으니, 지역사회에서 받는 존경의 정도를 가늠할 수 있다. 그는 10월 말 미군정청 학무국 편수관이 되어 상경하기 전까지 민회에 힘을 보탰다.

또 가람은 1963년 갑오동학혁명기념탑 건립위원장으로 피선되었다. 주자학적 세계관에 포박된 역사가들에 의하여 동학란으로 규정되어 홀대받던 역사적 사건이 혁명의 차원으로 승격되어 제자리를 차지하기까지, 일제에게 핍박을 당하던 시절부터 김제 출신의 사학자 김상기는 「동학과 동학란 (1-36)」,(『동아일보』, 1931. 8. 21-10. 9)을 집필하여 역사적 의의 등을 바로잡느라 고투하였다. 가람은 그를 도와서 정읍사람들의 가슴에 맺힌 응어리를 풀어줄 단초를 마련하고자 그 자리를 승낙한 것이다. 그의 회장 취임으로 말미암아 황토현에 우뚝한 탑이 세워진 시기가 앞당겨진 것은 두말할 것도 없다.

이처럼 사방에서 혁혁한 공로를 남긴 가람이 1969년 11월 28일 생가에서 별세하자, 도민들은 여산남국민학교에서 전라북도문화예술인장으로 장례를 치루며 위업을 기렸다. 가람의 유택은 집 뒤의 용화산에 마련되었다. 전주 다가공원에는 "그대로 괴로운 숨 지고 이어 가랴 하니/좁은 가슴 안에 나날이 돋는 시름/회도는 실꾸리같이 감기기만 하여라" 하는 시조 「시름」의 전문을 새긴 시비가 세워져 그의 시조를 사랑하는 이들에게 추념의 자리가 되었다. 최근에는 방문객을 향해 앉은 채로 그가 얼굴을 내밀던 수우재(守愚齋) 앞뜰에 문학관이 지어져 오가는 이들을 맞고 있다. 하지만 동상이 너무 왜소한 것도 서러운데, 관련 행사도 활성화되지 못하여 빈축을 사고 있다. 가람을 홀대하는 실체적 모습을 눈으로 확인하는 듯하여 갈 때마다 씁쓸하다.

수우재는 "산도 들도 아닌 이 골 숨으신 동우거사(東愚居士)"(「수우재」)가 지었다. 동우거사는 가람이 가장 흠모했던 인생의 스승으로서, 어려서부터 엄격한 교육으로 손자를 훈육한 조부이다. 가람이 『가람문선』의 「책머리에」에서 "흔히 항간에서는 낙향이라고 말하지만, 낙향이 아니라 귀향이요, 귀거래 전의 심정에서 옛 보금자리를 찾아왔던 것이다"고 적은 이면에서 동우거사가 세운 수우재에 대한 애정을 찾아볼 수 있다. 가람은 수우재 뒷산에 마련된 유택에서 오가는 이들의 발자국 소리를 듣고 있다.(2019 제9회 가람 이병기학술대회)

한국문학과 가람 이병기

1

가람 이병기는 두 번에 걸쳐 전회(轉回)하였다. 처음은 조부의 자애를 받으며 자연스럽게 유생의 길을 걷는 중에 접하게 된 『음빙실문집(飮氷室文集)』과의 만남이었다. 이 책은 청나라의 사상가 양계초의 문집이다. 그는 청나라의 자강운동을 신랄하게 비판하면서 조국을 다시 일으키기 위한 계몽사상을 담았다. 나라가 힘을 잃기는 마찬가지였던 조선의 지식인들도 이 책을 통해서 사상적 뒷받침을 받았다. 신채호는 1896년 「단발령」에 대항해 일어난 의병에 가담했던 영남의 대표적 유림 유인식에게 이 책을 읽으라고 건네주었고, 한용운은 건봉사에서 스승 연곡으로부터 받은 이 책을 읽고 불교의 근대화 논리를 가다듬었으며, 을사오적을 척살하겠다고 권총을 구입했던 김제의 이기는 이 책을 읽고 나서 계몽운동으로 방향을 틀었다. 그만치 이 책은 조선의 지식인들에게 충격을 안겨주었다. 당시의 신문잡지에서 양계초의 사상이 넘쳐나게 된 배경이다. 이 책의 영향권은 조선뿐 아니라 일본, 월남까지도 미칠 정도였으니, 여산에서 서당을 다니며 고색 서적을 읽던 시골소년에게 끼친 영향력을 막강했을 터이다. 이 책을 읽고 난 가람은 조부를 졸라서 상투를 튼 채 전주공립보통학교로 진학하였다. 스무 살의 가람이 신학문의 세계에 진입하게 된 것이다.

다른 하나는 한성사범학교로의 진학이었다. 보통학교를 마치고 농사를 짓던 가람은 향학열을 주체하지 못하고 다시 조부의 승낙을 얻어 상경하였다. 이미 나라를 주권을 빼앗겨버렸으나, 가람은 상경을 감행하였다. 서울에 도착한 그는 조선어강습원에 등록하고 주시경과 만나면서 인생이 달라지고 말았다. 그는 더 이상 시골소년이 아니었다. 그는 자신이 나아갈 바를 뚜렷하게 인식한 우국청년으로 변모되었다. 그는 3년간의 학업을 마치고 전주에 내려와 훈도의 길을 걷기 시작하였다. 1915년 전주에 소년단체 미성회를 조직하고, 1922년 5월 5일 전주 불교포교당에서 개학한 사립 호영강습원에 강사로 나간 것은 교사로서의 책임감이 발로된 것이다. 그와 함께 가람은 시조에 관심을 갖기 시작하여 장차 발 딛게 될 시조시인의 차비를 마쳤다.

이처럼 가람은 『음빙실문집』을 탐독하면서 깨닫게 된 신문명과 주시경으로부터 문법을 배우면서 깨우치게 된 국자의식을 바탕으로 한국의 큰 스승으로 설자리를 마련해 갔다. 그가 "가다가 쓰러져버리면 넋이라도 가리라"(「길」)고 다짐한 것으로 미루건대, 새로 출발하는 미지의 세계를 향한 의지는 굳었다. 하지만 다들 알다시피, 가람이 걸어간 길은 '형극을 개제'하는 일이어서 숨쉬기조차 버거웠고 움직일 때마다 상처를 입었다. 훗날 "한 몸에 지은 짐이 너무나 무거웠다"(「내 한 생」)고 고백한 것을 볼 양이면, 그가 감당한 생의 무게는 '너무나 무거웠다.'

가람의 삶을 전회시킨 두 계기는 당시의 한국이 처했던 식민지 상황과 긴밀히 상관된다. 그것은 그가 시조와 한글에 투신하기로 결정한 선택이 시대와의 대결방식이었던 줄 알려준다. 사실 그는 사회의 부름을 외면하지 않았다. 그가 전북대학교에서 인문대학장으로 재임한 것이나, 각종 사회단체의 위촉에 응했던 것이 다 그 예이다. 가람을 공부할 적에는 이와 같은 사실을 염두에 두지 않으면 안 된다. 이에 바탕하여 가람의 생애를 빛낼 목적으로 가람의 시조론과 창작물 그리고 평생 옆에 두고 산 책 이야기를 살펴볼 참이다.

2

가람은 「시조란 무엇인가 (1-18)」(『동아일보』, 1926. 11. 24-12. 13)를 발

표하면서 본격적으로 시조단에 나아갔다. 그의 시조 공부는 순전히 독습이었다. 마땅한 문헌도 없고 물어볼 스승도 없는 시절인지라, 가람은 홀로 공부하는 수밖에 다른 수가 없었다. 이러한 환경은 그로 하여금 시조에 대한 혁신적인 생각을 품게 만들었다. 학연이나 지연 등으로부터 단절된 조건이 가람을 한국 시조의 일인자로 설 수 있게 만들어준 밑바탕이었다. 아울러 전주가 완판본의 고장이고, 백제녀의「정읍사」나 정극인의「상춘곡」에서 보듯이 산문보다 운문적 분위기가 강한 풍류의 고을이었던 점도 그에게 도움이 되었다.

  가람의 시조론은 최남선 등이 일으킨 시조'부흥'운동과 결이 다르다. 가람은 시조의 '혁신'을 추구했다. 틀을 새롭게 바꾸기에 알맞은 것은 형식이다. 특히 전북 지역은 갑오년의 봉기로 인하여 민중들의 정치적 의식이 각성되고 있었다. 그런 사회적 분위기는 유자들이 주인으로 행세했던 시조의 완강한 형식을 바꾸도록 압력하였다. 조선시대에 양란을 거치면서 형식에 대한 압박이 가해져 사설시조가 출현한 것과 흡사한 형국이었다. 부흥하지 않으면 안 되는 판이었다. 최남선은 시세의 변화를 간파하여 최신 인쇄기계를 들여오고 매체를 발간했으나, 문학 장르가 사회적 산물이란 사실을 간과했다. 그가 '소년문학'(『소년』)을 버리고 '아동문학'(『아이들보이』)라는 일본 용어를 택하자, 식민지에서는 일본을 좇아 '아동문학'이 어엿한 장르로 자리잡게 되었다. 최남선이 부르짖은 '부흥'이 시세에 편승한 주장인 줄 알려주는 물증이다.

  그런 측면에서 가람이 시조를 혁신하자고 부르짖은 것은 더 강조되어야 한다. 그가 보기에 시조는 '부흥'으로 그쳐서는 안 될 절체적 위기에 봉착해 있었다. 이미 자유시가 생산되어 식민지 문단에 새 바람을 일으키고 있는 마당에, 시조가 혁신을 더 이상 미루게 된다면 뒤쳐질 게 분명하였다. 가람의 위기의식이 빛을 발하는 순간이다. 가람은 시조가 혁신될만한 가능성을 형식에서 찾았다. 가람이 연작시조에 관심을 더 쏟게 된 배경이다. 그는 단수로 급변하는 시대상과 민중들의 정서를 담아내기에는 역부족이라고 생각하여 연작을 강조했다. 그가 "한 제목을 가지고 한 수 이상으로 몇 수까지든지를 지어 한 편으로 하는데 한 제목에 대하여 그 시간이나 위치는 같든 다르든 다만 감정의 통일만 되게 하는 것이다"(「시조는 혁신하자」)고 주장한 것을 보노라면, 연작시조를 제안하게 된 근본적인 동기를 추측할 수 있다.

> 그 넓고 넓은 속이 유달리 으스름하고
> 한낱 반딧불처럼 밝았다 꺼졌다 하여
> 성급히 그의 모양을 찾아내기 어렵다
>
> 펴든 책 도로 덮고 들은 붓 더져 두고
> 말없이 홀로 앉아 그 한낮을 다 보내고
> 이밤도 그를 끌리어 곤한 잠을 잊는다
>
> 기쁘나 슬프거나 가장 나를 따르노니
> 이생의 영과 욕과 모든 것을 다 버려도
> 오로지 그 하나만은 어이 할 수 없고나
> ―「시마(詩魔)」

가람의 창작관이 여실하게 드러난 작품이다. 그는 언어예술로서의 시조를 창작하는 도중에서 맞부딪치게 되는 갖가지 난관을 토로하면서도 '오로지 그 하나만은 어이 할 수 없'다고 고백한다. 고백담 속에서 시조 창작이 그의 생에서 차지하는 비중을 가히 짐작할 수 있다. 그는 밤새 시어 하나를 찾아내느라 고투하는 창작자의 심리에서 느껴지는 고통을 '시마'에 견주었다. 특히 '성급히 그의 모양을 찾아내기 어렵다'는 대목에 이르러 시조의 혁신에 대한 가람의 고민을 짐작할 수 있다. 이전까지의 시조가 유흥석에서 불려지는 노래의 성격을 가졌던 것과 달리, 가람이 구상하는 시조는 자유시처럼 읽혀서 미감을 느낄 수 있는 창작물이었다.

가람은 시인의 사상이나 감정은 구속을 받지 않아야 한다고 주장하면서 식민지에 자유시가 창작되어 신속히 유행하게 된 사례를 들었다. 그는 시조 작가들에게 자유시를 본받아 "시조의 형식이 마땅하다고 생각할 때에는 시조를 지은 것이요 그렇지 않으면 신시 혹은 민요 동요체의 어느 것이든지 취할 것"(「시조란 무엇인가」)을 권했다. 이 발언은 당시로서는 획기적이었다. 가람의 열린 장르관에 힘입어 제출된 이 의견은 보수적인 시조작가들을 충격하였다. 물론 그가 시조를 써본 적이 없었던 약관의 청년이라서 나온 의견일 수도 있을 터이나, 시조에 대한 권위의식을 찾아볼 수 없는 유연한 관점이었다. 가람의 시조관은 시조의 형식이 사회적 환경에 따라 수없이 변모해 왔던 역사적 사실을 고려해 볼 때 새삼스러운 것도 아니었고, 종전과 달리 외국문학이 신지식으로 들어오던 당시의 형편을 대입해 보면 부자연한 것도 아니었다. 단지 식민지는 중국 외에 다른 나라는 한번도 외국이 아니었던 탓에 시조작가들의 장르관이 개방되지 않았을 따름이다. 가람의 고뇌는 후배시인들에게 고스란히 전해져서 시조단의 부흥운동으로 지속되었다.

생각하건대 시조시는 우리가 연륜을 더할수록 정답고 따뜻한 혈육의 정을 느끼게 합니다. 그 까닭은 천년을 이어 오며 우리 조상들의 체취와 얼과 정과 멋이 스며 있고 우리 겨레와 호흡이 맞는 가락이 담겨 있기 때문이라고 생각합니다. 그러므로 우리뿐만 아니라 우리 후손 대대로 내려가며 오늘날 우리가 느끼는 정을 느끼게 될 것입니다.
우리의 우아한 의상이 우리와 더불어 영원한 것처럼 시조시도 우리 겨레와 함께 영원할 것입니다.
천년 동안 뿌리를 내려 온 시조시야말로 우리의 참다운 시인 것이며 우리 민족의 특수한 시조시야말로 앞으로 세계 시단에 이채로운 꽃 한 떨기를 더할 것이라고 우리는 확신합니다.
지금으로부터 60여 년 전 서구의 문예사조가 몰아닥치자 우리는 시조 따위를 고전으로 돌아다 볼 가치도 없는 것처럼 백안시했으며 그럼으로써 시조의 현대화는 그 가능성이 있는데도 염두에 둘 겨를도 없이 신사조에만 치우쳤다는 사실과 그 과오는 우리 현대시문학사상 매우 불행한 사실이었읍니다.
그러나 한편 가람 이병기 선생은 시조의 현대화를 외롭게 아프게 호소하는 목청을 우리는 들었읍니다. 선생의 구같은 아픈 호소가 헛되지 않아 그분의 추천이나 발굴로 좋은 신인들을 등장시켰으며 그들의 시조시에 대한 열과 노력으로 오늘에 이르러 포스라운 시조시단을 형성하게 되었읍니다. 아 얼마나 흐뭇하고 귀한 업적입니까.

그러나 오늘날 우리 시조시단이 형성되었다고 해서 만족할 수는 없읍니다.

앞으로 우리는 우리의 문학 유산인 시조시의 존엄성을 재인식하고 시조시를 깎고 닦고 다듬어서 본래의 멋과 맛을 살리면서 호리(毫釐)도 구각(舊殼)이 때묻지 않은 탈피가 있어야 할 것이요 명실상부한 현대시조로서 승화시켜야 하겠읍니다.

우리 시조시의 찬란한 개화를 위한 작업이야말로 오늘에 사는 우리 시인들의 역사적인 사명일 것입니다. 이 사명을 통감한 나머지 여러 시인들과 뜻을 모아 가람문학회를 발기하기에 이르른 것입니다. 앞으로 많은 시인들의 참여와 뜻있는 인사들의 호응있기를 바라마지 않읍니다.

―「가람문학의 의의」

1980년 10월 9일 '대한민국의 중앙인 대전'에 사무소를 둔 '가람문학회 창립 취지문에서' 따온 글이다. 회는 회칙 제3조에 "본 회는 시조시의 현대화를 제창한 가람 선생의 뒤를 이어 명실상부한 현대 시조시의 혁신적인 발전을 꾀하며 그 중흥을 이룩하는데 목적을 둔다"고 못을 박은 것처럼, 가람의 시조혁신운동을 잇겠다고 출범한 단체이다. 명예회장은 이희승, 회장은 정훈, 부회장은 이리의 박항식·광주의 정소파·공주의 임헌도·대구의 정재익·서울의 이우종 등이 맡았다. 자문위원으로는 조종현, 이태극, 고두동을 위촉했다. 임원진의 구성으로 보건대, 가람을 추앙했던 정훈이 중심을 잡고 문학회의 취지에 찬동하는 전국의 시조시인들을 회원으로 영입한 듯하다.

가람의 사후에 그의 호를 딴 시조단체가 전북이 아닌 충남에서 출범했다는 사실은 각별히 기억되어야 한다. 더욱이 그가 주창했던 '시조의 현대화'를 부르짖고 있다는 점이 갸륵하다. 왜냐하면 시조의 혁신을 운동했던 가람의 속마음이 가까운 문우들을 지나 전국 각지에 동감하는 기운을 퍼뜨렸기 때문이다. 그들의 공감은 가람이 주장했던 근본정신에 대한 경례일 터이고, 동시에 시조가 여전히 혁신되어야 할 필요가 있다는 사실을 추인하는 것이기도 하다. 그들은 '시조의 현대화를 외롭게 아프게 호소하는 목청'을 남겨준 가람의 바람을 계승하여 현재까지도 동인지를 발간해 오고 있다.

다만 인용문에서 보듯이, '지금으로부터 60여 년 전 서구의 문예사조가 몰아닥치자 우리는 시조 따위를 고전으로 돌아다 볼 가치도 없는 것처럼 백안시'하였다는 선동적 발언은 과하다. 그 무렵에 '신사조'를 받아들이느라고 시조를 외면하는 풍조가 있었던 게 사실이다. 그렇지만 이익상처럼 「그러케 문제삼을 것은 업다」(『신민』, 1927. 3)를 통하여 시조가 미구에 홍성할 것이니 수선을 피우지 말라고 성원한 비평가들도 있었고, 가람은 『동아일보』에서 선고위원으로 활약하여 정문학을 발굴하였으며, 『문장』에서는 이호우와 김상옥을 추천하여 신인 발굴에 앞장섰다. 자신들의 행위를 정당화하기 위한 방편으로 타인들의 것을 '백안시'해서는 아니 될 일이다. 이런 발언을 듣노라면, 수우재에서 방문객을 향해서 누가 오는지 궁금하여 몸을 비스듬히 일으킨 가람의 말년 사진이 떠오른다. 그는 여전히 살아서 찾아오는 이들을 반갑게 맞고 있다.

3

가람은 전주에서 자습한 바를 체계화하면서 독자적인 시조론을 정립하고 창작을 병행했다. 말하자면 이론과 실제를 겸행하면서 둘을 일치시키려고 궁행한 것이다. 이 점에서 그가 발표한 「시조는 혁신하자 (1-11)」(1932. 1. 23-2. 4)를 수시로 자세히 읽어야 한다. 이 글에서 가람이 주장하는 바는 실감실정(實感實情)의 표현, 취재 범위의 확장, 영어의 수삼(數三), 격조의 변화, 연시조의 창작으로 요약된다. 이 다섯 가지는 가람에 의하여 제창된 후, 한국 시조단에서 일반화되었다. 이 중에서 실감실정의 표현이란 '주관으로서 하는 서정(抒情)', 곧 '절실한 감정'과 '객관으로서 하는 서경(敍景)', 즉 '색채가 가득한 광경'을 시화하자는 것이다. 가람은 그것을 『가람문선』에서 '사생론(寫生論)'으로 재론했다.

> 과연 작품은 창작이라야 한다.
> 창작을 함에는 먼저 사생(寫生)을 하라.
> 사생은 모든 사물, 모든 정경을 다 그려낼 수 있는 것이다. 이건 그저, 혹은 생각, 혹은 수작으로서 하는 것이 아니고, 적어도 어느 실물·실사(實事)·실경(實景)·실정(實情)·실감을 근거하여 하는 까닭에 그 재료가 광범하고 풍부하며 그 내용도 진실하고 생신(生新)할 수 있다.
> 그러므로 사생은 어느 작가에게든지 그렇지마는, 더욱이 초학자에게는 필요하다. 필요하다기보다도 사생 그 그것으로써 밟아 나가지 않으면 될 수 없다. 고금의 시인·문사들도 대개 이 법을 정통한 이라야 그 명편가구(名篇佳句)를 많이 남기었다. 그 명편가구에는 진(眞)이 있고 생(生)이 있고 신운(神韻)이 움직인다. 우리도 이 사생을 힘쓰지 않을 수 없다. 우리도 이것을 정통하여야 할 것이다.
> 사생을 함에는 반드시 실물 그대로 그리는 것이 아니다. 실물 그대로 그려도 한 아름다운 작품이 될 것 같으면 좋지마는, 그렇지 않은 경우에는 자기의 감정에 맞도록 만들어야 한다. 사생은 사진이 아니다. 사진은 자기의 감정에 맞지 않거나 맞거나 어떤 필요만 있으면 밝히지마는, 이 사생은 그런 것이 아니다.

시조를 창작할 양이면 먼저 '사생'하라고 가람은 강조한다. 사생은 '모든 사물, 모든 정경을 다 그려낼 수 있는 것이다. 이건 그저, 혹은 생각, 혹은 수작으로서 하는 것이 아니고, 적어도 어느 실물·실사·실경·실정·실감을 근거하여 하는 까닭에 그 재료가 광범하고 풍부하며 그 내용도 진실하고 생신'할 수 있다. 사생이 시조를 처음 쓰는 이들에게 필요한 이유이다. 가람은 사생의 중요성을 일찍이 간파하고 시조작가들에게 그것의 중요성을 거듭하여 강조하고 있다. 가람이 말하는 사생은 묘사에 해당하므로, 시조작가뿐만 아니라 모든 작가들이 대상의 특성을 포착하는 일부터 시작하라고 훈수한 셈이다.

가람은 사생이라고 해서 감정을 배제하지는 말아야 한다고 주의사항을 덧붙였다. 이 점은 앞서 시조의 혁신에서 '감정의 통일'을 강조했던 것과 맥락을 같이 한다. 이 점은 최남선이 "가장 애송하여 침식에도 놓지 않는 것이 일 편 있으니 그는 곧 이이 선생이 지은 바 '태산이 높다 해도 하늘 아래 뫼이어니 오르고 또 오르면 못 오를 리 없건마는 사람이 제 아니 오르고 뫼만 높다 하더라'란 것이다"(『소년』 창간호)고 말한 것과 궤를 달리한다. 그는 여전히 관념적으로 사고하고 타인에게 발언하는 셈이다. 그와 다르게 가람은 위의 사생론을 아래의 작품에서 몸소 실천하였다.

    한 고개 또 한 고개 고개를 헤어오다
    토함산 넘어서서 동해바다 바라보고
    저믄날 돌아갈 길이 바쁜 줄을 모르네

    보고 보고지어 이곳에 석굴암이
    험궂은 고개 넘어 굽이굽이 도는 길을
    잦은 숨 잰걸음치며 오고오고 하누나
      ―「석굴암」

  가람이 말하는 '실정실감'의 단면이 나타났다. 그는 석굴암을 오르면서 느꼈던 '실정'을 자신의 '실감'을 빌려 표현하고 있다. 사람이 사물의 참모습을 본다는 것은 과학적 시선의 확보와 다르지 않다. 가람이 얘기하는 실정실감은 작자의 시선을 확보하기를 권장하기 때문에 중요하다. 그는 조선조 시조에서 두루 발견되는 관조로서의 대상이 아니라, 실제로 체험하는 대상으로 취급하기를 바란다. 그가 『문장』에 가담한 사실에 착목한 연구자들이 문장파로 묶은 사정도 이로부터 연원한다. 가람의 강조점들은 『문장』파들이 중시했던 '조선적인 것'을 발견하는 입점이기 때문이다. 그것의 일단을 다시 확인할 수 있는 작품들이 기행문이다. 가람은 여러 편의 기행문을 썼다.

  여관 옆에는 새로 난 요리집이 있어 장고소리와 노래소리가 난다. 가만히 귀를 기울이고 들어보았다. 경주다운 노래나 아닌가 하고. 그러나 나의 요구와는 아주 다르다. 어디서든지 들을 수 있는 이 근래 유행하는 노래 그것이다. 실패다. 다른 데로 가볼 수밖에 없다. …… 나는 봉황대로나 올라갈가 하고 발을 멈추고 망설이다가는 다시 그 반대의 방향으로 나아갔다. 점점 전과 같은 가로도 아니고 상점도 없고 부조화하여 보이는 일본집 또는 고옥과 공지가 보이고, 흰 저고리 검정치마 입은 젊은 여자 5, 6인이 길에 서서 가는 웃음을 치며 소곤소곤하고, 머리만 총각 상투꼽은 늙은이 몇 사람은 앞으로 어슬렁어슬렁 걸어갈 뿐이다.(「경주의 달밤」)

1930년 말, 가람은 경주여행에서 '경주다운 노래'를 듣고 싶었다. 그러나 기대와는 달리 그에게 들려오는 노래는 '이 근래 유행하는 그것'이었다. 이 무렵의 경주는 부여와 함께 조선총독부가 입안한 고적조사보존사업으로 발굴된 도시였다. 가람은 이 사실을 직접적으로 언급하지 않으면서도 쓸쓸한 발걸음으로 빗대었다. 시일이 경과할수록 잃어버리는 '조선적인 것'에 대한 아쉬움을 말하기 위하여 가람은 '경주의 달밤'에 홀로 걸었던 것이다. 이 또한 가람이 역설한 실정실감의 재언이다. 그의 발걸음은 조선총독부가 주조하여 제시하는 심상지리가 아니라, 경주와 석굴암을 직접 보고 느끼고 걸어본 체험을 시조에 담으려는 행차였다.

4

가람을 논하는 자리마다 빠져서는 안 될 분야가 책이다. 이 중에서 첫 번째가 그의 수서 취미이다. 그가 책을 수집하려고 월급까지 가불하고, 집에 월급을 가져다주지 못한 일화는 익히 알려진 바이다. 지금은 그의 국보급 책들이 서울대학교에 들어가서 '가람문고'라는 이름으로 안전히 보존되고 있다. 그러나 그의 기증 의도를 살려서 그것들이 제대로 이용되는지 궁금하다. 이 점은 가람이 전라북도에서 제 대접을 받지 못하는 원인(遠因)으로 작용하고 있다. 물론 그에게 배웠다는 제자나 그의 신세를 입은 문우들이 외면한 것이 근인(近因)이다. 그래도 가람의 일기는 남아서 그 시절에 자신을 따라다닌 성명을 지속적으로 호출하고 있으니 역사의 법정에는 시효가 없다. 가람이 쓴 1930년의 일기 중에서 뽑아 봤다. 온통 책을 사거나 구경하러 돌아다닌 일이 죽 적혀 있다. 그 가운데에서 며칠분만 인용하여 논의거리로 삼는다.

- 7. 21 학교에 갔다가 장발 군과 같이 낙원동에서 한충 군을 만나 가지고 위창 오세창 씨를 찾아 송판책(宋板冊)과 고려판책(高麗板冊)을 얻어 보았다.
- 7. 22 이병도 군과 진고개를 갔었다. 여러 책사를 거쳐 군서당(群書堂)에서 『대반열반경소사진판(大般涅槃經䟽寫眞板)』한 책을 1원에 샀다.
- 7. 23 『七書諺解』끼어 전부(75권 營板, 全板)를 25원에 샀다.
- 7. 31 진고개 어느 고서점에서 『동파시집』 16책과 『좌전』(明板) 15책을 4원에 사 오다.
- 8. 4 『규사(葵史)』(전 2책)를 6원에 사 오다. 광동서관에서. 『방시문집(方是聞輯)』 1책을 50전에 사 오다.
- 8. 5 『훈몽자회』(원판으로 보는 것)를 19원에 사다.
- 8. 7 쌍계사를 찾아들다. …… 대웅전 뒷구석에 묻혀 있는 판각을 일일이 내놓고 조사하고 사람을 시켜 물을 떠다 씻었다.
- 8. 8 새벽에 주지스님의 아들을 인천에 보내어 백지 75속(束)을 사 오다. 그리고 주지와 그 아들을 데리고 월인천강지곡판을 박기 시작하였다. 월인천강지곡판은 융경(隆慶) 3년 한산지(寒山地) 백개만(白介萬)의 집에서 새긴 걸 이 절로 옮겨다 둔 것인데 제21, 총 222장이 지금 남은 것은 47개 185장이다. 이 판은 경상도 안동 광흥사에도 있는 것인데―광흥사판은 한 장도 누락이 없어 온전히 남았으며 각자도 그것이 훨씬 낫다―이건 간간히 사성점(四聲點)을 새기지 않은 것이 많다. 이걸 박느라고 여러 시간을 구부리고 앉았더니 가슴이 아프고 허리가 절이다.

두 번째가 독서에 대한 강조이다. 가람은 소문난 독서광이었다. 그의 언설은 주변의 청중들을 휘어잡았거니와, 죄다 젊어서부터 읽은 독서량으로부터 기원한 것이다. 스스로에게 엄격하고 타인에게 따뜻했던 그의 성품이지만, 책을 둘러싸고는 아무에게도 양보하지 않았다. 그 덕분에 앞에서 논한 귀서들을 모을 수 있었다. 가람은 예서 멈추지 않고 독서하여 책을 사장시키지 않았다. 그의 서책에 내려앉은 먼지들조차 서둘러 발길을 옮기지 않으면 안 되었다. 가람은 '학문을 함에는 물론 사우(師友)도 있어야 하려니와 또한 서권도 잠시 떠날 수 없다'고 말한 「서권기(書卷氣)」(『문장』, 1939. 12)에서 독서의 중요성을 아래와 같이 설파했다.

    서권기란 즉 독서의 힘이요 교양의 힘이다. 이것이 어찌 서도(書道)에뿐이리오. 문장에도 없을 수 없다. 위대한 천재는 위대한 서권기를 흡수하여서 발휘될 것이다. 현종의 어좌 앞에서 만조문무(滿朝文武)가 한 자도 모르는『발해국서(渤海國書)』를 대번 보고 번독하던 이백이라든지 「讀破書萬卷 下筆如有神」이라 하던 두보라든지 다 끔찍한 서권기를 가졌던 것이다.

    위대한 사람일수록 독서를 많이 하여 새로운 지식을 섭취했다는 얘기이다. 독서가 중요한 것은 비단 거기에 그치는 것이 아니라 '문장에도 없을 수 없다'고 보기 때문이다. 책을 많이 읽어야 작품을 쓸 여력이 생긴다는 말은 고래로 전해오던 구양수의 '다독(多讀), 다작(多作), 다상량(多商量)'을 연사케 한다. 또한 지금도 창작교실에서 되풀이 강조되는 말이기도 하다. 가람은 일기에서도 독서의 중요성을 적었다. 아래는 그의 1920년 8월 20일자 일기이다.

    더웁다. 맑다. 책이나 보고 소일하였다. 집에 있든지 다른 곳에 있든지 나와 늘 친한 벗은 책이다. 동서고금의 사상과 감정을 알겠다. 만일 이러한 책들이 없었더라면 과연 심심하여 살 수 없겠다. 한갓 사람 데불고 이야기하는 것처럼 주거니 받거니 하며 떠드는 맛은 없으나 그 대신 조용하고 은근하고 비밀하고 심오하고 신묘하고 정일(精一)한 맛이야 이에 더할 것 없으며 견줄 것 없으리라. 참 즐거웁다.

    기미년의 다음 해 여름에 썼다. 폭서에는 독서도 힘든 노동이다. 하지만 가람은 독서가 '사람 데불고 이야기하는 것처럼 주거니 받거니 하며 떠드는 맛은 없으나 그 대신 조용하고 은근하고 비밀하고 심오하고 신묘하고 정일한 맛이야 이에 더할 것 없으며 견줄 것 없으리라'고 말하여 예사사람들의 여름나기와 다른 결을 보여준다. 그에게 독서는 '참 즐거웁다.' 그의 덕을 보려는 이들은 일년 내 모여들지만, 진정 '나와 늘 친한 벗은 책'이었다. 책이야말로 그가 갈망하는 '동서고금의 사상과 감정'을 가져다주기에 독서는 하루도 빠짐이 없었다. 그가 독서에서 얻은 '사상과 감정'을 시조의 창작에 전용했던 사실은 앞의 논에서 살폈던 바이다.

세 번째로 다뤄야 할 분야는 서지학이다. 가람은 『가람문선』에 '고전 연구'란 부분에 「한국 서지의 연구」를 실었다. 이 글은 그가 전북대학교에 재직하던 때 강의를 준비하면서 썼던 것이 모태가 되었다. 한국의 고전문학에서 서지는 남북조시대에 각종 고전이 중국에서 전사(傳寫)·유입·전파·보급되었을 때 오탈, 착사(錯寫), 전도(轉倒) 등이 없는 원문으로 학습과 연구를 하기 시작한 것이 시초이니 오래되었다. 일례로 375년 백제의 왕인 박사가 일본에 『논어』와 『천자문』을 전해주었다고 하니 수입되는 경전의 교정작업이 이루어졌을 터이고, 751년 간행된 『무구정광대다라니경』에 오탈자가 발견되지 않는다는 사실은 당시의 촘촘한 교정력을 자랑한다. 고려시대에는 불전의 교감(校勘)이 끝나면 책 끝에 교열승을 새기는 책임교감제를 실시하였고, 궁에는 내서성(內書省) 등의 교감 기관이 별도로 설치되었다. 예를 들어서 중국에서 들여온 한역정장(漢譯正藏)을 고려 수기법사(守其法師)가 크게 교감하여 중국으로 역수출되었다는 사실만 봐도, 한국 서지학의 전통이 오래이고 동북아에서 뛰어난 줄 알게 된다. 이것을 본받아 가람은 아래와 같이 서지의 중요성을 강조한다.

> 학문의 가장 중요한 대상은 서지다. 서계(書契) 이전에야 무슨 학문을 운운하였으랴. 문자가 생긴 이후 더러 구송하던 걸 적기도 하고 차츰 더 부연도 하고 변개도 하여 인생과 자연의 모든 것을 적어 놓은 것이 즉 서지가 아닌가.
> 학문이란 그저 눈만 감고 앉아 궁리를 하는 것만이 아니고, 선진에게 배우고 익히고 체험도 해 보고 비판도 해 보며, 보다 더 바르게 크게 새롭게 나

아가자는 것이다.
　과연 학문은 오랜 전통을 이어 왔다. 마치 샘물이 냇물, 냇물이 강물, 강물이 바다를 이룸과 같다. 크면 클수록 이러하다. 이래서 한 체계도 세우고 조직도 하여 독창도 할 수 있다.
　서적은 학자의 밑천이다. 밑천이 없이는 장사도 못하고, 서적이 없이는 학자도 못 된다. 서적을 쌓아만 두는 장서가도 있다. 이는 학문·학자를 위한 한 사업가다. 대학만 졸업하였다고 곧 학자가 아니다. 이는 겨우 학문의 길을 어느 정도쯤 닦은 이에 불과하다. 학자가 되려면 더 노력하여 널리 섭렵하고 깊이 사색 토구를 해야 한다. 그러자면 서적을 가장 많이 읽어야 하겠다.

　글의 첫머리이다. 가람은 서지에 관한 논의를 본격화하기에 앞서 서적의 중요성을 갈파한다. 그는 처음부터 '학문의 가장 중요한 대상은 서지다'고 전제하여 서지가 학문의 기초이자 기본인 줄 밝혔다. 이어서 그는 책·권·본·엽(葉)의 명칭, 책본의 종류, 지·묵·필과 자체의 순으로 설명한다. 그의 친절한 설명을 따라가노라면, 박람한 지식에 놀라게 된다. 또 이것을 자세히 설명하기 위해서는 실물을 접하고 분류하며 정리했을 터이므로, 그가 한국 서지에 바친 공에 절로 고개가 숙여진다.(2021. 11. 19 가람 이병기문학제 기조 발표)

가람의 일화 2편

1

 가람 이병기는 숱한 일화를 남겼다. 그가 사람을 좋아하고, 남긴 발자취가 워낙 커서 생겨난 유산이다. 선대로부터 교육받은 대로, 그는 자신을 찾아오는 이들을 물리치지 않고 환대했다. 가람은 애초부터 그들의 출신, 지위, 친소 여부는 상관하지 않고 그저 동일한 인격체로 대하였다. 그는 방문객들과 기탄없이 얘기를 나누며 사람 냄새 나는 세상을 꿈꾸었다. 해방 후 여산 사람들에게 불려나가 민회에 참여하게 된 것이나, 정읍의 갑오동학농민혁명을 자리매김하는 일에 기꺼이 힘을 보탠 것만 봐도, 가람이 가슴속으로 소망하던 세상이 뒷산의 이름처럼 '용화'세상이었는지 모른다. 그와 같이, 가람은 사람들이 천부적인 대접을 받으며 어울렁더울렁 살아가기를 바랐다.
 가람이 서울의 휘문고보에서 교편을 잡고 있을 때의 일이다. 1926년 순종의 인산일을 맞아 서울시내 중등학생들이 만세운동을 일으키기로 결의하고 실행에 옮겼다. 당연히 휘문학교의 학생들도 나섰고, 역사가들은 그것을 이름하여 6·10만세운동이라고 부른다. 이 운동에는 중앙고등보통학교와 중동학교에 다니고 있던 전북 출신의 학생들이 앞장섰다. 그들은 김제의 곽대형, 정읍의 이동환, 임실의 김재문, 익산의 황정환 등이었다.
 예나 지금이나 선생은 가르치는 학생들이 사건에 휘말려 다치지 않기를 바라며 가슴을 졸이는 순진한 족속들이다. 휘문의 교사들도 학생들이 만세를 부르다가 일경에 잡혀가지나 않을까, 또 학교에 불미스러운 일이 벌어지지나 않을까 걱정하던 차였다. 그런데 교사 중에서 "가람 이병기 선생,

김도태 선생(3·1운동 48인 중의 한 사람)만이 의연한 태도를 보이고 있었다"고 전한다. 당시의 모습을 증언한 이는 휘문학교에 다니고 있던 김운선이다. 그는 회고록 『항일과 혁명의 한길에서』(중원문화, 2008)에서 이 말과 함께 아래의 일화를 기록으로 남겨서 가람 연구에 도움을 주고 있다.

> 하숙을 이병기 선생 댁으로 옮겼다. 선생님 사모님은 온화하고 말없는 부인이었다. 하숙비가 밀려도 독촉도 하지 않았다. 나는 시작(詩作)을 시도하곤 했다. 시를 써서 선생께 시평을 받았다. 내가 있는 방은 2칸방이었고, 거기에 3인이 있었다. 나와 동급생 유락준(후에 약사), 제일고보 1학년 문은종(해방 후 전국노동자평의회 부의장, 현재 월북) 3인이었다. 문 군은 퍽 서정적이었다. 달 밝은 밤이나 눈이 많이 쌓인 날이면 구경 나가자고 나를 못살게 굴었다. 나는 각종 사회단체에 열심히 참관하러 다녔다. 서울청년회, 북풍회, 화요회, 근우회 등등 방청을 자주 나갔다. 21세 때는 학생사회과학연구회에 가입했다. 신간회 청년부에도 자주 나갔다.(37-38쪽)

인용문에는 전남 강진군 칠량면에서 외작 500석을 거두던 중농가에서 출생한 김운선이 소위 운동권 청년으로 의식화되어 가는 역정이 나와 있다. 그는 시작에 뜻을 둔 문학소년으로, 경성제국대학에 진학하여 가문을 건사하겠다는 의지로 학교에 다니던 평범한 유학생이었다. 그러나 경성제일고보에 다니며 동숙하던 문은종의 영향으로 보폭을 수정하게 된다. 어린 나이에 쟁쟁한 청년단체와 사상단체에 드나들기 시작했으니, 감수성이 여린 그가 금세 전염될 것은 선연하다. 그 뒤로 그는 한국 최초의 중등학생 비밀결사 사건인 ㄱ당 사건에 휘말리면서 죽기 전까지 운동전선에 복무하였다.

김운선을 운동권으로 불러낸 문은종은 전남 영광 태생으로, 여성동맹 경기도위원장을 지낸 문옥순이란 오빠이다. 그는 김영섭이란 가명을 쓸 정도로 운동에 적극적이었다. 그는 경성제일고등보통학교를 다니다가 병을 얻어 1928년 사립고창고등보통학교 3학년으로 편입학하였다. 1932년 그는 전북 지역 공산당원으로 활동하면서 CS공산당 세포 예스당을 조직하고, 군산의 노동운동에 투신하여 군산신노동조합에 무산계를 조직했다가 징역 3년형을 받았다. 계를 조직한 혐의치고는 형량이 높은 것으로 미루건대, 그는 경찰의 요시찰 인물이었던 듯하다. 해방 후에 그는 민주주의민족전선 중앙위원, 조선노동조합전국평의회 서기장을 지내다가 월북하여 조선최고인민회의 위원을 역임하였다.

그에 비해 익산 여산에서 태어난 유낙준은 공부와 운동밖에 몰랐다. 그는 휘문고등보통학교에 재학할 당시에 축구선수로 활약하여 여러 대회에 학교를 대표하여 출전하였다. 1930년 경성약학전문학교에 합격하고 1933년에 졸업한 그는 약사로 살면서 학창시절처럼 운동과 거리를 두었다. 각자의 선택이 각기 다른 삶을 낳았다.

셋 중에서 문은종과 김운선은 운동단체를 들락거리며 사상적으로 좌경화하였다. 위에서 언급한 바와 같이, 둘은 나중에 격렬한 운동분자가 되었다. 그 둘로 인하여 가람이 겪었을 고초가 선하다. 두 하숙생으로서는 다니는 학교의 교사이자, 장안에서 유명한 한글운동가이며 시조작가인 가람의 집에 진을 치고 사는 편이 안전하고 생각했을 터이다. 그 반면에 가람은 일경의 눈초리를 벗어나기 힘들었을 것이고, 사모님은 하숙비도 제때 내지 않는 학생들로 인하여 경제적 부담까지 떠안으면서도 내색조차 못했을 터이다. 김운선의 증언을 통해서 가람의 서울살이가 순탄했던 것은 아닌 줄 짐작할 수 있다.

2

전북대학교에 근무하던 김교신은 「가람 신생님의 인품」(『노령』, 1985. 8)이란 짧은 글을 남겼다. 『노령』은 예전에 전주문화원에서 발행하던 기관지로, 포켓북 형태의 작은 판형으로 발간되었다. 이 조그마한 잡지에는 발표지면이 마땅치 않았던 도내 작가들의 시, 수필 등이 꽤 실려 있다. 당시 대학에 근무하던 김교선이었으니, 『노령』의 편집자로서는 귀한 필자를 섭외한 셈이다. 그는 전북대학교 국문과의 창설 요원으로 부임하여 그곳에서 정년을 맞고 전주대학교에 초빙되어 잠깐 근무한 평론가이다. 그의 헌신적인 노력에 힘입어 전북대에 신비평 이론이 소개되었고, 저명한 비평가들이 배출되었다. 그가 전주고등학교를 떠나 대학에 왔을 때, 가람은 인문대학장으로 재직하고 있었다. 가람과 전북대학교의 인연이 시작된 무렵에 김교선이 교수로 취임한 것이다. 더욱이 과를 창설하고 기반을 다지는 중이었던 만큼, 그와 가람의 호흡이 어느 때보다도 중요했을 터이다. 그가 추억한 가람론은 경수필에 불과한 단편이지만, 가람의 생전 모습이 궁금한 이들에게는 더 말할 나위 없이 정확한 정보를 전달해준다. 이에 길이가 긴 그의 수필을 옮겨서 연구자료로 보존한다.

　　가람 선생님을 알게 된 것은 내가 전북대학교에서 교편을 잡게 된 때부터였다. 선생님은 그 당시에 문리과대학 학장으로 계셨을 뿐 아니라, 국문과 교수이기도 하셨다. 그리고 나도 국문과 교수의 말석을 차지하게 되었기 때문에 자연 선생님을 모실 기회가 많았다.
　　그런데 인간이라는 것은 훌륭한 인격자로 알려진 분의 경우라도 밀접한 접촉을 거듭하다 보면 어떤 추한 일면 같은 것이 느껴지는 일이 많다. 그러나 가람 선생님의 경우는 그렇지 않았다. 접촉하면 접촉할수록 선생님의 순수한 인간미에 이끌려 가게 될 따름이었다.
　　내가 전북대학교에 부임한지 얼마 안 되어 문리과대학에서 교수회가 있었다. 그때 교수회에서 토의되었던 안건 내용은 지금 생각나지 않지만, 갑론을박 좀처럼 결론이 나오지 않았던 것만은 기억에 남아 있다. 시간만 가고 결론이 나올 것 같지 않게 되자, 가람 선생님이 『이렇게 하는 것이 좋겠다』고 말씀하셨다. 그 말씀에 교수들은 모두 잠잠하게 되고 회의는 끝났다.
　　그런데 그때의 내 느낌으로는 가람 선생님의 의견이 가장 적절한 결론이거나 또는 학장의 권위에 눌려 교수들이 그렇게 순종하는 것 같지는 않았다. 그보다도 가람 선생님의 말씀이니 왈가왈부하지 않고 그대로 따르자는 태도인 것 같았다.
　　그 후에 문리대 분위기를 차츰 알게 되면서 이같은 내 느낌이 틀린 것이 아니라는 생각이 굳어졌다. 어느 대학이고 학장을 비난하는 교수들이 있기 마련이다. 그러나 문리대에서는 그런 교수를 한 사람도 발견할 수가 없었다.

만일 그런 교수가 있다면 문리대에서는 그 교수의 설자리가 없어질 것 같았다.

이처럼 보기 드문 분위기가 문리대에서 조성되었던 까닭은 우선 가람 선생님이 학계의 대 선배요 권위자였다는 점에 있었을 것 같다. 그러나 이같은 조건만으로는 앞서 말한 것 같은 분위기가 충분히 이루어지리라고는 생각되지 않는다. 이같은 조건에 순수한 인간미가 넘쳐흐르는 선생님의 고결하신 성품이 겹쳐졌기 때문이라고 생각된다.

그러면 다사롭고 소탈하시고 아무런 제스춰도 없는 선생님의 성품을 그대로 드러내 보이는 구체적인 예를 하나 들어보겠다.

현재 대학 교수이며 시인이기도 한 김해성(金海星) 씨가 그 당시에는 전북대학교 국문과 학생이었다. 그 무렵에도 그는 시를 썼고, 학교 성적도 아주 좋은 편이었다. 그런데 가정 형편이 곤란하였던 모양으로, 등록금을 마련하기 어렵게 되었다. 그래서 나는 가람 선생님 댁을 찾아가서 해성 군의 딱한 사정을 선생님께 말씀드리고 등록금 면제를 부탁하여 보았다. 그랬더니 선생님께서는 한 마디의 반문도 없이 즉석에서 일어나서 두루마기를 입으시면서 기성회장을 만나겠다고 하셨다(그 무렵에는 국립대학도 기성회비로 학교 운영을 하다시피 하고 있었다).

가람 선생님의 이같은 모습을 보고 나는 감격하지 않을 수가 없었다. 보통 학장들이라면 이 구석 저 구석 따져 묻고 난처한 듯한 표정을 지어 보인 다음 기성회장을 설득하여 보겠노라고 선심을 베푸는 듯한 포즈를 취할 것이다. 선생님처럼 제자를 위하여 즉석에서 몸소 기성회장을 만나러 나서는 학장은 아마도 다른 대학에서는 있을 성싶지 않았다. 이처럼 선생님은 인자하시고 가식이 없고 솔직담백한 분이었다.

또 선생님은 남을 의심할 줄 모르시고 사소한 일에 구애하지 않으시는 분이었다. 남을 의심할 줄 모르셨다는 것은 선생님이 남을 속여 본 일이 없을 뿐 아니라, 속여 보려고 생각한 일조차 없었기 때문일 것이다. 아마 선생님은 일생 동안 자신의 이익을 위하여 남을 속여 본 경험이 없는 분일 것 같다. 선생님과의 접촉에서 나는 항시 이런 느낌이 들었다. 이처럼 순수한 분이니 현실적인 사소한 일에 구애받지 않는 것도 당연한 일이라고 나는 생각하였다.

이같은 점은 선생님이 서류를 결재하실 적에 잘 나타나고 있었다. 선생님은 사무직원이 결재서류를 가지고 오면 따지고 묻고 하시는 일이 없을 뿐 아니라, 서류를 읽어보시지도 않고 도장부터 찍으시는 것이다. 과장이 알아서 잘 처리하였을 것이라고 믿고 계시는 것이다.

이런 경우, 상식적으로는 사고가 일어날 법한데 이상하게도 아무런 사고도 발생하였다는 이야기를 들은 일이 없다. 선생님의 너무나 순수한 덕성 앞에 교수들뿐만 아니라 사무직원들까지도 심복하는 자세가 되었기 때문일 것 같다.

　세속적인 물결에 오염되지 않은 가람 선생님의 인품에 대하여서는 얼마든지 더 많은 예를 들 수도 있다. 그러나 지면 관계도 있고 하여 끝으로 한 가지만 더 예를 들어 보겠다.

　선생님이 애주가라는 것은 누구나 다 알고 있는 사실이다. 그러므로 나는 선생님이 얼마나 술을 좋아하셨는가를 새삼스럽게 이야기할 생각은 없다. 그보다도 선생님이 술을 즐기시는 심정이 어떤 성질의 것이었는지 그 점을 말하고 싶다.

　선생님은 어떤 계산을 앞세우고 술을 마시는 일이 없으셨다. 가령, 총장이라든가 또는 권력기관에 있는 분이라든가 혹은 지역사회의 명사들이라든가 이런 이들과 어울려 술자리를 즐기는 것을 본 적이 없다.

　그뿐 아니라 교수들이나 사무직원들의 단합을 위하여 술자리를 마련하는 것도 본 적이 없다. 적어도 가람 선생님의 뜻으로 그런 자리가 마련된 일은 없었다고 단언할 수가 있을 것 같다. 가령, 선생님은 퇴근길에서 우연히 만나게 된 교수들이나 학생들과 술이 좋아서, 후배들과의 격의없는 환담이 좋아서 술집을 찾으시는 것이다.

　거기에는 아무런 세속적인 계산 같은 것이 없는 것이다. 그러므로 선생님이 찾으시는 술집은 사회적인 지위가 있다는 분들이 드나드는 일류 요정 같은 곳이 아니라, 그런 분들이 체면을 생각하여 외면하여버리는 초라한 선술집 같은 곳이다.

　선생님은 술맛만 좋으면 그만인 것이다. 세속적인 체면 따위에는 아무런 관심도 없으신 것이다. 이처럼 선생님이 허식적인 체면 따위에 구애받지 않으시는 것은 술이 얼근하시면 젊은 후배들 앞에서도 호탕한 웃음을 섞어 가시면서 외설적인 이야기를 거침없이 하시는 데서도 느낄 수 있다. 보통 사람들이라면, 더구나 사회적 지위가 있는 사람들이라면 설사 술자리라고 하더라도 근엄한 자세를 허물어뜨리지는 않을 것이다. 그들이 실제 생활에서는 추한 짓을 하면서도 후배들 앞에서는 군자연할 것이다. 그러나 선생님은 이같은 위선자들과는 차원이 달랐다.

　결론적으로 말하면, 가람 선생님은 현대와 같이 비인간적인 퇴폐한 사회에서는 발견할 수 없는 순수한 인간미를 그대로 지니고 있는 희귀한 분이었다.

　김교선은 에둘러 말하고 있으나, 가람이 '외설적인 이야기'까지 거침없이 꺼내어 좌중을 휘어잡는 화술을 지적하고 있다. 당시 도내 인사들은 이 점을 다 증언하였다. 그런데도 불구하고 가람의 애기는 만인의 양해를 구하고 있었으니, 청중들은 화술의 능란함과 화제의 자재를 인정하고 들을 수밖에 없었던 것이다. 더욱이 가람이 그런 육담으로 일관하는 게 아니고, 당시 지역 문단의 현안을 정확히 짚어내는 혜안을 갖추고 있었기에 모두 동의하지 않을 수 없었다. 그것은 김교선의 말마따나 '세속적인 물결에 오염되지 않은 가람 선생님의 인품'에서 우러난 것이다.

또한 가람은 대의를 위해서라면 자신을 낮추기를 꺼리지 않았다. 위 증언에 나온 바처럼, 그는 제자의 등록금 문제를 해결하기 위하여 학장의 지위를 뒤로 물리고 기성회장을 만났다. 한마디로 그는 '세속적인 계산'과 멀었다. 그에게는 '총장이라든가 또는 권력기관에 있는 분이라든가 혹은 지역사회의 명사들', '교수들이나 학생들', '후배들'이 동등한 인격체였을 뿐이다. 그처럼 사람을 자리나 유무산으로 따지지 않은 가람이기에, 제자를 위하여 기꺼이 아쉬운 소리를 할 수 있었던 것이다. 이를 보아도 '가람 선생님은 현대와 같이 비인간적인 퇴폐한 사회에서는 발견할 수 없는 순수한 인간미를 그대로 지니고 있는 희귀한 분'이라는 김교선의 평가는 합당하다. 사실 김교선은 진안 출신의 시인 이운룡이 전북대학교에 들어올 때부터 졸업할 때까지 도움을 주었다. 그나 가람이나 제자를 위하는 따뜻한 스승이었다.

제2부 김해강론

김해강의 시에 나타난 매춘의 사회시학

I. 서론

　인간의 육체는 구체적인 세계를 경험하기 위한 조건이다. 그것은 위계적으로 조직된 하나의 체계이며, 그 안에는 당대 사회의 정치적, 사회적 가치가 주입되어 있다. 그러므로 인간의 육체를 둘러싼 담론들은 당대를 규정하는 이데올로기로부터 자유로울 수 없다. 육체는 하나의 정치적 이념태인 것이다. 육체가 정치적 의미를 띠게 되면서 역사와 사회의 전면에서 배제되었던 여성의 육체가 논의선상으로 대두되었다. 여성의 육체가 공식적인 담론으로 형성되는 것은 정신주의의 전복을 동반하며, 사회가 물질문명의 시대로 진입했음을 알려준다. 그동안 여성의 육체를 둘러싼 담론들은 남성/지배자의 논리에 따라 논의의 폭과 깊이가 결정되었다. 그 대표적인 예가 "남성이 여성의 신체를 자본주의적 시장에서 상품으로 판매하도록 요구하는 것"1)이다. 그러므로 여성들은 육체의 소유자이면서도 그에 상응하는 담론을 창출하거나 논의할 수 없었다. 이런 점에서 육체의 소유권을 주장할 수 없는 매춘 여성들은 지배 담론의 실체를 드러내기에 적합한 인물이다. 그녀들은 자신들을 억압하는 타자에 대한 일체의 반론조차 제기할 수 없을 정도로 철저하게 배척되었다.
　우리나라에서 매춘 현상이 사회의 모순 구조로 정착하게 된 것은 일본 제국주의의 침투 후이다. 일제는 조선의 식민지화를 신속히 달성하기 위해 농지의 소유권에 집착하였다. 그 여파로 농지의 대부분이 농업자본을 앞세

---

1) C. Pateman, 이충훈·유영근 옮김, 『남과 여, 은폐된 성적 계약』, 이후, 2001, 36쪽.

운 일본인 지주들에게 넘어갔고, 농촌 사회는 빠르게 와해되었다. 그로 인해 농지를 빼앗긴 농민들은 일자리와 먹을거리를 찾아 도시와 간도 지방으로 이주하게 되었고, 그 와중에서 농민들은 신흥빈민계급으로 재편성되었다. 일제의 농업수탈정책은 전통적인 가족의 해체를 가져왔고, 남성과 달리 자본이나 노동력을 제공할 능력이 없었던 여성들은 마지막 수단인 육체를 노동시장에 내놓을 수밖에 없었다. 조선 여성들은 일제에 의해 농촌의 해체가 가속화되면서 졸지에 생업 전선으로 호출된 것이다. 그녀들은 남성들에 비해 상대적으로 열악한 직업 선택 기회 때문에, 1920년대 후반부터 일제에 의해 유입되기 시작한 카페, 바, 다방, 레스토랑 등으로 편입되었다. 완강한 제국주의 권력은 여성 노동력을 유흥공간에서 흡수하도록 제도적 장치를 작동시켰고, 그 결과 일부 여성들은 고유한 정조를 화폐와 교환하는 가치 체계를 수용할 수밖에 없었다. 이 여성들의 일상적 삶은 일제에 의해 기획된 식민자본주의가 정착하게 되면서 식민지 사회의 정치적 성격을 담보하는 상징성을 갖게 되었다. 그렇기 때문에 식민지 체제 아래서의 여성 문제는 남성과 여성의 대결보다는, 지배계급과 피지배 계급간의 투쟁 양상에 초점을 맞추어 논의하는 것이 온당하다. 그것이야말로 당대 여성의 육체 담론을 정직하게 논의하는 태도이며, 동시에 담론을 빚어내는 사회의 정체성을 드러내는 데 효과적인 접근 방식이기 때문이다. 식민지시대라면 더욱 그렇다.

그러므로 매춘 여성들의 훼손된 성도덕에 우려를 표명하면서 그녀들에게 "봉건적 질서로부터 벗어나되, 새로운 질서는 현대 문명의 자본주의적 향락문화 속에서가 아니라, 건전한 '정신'의 영역 내에서 이루어져야 한다"[2]는 소박한 계몽 의지를 피력했던 김기림이나, "근대적 시·공간과 그러한 조건 속에서 삶을 영위할 수밖에 없는 병든 육체가 파멸해 가는 궤적"[3]을 포착했던 이상과 같은 모더니스트들의 시각은 당대 사회의 실정을

---

2) 조영복, 『한국모더니즘문학의 근대성과 일상성』, 다운샘, 1997, 119쪽.
3) 조해옥, 『이상시의 근대성연구—육체의식을 중심으로』, 소명출판, 2001, 195쪽.

도외시한 남성 중심의 편향된 일방적 관점에 지나지 않는다. 이러한 시각은 식민지 여성의 문제를 민족적 혹은 계급적 차원에서 접근하는 태도를 차단시켜서 '병든 육체', 즉 여성의 주체적 선택에 의한 몸파는 행위로 저락시켜버린다.

식민지 시대의 매춘 여성들에 대해 지속적인 관심을 표명한 시인은 김해강이다. 1930년대에 접어들면서 대다수의 리얼리즘 시인들은 날로 기승을 부리는 일제의 탄압 정책에 직면하여 현실지향적 경향을 약화시키거나 철회하는 태도를 보였다. 그러나 등단 후 줄곧 리얼리즘시를 발표했던 김해강은 이 시기에 매춘 여성들을 등장시킨 작품에서 그녀들의 삶 뒤에 가려진 식민자본주의의 병폐를 고발하는 등, 여전히 비판적인 성향을 유지하였다. 그는 매춘 여성들을 집단 화자로 설정하고, 식민지 종주국이 기획한 여성의 육체 담론 속에 은폐된 남성/식민지 권력의 지배 이데올로기를 폭로하는 데 주력했다. 그는 매춘 여성들의 비극적 삶을 형상화하는 과정에서 일제의 검열 행위에 효과적으로 대처하는 수사적 기법을 강구했던 것이다. 이에 본고에서는 매춘 여성들이 출현한 그의 시편을 통해 식민지 권력의 기율 체계를 드러내려고 한다.

II. 여체와 식민지 권력의 길항관계

매춘은 본질적으로 권력에 의한 육체의 지배 현상이다. 권력은 매춘을 사회제도의 일종으로 승인하고, 한편으로는 매매음을 하는 개개인을 통제하는 메커니즘을 발동시킨다. 이러한 권력의 속성은 식민지 시대라는 특수한 사회 체제 속에서 그 역할과 권한을 배가시킨다. 권력은 그녀들의 육체가 존재하는 시간과 공간을 분할하고 배분하며, 체제에 순응하는 육체로 변모시키기 위해 모든 수단을 동원한다. 이때 매춘여성들은 남성뿐만 아니라 식민지 권력에게 육체를 제공하면서도, 도리어 그들로부터 배제된다는 점에서 이중적인 피해를 입는다. 그녀들의 육체는 누구나 구매 가능한 상품이며, 아울러 누구로부터도 친밀성을 확보할 수 없는 금기의 대상이다. 매춘 여성들은 저마다 지울 수 없는 경험을 간직한 채, 어느 집단으로부터도 용인받지 못하고 방황하는 부표였다. 이에 그녀들은 자신들을 가족과 사회로부터 격리시키고 육체를 통제하는 지배 담론에 대항하기에 이른다. 매춘 여성들은 "자기 자신의 몸의 실제적인 지배권, 특히 자기 자신의 몸의 육체적 사용에 관해 지배권을 구하는 투쟁"4)을 통해 억압 기제에 정면으로 항거하는 전략을 강구하였다. 그녀들은 육체에 각인된 기억을 매개로 사회에 대한 비판 의지를 표출하면서, 자신들에게 더러운 경험을 안겨준 사회에 대해 항의하는 몸짓을 보여주었다. 곧, 그녀들은 자신들의 훼절된 시간과 공간의식을 회복하기 위해 식민지 권력과 끊임없는 긴장관계를 조성했던 것이다.

1. 공간의 분할에 저항하는 여체

일제는 1904년 10월 10일 「경성영사관령」 제3호를 발효시켜 매춘 여성들을 전문직업인으로 공식화하였다. 그 해 9월 경시청은 「기생 단속령」과 「창기 단속령」을 공포하여 조선에서의 공창 정책을 실시하였고, 1920년대에 이르러서 조선 내에는 사창까지 만연하게 되었다. 매춘은 식민지 종주국에 의해 직업으로 인정된 이후 자생력을 갖추면서 변형되고 왜곡된 형태로 뿌리내리게 되었다. 특히 일제에 의해 토지조사사업이 실시되고, 제1차 세계대전 후의 만성적 불경기 등이 겹치며 생활고가 극에 달하자 유랑, 걸식, 아사보다는 매춘을 택하는 여성들이 나타났다. 또 조선 왕조의 강압적 해체와 그에 따른 망국의 감정은 사회 구성원들에게 극심한 허탈감을 안겨주었고, 기미독립만세운동 이후 민족해방운동전선이 재편되면서 일부

---

4) A. Dworkin, 유혜련 옮김, 『포르노그래피―여자를 소유하는 남자들』, 동문선, 1996, 303쪽.

지식계급의 허무 의지를 자극하는 역할을 수행하였다. 마침 일제가 개설한 공창제도는 이러한 의식상의 공백을 파고들기에 충분하였다. 식민지 남성들은 자신들의 심리적 공허감을 여성들의 육체를 통해 배출하였고, 이 점에서 그들은 식민지 권력의 하수인이 되어 동족 여성의 육체와 영혼을 파멸시키는 데 공조하였다. 매춘 여성들은 일제의 조선 수탈정책이 파생시킨 역기능의 산물인 것이다. 이러한 시대적 맥락을 사상하고 매춘 여성들의 겉모습만 파악하면, 필연적으로 그녀들을 "도시의 사생아이며, 봉건적 윤리관과 새로운 자유 연애 사상의 충돌이 빚은 좌절된 여성들의 탈선이고, 혹은 농촌의 궁핍화가 부산물로 만든 새로운 구직처"5)라는 결론에 닿게 되어 식민지 당국의 매춘 방조 혐의를 두둔하는 결과를 낳는다.

  새로운 공간이 형성되면, 인간은 그 환경에 적합한 삶을 영위하기 위해 "새롭게 길들여지며, 이에 따라 전에 없던 육체적 취향, 특징, 능력들을 가지게 되면서 새로운 인간 형태"6)로 바뀌게 된다. 이 공간은 인간의 육체와 관련을 맺을 뿐만 아니라, 지식과 의식이 활동하는 일체의 방식과 연루된다. 이에 따라 공간은 권력의 정치적 속성과 지배계급의 이데올로기를 구현하는 장소로 변모한다. 일제가 조성한 매춘 공간은 식민지 남성들의 성적 욕망을 강력하게 흡입하며 자생적인 확장을 기도하였다. 이 공간 속에서 매춘은 지배자에 대한 반항 의지를 약화시키면서, 남성들로 하여금 성적 대상에 대한 우월적 지위를 체험하도록 자극하였다. 남성들은 현실적 좌절감과 패배의식을 성행위로 분출하려고 했고, 일제는 남녀간의 은밀한 성행위 과정에 깊숙이 개입하여 피지배자의 육체를 통제하려고 기도하였다. 일제의 육체 통제는 매춘 여성들에게 집중적으로 시도되었다. 일제는 그녀들에게 성병 검사를 실시하여 성적 도구에 대한 위생성을 확보하는 한편, 성적 유희 대상의 안정적 공급을 도모하였다. 이것은 일제가 공간 분할을 통해 식민지 원주민 여성들의 육체를 효율적으로 관리했던 사례에

---

5) 김병익, 『한국문단사: 1908-1970』, 문학과지성사, 2001, 203쪽.
6) 강내희, 『공간·육체·권력—낯선 거리의 일상』, 문화과학사, 1997, 9쪽.

속한다.

　이런 측면에서 일제에 의해 강제 이식된 식민자본주의의 메커니즘이 작동하는 현장을 사실적으로 묘사하는 일은 시급한 시적 과제였다. 김해강이 시작품 속에 매춘 여성들을 수용하게 된 것은 남성과 식민지 종주국으로부터 이중적 고통을 당하고 있는 그녀들을 통해 식민지의 정치사회적 조건들을 드러내려는 의도에서 비롯되었다. 그는 식민지 정책이 제도화되고 도시화가 확산되면서 도시의 변두리에서 살아가는 여성들의 삶에 대해 관심을 나타냈다. 그에게 도시는 식민지시대의 모순과 허위의식이 충만한 타락의 공간이었다. 도시는 향수의 이중적 의미, 곧 일제 침략으로 인해 공동체가 상실당하기 이전의 모습을 간직한 고향으로의 귀소 본능과 조국의 광복의지가 존재할 수 없는 곳이다. 도시에서는 오직 식민지 권력이 제시하는 순응적 질서체계에 신속히 편입하는 것만이 당위적 과업으로 문제시될 뿐이었다. 이런 줄 익히 알고 있던 김해강은 식민지 종주국에 의해 기획된 도시의 타락상을 묘사함으로써, 고향에의 회귀 본능과 식민자본주의로부터의 탈출 욕망을 의식적으로 드러내려고 시도하였다. 그러므로 김해강이 매춘 여성들을 통해 도시의 모순을 인식하고, 그녀들을 통해 식민자본주의에 대한 환멸감을 표출하려고 한 것은 그가 전주의 청년운동에 관여하면서 심화된 사회의식에서 말미암은 것이다.

　　　오오 그리하야 우리를 사람먹는 魔女라불으는 당신들이여!
　　　우리의 街里를 지날째 눈살을 찝흐리는당신들이여!
　　　우리는 참으로 魔女외다. 魔女외다. 미여운魔女외다.
　　　미친 우슴치며 산아이를 먹는魔女외다.

　　　하나 여보시요 당신들은 쎈쎈도 하구려!
　　　하하 누가 우리를 이러틋 미여운구렁에 미러썰어 트렷기에?
　　　참으로 당신들은 사람을 먹는 凶物이다.
　　　더구나 魔女라는 우리를 먹는 무서운餓鬼외다. 魔男이외다.

우리의 입술을 쓰더먹고 우리의 살을할터먹고
우리의붉은心臟을 빼여먹고 우리의더운숨ㅅ긔를 쏩아먹고
그리고도 不足하여 우리를 魔女라불으는 당신들의 뻔뻔함이여!
오오 우리는 우리의몸을 불살러 당신들의 거리를 불질으려나이다.

가장 貴엽다는 목숨보다도 더貴한 보배까지를 바친
그리하야 모―든것을 빼앗긴 우리는 아모것도 가진것업소이다.
오즉 송장ㅅ국가튼 차고 쓰린 눈물이담긴 한덩이裸體쁀이외다.
이것을 唯一한武器로 불을부쳐 당신들의 거리를 征服하려는것이외다.
　　―「魔女의 노래」7) 부분

　매춘 여성들은 "그녀들을 지배하는 도덕률이 여성이 아닌 신앙의 이름을 빌린 남성들의 손으로 만들어지고 있는 동안 여성들은 그 모럴의 희생물"8)이 될 수밖에 없었다. 남성/식민지 권력이 신의 대리인으로서, 신의 사제로서 신앙을 관장해왔던 것이다. 남성들은 매춘 구역을 지나면서 그녀들을 향해 눈살을 찌푸리고 '미여운 惡魔'라고 비난함으로써, 자신들의 매음 행위를 은폐시킨다. 그들에게 매춘 여성들은 정상적인 사회인들과 접촉이 금지된 대상이었기 때문에, 간밤의 성희가 탄로나서는 안 되었다. 그러나 자신이 입은 상처를 가해자보다 선명하게 기억하는 피해 여성은, 남성들이 자신의 "가장 貴엽다는 목숨보다도 더貴한 보배까지" 가져간 인물인 줄 알고 있다. 그들은 여성들의 목숨보다 중요한 육체적 순결을 훼손했다는 점에서 '산아이를 먹는魔女'보다 나쁜 '사람을 먹는 凶物'이며, '무서운 餓鬼/魔男'이다. 남성들의 위선적인 태도에 분개한 그녀들은 "송장ㅅ국가튼 차고 쓰린 눈물이담긴 한덩이裸體"를 무기로 '당신들의 거리'를 정복하겠다고 선언한다. 매춘 여성들은 자신들의 육체가 놓인 공간의 특성을 명확하게 의식하고 있었던 것이다. 그녀들에게 공간을 분배하고 통제하는 것은 식민지 권력이기 때문에, 매춘 여성들의 정복욕은 곧 일제의 공간 지배

---

7) 『조선시단』, 1930. 1.
8) P. Frischauer, 이윤기 옮김, 『세계풍속사』 (상), 까치, 1994, 31쪽.

에 대한 저항적 성격을 띤다. 그러므로 이 작품의 이면적인 주제는 조선 민중의 공간 회복의지를 표현한 것으로 확장된다.

또 남성의 완력에 능욕되는 매춘 여성은 식민지 원주민들의 비참한 처지와 대응한다. 김해강은 매춘 여성들을 괴롭히는 남성/식민지 권력의 은유물로 '白魔/毒蛾'에서 나아가 '餓鬼'로까지 확장시키고 있다. 또 그는 일본 제국주의를 "人肉을씹는무서운 餓鬼"로 비유하고, 그녀들을 '썩은 구렁창'에 빠뜨린 책임을 묻고 있다. 표면상으로는 매춘부들을 마녀라고 비난하는 척 위장하지만, 정작 일제에 의해 타락한 조국의 실상을 대변하고 있는 것이다. 그것은 일제의 검열을 피하면서, 동시에 시적 전언을 효과적으로 은닉하기 위한 수사적 책략이다. 1920년대에 시작 활동을 전개한 이후 일관되게 현실 비판적인 주제의식을 견지했던 그로서는 날이 갈수록 강고해지는 일제의 검열 사태를 우회하는 전략을 강구하지 않으면 안 되었다. 그 결과, 식민지 권력의 횡포와 이데올로기적 통제 장치를 비판하는 유효한 방안으로 이와 같은 수사 기법을 고안한 것이다. 당대의 비평가가 이 작품을 "남성의 피를 싸러먹는 아귀갓흔 마녀를 저주하는 이보담 그들을 마녀가 되게 만든 것이 그를 저주하는 그대들이니 실상 너를 저주한다는 노래로서 美作이면서도 역작이라고 할 수 잇는 조흔 作"9)이라고 높이 평가한 이유는, 김해강이 민중들의 삶뿐만 아니라 그들의 인생에 내재된 정치적 조건까지 직시하는 관점을 유지하고 있었던 점에 주목한 평언이다. 이와 같이 김해강은 매춘 여성들을 시적 화자로 설정하고, 남성 중심의 성 담론과 식민자본주의의 간교한 술책을 동시에 고발하고 있다. 이 점이야말로 그 시대의 시인들이 노래하지 못한 것이기에 그의 시적 안목을 높이 치지 않을 수 없다.

일제는 자국과 달리 조선에서의 매춘 행위를 유곽 이외의 지역까지 허용함으로써 매매음을 조장하였다. 그들은 매춘 지역을 지정함으로써 조선인과 여성들의 공간을 구획하고 지배하려는 야욕을 드러냈다. 그것은 매춘

---

9) 배상철, 「조선시인근작총평」, 『대조』, 1930. 8.

행위를 근절시키기 위한 조치가 아니라, 조선 민중으로 하여금 매춘 여성들과 일정한 거리를 유지하여 그녀들을 감금하고, 나아가 그곳을 저주받은 공간으로 자리매김하기 위한 일종의 의식이었다. 그것은 동일한 식민지 공간 내에 출입제한구역을 설정하여 조선인 사이의 거리까지 제한하려는 심리적 분열 책동의 발로였다. 사회로부터의 격리는 매춘 여성들에게 심리적 억압 기제로 작용하여 사회 구성원들로부터 망각되는 존재로 만들었다. 일제는 매춘 여성의 격리 조치를 통해 그녀들의 수치심을 자극하여 최소한도의 존재 가치조차 회수하였고, 그녀들은 자신의 삶에 대한 성찰의 기회조차 차단하고 말았다. 그 결과 조선인들은 자각도 없이 "공간에 있어서 계급 차이는 민족적 차이를 압도한다."10)는 지배자의 논리에 동조하게 되었고, 매춘 여성들은 사회적으로 격리된 채 비인간적 취급을 받기 시작하였다.

이런 점에서 매춘 공간은 지배자의 사유가 구현되는 곳으로, 그곳은 성의 매매가 자유롭게 이루어지는 육체 시장이었다. 일제의 공간 구분은 그곳에 거주하는 구성원들의 공간과 장소에 각기 다른 기능과 의미를 부여하며 분할 통치하려는 야욕을 구체화한 것이다. 일제가 공식화한 공창제도에 의해 매춘 여성들은 "피지배민족으로서의 인권 유린과 함께 '성의 유린'이라는 이중적 착취를 요구하는 구조적 장치로서 양가적 의미"11)를 갖게 되었다. 김해강은 이러한 현상의 본질을 직시하고, 매춘 여성들의 공간을 통제하는 식민지 권력의 본질적 속성을 시화하여 당대 매춘의 정치적 의미를 집요하게 드러내려고 했던 것이다. 그의 시도로 매춘 여성들은 일제와 남성으로부터 이중적 수탈을 당하는 실상이 폭로될 수 있었다. 그처럼 매춘 담론은 식민지와 그곳의 여성들이 처한 시대상황을 고스란히 반영하여 전개되었고, 그것을 통해서 일제의 폭력성과 식민지 남성들의 위선이 민낯을 드러내게 되었다.

---

10) N. M. Hanley, 김쾌상 옮김, 『육체의 언어학』, 일월서각, 1990, 51쪽.
11) 박종성, 『매춘의 역사―매춘의 정치사회학』, 인간사랑, 1997, 66쪽.

자본주의 체제에서 여성의 육체는 대표적 교환수단인 화폐를 통해 구매 가능한 재화로 규정된다. 따라서 매춘 여성은 돈을 매개로 남성과 육체적 관계를 맺는 것이다. 그 순간에만 그녀는 교환가치를 띠며 거래할 수 있는 물건이 된다. 그녀는 오로지 "타인과의 관계에서 비로소 몸의 의미를 파악"[12]하며, 자신의 존재 조건을 직시하게 되는 것이다. 그녀의 육체를 구매할 수 있는 돈은 남성이 갖고 있는 권력의 상징이다. 남성들은 돈을 손에 쥐고, 성적 필요에 따라 여성들에게 베풀어준다. 돈은 오직 남성의 손에서만 시혜되는 권력의 물표로 상징화된다. 돈의 성적 의미는 남성들의 정신 속에 내면화되어 여성의 성을 구매하는 수단으로 기능하면서, 동시에 여성들로 하여금 남성에게 종속되기를 강요하는 권력자의 홀(笏)인 양 과시된다.

그러므로 남성이 돈을 관리하는 것은 성적 대상을 관리하는 행위에 다름 아니다. 그들은 돈을 소비함으로써 자신의 성적 욕망과 여성에 대한 지배 욕구를 만족시킨다. 그렇지만 돈은 한계효용체감의 법칙을 그대로 실현하는 까닭에, 돈이 떨어진 남성의 욕망은 힘을 잃고 위축된다. 김해강이 매춘 여성들의 비극적 처지를 시작품에 수용하는 것은 당대의 모순 구조에 직접적으로 반응하는 행위라고 할 수 있다. 이런 측면에서 그의 시에 출현하는 매춘 여성들은 당대를 규정하는 알레고리의 성격을 띤다. 당대 여성들의 추악한 국면만을 문제시하여 삶의 총체적 의미망과 단절시켜버리는 그의 시작 태도는 비극적 역사관의 산물이다.

> 香燻이 타오르는 내 치마폭에 바람이 움직일 때
> 그들의 가슴에 떠오르는 太陽은 永遠히 꺾어버리고
> 粉紅 寢臺 우에
> 白魚와 같은 내 肉體의 어지러운 曲線이 떨어질 때
> 그들의 머리에 빛나든 아름다운 譜表는

---

[12] C. A. van Peursen, 손봉호·강영안 옮김, 『몸·영혼·정신―철학적 인간학』, 서광사, 1985, 134쪽.

가엽시도 개천에 굴러 떨어지고 말지 안햇느냐?

오오 都會여!
내 마음의 夜光珠를 도적한 者여!
깨여진 자개껍질처럼
情慾의 바다에 엎질어진 나의 靑春이여!
내 발에 채이는 돌뿌리마다 돌뿌리마다
오! 나의 蒼艶한 情史를 쌀쌀하게 嘲笑하는
토막 토막 戰慄할 記憶이 머물러 잇거든.
―「마음의 香火」13) 부분

 화자는 분홍빛 침대 위에 백어와 같은 자신의 육체가 눕혀지던 순간을 또렷이 기억한다. 그녀는 주체의 의지와 상관없이 남성에게 구매된 자신의 몸뚱아리를 흰 고기로 비유했다. 그녀의 육체는 항상 '白蛾/白魚'처럼 흰색이다. 그 빛은 조선 민족의 고유색이면서, 주체의 창백한 신세와 표정을 연상시킨다. 물고기는 자신을 포획한 자의 처분을 무기력하게 기다리며 '깨여진 자개껍질'이 되기 이전의 상태를 추억한다. 그녀는 반인반어의 육체를 감싸고 있는 비늘을 떨어버리고 정욕의 '바다'를 벗어나 온전한 인간이 되기를 갈망한다. 그녀가 자신의 육체를 물고기로 비유한 의도는 자신의 육체를 애무하는 행위가 비늘만 어루만지는 것에 불과하며 자신의 속살, 곧 영혼은 여전히 순결하다는 뜻을 함의한다. 그것은 향수의 절실한 정도를 나타낸 것이며, 물고기가 아니라 한 여성으로서 살아가고 싶은 생의 의지를 달리 표현한 것이다.

 그렇지만 육체의 진애를 떨어버리고 요람으로 돌아가고자 하는 그녀의 귀향 의지는 실현될 수 없다. 세상 사람들은 그녀의 육체에 새겨진 '蒼艶한 情史'를 쌀쌀하게 조소하기 때문이다. 이미 그녀의 육체는 짓밟힌 채 지워질 수 없는 '戰慄할 記憶'이 채색된 한 편의 서사물인 것이다. 그녀의 육체는 사회적 질서 체계에 놓이면서 "정열과 색욕과 탐욕의 이야기를 그

---

13) 『여인』, 1936. 12.

스스로 체현하기도 하고, 또 그러한 이야기를 만들어내기도"14) 한다. 하지만 그녀의 육체에서 생겨난 이야기들은 하나의 상품으로 회자되는 거짓 이야기에 불과하다. 여성의 육체가 본질적 가치를 상실하고 돈과 교환되는 가치체계를 승인하게 될 때, 매춘 여성들은 금전으로 거래되는 동산에 불과하다. 이 때문에 그녀의 기억은 스스로 전율할 만큼 고착화된 채 그녀를 억압하는 심리 기제로 작용한다. 그 기억은 남성들에 의해 호명되는 순간에 착상된 것이다.

남성들은 여성에 대해 명명의 권력을 갖고 있다. 그녀가 아무리 과거의 가슴아픈 기억을 잊으려 해도, 세계에 작동하는 식민지 권력의 이데올로기와 그의 동일자인 남성/사회 구성원들은 그녀의 원상 회복을 허용하지 않는다. 도리어 그녀의 육체를 탐하는 남성들, 곧 '어리석은 백성의 子孫들'은 화자에게 "都會의 꽃이여! 地上의 달이여!"라 부르며 온갖 추파를 던지며 음험한 육욕을 은폐한다. 그들은 여성의 성적 재산을 구매할 뿐만 아니라, 자신들의 허물까지 은폐시킬 수 있는 권력자인 것이다. 이 권력으로 인해 남성들은 여성들의 "경험을 정의하고, 경계나 가치를 명확히 하고, 각개의 영역과 특질을 지정하고, 표현할 수 있는 것과 없는 것을 결정하고, 지각 그 자체를 지배"15)하게 된다. 남성들에게 명명권이 귀속되는 한, 여성들은 어떠한 권리도 소유할 수 없다. 그녀들은 남성들의 명명에 역행해서는 안 되고, 만일 그러한 사태가 발생하면 그녀의 존재는 가차없이 말소된다. 남성 중심의 사회 체제에서 명명의 권한은 그 자체로 권력의 형태인 것이다. 명명의 구체적 실천행위의 하나로서 낙인은 매춘 여성들을 사회로부터 소외시키는 효과를 발휘한다. 매춘 여성들을 '방탕한 여인'으로 규정하는 것은 지배자의 언어이다. 그의 언어에 의해 매춘 여성들은 사회 집단으로부터 격리되며, 주변의 가족들과도 단절된다. 그녀들은 타의에 의해 일방적으로 낙인되는 명명 과정을 거친 뒤에야 비로소 하나의 사회적

---

14) P. Brooks, 이봉지·한애경 옮김, 『육체와 예술』, 문학과지성사, 2000, 145쪽.
15) A, Dworkin, 앞의 책, 56쪽.

존재로 승인받게 되는 것이다.

그렇지만 그녀에게 부여된 실존적 삶은 동일 민족과 일정한 거리를 유지하고, 심지어 혈연관계까지 배제한 상태에서만 의미를 갖는다는 점에서 비극적이다. 이렇게 식민지 권력은 사회 구성원들과 매춘 여성들을 분류하고 명명함으로써, 양자간에 경멸과 배척의 갈등관계를 형성하도록 조장한다. 이 명명 과정을 통해 매춘 여성과 명명자 사이의 불평등한 관계는 공식화되며, 식민지 당국의 폭력은 구조적으로 은폐된다. 또 매춘 여성을 상대하는 남성들의 위선은 정당화되고, 식민지 권력은 자신들의 권력장을 확인하게 된다.

이와 같이 일제는 식민지 사회의 공간을 분할하고 각각 다른 기능을 부여함으로써, 그에 적합한 질서체계를 원주민들에게 강요할 수 있었다. 그 공간 중에서 매매춘이 제도적으로 허용되었던 유곽은 여성들의 육체를 규정하는 지배 담론의 실체를 확인할 수 있는 곳이다. 매춘 여성들의 육체를 둘러싼 담론은 "공창제도를 통해 성의 상품화를 가속화하는 한편, 사회 구성원은 개개인의 도덕적 무장을 통해 성적 일탈을 스스로 억제하도록 유도"16)한다. 권력/남성/사회 구성원들은 매매춘의 번성을 묵인하고 향유하면서도, 막상 그것이 공적 논의의 전면에 부상되면 도덕적, 법률적 단죄를 결행하는 것이다. 이것은 그들이 명명권을 소유하고 있기 때문이며, 그 권력의 시행은 매춘 여성들에게 일방적으로 불리한 체험을 내면화시킨다. 그녀들은 자신의 주체적인 선택에 의해 타자를 명명하지 못한 채, 타자가 강요한 결코 지워지지 않는 추악한 경험의 적층 속에서 고통스럽게 살았던 것이다.

위에서 살펴본 것처럼, 식민지의 매춘 여성들은 일제의 야만적 기획에 놀아난 사회 구성원들의 무시 속에서 사회적 보호망의 밖으로 방치된 존재였다. 그들은 일제가 시술한 폭력체제와 남성의 폭력행위로 말미암아 사회로부터 배제된 공간 속에서 저마다의 가슴에 형언할 수 없는 한 편의

---

16) 고미숙, 『한국의 근대성, 그 기원을 찾아서』, 책세상, 2001, 120쪽.

서사를 담지한 채 부유하는 비극적 인물이었다. 그렇지만 매춘 여성들은 자신들의 서사를 은닉하지 않고, 오히려 사회를 향해 서사적 조건의 탐색을 요구하는 비판적 의지를 보여주었다. 그녀들의 외침에 눈길을 주어야 할 이유이다.

2. 시간의 지배에 항거하는 여체

예로부터 여성들은 기다림의 존재였다. 그리이스 신화에서 페넬로페는 전장에 나간 남편 오디세우스가 돌아오기를 기다리며 많은 남성들의 청혼을 물리친다. 그녀는 10년간 밤낮으로 천짜기와 천풀기를 반복하면서, 자신의 시간을 고스란히 남편에게 예속시켜버린다. 기다림의 미학은 신화시대가 끝나고 역사가 시작된 뒤에도 계속되었고, 마침내 사회 질서를 유지하는 하나의 체계로 자리잡았다. 남성들은 여성들의 일과 시간을 필요에 의해 분절하고 규칙화하면서 그녀들의 일상적 삶을 통제하였다. 나아가 여성들의 시간을 동질화하지 않고 차별하여 분배함으로써, 그녀에게 사회적 기율에 순종하는 인간형을 요구하였다. 조선시대의 여성들도 예외가 아니었다. 그녀들의 기다림은 제도적인 당위성에 토대를 두고 형성된 것이다. 당시 사회를 지배하는 유교 담론은 여성의 기다림에 윤리적 의미를 부여하였다. 그렇지만 그녀들의 기다림은 사회적으로 공인되는 덕목이었고, 그녀들은 기다림을 통해 자신의 존재 가치를 가족과 사회 구성원들에게 인지시킬 수 있었다.

이에 반하여 매춘 여성들의 기다림은 주체 의지와는 무관하게 거대한 사회적 담론 체계가 강요한 것이라는 점에서 성격을 달리 한다. 일제의 조선 강점으로 인해 매춘 영역에 편입된 여성들은 매춘의 대상을 기다려야 했다. 매춘 여성들은 공간 제한뿐만 아니라, 시간마저 타자에게 빼앗겨버린 것이다. 그녀들의 시간은 자신을 찾아 올 타자에 의해 지배되고, 일상적 삶의 시간도 그에게 맞추어졌다. 기다림에 의해 시간을 상실당한 매춘 여성은 타자에게 단순한 종속 상태에 놓인 것이 아니다. 그녀에게 부과된 유일한 의무는 타자의 호출에 주의를 기울이는 것이고, 기다림은 그녀의 시간을 타자의 시간 가치보다 덜 중요한 것으로 격하시킨다. 시간의 지연 속에서 매춘 여성들은 극심한 수치심과 열등감을 체험하게 된다. 전자는 개별적인 감정이고, 후자는 민족적인 감정이다. 그녀는 시간을 빼앗기면서 양가 감정을 동시에 체험하는 것이다. 급기야 그녀는 자신의 시간을 타자에게 복속시키기 위해 실존적 몸부림을 감행한다. 그 몸짓의 의미는 시간을 무화시킨다. 하지만 타자는 그녀를 기다리게 함으로써, 그녀로 하여금 자신의 권위를 끊임없이 의식하도록 힘을 과시한다. 이로써 매춘 여성은 공간에 이어 시간까지 점령당한 채 능욕의 삶을 살아내는 것이다.

김해강은 주체로서의 '살아가기'와 비주체로서의 '살아내기'의 대조를 통해 매춘 여성의 삶에서 소멸된 시간의 의미를 찾는다. 그것은 매춘 여성들에게 육체가 오염되기 이전의 잃어버린 시간을 되찾아줌으로써, 그녀들이 개별적이고 민족적인 삶의 주체로서 살아갈 수 있도록 바로 잡으려는 시도였다. 그렇기 때문에 그의 시작품에서 매춘 여성은 복수로 등장한다. 시적 화자들은 시적 상황 속에서 계급적 처지를 부정하지 않는다. 그녀들은 주체로 태어나기 위해 현재적 조건들을 솔직하게 수긍한 뒤에, 자신의 시간의식을 지배하는 담론과 맞서는 자세가 효과적인 줄 인식하고 있기 때문이다. 그것은 김해강이 매춘 여성들과 동류의식을 공유하면서 "소외된 세계에서 사회적 현실은 주제와 인물의 '소외'를 통하여 새로이 조명됨으로써 마음을 사로잡는 방식으로 제시"17)하려고 노력한 데 기인한다. 궁핍한 시대일수록 시작품은 수동적인 동일시와 같은 감정의 진술이 아니라, 행동과 결단을 요구하는 이성에 호소하여 독자를 사로잡아야 하기 때문이다.

妖花! 妖花! 그래요.

---

17) E. Fischer, 김성기 옮김, 『예술이란 무엇인가』, 돌베개, 1984, 25쪽.

우리는 사내들의 젊음에 흠집을 내어주는 妖花외다.
그러나 사내들은 해지면 모여드는
이년들의 靑春을 빠러내는 毒蛾외다.
흥! 이마에 찍어진 醜惡한 烙印!
香氣가 뽑힌 시드는 우슴!
인간의 傷處는 너무도 크외다.
黃金의 매질은 너무나 잔인하외다.

여보. 사나이들!
불을 보고 덤비어 날뛰는 거리의 한떼 사나이들!
이년들의 肉體는
부서지고, 썩어지고, 짓물러 버렷지만
염통만은 염통만은
牧丹보다도 빨갛게 빨갛게 지글지글 타고잇사외다.
젖통이를 탐내는 毒蛇의 이빠디가 오히려 그립거든!
염통마저 뽑아 내덧이오니, 사내들이여! 손빠닥을 넌즛 내밀어주십소.
    ―「紅燈夜嘯」18) 부분

　매춘 여성들은 자신들을 "사내들의 젊음에 흠집을 내어주는 妖花"라고 인정하면서도, 남성들에게 "이년들의 靑春을 빠러내는 毒蛾"라고 반격한다. 그녀는 자신의 육체를 더럽힌 남성들에게 책임의식을 상기시키는 것이다. 매춘 여성들은 한결같이 '염통만'은 "牧丹보다도 빨갛게 빨갛게 지글지글 타고잇"는 순결한 영혼의 소유자라고 강변한다. 화자는 "淫虐한 구렁에 빠어 허우적"거리는 남성들의 행태를 조롱하며 영혼의 순결을 강조함으로써, 상대적으로 육체의 흠결을 상쇄시키려는 의도를 보인다. 그것은 자신의 육체는 더렵혀졌을망정, 영혼까지 점령당하지 않았다는 의미를 내포한다. 그녀의 영혼에 흠이 없기 위해서는 육체가 더럽혀지기 전에 시간이 멈춰야 한다. 그래야만 그녀의 영혼은 처녀 시절로 돌아갈 수 있으며, 자신의 육체에 덧씌어진 '요화'의 낙인을 지울 수 있다. 그녀가 삶의 주체로

---

18) 『여인』, 1932. 12.

'살아가기' 위해서는 시간 개념부터 타자에게 점령당하기 이전의 상태로 회귀해야 하기 때문이다. 그것은 그녀의 육체에 잔재한 매춘의 흔적이 지워지는 것을 의미하며, 영혼의 순결 상태가 지속되고 있음을 알려주는 것이다.

하지만 그녀의 시간 회귀 욕망은 허용되지 않는다. 현재 시제를 취하는 화자의 고백 시점에서 알 수 있다시피, 그녀의 육체는 이미 "부서지고, 썩어지고, 짓물러"버렸기 때문에 예전의 온전한 상태로 되돌리는 것은 물리적으로 실현 불가능하다. 따라서 그녀의 상실감은 "젖퉁이를 탐내는 毒蛇의 이빠디가 오히려 그립"다는 절망감으로 극대화될 수밖에 없고, 삶의 의욕은 저하될 수밖에 없다. 결국 그녀는 독아인 남성들에게 "염통마저 뽑아 내덮이"는 최후의 타락을 자초하면서 극심한 심리적 내홍 사태에 당면하게 된다.

비록 이전까지 남성들에게 육체상으로나마 복종했던 그녀였지만, 이제는 영혼은 물론 육체마저도 복종하기를 거부하고 차라리 체념을 선택한다. 복종은 권력에 대한 공포심에 기초했을 지라도, 지배 담론에 의탁하여 미래적 전망을 획득하려는 일말의 신념이 유지된 상태의 감정이다. 이에 비해 체념은 "현존 권력의 억압적 힘에 대한 인식에서 나온다기보다, 더 나은 대안이 실제적으로 불가능하다는 인식에서 유래"19)한다. 미래에 대한 그녀의 비관의식은 원시적 시간을 회복할 수 없다는 절망감을 낳게 되고, 그로 인해 심리적 체념 상태를 겪으면서 종국에는 염통마저 뽑아 던지는 행동으로 나타난다. 비주체적 삶을 견디며 '살아내기'에 혼신을 다하던 매춘 여성의 시간 회복 의지는 현실의 두꺼운 벽에 부딪혀 좌절할 수밖에 없었던 것이다. 이에 그녀는 자신을 매춘여성으로 분류한 지배 담론의 실체를 발견하고 비장한 결의를 표명한다.

---

19) G. Therborn, 최종렬 옮김, 『권력의 이데올로기와 이데올로기의 권력』, 백의, 1994, 134쪽.

『너이들은 어리석었났나니
 너이들은 나를
 냄새 나는 낡은 世紀의 骨董品으로 아렀드냐?』

그는
징그러운 乳房까지 까바친 채
더욱 찌저진 소리로
거품을 물고 웨치나니

『너이들은 變節한 나를 꾸짖기 전에
 새로이 살ㅅ길을 찾어
 내 치마짜락을 부뜰고 딸아들 나서라』
 ―「헐리는 純情의 王都」[20] 부분

이 시는 R이라는 실존 인물의 「자책성명서」를 읽고 쓴 것이다. 그녀는 해맑은 자태로 '純情의 王都'를 지켜오면서 황금을 무기로 덤비는 이웃 청년의 청혼을 물리쳤던 고고한 성품을 지닌 여인이었다. 김해강은 이 글을 읽고 나서 한때 '東方의 샛별처럼 聰明한 女人'이 타락하게 된 속사정을 고발하였다. 그는 이 작품에서 매춘 여성의 성적 타락을 조장한 남성들의 비정상적인 행태를 드러내려고 하였다. 그렇지만 그것은 식민지 조국을 "냄새나는 낡은 世紀의 骨董品"에 불과한 것으로 평가절하한 일제의 침략론을 힐난한 것이다. 일제는 조선을 정복하기 위해 조선 사회의 모순 구조가 구제도에서 유래한 것으로 규정하였다. 그들의 논리는 조선 침범을 정당화하기 위한 침략 의도를 호도하려는 궁색한 자기 변명에 지나지 않는다. 작품 속에서 그녀가 남성들의 청혼을 받아들이지 않은 것은 개화기 조선에 강요되었던 외국의 수교 압력을 비유한 것으로 보인다. 또 그녀가 남성이라는 "毒蛾에 물려 病"든 후 "한낮 妖艶한 人魚"요, "가장 미워 할 淫婦!"로 추락하게 된 것은, 외국과의 수교 이후 국권을 침탈당한 조선의 현

---

20) 『시건설』, 1936. 11.

실에 대응된다. 김해강은 평범한 여인의 추락상을 세밀하게 묘사함으로써, 조국의 당대 현실과 과거의 모습을 대비하고 있는 것이다.

시인은 이 작품에서 매춘 여성의 발화 내용을 강조하고 있다. 그는 그녀의 발언을 설명적 진술 사이에 삽입하여 시적 리얼리티를 확보하면서, 일인에 대한 만인의 언어 폭력을 공론화하고 있다. 식민지 상태 아래서 언어는 권력의 계층구조를 영속시키는 매개체이다. 그것은 언술행위를 통해 지배자의 진리와 질서를 개념적으로 구축하려고 시도한다. 예로부터 언어에 의한 명명권은 "피지배집단에 대한 지배집단의 특권"21)이었다. 이러한 언어의 속성을 알고 있는 작품 속의 여성은 자신의 언어를 회복하여 남성에게 빼앗긴 명명의 권력을 회복하려고 시도한다. 그녀는 자신을 타락시킨 남성들을 향해 징그러운 유방'까지' 보여주면서 절규한다. 유방은 "만족을 주는 한은 사랑을 받으며 '좋은' 것으로 느껴지지만, 그것이 욕구 불만의 원인이 되는 한 미움을 받으며 '나쁜' 것"22)으로 느껴진다. 그녀는 자신의 육체가 남성/식민지 권력이라는 '보이지 않는 손'에 의해 통제되고 조종된다는 사실을 유방이라는 구체적 표지물을 내세워 비판한다. 이 여성의 유방 담론은 비극적 결말로 봉합되는 데, 그것은 유방을 노출하는 행위에서 예견된 것이다. 비록 매춘 여성이라 할지라도, 여성이 부끄러움을 무릅쓰고 은밀한 신체 부위를 노출시키는 것은 중대한 사태의 전개를 암시하는 예비 행동이다. 그것은 기존의 왜곡된 유방 담론을 전복하고 해체하려는 의지의 실천이다.

매춘 여성은 유방을 노출시키는 치욕의 몸짓을 통해 자신의 죽음을 "일상성, 길들여진 형태로 분배시켜서 조소의 대상으로 만듦으로써, 죽음을 삶의 순간 순간에 끊임없이 새롭게 등장시킴으로써, 죽음을 온갖 악들과 고난들과 인간의 모든 부조리들에로 분산"23)시킨다. 타인들로부터 무관심

---

21) M. Yaguello, 「성과 언어」, 이병혁 편역, 『언어사회학 서설—이데올로기와 언어』, 까치, 1993, 176쪽.
22) M. Yalon, 윤길순 옮김, 『유방의 역사』, 자작나무, 1996, 226쪽.

한 삶을 영위한 그녀의 자결은 죽음을 희화화할 뿐만 아니라, 자신을 둘러싸고 있는 기존의 담론 체계를 향한 도전이다. 한갓 매춘 여성에 지나지 않는 그녀로서는 유방의 노출을 통해서만 자신의 의사를 표현할 수 있다. 아무도 주목하지 않는 삶을 살아낸 그녀는 자신의 치부를 노출시켜서 주위의 관심을 집중시킨 뒤 최후의 항변을 시도한다. 그렇지만 구경꾼들이 흥미를 보이는 것은 그녀의 유방일 뿐, 결코 그녀의 의견이 아니다. 그들은 매춘 여성이 죽어가는 현장의 증언자로 참여한 것이 아니라, 죽어가는 여성의 육체에서 관능미를 희롱하는 관람객일 따름이다. 그녀는 육체가 더렵혀지는 순간부터 사적 견해를 개진할 수 있는 권리조차 차압당한 것이다. 따라서 오직 '유방까지 까바친 채' 발악하는 것만이 그녀에게 허용된 사회적 언어였으며, 그녀가 자신의 육체를 더럽힌 사회에게 제출할 수 있는 최후의 변론서였다.

이 외에 김해강의 '장편서정시'「紅天夢」(『조선문학』, 1937. 3)에서도 일제의 조선 강점으로 인한 식민지 여성들의 육체적 타락과 지배 담론의 작동 사례를 찾아볼 수 있다. 총3부 300행으로 구성된 이 작품은 천왕쇠와 홍이라는 남녀의 사랑과 이별, 재회라는 서사적 구조를 가진 장시이다. 사랑하는 두 사람이 헤어지게 된 직접적인 요인은 일제의 토지 약탈이다. 조상 전래의 농토를 빼앗긴 천왕쇠는 도회지의 주변부 인물로 편입되었고, 홍이는 북방의 항구에서 몸을 파는 작부로 연명하게 된다. 일제의 식민지 권력은 남녀간의 애정 문제라는 사적 영역까지 침투하여 그들의 결합을 훼방하고, 공간을 배분하며, 시간을 장악하고, 급기야 계급적 재편성을 기도한 것이다. 김해강은 이 작품을 통해 일제의 사악한 실체를 폭로함으로써, 지배 담론의 보이지 않는 힘을 보여주고 있다.

이런 측면에서 그가 도시의 주변부 인물로 전락한 매춘 여성들에게 관심을 기울인 점은 강조되어야 한다. 그는 도회지의 문명을 찬양하던 모더니즘 시인들이 간과하고 있던 도시에 은폐된 식민지 권력의 침략 메커니

---

23) M. Foucault, 김부용 옮김, 『광기의 역사』, 인간사랑, 1999, 35쪽.

즘을 드러내는 데 시적 역량을 기울였다. 그는 매춘 여성들의 한계상황을 구체적 서술로 묘사함으로써, 그녀들이 선택(당)한 직업의 이면에 은폐된 식민지 경제의 구조적 폐해를 고발하였다. 곧, 그는 매춘 행위로서 생존하는 여성들의 서러운 사정을 조국의 대체인물로 설정한 뒤, 민족적 차원에서 동류의식을 보여준 것이다. 이것은 남성들과 식민지 권력으로부터 이중으로 육체적 고통을 당하는 매춘 여성들을 내세워 시대적 현실을 은유적으로 비판하기 위한 시적 대응 방법이었다.

Ⅲ. 결론

김해강의 시에 등장하는 매춘 여성들은 매매춘에 종사하는 직업여성이라기보다는, 당대 사회의 정치적 의미 하중을 담당하는 인물로 설정되었다. 그는 남성에 의해 일방적으로 주도된 여성의 육체 담론을 일제의 지배 담론과 교직시킴으로써, 그녀들의 육체를 둘러싼 논의의 표면에 노출되지 않았던 담론의 시대적 의미를 드러낼 수 있었다. 특히 그 동안 논의의 범주 밖에서 감금되어 있던 매춘 여성들의 실체를 형상화함으로써, 매춘의 사회시학적 의미를 복합적으로 거론했다는 점에서 아래와 같은 의의를 찾을 수 있다.

첫째, 김해강은 당대 사회가 봉건 질서와 식민지 상태라는 이중적 모순 구조에 놓여 있는 현실을 드러내기 위해 매춘 여성들을 시작품에 수용하였다. 그는 일제에게 공간을 점령당한 매춘 여성들의 저항 의지를 부각시켜서 식민지 권력의 공간 분할 의도를 효과적으로 고발할 수 있었다. 매춘 구역은 일제가 식민지 원주민들의 공간을 점령하여 지배 담론을 효과적으로 구현하고자 시도했던 대표적인 공간이었다. 이런 점을 고려하면 그의 시에 식민지 경제 체제가 확립되는 과정에서 야기된 도시의 타락상에 대해 환멸을 표출하는 인물로 매춘 여성이 설정된 것은 적절하다.

둘째, 김해강의 시에 등장하는 매춘 여성들은 시대의 희생자이면서 비판자로 기능한다. 그녀들은 일제가 기획한 식민자본주의가 제도화되는 과정에서 주변부 인물로 편입된 군상들이다. 김해강은 매춘 여성들을 화자로 설정하여 도회지 속에서 남성과 식민지 당국으로부터 동시에 고통당하는 여성들의 실태를 효과적으로 서술할 수 있었다. 그는 매춘 여성을 통해 일제가 강탈한 시간의 복원을 희구함과 동시에, 식민지 당국에 의한 시간 전유 현상을 드러냈다. 이 시편들의 주제의식은 외면적으로는 매춘 여성들의 육체를 농락하는 남성들을 향한 항의이지만, 이면적으로는 일제의 은폐된 지배 이데올로기를 고발하는 데 초점을 맞춘 것이다.

이상과 같은 이유에서 식민지시대에 김해강이 이룩한 시적 성과는 재평가되어야 한다. 그는 식민지 조국의 실상을 담보하는 인물로 매춘 여성들을 화자로 설정하고, 그녀들을 핍박받는 조국의 실상과 겹쳐지도록 장치하였다. 아울러 이것은 날로 강화되는 일제의 검열정책을 우회적으로 돌파하려는 그의 수사적 책략이기도 했다. 그는 일제의 가혹한 탄압 앞에서도 자신의 시적 신념을 철회하지 않고, 도리어 효과적인 시적 대응 방식을 실천한 것이다. 이러한 시적 성취들은 그의 시사적 위상에 대한 전면적인 재검토를 요청하게 한다.(『국어국문학』 제130집, 국어국문학회, 2002. 5)

김해강의 서한체 시

Ⅰ. 서론

　서한은 오랜 전통을 지닌 글쓰기 방식이다. 서한이 서양문학사에서 수용된 예는 그리스의 호라티우스(BC 70~19)에게서 발견되며[1], 문학 양식에 도입되어 '서한체 소설'로 정착된 것은 1740년 영국의 새무얼 리차드슨이 쓴 「파멜라(Pamela)」라는 작품이다.[2] 한국문학사에서는 고전소설 『춘향전』이나 『배비장전』 등에서 부분적으로 도입되어 활용되었으며, 근대문학사에서는 1920년을 전후하여 도스토예프스키의 「가난한 사람들」과 괴테의 『젊은 베르테르의 슬픔』이 번역되어 소개된 뒤 이광수의 『유정』 등에서 본격적으로 수용되었다.[3]
　당시의 작가들은 기미독립만세운동 이후 전개된 식민지 현실을 구체적으로 인식하면서 서한체 형식에 대한 방법적 자각을 갖게 되었다. 작가들은 만세 후의 운동 상황을 예의 주시하는 한편, 그것이 초래할 후속 상황을 숨죽이며 지켜봤다. 이 시기의 작가들이 서한체에 관심을 두기 시작한 속사정이다. 그들은 내면에서 발화되기를 욕망하는 속마음을 억제시키는 방안으로 서한이라는 형식에 주목하게 되었다. 서한의 간접적인 발화방식

---

1) C. M. 바우라, 김남일 옮김, 『시와 정치』, 전예원, 1983, 14쪽.
2) 이상섭, 『문학비평용어사전』, 민음사, 1987, 134쪽.
3) 도스토예프스키의 「가난한 사람들」은 도뤠미생(『삼광』, 1919. 2)에 의해 「사랑하는 벗에게」로 번역되었다. 괴테의 「젊은 베르테르의 슬픔」은 김영보(「웰델의 비원」, 『시사평론』, 1923. 1), 백화(「소년 벨테르의 번뇌」, 『매일신보』, 1923. 8. 16-9. 27), 천원(『젊은이의 슬픔』, 한성도서, 1925), 적라산인(「젊은이의 슬픔」, 『신민』, 1928. 9.-10) 등이 중역하였다.

이 분출하는 발화 내용을 정제(整除/精製)하는 수단으로 채택된 것이다. 또 이 형식에 대해 당대의 비평가였던 현철과 안서 등에 의해 비평적 관심이 수반되면서 주요 형식으로 자리잡게 되었다.4) 말하자면, 서한체의 출현 과정은 식민지 상황과 긴밀하게 대응된 것이었다.

서한이 본질적으로 자아에 대한 반성적 탐구 형식이라는 측면에서 서한체 소설은 자기고백적인 시 장르에 영향을 끼쳤다. 시 부문에서는 1930년을 전후하여 카프의 조직원을 비롯한 당대의 여러 시인들의 작품에서 리얼리즘시의 주요한 양식으로 자리잡았다가, 중반을 고비로 감소 현상이 나타났다.5) 이 시기에 카프에서는 문학의 대중화 전략과 관련하여 논의를 전개하였는데, 서한체 시는 주요 독자층인 노동계급의 문학적 관심을 높이는데 유효한 양식으로 채택되었다. 서한은 "서술상의 거리감이 감소 또는 지양됨으로써 1인칭 인물들, 즉 교신자들의 갖가지 감정 그리고 생각들이 자주 친근하게 독자에게 전달"6)된다는 점에서, 카프 조직원들에게는 자신들의 이념을 독자들에게 효과적으로 전달하면서 의식화할 수 있는 문학적 형식으로 보였던 것이다.

서한체 시에 관한 논의는 그동안 미진하였으나, 최근에 이르러 단편서사시의 하위 범주로 파악하여 서술시(narrative poem)로 분류하려는 경향

---

4) 현철은 이 작품의 서술기법을 가리켜 '서한체 담화법'이라고 명명했으며(「소설개요」, 『개벽』, 1920. 6), 안서는 '서한문체'라고 지칭했다.(「근대문예 4」, 『개벽』, 1921. 11)
5) 1930년대 중반을 고비로 서한체 시의 양적 증가 현상이 주춤거리게 된 이유로는 세 가지를 들 수 있다. 첫째, 이 무렵에 카프 조직은 소장 볼세비키들에 의해 장악되었고, 그들의 주장이 지배적 논리로 자리잡게 되면서 비평적 관심이 쇠진하게 되자 작품 생산이 줄어들었을 것이다. 둘째, 당시 카프 조직은 당면 과제로 대두되었던 조직의 재건과 해소 문제에 논의를 집중함으로써, 시 양식의 발전 방향과 같은 문학의 본질적 측면에 대해 문학적 역량을 결집할 수 없었을 것이다. 셋째, 이 시기에 이르러 일제의 사상 검열이 한층 강화되면서 시인이나 조직의 이념을 효과적으로 전달하는 아지·프로 기능이 약화될 수밖에 없었는데, 그로 인해 서한체 시의 작품량은 감소하게 되었을 것이다.
6) F. K. Stanzel, 안삼환 옮김, 『소설형식의 기본 유형』, 탐구당, 1990, 74쪽.

을 보인다.7) 이러한 접근은 서한체 시의 장르적 요소에 주목하여 그 친화 양상을 점검하려는 태도이다. 그러나 루이스는 서술시를 민중에 관한 시로 구분하면서 서술시도 발라드와 같이 이야기하는 시인데, 그 이야기는 때로는 순전한 허구인 경우도 있지만, 일반적으로는 사실에 입각한 것이라고 하였다. 또 그는 서술시가 발라드보다 다양한 운율을 사용하며, 밀튼의 『실낙원』처럼 서술시가 대규모적일 경우에는 서사시(epic)라고 불린다고 하면서, 영어로 쓰여진 가장 훌륭한 서술시로 초오서의『캔터베리 이야기』를 꼽았다. 서술시에서는 이야기가 우선하기는 하지만, 시인이 이야기하려고 하는 이야기의 감동은 이야기에 종속되어 있으며, 이야기에 생기와 색채를 가하기는 하나, 이야기를 배경 속으로 밀어 넣고 그 자체가 무대 전면을 차지하는 일은 결코 없다는 것이다.8) 따라서 루이스가 언급한 서술시는 장르류로서의 서술문학 전반을 지칭한다고 볼 수 있으며, 그 예로 거론한 작품의 성격은 요즘 논의되는 서술시와 다르다는 점에서 서한체 시를 서술시로 자리매김하기는 곤란하다. 곧 서한체 시는 시 속에 서술적 요소를 수용하여 리얼리티를 담보하려는 서정시의 특수한 국면일 뿐이다. 또한 서한체 시를 논의할 적에는 필히 시대와의 관련성을 염두에 두고 진행해야 한다.

　1930년을 전후하여 카프 조직 내부에서 집중적으로 논의되었던 단편서사시의 단초는 임화의「젊은 巡邏의 편지」(『조선지광』, 1928. 4)에서 살필 수 있다.9) 그러나 임화가 이 작품을 발표하기 전에 김해강은「녯벗 생각」(『조선일보』, 1927. 5. 31)에서 서한체 형식을 도입하였다. 그가 선구적으로 채택했던 서한체 형식은 임화가「우리 옵바와 火爐」(『조선지광』, 1929. 2)

---

7) 윤여탁,「1920-30년대 리얼리즘시의 현실 인식과 형상화 방법에 대한 연구」, 서울대학원 박사논문, 1990, 104-124쪽; 오성호,「식민지 시대 리얼리즘시론 연구(Ⅰ)」,『문학과 논리』창간호, 1991, 65쪽; 이순욱,「카프의 서술시 연구」,『한국문학논총』제23집, 한국문학회, 1998, 241-264쪽.
8) C. W. Lewis, 강대건 옮김,『시란 무엇인가』, 탐구당, 1987, 89-92쪽.
9) 최명표,「단편서사시론」,『한국문학논총』제24집, 한국문학회, 1999, 119-120쪽.

에서 발전적으로 차용하면서 시작된 문학대중화 논쟁에서 카프 조직의 내홍을 야기하며 형식적 확산을 거듭하였다.10) 김해강은 1927년 1월 1일 『동아일보』 현상문예작품 모집에 시 「새날의 祈願」이 당선된 뒤, 1930년을 전후하여 단편서사시 계열의 서한체 시를 다량으로 발표하였다.

이 글은 그 점에 주목하여 먼저 서한체 시의 형식적 특성에 대해 고찰하고, 김해강의 서한체 시에 나타난 특징을 살펴보기로 한다. 그 과정에서 당시에 발표된 서한체 작품과 김해강의 것이 지닌 장단점이 드러나서 비교되기를 기대한다. 또한 김해강의 초기 시에 두드러진 장시의 출현 배경이 밝혀지기 바란다. 서한체 시는 그의 시세계를 탐색하는 초기 단계에서 필수적으로 거쳐야 하는 관문인 셈이다. 그 점은 그의 시가 시대와의 연계 속에서 창작된 사실을 승인하는 것이기도 하다. 김해강의 서한체 시는 근대시의 형성 과정에서 시인들이 고민했던 바를 여실히 증명하고 있다는 점에서도 연구가 필요해진다.

Ⅱ. 서한체 시의 특징

서한의 종류는 사건의 서술에 초점을 둔 사실적 서한과 문학적 적용에 중점을 둔 허구적 서한으로 구분할 수 있다. 전자는 현실적 차원의 글쓰기 방식으로, 글쓴이의 사연이나 특정 사건의 서술과 같은 사실의 전달에 치중한다. 이에 비해 후자는 서한이 문학적 차원으로 변용된 것이며, 서한의 특성을 문학 양식에 도입하는 경우이다. 따라서 허구적 서한은 서한의 본래 형식을 문학 양식의 성격에 적합하도록 일정하게 변형시키는 과정을

---

10) 이러한 문학사적 사실에 비추어 볼 때, 김해강의 「歸心」을 임화의 영향으로 파악하여 그를 '임화의 에피고넨'으로 폄하한 김영철의 견해는 철회되어야 한다. (김영철, 「이야기시의 발화 형식」, 『한국현대시의 좌표』, 건국대출판부, 2000, 277쪽)

수반한다.11) 이 형식은 "다루는 대상과의 거리를 자유롭게 조절할 수 있기 때문에 보고와 비판의 기능을 동시에 수행할 수 있었다"12)점에서 효과적이다.

서한체 형식은 언어의 능동적 기능을 중시하여 청취자에게 대화를 시도하는 특성을 갖고 있으므로, 예로부터 종교적 찬가나 정치적 투쟁가 등에서 널리 사용되었다.13) 이런 사실에 기초하여 서한체 시에 나타난 정치적 요소를 검출할 수는 있지만, 본래 시 양식이 사회적 제도라는 점에서 시의 서정성조차 당대적 차원에서는 정치적 의미를 띠게 된다. 그러므로 서한체 시 계열의 작품이 모두 정치적이거나 사회적인 사건을 시화하였다기보다는, 특정 작품을 제외하고는 오히려 개인적이거나 가족사적인 사건을 수용하는 데 국한되었다는 사실에 주목해야 한다. 또한 서한체 시가 정치적 사건을 서술하고 있다고 할지라도, 시 속에서 다루어진 소재로서의 사건은 정치적 이념의 반영 정도가 아니라 시적 형상화 정도에 따라 평가되어야 할 것이다.

1. 실제적 사건의 형상화

김해강이 다른 시인들보다 먼저 서한체 시를 채택할 수 있었던 배경으로는 두 가지를 들 수 있다. 하나는 문학의 대중화와 관련된 그의 시론으

---

11) 허구적 서한의 형태는 세 가지로 구분할 수 있다. 첫째, 단일형은 작품의 처음부터 끝까지 한 편의 서한으로 이루어진 경우이다. 이것은 서한을 본격적으로 활용한 형태이며, 대개 1인칭 화법을 사용한다. 둘째, 교환형은 한 작품 안에서 두 사람 이상의 등장인물이 등장하여 서한을 상호 교환하는 경우이다. 이것은 발신인/수신인이 각각 화자/청자로 등장하여, 특정한 사건이나 사연에 대해 의견을 주고받는 형태이다. 셋째, 삽입형은 작품 안에 서한 형식이 부분적으로 삽입되어 있는 경우이다. 이 형태는 액자식 구성 방식을 활용하여 등장인물의 내면세계를 유효하게 드러낼 수 있는 장점이 있다.
12) 조진기, 『한국근대리얼리즘소설연구』, 새문사, 1989, 241쪽.
13) D. Lamping, 장영태 옮김, 『서정시: 이론과 역사』, 문학과지성사, 1994, 183쪽.

로, 그는 "대중이 즐겨 음미할 수 잇고 흡수할 수 잇도록 평이하게 쓰되 대중에게 의식을 전달할 수 잇슬"14) 최선의 시적 양식에 관심을 가졌다는 점이다. 그는 서한이 서술상의 거리감이 감소시켜 독자들에게 자신의 감정을 친근하게 전달할 수 있다는 점에 주목하였다. 다른 하나는 그의 시적 스타일에서 찾아볼 수 있는데, 그가 등단 후에 발표했던 「屠獸場」,(『조선일보』, 1926. 1. 22), 「蜘蹰網」,(『조선일보』, 1926. 2. 11) 등의 작품은 당시에 유행했던 장형시 형태이다. 그에게 이러한 시형은 궁핍한 식민지 현실을 시적으로 형상화하는데 유효한 형태로 인식되어 1930년대 말까지의 작품에서 지속적으로 출현한다. 이 경우에 염두에 둘 것은 김해강이 전주에서 청년운동권에 적극 가담하여 간부로 활약하고 있었다는 사실이다. 즉, 그는 식민지 현실에 불만을 갖고 그것을 개선하고자 운동전선에 나아갔으므로, 운동 현장에서 목격한 바를 시화하는 과정에서 자연스럽게 서사적 경향을 추구하게 되었다.

김해강의 서한체 시작품에 수용된 시적 소재는 '개인적 사연—가족사적 사건—민족적 이념'의 순서로 확장되었다. 그의 시 「녯벗에게」는 소재가 궁금한 친구를 그리워하는 지극히 개인적인 사연을 서한체 시 형식으로 표현한 작품이다. 그는 이 작품에서 시적 리얼리티를 담보하기 위한 전략적 수단의 하나로 실제적인 사건을 도입하고 있다. 그 사건은 그가 보성중학 3학년때 기미독립만세운동에 가담하였다가 일제에 쫓기어 낙향했던 개인사적 체험과 관련된 것이다.15) 이 체험이 그를 전주의 운동권으로 나아가도록 이끌었고, 동시에 시에 서사성을 탑재하도록 만들었다.

　　一九一九年 三月 一日!
　　업들엿든 우뢰는 터지자

---

14) 김해강, 「대중의 감정을 기조로」, 『조선일보』, 1934. 1. 19
15) 김해강의 기미독립만세운동 참가 경험은 주요 모티프가 되어 「녯벗 생각」 외에 「歸心」, 「이 땅에 영원히 빛날 거룩한 이 날」, 「위대한 민족의 날」 등에서 지속적으로 출현한다.

> 그대의 아버지는 놉흔 벽돌담 알에
> 흰털을 헤이게 되니
> 쓸른 가슴을 안ㅅ고 다시 쮜처나오든
> 그대여! 아— 지금은 어대 게시는가?
> ―「녯벗 생각」16) 부분

인용한 작품 속의 화자는 시인의 대역으로 등장하여 "손ㅅ길을 南北으로 나뉘이든 그대와 나"의 우정을 전달하는 역할을 수행한다. 그러나 시인의 개인적 체험의 강도가 우세하여 그리움의 정서가 보편적 차원으로 승화되지 못하였다. 그것은 시인이 서한의 형식적 특성에 대해 미처 정확하게 파악하지 못했으며, 시가 경험의 단순한 재구성이 아니라 허구적 재현이라는 사실을 간과한 데서 유래하였다. 본래 문학작품은 "구체적 형상에 의해 독자로 하여금 작품의 내용인 사회적 현실을 인식하게 한다"17)는 점에서, 이 작품은 시인과 화자 사이의 거리가 너무 가까워져서 주관적 정서의 객관화를 이루지 못했다. 이것은 임화가 「젊은 巡邏의 편지」에서 서한체 시의 특성을 미처 파악하지 못한 나머지, 그 시적 형상화에 실패한 점과 동궤에 놓인다.

김해강은 이후의 시작품에서 서한체 시의 형식적 특성을 살리고자 노력하였다. 그는 만세운동의 체험을 살려서 식민지의 변혁운동과 시의 상관성을 심각하게 고민하고, 그것을 서한체의 형식으로 되살렸다. 서한 속에서 운동자는 참여자와 주체-객체의 관계를 형성하고, 관계망 속에서 우의를 다지며 변혁의지를 철저화하게 된다. 의식의 각성이 서한이라는 공간에서 이루어지는 과정이야말로 서한체시의 주된 특성이다. 이 사실이 그 무렵에 서한체시를 유행하도록 견인하였다. 김해강의 시 「慰詞」는 동격의 친구를 청자로 설정하여, 개인사적 체험에 기초한 실제 사건을 서술하면서 운동이

---

16) 『조선일보』, 1927. 5. 31. 앞으로 작품 인용은 원문에 따르되, 띄어쓰기는 소한의 율격을 의식할 수 있도록 현대식으로 표기한다.
17) 伊東 勉, 서은혜 옮김, 『리얼리즘이란 무엇인가』, 청년사, 1992, 34쪽.

계속되어야 할 이유를 말하고 있다.

> 彈兄아.
> 그러나 괴운을랑 너무 傷치는 말어다고.
> 한편 억개가 불어진 듯 슬픔은 天空을 물들이리라 마는
> 그대는 젊은 몸! 아즉도 여울찬 動脈이 꼿꼿이 서잇지 안흐냐?
> 부서진 거문고에 불을 부처 더욱 힘찬 音響을 퉁겨처 내일 새로운 줄을 나려야 한다.
> ―「慰詞」18) 부분

 이 작품은 '동무 彈·炳昊에게'라는 부제가 말해주듯, 김해강이 시적 동료였던 김병호 시인의 아내의 죽음을 위로하는 작품이다. 두 사람은 전북과 경남을 오가는 서신을 주고받으며 우의를 다지고, 시작품을 토론하면서 교분을 나누었다. 서한체 시에서는 수취 대상자가 작품의 제목으로 직접 등장하여 그의 계급적 위상이나 처지가 드러나기도 하고, 부제에 특정인물의 실명이 등장하기도 한다. 수취인이나 청자를 직접 드러내는 양상은 이 시기의 서한체 시작품에서 두루 발견할 수 있다. 특히 서한에서 사용되는 호칭은 시어의 음악적 요소를 강화하면서 청자의 시적 반응을 유도하는 책략이라는 점에서, 수취인으로 선택된 인물은 청자의 성격을 명확하게 규정하여 독자의 관심을 집중시키는 역할을 수행한다. 김해강은 연마다 호칭을 반복적으로 사용하여 조의를 표하면서도, 감정의 연속성을 차단하고 서술 의도를 뚜렷하게 드러내었다. 아울러 호칭은 이 시의 제목으로 차용된 한시의 한 형식인 '―詞'의 특징이라는 점에서, 그의 한시에 대한 풍부한 이해도와 함께 시적으로 수용한 실험적 정신을 얼비치기도 한다.

 작품 속의 화자는 이 작품에서도 시인의 역할을 대리하여 남편으로 상정된 청자의 "비ㅅ발가티 쏘다저나리는 무쇠매질" 속에서 "안해와 어린 血肉을 돌보지 못한지 三年" 동안의 과정을 객관적으로 서술하고 있다. 아

---

18) 『비판』, 1932. 9.

내의 죽음이라는 평범한 가족사적 비극은 "그대의 마음을 붓잡어 주는 젊은 동무들"과의 연대에 힘입어 계급적 차원으로 편입된다. 아내의 죽음으로 인해 민족해방운동전선의 이완을 야기시켜서는 안 되기 때문에, 화자는 청자에게 "더욱 힘찬 音響을 퉁겨처 내일 새로운 줄을 나"릴 수 있도록 "괴운을랑 너무 傷치는 말어"라고 충고한다. 시인은 화자를 통해서 친구에게 민족해방이라는 "새날의 아름다운 譜表를 찍어내"기 위하여 "어깨를 펴고 몸을 추스러 다시금 씩씩한 巨姿를 보여"주기를 기대하는 것이다.

2. 여성화자를 통한 계급의식의 강조

이 무렵의 서한체 시에서는 여성 화자를 내세워 프롤레타리아의 계급의식을 강조하였다. 식민지 시대의 여성들이 처한 처지를 동정하던 김해강은 여러 시편에서 그녀들을 화자로 내세워 계급성을 강조했다. 예를 들어, 그는 시 「부탁」과 「둘쨋번 부탁」에서 "봉지 맺는 꼿순" 같은 여학생 집단을 수취인으로 삼고 있다. 두 작품은 여름방학과 겨울방학을 맞아 "汽車에 몸을 실어 반가운 얼굴로" 귀향하는 여학생들에게 당부하는 내용으로, 동일한 잡지에 발표되었으며 주제상으로 상호 연결되어 있다.

> 내 고장에 돌아왓다 다시 쩌나는 날 이 선물 정성되이 간직햇다면
> 배움을 북도두어 압날을 다스림이 더욱 힘차고 보배로울 것이오.
> ―「부탁」19) 부분

> 얼마 아니면 겨울 放學이 되어 다시들 돌아오시겟구료.
> 바라노니 그땔랑은 부디 여름 放學에 나타낫던 언니들이 아니어주길 부탁이외다.
> ―「둘쨋번 부탁」20) 부분

---

19) 『신여성』, 1932. 8.
20) 『신여성』, 1932. 12.

화자의 부탁은 오랜 가뭄으로 "들이 타고 땅이 갈러"진 고향에 와서, 모자란 일손을 도우며 "맥이 타고 턱이 갈러"진 "어버이네와 옵바네"의 가슴을 위로해달라는 것이다. 귀향하는 언니들이 "기억 니은 한 字를 뙤아 주"거나 "새 삶의 본보기로 어둠을 깨워 주"기를 갈망했던 화자의 기대는, 언니들이 "얼굴을 꾸미는 化粧法"이나 "시굴은 갑갑해 못살 곳"이라는 푸념만 늘어놓고 가자 원망으로 바뀌게 된다. 그 원망은 언니들을 "한창 복스러운 학생의 몸"으로 규정하고, 나는 "쏘다저 나리는 불볏 알에 흙을 파는 시골의 處女"라는 자학적인 관계를 설정하도록 만들었다. 이 작품에서 "몸을 學窓에 두어 글자를 배우는 것만이 공부"라고 생각하는 언니들의 행위는, 당대의 지식인들이 갖고 있었던 "風船 같은 생각"의 행동화에 다름아니다.

이 시기는 문학사적으로 심훈의 『상록수』(1933)가 발표될 무렵이었으며, 문학 작품 속에서 이른바 '귀농 모티프'가 빈번하게 등장하던 때였다. 귀농 모티프는 일제의 폭력적 탄압 속에서 사상운동의 설자리가 제거되는 추세를 반영한 작가들의 몸부림이었다. 일제에게 강점된 상태에서 귀농 모티프가 등장한 것은 식민 당국이 기획한 농촌 근대화 사업이 실패로 돌아간 줄 반증하는 것이기도 하다. 김해강은 이 작품에서 문단적 추세를 반영하여 어린 여학생들을 시적 화자로 선택하였고, 그들을 내세워 농촌 계몽활동을 독려하고 있다. 김해강은 이 작품을 통해서 일제에 의해 조직적으로 자행되었던 훼절 공작 속에서, 점진적 개량주의의 실천조차 외면하고 있던 지식인들의 허위의식을 비판하고 있다.

김해강의 다른 서한체 시 「變節者여! 가라」는 강인한 여성 화자를 내세워서 민족해방운동의 전열로부터 일탈한 남편의 배신행위를 고발하는 작품이다. 그는 부제에 '變節者인 남편에게 주는 투사인 젊은 안해의 絶緣狀'이라고 분명히 밝히고 있다. 그는 불의와 구시대적 잔재에 대해 단호히 배격하는 시적 결의를 통해, 민족해방전선의 전열을 빈틈없이 구축하려는 의지를 드러내었다. 이것은 그 무렵에 일제의 탄압이 심해지면서 청년운동가들이 후퇴하거나 잡혀 들어가는 추세를 반영한 것이다. 그는 운동의 대오가 흐트러지지 않도록 단결을 고취하고 있다.

　　―긔차게 싸워나가자. 물러나지 말자.(?)
　　―뜻을 쩌지 말자. 변절을 말자.(?)
　　―용감하라. 끗장 용감함으로 변절을 말자. 일에 비뚤임이 업게 하자.(?)

　　흥! 어재날 서슬이 파라튼 긔염은 부서진 몇쪽의 파리한 해골이엇드냐?
　　췟! 무릅 꿇고, 목을 느리는 비겁한 자여! 변절자여!
　　이 밤에 지는 달과 가티, 남편이란 두 글자를 당신의 억개에 걸처주노니 잘 지니고 갑소.
　　　　―「變節者여! 가라」21) 부분

위 작품은 화자인 아내의 발화 속에 변절자인 남편의 말이 중층적으로 삽입되어 있는 형태이다. 곧, 삽입형 서한체 시 형태를 활용한 작품이며, 주인물의 일관된 투쟁 의지와 부차적 인물의 변절행위를 대조시켜서 독자들의 시적 동조를 획득하려고 하였다. 이 작품은 한때는 "일천팔백의 무리가 한 덩이로 넘어질지언정 뜻을 쩌지 말자"고 맹서하면서, 화자에게 "나의 안해라기보다 든든한 우리의 동지"라고 말한 "훌륭한 나의 남편이요 총명한 우리의 리―더―"였던 옛남편에 대한 절연장이다. 투쟁전선에서 "몇놈의 꼬임에 들어 뜻을 쩌고 물러서"게 된 남편의 변절 때문에 겪게 된 조직의 동요를 차단하고, 지도자의 유고 사태를 신속히 진정시키려는 여성 투사의 씩씩한 음성이 두드러지게 나타났다.

화자는 예시한 9연에서 남편이 변절하기 전에 다짐했던 말들을 상기하여 힐난함으로써, 그와의 절연 의지를 강렬하게 드러낸다.22) 이 작품에서

---

21) 『동광』, 1931. 3.
22) 김해강 시의 절연 의식은 "낡은 전통의 일체를 길이 葬事하여 버리"는 「낡은 어머니와 새 어머니」(『조선일보』, 1926. 5. 30), "졸라맨 검은 사슬을 한날에 끈 허버리"는 「목숨의 노래」(『조선일보』, 1927. 8. 20), "옛날의 낡은 책장을 이 아침에 태워바리"는 「戀書를 태우며」(『개벽』, 1935. 2) 등에서도 살필 수 있다.

화자는 남편의 말을 간접적으로 인용하여 독자로 하여금 그의 변절 전후를 비교하게 하고, 다른 조직원들의 불안을 조기에 진화하는 효과를 노리고 있다. 더욱이 남편의 말끝마다 '(?)'를 부연함으로써, 화자의 비난과 배신감의 강도를 효과적으로 표현하고 있다. 위 시작품에 등장하는 용감한 여성 화자는 "날너드는 주먹알 彈子를 두렴업시 바더 내일 용감한 탄력잇는 兵士"(「麗人의 노래」)로 거듭난다. 당시의 서한체 시작품에 등장하는 여성화자들이 대부분 애상적인 정서의 소유자로서 혁명운동의 후방에 위치한데 비해, 이 작품의 "젊은 안해"는 "목을 느리는 비겁한 자"인 남편을 대신하여 "서슬이 파라튼 긔염"으로 전선의 수호와 투쟁을 독려하고 있다. 그녀는 혁명전선의 대오를 선도하는 주체적인 화자인 것이다.

이 작품에서와 같이, 김해강의 서한체 시에서는 시적 화자가 서술적 구조를 이끌어 가고 있다. 이것은 서한이라는 개인적 차원의 글쓰기 양식을 빌어서 시의 내용, 즉 시인이나 시적 화자가 서술하는 내용을 수취인이나 독자에게 전달하려는 의도를 보이는 데서 기인한다. 그 의도는 시인이 선택한 시적 화자의 설정 방식과 작품의 내적 형식간의 관련선상에서 실체가 드러나도록 장치한 데서 찾아진다.

이에 비해 시 「기대리는 그밤」에서 김해강은 여성 화자를 설정하여 감옥생활을 하는 남편을 기다리는 안타까운 심정을 나타내었다. 그는 식민지의 변혁운동에 종사하다가 영어의 몸이 되는 투사들의 부인들이 감당하지 않으면 안 되는 곤란을 외면하지 않고 시화한 것이다. 그의 시에서 화자의 구체적 위상은 가정주부로 설정되어 있으며, 그에 알맞은 일상의 세목들이 자자히 서술되는 양상을 보인다.

『어머니 압바 집에 언제나 돌아오시우?
 나 압바 오시는날 어머니하구 아저씨들 하구 마중 나갈테우』
지금도 어린것은 이처럼씩씩하게 재롱을피웁니다
부대 밧앗일의 걱정일랑 니저주소서

이해도 쪼한 저무러가는데
　　얼마나 심신이 괴로우시리까
　　날시 치워지오매 더욱 당신의건강이 마음에 언칠뿐이옵니다
　　큰뜻을 심으신 몸이오니 부대 건강을 보중하소서
　　큰 호흡을 키우시는 몸이오니 부대 건강을 보중하소서
　　　　―「기대리는 그밤」23) 부분

　이 작품에서 김해강은 혁명투사의 반려자로서의 여성화자를 통해 자신의 음성을 간접화하는 시적 장치의 역할을 담당하도록 하였다. 그것은 민족해방운동이라는 현실적 세계가 작품 내적 세계로 형상화되면서, 자칫 시적 화자와 독자간의 일상적 기반이 상이한데서 파생될 지도 모를 정서의 괴리감을 해소하도록 하고 있다. 마치 임화의 「우리 옵바와 火爐」와 유사한 극적 상황을 설정하고서는, 평범한 여성화자로 하여금 작품 속의 등장인물들이 투옥된 남편의 투쟁 행위와 연관되도록 하여 두 세계간의 물리적 거리를 좁히는 기능을 배분한 것이다. 예컨대 "저녁에도 그이들은 량식ㅅ되와 나무ㅅ단을놓고 갓"는데, "그이들을 생각하"면 "제마음은더욱 든든하"다는 진술은, 남편의 감옥생활이 가족사적 차원을 초월하여 계급적 연대의식을 강조하고 있음을 시사한다.

　시적 화자는 1연에서 "어제ㅅ밤 바람불고 찬비뿌리옵드니" 오늘은 "아츰부터 흰눈은 풀풀 날리"는 추운 날씨에 감옥에서 생활하는 남편의 안부를 묻고 있다. 가장의 구속으로 "더러는 곡기를 못하고 어린것을 앓으온 채" 밤을 넘기거나 "해빛 없는 싸늘한 판자우에 젊은날을 구실로 장사하"는 현실적 고통을 부인할 수는 없지만, 남편의 고생에 비하면 "해 돋는 아츰에 가벼운공기를 마시는"것조차 "오히려 넘치는 행복"이라고 자위하고 있다. 그녀는 남편이 수형생활 중에도 투쟁 의지를 훼손하지 않고 "먼날에 뜻을 구을녀근육을 어루만즈"실 수 있도록 "날시 치워지오매 더욱 당신의 건강이 마음에 언칠뿐"이다. 비록 구체적 전망을 획득할 수 없는 남편의

---

23) 『조선일보』, 1932. 12. 22

혁명사업은 "시원한 해결도없이 이해도 또한 저무러가"지만, 그녀는 "씩씩하게 재롱을피"우는 어린 자식이 "나 압바 오시는날 어머니하구 아저씨들 하구 마중 나갈테우"라고 말할 수 있을 정도로 의식화시키는 역량을 발휘한다. 이것은 김해강이 화자를 통해 자신의 음성을 간접적으로 드러내면서, 독자들의 적극적인 동참을 기대하였던 의지의 발현 양상이기도 하다.

3. 미래에 대한 진보적 전망

김해강의 서한체 시작품은 대체적으로 정서의 연대를 통해 민족해방을 낙관하는 미래를 향한 진보적인 신념을 드러내는 특징을 보인다. 이러한 경향은 그가 민족해방운동의 성공을 기원하는 있었던 줄 증명한다. 그는 시 「오빠의 靈前에 엎드려」에서 작품 안에 서한체 형식을 부분적으로 삽입한 일종의 액자식 구성 방식을 활용하여 서한의 효용성을 살리면서 등장인물의 내면세계를 유효하게 드러냈다. 이 점은 그가 당시 시단의 유행에 민감히 반응한 증거인 동시에, 서한체시의 유용성에도 깊이 고뇌한 흔적이다.

> 榮華롭던 오빠의 어린 時節이매
> 이 몸을 貴엽게 사랑하긴들 여북하엿스리까.
> ―"오오 貴여운 누이는 잘도 자라지!"―
> 노 머리를 쓰러주시며
> 이 몸에 부어주시는
> 사랑은 컷든 것입니다.
> ―「오빠의 靈前에 엎드려」24) 부분

전체적으로 이 작품은 4부로 구성되어 있으며, 각 부는 3연의 짜임을 이루고 있는 장시이다. 작품의 전반부에서는 화자가 고아된 슬픔에 오빠를

---

24) 『비판』, 1935. 11.

원망하면서도, 자신의 머리를 쓰다듬어주던 오빠의 음성을 추억하는 어긋난 행동을 보여준다. 중반부에서는 오빠를 원망하게 된 이유, 곧 자신의 정조가 유린당하는데도 무력했던 오빠의 행동을 원망하고 있다. 그러나 후반부로 갈수록 오빠의 "어렷슬 적 빗나든 꿈"이 꺾이게 된 배면에는 민족적 비극이 자리하고, 또 자신의 정조 유린이 오빠의 무력함에서 비롯된 것이 아니라는 사실을 깨닫도록 장치되어 있다. 시적 화자는 오빠의 죽음을 통해 비로소 자신의 계급적 조건과 민족적 처지를 확실하게 인식하게 된 것이다.

이 작품은 「누나의 臨終」, 「아아 누나의 얼굴 다시 볼 수 업쓸까」(『별나라』, 1930. 6)와 함께 동세대의 가족내적 화자가 등장인물로 설정되었다. 김해강은 「누나의 臨終」에서 누나가 식민지 경제체제 하에서 노동력을 수탈당하고, 끝내 싸늘한 주검으로 돌아오게 되기까지의 과정을 서술하고 있다. 그의 초기시에서 서사적 성향을 자주 접할 수 있는 보기이다. 그것은 그가 그 시대의 식민지 현실에 집중하고 있었다는 확실한 물증으로 보인다. 이때 그가 선택한 가족내적 화자는 시적 형상화를 고양하여 작품의 사실성을 획득하도록 돕는 역할을 수행하고 있다.

> 누나야.
> 都市에 農土에 明日을 기다리는 수백만의 녀성이 잇다.
> 네가 쑤리고 가는 더운 呼吸은 그들의 가슴에 회호리바람으로
> 날릴 째가 올 것이다 오.오 적은 先驅에!
> 明日을 運轉하여 가는 젊은 呼吸 우에 고요히 쉬이다.
> 明日을 運轉하여 가는 젊은 呼吸 우에 고요히 쉬이라.
> ─「누나의 臨終」25) 부분

작품의 화자는 "骨髓에까지 病이 들어 찬 半송장된 몸"으로 돌아온 누나를 향해 "다 못가는 것이 어찌 너 하나에 그치고 말 것이냐"고 물음으

---

25) 『대중공론』, 1930. 7.

로써, 식민지 침탈 경제의 구조화가 진행될수록 계속될 가족적 비극과 민족적 참상의 재생산을 환기시켜준다. 그것은 서한체 시의 속성인 구술성에 힘입은 것으로, 독자/수신자는 작품 속의 내용/사연을 읽는/듣는 도중에 집단의 문제에 관심을 갖게 된다.26) 또한 시인의 현실 인식이 심화되는 과정에서, 이전의 「녯벗에게」 등에서 나타났던 개인적 감정이 집단적 정서로 변주되는 모습에 대응한다. 이 작품에서 화자로 선택된 어린 동생에게 인식된 '누나의 臨終'은 실존적 부재이며, 그것은 소녀가장의 희생적 노동 행위 속에서만 가능했던 동생의 비극적 현실이 당면 과제로 심화되는 국면을 가리킨다.

  이 작품은 「오빠의 靈前에 엎드려」와 함께 동세대의 죽음을 소재로 삼고 있다. 그 까닭인즉, 조국을 잃어버린 책임이 있는 선대보다는 책임의식으로부터 자유로운 어린 세대를 앞세우는 것이 역사의 진보의식을 드러내는데 유효했기 때문일 터이다. 이러한 믿음은 김해강을 비롯한 당대의 리얼리즘 시인들이 갖고 있었던 역사관의 시적 외연이며, 가혹한 식민치하를 감내할 수 있도록 지탱해준 실존적 조건이기도 했다. 이러한 인식 위에서 누나의 임종이 "明日을 기다리는 수백만의 녀성"들의 가슴에 "회호리바람으로 날릴 때가 올 것"이라는 전망을 낳게 되었을 것이다. 철저한 계급의식에 기초한 김해강의 역사적 전망은, 당대의 일급 비평가인 임화로부터 "공허한 동경, 무내용의 형식의 반추 대신에 새로운 내용에 의하여 자신의 시를 발전시키려는 의식과 기원을 노래하고 있다"27)는 고평을 받았다. 그만치 그의 시작업은 평단의 관심 속에서 이루어졌다.

  김해강의 서한체 시에 나타나는 서한의 수취 대상은 대부분 부재하는 인물이다. 그들은 죽은 사람이거나 집을 떠난 가족이었다. 이것은 서한 형식이 발신자와 수취인을 매개하는 기능을 활용하여, 부재하는 대상에게 사

---

26) W. J. Ong, 이기우·임명진 옮김, 『구술문화와 문자문화』, 문예출판사, 1995, 118쪽.
27) 임화, 「33년을 통하여 본 현대 조선의 시문학」 (8), 『조선중앙일보』, 1934. 1. 10

연을 토로하는 양상으로 나타났다. 그들은 사회적 현실과 시적 상황을 동시에 감당하는 인물로 묘사되었으며, 시의 배경은 대체적으로 가족사적 사건을 계급적 맥락에서 다루고 있다. 수취인의 부재는 이 무렵의 객관적 정세를 고려할 때, 도리어 시적 리얼리티를 확보하는데 기여하였다. 그것은 서한체 시의 발생론적 배경과 함께 작품의 사회적 조건, 시인의 정치적 입장 등이 복합적으로 작용한 데서 기인한 것으로 보인다. 김해강은 시의 서정적 조건과 내용의 사회적 현실을 동시에 고려하면서 창작에 임했던 것이다.

4. 전형적 인물의 창조

김해강은 시「歸心」에서 이른바 전형적 인물을 창조하여 자신의 시적 신념을 표백하고 있다. 그는 아버지와 자식을 등장시킨 가족 내적 담론 방식을 통해서, 민족 해방을 위한 투쟁 전선에 필요한 세대간의 화해 방안을 모색하였다. 이 작품은 조국 광복에의 의지를 "가슴을 베여서라도 맹서"하는 아버지의 비장한 서원과 함께, 자식에게 유업의 계승을 당부하는 유언장이다. 기미독립만세운동 이후 조국을 떠나 민족해방운동에 복무하는 한 혁명적 전위가 자신의 삶과 의지를 아들에게 전하는 총 12연의 서한체 형식으로 된 장시이다.

(一)
聰아.
너를 보지 못한지 벌서 열두해로구나!
네 몸이 나서 아즉 젓도 쩔어지기 전, 녯가지에서
물이 올으던 봄, 서울 복판에
새로운 音響이 터저 十年의 沈默을 깨우처 울리든 그 봄!
(二)
聰아.
지금쯤은 너도 네 어머니로부터

들어서 알리라만은 그 봄! 새로운 音響이 울리든 그 봄!
진ㅅ머리에 나섯든 어른들과 젊은 몸들이
뭇으로 묵겨가든 그 째에 새론 뜻을 품人고 나는 그 짱을 버서낫섯노라.
(三)

聰아.
구즌 비 축축이 나리던 깁흔 밤, 으슥한 좁은 골목
두근거리는 가슴을 업눌으며 담人벼락에 밧작부터
네 어머니쎄 뒤ㅅ일을 부탁하고, 마즈막 情을 나눌 째
너는 그 째에 어머니 품에 안스겨 젓쏙지를 문채 고요한 잠에 들엇더니라.
(四)

聰아.
그적이 생각하면 어제와도 갓다만, 싸지니 벌서 열두해로구나!
네 몸이 성실하게 자랏다면 올에가 열세살.
만히도 컷겟구나! 철도 낫겟구나!
아비 생각도 하겟구나! 어머니 세음도 돕겟구나!
(五)

聰아.
째로는, 돌아가 네 손을 쥐여도 보구 십흔 마음 안 솟는 것도 아니다.
너댓날식 침식을 엇지 못하고 몸이 병들어 쓸어질 째면
가슴도 치며, 한숨도 짓는 가운데 돌아갈 마음 산과도 갓더구나!
더구나 서리찬 새벽 북만의 찬 달 알에 울고가는 기럭이 소리를 들을 적이랴!
(六)

聰아.
어제는 로령 오늘은 만주. 다함업는 낫과 밤을 지우고 새울 째.
문허진 가슴을 치고, 더운 탄식을 내쏩긴들 열백번에 그칠 거냐?
더구나 일을 썩기고, 동무는 쌔앗길 째,
가업는 曠漠한 荒原에 뜻 일흔 외로운 그림자가 지터가는 黃昏에 싸일 째이랴!
(七)

聰아.
그러나 그것들은 흐릿한, 한째에 어지러윗든 情緒에,
지나지 못하는 것이다. 그러케 연약한 情緒에 붓잡힐 내이냐.
내 뼈—마듸 마듸가 썩기고, 내 살 갈래 갈래로 찌저저 보아라.

「김해강의 서한체 시」

가슴에서 골수까지 쌔ㅅ질은 한 개의 고든 기둥이야 싸쩍이나 할 게냐?
　　　　(八)
聰아.
살을 싹거내는 듯, 눈보라에 냅다 치워 길을 넘는 눈ㅅ구렁에 파무치면서두,
간을 삶어내는 듯, 찌는 더위에 컥컥 쓸어저 답답한 가슴을 팍팍 긁으면서두
바드득 바드득 혀를 쌔물고, 두 주먹 발발 썰며,
닐어스든 나이다. 죽엄으로 위협한단들 더운 쯧이야 녹일줄 잇겟늬?
　　　　(九)
聰아.
그 쑨 아니다. 내 억개와 팔, 그리고 허벅지와 정강이에
보기 흉한 숭(허물)이 열ㅅ간데는 더 되리라.
선득한 칼날에 피 흘으는 억개를 동여매고 동무를 구할 째,
총알에 느러진 다리를 질질 쓸고, 달음질 칠 째 아! 내 심장이 얼마나 날 쒸엿겟늬?
　　　　(十)
聰아.
압흐로도 피가 식ㅅ고, 살이 구더지는 날까지,
밟어온 길을 되밟는 가운데 더운 투쟁史는 짜질 것이다.
어이 一秒一刻인들 마음에 빈틈을 둘가부냐.
가슴을 베여서라도 맹서하리라. 아비의 뜻을 닛어다오.
　　　　(十一)
聰아.
미리 부탁이다마는 언젠들 내 몸은 돌아가지 못하리라.
내 목숨이 끈킨단들 무칠 짱인들 긔약할 거냐?
하지만 마음만은 돌아가리라. 네 가슴에, 조국 백성의 가슴에,
씩씩하게 잘 자라 아비의 뜻을 닛는 자식이 되어다오. 되어다오.
　　　　(十二)
聰아.
오오 너를 보지 못한지 벌서 열두해로구나!
열두해 나는 동안 너의 곳도 만히는 변햇겟지.
오오 ××가의 자식은 ××가가 되느니라.
아비 일을 마음으로 비는 가운데,

씩씩하게 잘 자라 잘 자라 뜻을 닛는 자식이 되어다오. 되어다오.
　　―「歸心」28) 전문

　위 작품에서는 시적 화자가 직접 1인칭으로 등장하여, 시의 배경이 되는 시대적 조건과 사회적 환경, 가족 관계 등을 차분하게 진술하고 있다. 김해강은 혁명가의 일대기를 통하여 실천적인 삶의 단면을 전달하는 방식으로, 시적 화자가 가장 가까운 가족에게 보내는 비밀스런 서한체 형식을 취하였다. 화자는 서정적인 서한 형식을 통해 자신의 삶의 모습이나 감정의 내용을 직접적으로 서술하면서도, 시적 정서는 개인적 차원에 머물지 않고 민족적 차원으로 변주하였다. 내밀한 목소리로 전달되는 혁명적 외침은 '聰'이라는 아들뿐만 아니라, 민족 해방이라는 시대적 투쟁 과업을 수행하는 모든 구성원으로 확산되고 있다. 시적 화자의 삶이 시 속에 생생하게 서술되면서, 시적 화자의 아들은 개별적 인물을 초월하여 전체적인 민족으로 확대된 것이다. 이것은 김해강이 서한체 시의 특성을 살려 사건의 서술을 통해 특수한 시적 체험을 보편적인 정서로 변환시킴으로써, 등장인물의 성격을 형상화하는데 초점을 맞춘 결과이다.

　이 작품의 수취인으로 설정된 아들 '聰'의 이름은 예사롭지 않다. 혁명가의 자식답게 총명하기를 희망하면서 혁명의 미래적 완성을 기대하고 있기 때문이다. 그러한 이름짓기는 이 작품처럼 가족 내적 담론이 생리적으로 내포하는 감정의 과잉현상을 통제하는 힘이 되었다. 임화는 「우리 옵바와 火爐」에서 서울 사람의 어투를 차용하여, 어리고 부드러운 화자에 기대어 시적 분위기를 고조시켰었다. 그는 '~여요'체를 사용하는 나이 어린 여성 화자를 등장시켜서 독자의 연민은 획득하였지만, 감상성의 범람 시비에 휘말리고 말았었다. 이에 비하여 김해강은 문어적 종결형인 '~되어 다오'에 어울리는 성인 남성 화자를 등장시켜서, 그의 신산스런 삶을 회상하면서도 주관적 감상에 함락되지 않고 객관성을 확보하였다. 이것은 카이저가

---

28) 『대중공론』, 1930. 8.

배역시의 문제점으로 지적했던 "자기가 생각했던 역할을 독자에게 어떻게 명백히 보여줄 것인가"29)하는 점을 슬기롭게 극복한 예라고 할 수 있다. 임화의 시에서는 화자의 어조가 내적 형식보다 우위를 차지하였다면, 이 작품에서는 양자가 균형을 유지하고 있다는 점에서 윗길이다.

 그럼으로써 서한체 시의 형식을 빌어 민족해방이라는 혁명 과업의 세대간 계승이라는 무거운 전언을 효과적으로 전달하는데 성공한 것이다. 그것은 시인이 화자와 청자간의 거리 조절에 성공하여 서한체 시의 특성인 보고적 기능과 의사전달 기능을 적절히 활용한데 힘입은 결과이다. 임화를 비롯한 당대의 서한체 작품에서 공통적인 문제점으로 지적되었던 감상성은 철저하게 사상되고 서사적 구조는 한층 단단해졌다. 그런 점에서 김해강의 이 작품은 당대의 식민지 현실을 철저하게 파악한 서한체 시의 백미라고 할만하다.30)

 위에서와 같이, 김해강의 서한체 시에 도입된 대화체계는 서사 양식과 극 양식에서 주로 사용되는 '나/남'의 방식을 따르고 있다. 이러한 장르상의 혼화상은 서한체 시가 시인이나 화자의 이념의 전수자인 특정집단을 독자로 상정하여 서술되는 특성상, 극적 요소를 수용하여 독자의 의식화를 시도하는 데서 파생한 결과로 보인다. 담론 방식은 가족 내적 담론이 주류를 이루며, 쌍방향의 의사소통보다는 일방적인 의사전달체계를 중시하였다. 내용상으로는 비밀스런 사연의 대중적 전달을 겨냥하여 내밀한 서한체를 도입하고, 담론상으로는 극적 효과를 노린 대화체계를 채택했던 것이

---

29) W. Kyser, 김윤섭 옮김, 『언어예술작품론』, 시인사, 1988, 297-298쪽.
30) 또한 이 작품은 「해돋는 北方의 荒原」(『문학건설』, 1932. 10)과 함께 항일독립투쟁의 무대였던 만주를 시적 공간으로 설정하였다는 점에서도 의의가 있다. 이 시기에 카프를 대표하는 동향의 김창술이 「汽車는 北으로 北으로」(『카프시인집』, 1931)에서 민족해방투쟁의 공간을 본토에 국한한데 비해, 이 작품은 만주뿐만 아니라 노령까지 확대하였다. 이것은 그가 기미독립만세운동 이후 전개되었던 정세의 추이와 민족해방운동전선의 전열에 대해 깊은 관심을 갖고 있었다는 증거가 된다. 김해강의 시적 공간으로 만주가 등장하는 것은 '장편 서정시'인 「紅天夢」(『조선문학』, 1937. 3)에서도 이어진다.

다. 가족의 구성원에 대한 폐쇄적인 담론 방식은 당연히 형식보다는 전달되는 내용을 강조하게 되었고, 일제에 의한 검열이 강화되면서 점차 소통 기능을 상실하게 되었다. 이러한 객관적 정세의 악화는 이후의 시에서 서정적 세계로 옮겨가는 외적 요인으로 작용하게 된다.31) 이 점에서 그의 서한체시는 시세계의 변모 양상을 논의하기 위해서라도 중요하게 취급되어야 한다.

Ⅲ. 결론

한국문학사에서 서한이 본격적으로 도입되기 시작한 것은 1920년을 전후한 시기였다. 이 형식의 자기고백적 성격에 대한 작가들의 방법적 자각과 비평적 관심이 수반되고, 카프 조직의 문학대중화론의 전개와 맞물리면서 형식적 확산을 거듭하였다. 김해강은 1930년을 전후하여 임화가 단편서

---

31) 김해강이 1930년대 후반부터 본격적으로 서정시를 쓰게 된 이유는 세 가지를 들 수 있다. 첫째, 개인적인 측면에서 그는 이 무렵 김남인의 권유에 의해 시 전문지 『시건설』의 편집을 담당했다. 이 잡지는 특정 유파에 기우는 이념적 편향을 지양하고, 다양한 계층의 시적 경향을 수용하는 종합적인 성격을 지닌 시 전문지였다. 그는 이 잡지의 편집 업무에 전력하느라고 시작품 쓰기에 소요되는 시간적 여유가 없었던 까닭에 간헐적인 작품 발표에 머물러야 했다. 둘째, 문단적 측면에서는 카프 조직의 해산 과정에서 나타났듯이, 일제의 사상 통제가 강화되면서 예전의 현실비판적인 성향의 시작품은 발표될 수 없었다. 그 역시 이러한 문단적 조류에 역행하는 계급적/비판적 성향의 시작품을 발표할 수는 없었을 것이다. 셋째, 정치적 측면에서는 이 무렵 일제에 의해 유수 잡지들이 검열과 통제선상에서 허덕이거나 강제 폐간되는 등, 출판 상황이 날로 악화되고 있었다. 이러한 외부 환경의 변화로 잡지 발간의 취지와 유통구조의 폐쇄에 직면하게 되자, 그는 김남인을 만나 『시건설』을 자진 종간하기로 합의하였다. 이 세 가지 이유는 그가 현실비판적인 리얼리즘시에서 순수 서정시로 전환하게 되는 직접적인 요인이 되었다. 이러한 시적 전환의 구체적인 사례는 김남인과의 공동시집 『청색마』(1940)에 수록된 시작품과 『매일신보』(1941. 10. 20-30)에 발표했던 '금강 8제'라는 연작시를 통해 살펴볼 수 있다.

사시에서 서한체 형식을 도입하기 전에, 그 양식적 효용을 인정하고 시적 실천을 보여주었다. 서한체 시를 대중에게 의식을 전달하는 최선의 양식으로 인식했던 그는, 다양한 시적 화자를 등장시켜서 자신의 정치적 신념을 드러내었다. 그는 친구, 오누이, 부부, 부자관계라는 각기 다른 소통 관계를 설정함으로써, 사회적 현실을 파악하는 여러 계급의 상이한 관점을 구체적 형상으로 보여주었다. 이것은 김해강이 시적 의도를 효과적으로 서술하기에 알맞은 시적 형식을 탐구한데 힘입은 것이다. 그 결과 당시의 서한체 시에서 현저하게 나타났던 관념적 도식성으로부터 일정한 거리를 유지할 수 있었다. 당시 카프의 소장파 시인/비평가였던 임화가 여성화자를 중시하여 감상적인 정조를 드러내었던데 비해, 김해강은 다양한 화자와 형식을 통해 식민지의 궁핍한 실체적 모습을 형상화하려고 노력하였다.

　김해강의 서한체 시에 나타난 담론 형태는 가족 내적 담론이 주류를 이루며, 쌍방향의 의사소통보다는 일방적인 의사전달체계를 중시하고 있다. 담론의 형식보다는 전달되는 내용을 강조하려는 의도 때문에 가족 구성원 간의 소통 구조를 중시하는 폐쇄적 양상을 띠게 되었다. 초기의 작품에서 검출되었던 감상의 과잉현상은 서한체 형식에 대한 시인의 방법적 자각이 심화되면서 대상과의 적절한 거리 조절, 적합한 화자의 선택, 담론 방식의 변화를 가져오며 극복되었다. 이런 점에서 그에게 서한체 시는 "대중의 감정과 사상과 의지"를 기조로 "대중이 즐겨 음미하고 흡수할 수 잇"는 의식을 전달하는데 효과적인 최선의 양식이었으며, 이런 점에서 그는 시와 시론의 합일을 추구하였다. 그가 "대중에게 의식을 전달할 수 잇슬" 방법을 모색하는데 주력하여 일방적인 의사전달체계를 채택한 것이나, 객관적 현실에 대한 정확한 인식과 파지를 주장한 것도 이런 맥락 안에서 이해되어야 할 것이다.

　1930년대의 김해강의 시작품에서 현저하게 검출되는 서한체 시형식은 일제에 의한 검열제도가 강화되면서 감소하였다. 그것은 그의 서한체 시작품에 수용된 시적 소재가 '개인적 사연—가족사적 사건—민족적 이념'으로 확장되면서 일제의 사상 통제와 충돌한 결과였다. 더욱이 객관적 정세의 악화로 인한 복합적인 현상으로, 카프의 해산과 리얼리즘 시의 수적 감소 현상과 맞물려 있다. 이러한 이유와 가정사가 합쳐지면서 김해강은 이후의 시에서 본격적인 서정시의 세계로 전환하게 되었다. 그것은 그로 하여금 집단적 정서를 우선시하던 시작 태도에서 개별적 서정을 노래하도록 보폭을 이동하도록 견인하였다. 그 뒤로 그의 시는 형식면에서 장시화 습관을 회수하였고, 내용면에서 자연으로 옮겨 갔다. 그것의 그가 익숙한 것과의 결별을 통해서 기존의 성향과 달라졌다는 점에서 시세계의 변화를 가져왔다는 증거이다.(『현대문학이론연구』 제13집, 현대문학이론학회, 2000. 7)

김해강의 도시시에 함의된 공간 표지의 식민지성

Ⅰ. 서론

　1920년대는 식민지의 각종 모순이 드러나기 시작한 때였다. 이 무렵의 도시를 대표하는 경성은 일제에 의해 이식된 모조자본주의가 공식화되고 있었다. 일제는 식민지 원주민들의 생산 기반을 약탈하고 노동력을 착취하면서 경성에 근대 도시의 면모를 입히기 위하여 노력하였다. 그 이면에는 일제의 강점으로부터 누적된 원주민들의 불만과 기미독립만세운동으로 놀란 식민당국의 정책 전환이 작동하고 있었다. 이 시기에 경성을 위시한 도시에는 빈민층이 급속도로 증가하였다. 그들 중에서 토막민은 살길을 찾아 도시로 이입하거나, 도시의 개발로 인해 변두리로 쫓겨난 사람들이었다. 즉, 일제의 농업정책이 야기한 농촌의 피폐화가 경성으로 전이되어 각종 문제사태를 가져온 것이다. 당시 경성제국대학의 조사 자료조차 토막민들이 일제의 강점으로 발생하여 사회문제화되고 있는 줄 인정할 정도였다. 또 1910년 조선총독부에서 편찬한 『조선어사전』에 '토막'이란 단어가 등재되지 않은 것을 보아도, 이 즈음에 제도화되기 시작한 도시 빈민층의 증가가 일제의 실패한 식민정책의 폐해란 사실이 확인된다.
　경성이 지닌 특징의 하나는 식민지 종주국의 수도를 모방하면서 자체적으로 모순을 내재시켰다는 점이다. 그 모순은 시간을 숙주로 삼아서 자가증식을 계속하였다. 경성은 이미 식민지 당국이 기획한 도시의 성격을 내면에 습속화하고 있었던 것이다. 유학생과 신흥 부르주아지들은 식민지 현실과 무관하게 근대의 소비문화를 선도하였다. 그들이 도시의 환락에 경도

되어 있을 때, 식민지 전역은 세계적인 경제 공황으로 인해 악화일로에 있었다. 일제는 자국의 경제적 피해를 식민지에서 감가상각하려고 시도하였는 바, 그들은 일제의 의도를 알아차릴만한 식견과 안목을 갖추었음에도 불구하고 자신들의 욕망을 충족시키느라 열심이었다. 그 욕망이 자의적 발로이건 타의에 의한 강제적 부과이건 간에, 지식인된 자의 책무로부터 일탈되기는 마찬가지였다. 그들에게서 국제적 정세를 정확하게 응시하려는 지식인으로서의 책임감 있는 태도를 찾아보기 어려웠다. 이것을 가리켜 불확실한 미래로 인한 좌절과 허무에 빠진 식민지 지식인의 처지를 반영한 것이라고 옹호할 수 없다. 그들의 몰역사적이고 비현실적인 생활 태도는 반대 켠에서 고통받던 민중들의 신세와 대비되어 비판받아 마땅하다. 따라서 식민지 종주국의 모조 수도로서의 경성이 노출하던 근대적 모순을 비판하느라 심혈을 기울인 시인들의 움직임은 각별히 주목되어야 한다. 그들의 시편은 당대의 상황을 적실히 증언하는 기록물의 성격을 갖고 있다.

  그 대표적인 시인으로 김해강을 꼽을 수 있다. 그의 시는 이 무렵의 식민지 사회가 안고 있었던 모순을 사실적으로 반영하고 있다. 1920년대 중반부터 작품을 발표하기 시작한 그는 도시를 "化粧만 할줄 아는 放縱한 계집애"(「都會」)로 규정하고, 일제에 의해 강제된 식민자본주의의 폐해를 사실적으로 고발하느라 공을 쏟았다. 그의 노력은 식민지에 정착되어 가던 근대적 표징들을 비판적으로 인식하고, 공간 표지가 내장하고 있는 식민지성을 포착하느라 고심하였다. 곧, 김해강은 이러한 기표들을 통해서 식민지 원주민들의 의사와 상관없이 일제에 의해 일방적으로 무분별하게 도입되어 강제되는 근대의 양상 지표들에 대한 거부감과 함께, 기표에 제압당한 무리들을 힐난하였다. 이에 본고는 그의 도시시가 지닌 의미를 식민지 사회의 현실과 결부시키면서 살펴봄으로써, 시인의 시대적 책무를 탐색하고자 한다.

Ⅱ. 근대적 공간과 여성의 식민지적 등가관계

1. 소리에 의한 공간의 구획

　근대는 소리로 구성된다. 집을 나서는 순간부터 근대인들은 각종 소리에 포획된다. 소리는 이쪽과 저쪽을 이어주는 단일한 기호이다. 소리는 물리적 거리를 횡단하면서 청자들을 동일한 범주에 포섭하여 집합적 표상을 구축한다. 소리에 의해 이질적인 공간은 동질성을 획득하게 되는 것이다. 그것은 무관한 것들을 일속으로 범주화하여 유관한 공간을 창출한다는 점에서 근대적이다. 소리는 근대의 유혹자인 셈이다. 소리는 대중의 청각을 자극하여 동일한 주제로 초점화하는 기능을 갖고 있다. 그로 인해 낯선 사람들끼리 친밀감을 공유하면서 독자적인 세계를 형성하게 된다. 말하자면, 소리는 명백히 이데올로기적 속성을 근본 자질로 내재하고 있는 것이다. 그러므로 소리를 기반으로 한 문화는 상위 주체의 신념을 재생산하면서 소비층의 감각 체계를 장악하게 된다.
　소리 중에서 음악은 사회적이다. 음악은 "부르주아 사회의 기록물임과 동시에 부르주아의 중요한 예술 형식"[1])으로, 산업자본주의가 구현된 상업적 구체물 중의 하나이다. 자본가들은 소리의 배치를 통해서 원하는 이익을 획득하려고 시도한다. 그것은 식민지라고 해서 예외가 아니었다. 일본의 자본가들은 자국에서 유행하는 음악을 경성에 유포하여 이익을 추구하려고 시도했다. 그것은 음악회나 대중가요의 유행으로 확산되었고, 식민지 사회는 식민자본이 기획한 시스템에게 욕망을 압류당하기 시작하였다. 외국 음악이 들어오고 일본에서 서양음악을 공부한 유학파들이 귀국하게 되자, 식민지 사회를 구성하는 소리들이 다양해지면서 내적 모순이 축적되기에 이르렀다. 그 여파로 공동체적 감각을 공유하던 전통음악은 뒷선으로

---
1) 에드워드 사이드, 박홍규・최유진 옮김, 『음악은 사회적이다』, 이다미디어, 2008, 48쪽.

밀려나고, 그 자리에는 개인주의적 취향을 자극하는 서양음악이 자리잡았다. 이와 같이 소리는 전통을 구축하고, 새로운 전통을 구축하기도 한다. 문제는 그것을 주도한 세력의 수용 태도인 것이다.

1920년대 말 경성에 들어온 재즈를 비롯한 서양음악은 범세계적 현상의 일부로 이입된 것이 아니었다. 그것은 원주민들의 의사와는 상관없이 일제의 식민자본주의가 이식되는 과정에서 부수적으로 유입된 것이다. 그런 탓에 그것을 향유할 수 있는 계급은 부르주아지나 식자층에 한정되었다. 그들은 식민지의 이면에 다량으로 존재하던 소외된 민중들의 소리를 외면하고, 이입된 이국의 소리에 친밀감을 표하였다. 음악은 실내외를 경계로 삶의 주체를 이분하는 속성을 갖고 있다. 전혀 이질적인 삶의 주체들이 음악의 사회적 성격에 따라 분류되는 것이다. 신흥 부르주아지나 식자들이 애호한 소리가 식민지의 실내를 구성하는 아늑한 소리라면, 실내의 삶을 지향하지만 진입할 기회를 차단당한 실외의 소리야말로 식민지 원주민들의 울부짖음이었다. 부르주아지와 지식인들은 식민 상태와 타협하고 수용하는 대신에, 실내의 소리를 향유할 수 있는 권리를 보장받은 집단이었다. 이처럼 음악은 실내외를 기준으로 경성의 밤 풍경을 재단하면서, 그 안에서 살아가는 사람들이 구현한 삶의 장면을 노출한다.

오―들으라. 밤ㅅ都市의奏樂을……
電車의 굴러가는 쿵쿵 소리―
劇場의 樂隊ㅅ소리―
××演奏會의 『피아노』치는 소리―
×送別宴×歡迎宴의 술ㅅ잔 깨지는소리―
救世軍路上傳道隊의 讚美樂ㅅ소리―
독통 부은 싸구려ㅅ소리―
뒤섞겨 어울어저 널어나는 어지러운리―듬―.
오―이것이
밤ㅅ都市의交響樂이냐?

파리한얼골, 기름무든 손에 돌아가는 機械ㅅ소리―
분칠한얼골, 부드러운 손ㅅ길에 울리는 거문고, 장고ㅅ소리―
아―얼마나 矛盾ㅅ된 리―듬이냐?

붉은얼골 불붓는가슴에 불ㅅ길을 배앗는 쯧잇는젊은이의雄辯―
모진 주먹알에 그래도 살ㅅ길을 哀乞하는 氣―죽은 소리―
아―밤ㅅ都市 모통이모통이에 닐어나는 矛盾ㅅ된리―듬이여!!

비단ㅅ자락을 날리며
알콜에 저진 갑업는 살덤이를 실ㅅ고 내닷는 自働車의威風―
그러나
어미, 아비, 아들놈, 딸년 서로 부둥켜 안ㅅ고
찬구들에 썰며 우는꼴을 보라.

아―밤ㅅ都市의 큰길을 세로 걸어가는 안마장이의 쇠ㅅ피리ㅅ소리는
밤ㅅ都市에 닐어나는 흐터분한 交響樂의 끗장을 吊喪하는 소리이냐?

소리와소리, 리―듬과리―듬
서로 꼬리를 치고 씨름한다. 날뛴다.
오―都市의 밤은
이 모든 소리를 싸안ㅅ고 부댁기고 잇다. 부댁기고 잇다.
　　―「밤ㅅ都市의交響樂」2) 부분

보는 바와 같이, 김해강은 시의 전반부와 후반부를 극명하게 대조시키면서 판이한 두 소리를 병치하고 있다. 그의 시도는 건물을 경계로 상이한 공간에서 벌어지는 식민지의 대조적 삶이 드러나도록 고무한다. 그에 힘입어 '기름무든 손에 돌아가는 機械ㅅ소리―/부드러운 손ㅅ길에 울리는 거문고, 장고ㅅ소리―'는 대립적 국면을 조성하며 도시의 이중적 모순이 절로 고양된다. 전혀 어울리지 않는 공장과 유흥가의 소리가 자아내는 알력이야말로 식민들의 삶을 웅축한 실체적 모습이다. 그것은 '살ㅅ길을 哀乞하는

---

2) 1927. 3. 21; 최명표 편, 『김해강시전집』, 국학자료원, 2006, 120-121쪽. 이하 작품 인용은 이 전집에 따르고, 쪽수만 표기한다.

氣―죽은 소리'나 '어미, 아비, 아들놈, 쌀년 서로 부둥켜 안ㅅ고' 우는 울음소리가 자동차 소리에 억눌리면서 극에 달한다. 그 사이에 '붉은얼골 불붓는가슴에 불ㅅ길을 배앗는 뜻잇는젊은이의 雄辯'은 설자리를 잃고 허공에 산포된다. 그와 동시에 경성의 '밤ㅅ都市의交響樂'은 '電車의 굴러가는 쿵쿵 소리', '劇場의 樂隊ㅅ소리', '××演奏會의 『피아노』치는 소리', '×送別宴×歡迎宴의 술ㅅ잔 깨지는소리', '救世軍路上傳道隊의 讚美樂ㅅ소리', '독통 부은 싸구려ㅅ소리', '뒤석겨 어울어저 널어나는 어지러운리―듬―'이 한데 어우러져 빚어내는 불협화음으로 진동한다. 그 소리의 건너편에는 "어린군밤장사의쩔리는가는목소리―, 만두장사의웨치는소리―, 『추어라』! 덜덜쩌는 거지의울음소리―, 안마장이의쇠피리소리―"(「都市의겨을달」)로 가득하여 '矛盾ㅅ된 리―듬'을 스스로 드러낸다. 이처럼 도시의 소리는 궁핍한 삶의 소리마저 억압한다.

김해강의 시편에서 소리는 근대 도시를 구성하는 주요 자질이다. 그것은 도시가 지닌 여러 가지 표지 중에서 소리에 착목한 덕분이다. 그가 포착한 소리를 구성하는 '파리한얼골'의 공장 노동자와 '분칠한얼골'의 유흥여성의 삶은 "눌으뎅뎅한 都市의얼골"(「都市의斷末魔」)로 드러나지만, 그들을 희롱하는 부르주아지의 "거짓을裝飾하여노흔네얼골"(「都市의자랑」)을 은폐하여 식민지 도시의 밤이 내장한 어둔 이미지를 심화한다. 근대 도시의 은닉성을 배면에 장치한 김해강은 소외당한 군상들의 소리를 동원하여 도시의 중심권으로 진입하지 못한 그들의 비극적 삶을 원경으로 장치하고 있다. 그와 같은 시적 구도 속에서 소리가 공간으로부터 새어나오는 틈으로 상이한 계급의 실체적 삶이 극명하게 갈라진다. 소리가 식민지 도시의 구성원들을 가르는 변별적 자질이 된 셈이다. 그것은 도시의 모순을 적시한 것으로, 일제에 의해 이식된 도시의 소리에 은폐되어 있는 식민지의 비참한 상황을 사실적으로 포착하도록 견인한다.

도시의 소리는 근대 문명의 총아인 자동차가 출현하며 외부 공간으로 영토를 확장하였다. 한 예로 '알콜에 저진 갑업는 살덤이를 실ㅅ고 내닷는

自働車의威風'은 '신작로'에 힘입은 것이다. 일제의 속내는 철도를 간선으로 하고, 도로를 지선으로 삼아서 한반도의 동서남북을 이어 한반도의 병참기지화를 달성하는 데 있었다. 그들의 음험한 계략이 공식화된 것이 1899년 9월 18일 식민지의 노량진과 제물포 간에 개통된 경인선이다. 이 철도를 개통한 뒤 일제는 1908년 전주와 군산 사이에 최초의 포장도로인 전군도로를 개설하여 호남평야의 쌀을 군량미로 충당하고 '내지'의 만성적인 식량 부족 사태를 해결할 욕심을 만천하에 드러냈다. 그 와중에서 도로 건설 인력이 부족하자, 1915년 개정된 「도로규칙」에 강제노역을 명문화하였다. 이로써 이른바 신작로는 군국주의화를 조기에 달성하고자 하는 일제의 야욕을 노상에 드러내었고, 식민지의 원주민들은 자신들의 강제노역으로 닦은 도로의 주인 노릇을 할 수 없었다. 그들은 도로의 객체로 밀려나고, 그 자리에는 일제의 당국자나 친일지주계급이 탄 자동차가 차지하였다. 그와 함께 일제는 경성의 도로들을 블록 단위로 설정함으로써, 혹시 일어날지도 모를 소요 사태를 미연에 방지할 수 있도록 계획하였다. 식민지 원주민들은 계획 수립 단계부터 철저히 배제된 것이다.

  식민지의 주요 도시에 도로가 개설되면서 본격적인 자동차 시대가 열렸다. 자동차는 근대의 속도를 대표한다. 자동차는 1903년 대한제국의 고종황제가 미국 공관을 통해 포드자동차를 들여온 바 있었으나, 그것은 의전용 어차에 불과했다. 자동차는 식민지에 거주하던 일본인들과 외교사절들로부터 시작하여 권력가, 재력가, 기생 등으로 확산되면서 사회적 위화감을 조성하였다. 기생들이 짙은 화장을 하고 타고 다니면서 자동차는 극히 비밀스럽고 사적인 공간으로 변질되었다. 그런 광경을 보고 원주민들이 자동차를 향한 돌팔매질로 분노를 표출하자, 조선총독부에서는 권번조합에 자동차의 승차를 삼가도록 시달하기도 하였다. 원주민들은 "猛獸의 찌저진 聲帶의發惡가튼 싸이렌—"(「太陽을등진무리」) 소리에 수반된 속도의 난폭성에 놀라 식민지의 현실을 받아들이지 않으면 안 되었다. 그들에게 소리는 속도와 동일시되었고, 그것을 선점한 일제는 원주민들에게 전근대적 삶의 불편과 열등감을 감내하도록 강요하였다.

> 오오 高速度로疾走하는 自働車의敏馳—
> 오오 高速度로늘어가는 貧民窟의統計—
> 오늘의矛盾ㅅ된軌道우에世紀의엘레지—를 놉히불르는 大都의심포니—여!
> —「咀呪할봄이로다」3) 부분

김해강은 '高速度로疾走하는 自働車'와 '高速度로늘어가는 貧民窟'을 대비시키며 식민지 도시의 '矛盾'을 폭로한다. 나아가 그는 이 모습을 '世紀의엘레지'로 풍자하고 나서 '大都의심포니'로 귀결시킨다. 이처럼 그의 시에서는 허무한 분노의 감정을 산견할 수 있다. 그 이면에는 일제에 의해 강요된 '高速度'가 자리잡고 있다. 일제의 도시 개발 정책은 철저히 속도를 추구하며 추진되었다. 그것은 식민지 원주민들이 영위하던 삶의 질을 높이려는 목적으로 착수된 것이 아니라, 자국의 이익을 최대한 신속하게 확보하려는 의도로 실현한 공간의 개발과 재배치였다. 그 결과로 도시마다 중심부를 향한 도로가 개설되고, 시구(市區)가 개정되면서 공간의 분할이 이루어져 속도가 증가하였다.4)

도로가 식민지의 지배 정책에 종속되자, 누대에 걸쳐 그곳에서 살던 원주민들은 통행이 복잡한 미로형 골목으로 밀려났다. 이른바 신작로와 골목으로 대조되는 당시의 도로 체계는 지배자와 피자배자의 공간을 재배치한 명료한 표지이다. 지배자는 새로 개설된 대로 위를 자동차로 빠르게 달리고, 피지배자는 신작로로 나아가기 위해 골목을 통과하지 않으면 안 되었

---

3) 『동아일보』, 1929. 4. 20; 최명표 편, 앞의 책, 204쪽.
4) "대가(大街)는 전부 피등에게 점령되얏고 여간 잇는 것도 시구(市區) 개정으로 인하야 도로에 다 드러가고 적막한 산변(山邊)으로 구축(驅逐)되매 촌락이 증가하며 종차(從此)로 십이간(十二間), 팔간(八間) 도로에는 백의인(白衣人)의 영자(影子)를 보지 못하게 되고 산로(山路) 참교(嶄磽)한 석경(石逕)을 조석으로 통행하며 기식(氣息)이 엄엄(奄々)하게 되얏다."(백의인, 「부산의 빈민들을 보고」, 『동아일보』, 1923. 11. 9)

다. 도시 민중들은 소리에 이어 도로에 의해서 삶의 공간을 강제적으로 구획당한 셈이다.

이처럼 선명하게 표출된 근대와 비근대의 대립상은 일제가 추구한 식민지 근대화의 실체를 증명한다. 식민지의 각 도시는 근대와 비근대가 동거하면서 '矛盾ㅅ된軌道'를 따라 일제의 식민지정책에 내재된 모순을 드러내었다. 일제의 개발 속도에 적응하지 못한 채 축출된 원주민들은 변두리 빈민으로 전락하였다. 일제의 강점 이후에 적층된 경제적 모순은 식민지의 전역에 빈민층을 양산하면서 확산되었다. 더욱이 일제가 식민정책의 제도적 구축을 위해 지주의 이익을 제도적으로 보장하자, 재래의 소작농들은 극심한 수탈 상태에 빠졌다. 식민지의 절대다수를 차지한 농촌 경제의 붕괴는 그대로 도시에 전이되었다. 한 예를 들자면, 1928년 현재 경성의 조선인 인구 24만명 중에서 10만명 이상이 극빈자였다.5) 이런 지표들은 식민지 수도의 위상을 대외적으로 떨어뜨리기에 충분하였다. 이에 일제는 심각한 도시의 빈민굴을 구조적으로 해결하려는 노력 대신에, 위생 문제 등을 내세워 강압적으로 폐쇄하는 방향으로 나아갔다.6) 그곳에서 쫓겨난 빈민들은 만주 등지로 유랑하거나 화전민으로 살아가는 수밖에 다른 방도가 없었다.

특히 "샛斷안 마을 슷處女들"(「農土로돌아오라」)은 각지에 설립되기 시작한 제사공장에 취업하려고 고향을 떠나거나, 몸을 상품화하여 호구할 수밖에 없었다. 경성은 농촌에서 떠나온 여성 유휴인력을 다량으로 흡수하였고, 그녀들은 유흥공간에서 성적 완롱물로 전락하였다. 그녀들은 도시의 구경거리이자 거래 가능한 소모품 외에 다른 용도를 찾을 수 없었다. 또한

---

5) 「빈민촌화한 대경성, 극빈자 십만명」, 『동아일보』, 1928. 8. 4
6) "그가티 철거하고 쏘는 철거한다는 것이 디주의 부탁으로 한 것이 아니요 그가티 장래 발뎐할 수 잇는 디대에 허가업시 일운 빈민굴이 생기엇기 쌔문에 부근 주민의 위생이나 보안상에 해가 만홈으로 나가라고는 하얏스나 내쪼친 것은 아닙니다. 그리고 자긔들이 나가면서 헐어버린 것이요 우리들이 헌 것은 아닙니다."(서대문경찰서 보안계 주임 와타나베 경부보의 발언, 『동아일보』, 1928. 5. 12)

교육 기회의 확대와 더불어 보장되어야 할 취업 문호는 일제의 식민지 경영 전략이 세계 경제의 흐름을 따라가지 못하면서 날이 갈수록 좁아져 갔다. 그것은 식자층의 허무의지를 자극하였고, 그들은 식민 당국의 술책에 의해 유흥 공간에서 청춘과 육체를 소비하였다. 마침 소개되기 시작한 미국 영화는 그들의 비판의식을 마비시키고 상품화된 육체의 소비를 부추겼다. 여성의 육체를 매개로 여성과 지식인들 사이에는 권력관계가 형성되었고, 여성의 육체는 이중적 식민 상태로 진입하였다.

> 기름진 살내를풍기며 뭇숫캐 곱고 분칠한 암캉아지때를 실코
> 一九二九年代의 自働車의行列은
> 뒤쫑뒤쫑 기우러가는 焦燥한舞臺面을 暴馳한다.
> 살가티 살가티 萬丈의紅塵을 氣勢조케닐으키며
>
> 地上에 노힌 怪常한羅列—
> 캐짝을聯想케하는 巨大한쎌딍·쎌딍—흔들리는 쎌딍—콩크리트로 굿게 다
> 저노혼밋바다—써저가는 밋바다!
> 刻刻으로 角度의差가 벌어가는 쎌딍의羅列은 가가스로 發惡을한다.
>
> 地上에 흘으는 후더분한 薰氣에
> 이代의孼子孫—철업는 머슴애 게집아이들의 날리는 넥타이끗 펄럭어리는 스카트ㅅ자락—
> 여물도덜한 살쩨들이 연붉은享樂에 휘감겨 病든林檎처럼 妖邪로운紅燻에 비릿한靑春을 무덤으로 꼬으는구나!
> —「暴馳時代」7) 부분

김해강은 "속도란 폭력의 상징적인 표현"8)인 줄 안 시인이다. 위 작품은 1920년대의 경성의 밤 풍경을 가리켜 "기싱 시른 인력거가 태평곡에 발을 맛처 지내가고 벽돌집 담 밋헤서는 고단하고 쓸쓸한 잠을 청하고자

---

7) 『조선지광』, 1929. 11; 최명표 편, 앞의 책, 216쪽.
8) 마쓰다 유키마사, 송태욱 옮김, 『눈의 황홀』, 바다출판사, 2008, 44쪽.

쏙크리고 안즌 고아의 두 눈동자가 반작어린다"9)고 보고한 기사와 동일한 맥락에 놓여 있다. 김해강이 포착한 '暴馳時代'는 '기름진 살내를풍기며 뭇 숫캐 곱고 분칠한 암캉아지떼'를 태운 자동차와 '캐짝을聯想케하는 巨大한 쎌딍'이라는 물적 표지로 구성된다. 이 두 가지 지표는 식민지 원주민들의 의사에 반한 근대적 속도의 산물이다. 속도 시대의 '꾯子孫'은 환락에 빠진 '철업는 머슴애 게집아이들'이다. 그들은 '여물도덜한 살뼈들이 연붉은享樂에 휘감겨 病든林檎처럼 妖邪로운紅燻에 비릿한靑春을 무덤으로 끄으는' 자들이다. 김해강은 '地上에 노힌 怪常한羅列'과 그로 인해 파생한 '地上에 흘으는 후더분한 薰氣'를 이면에 장치하여 속도를 추종하는 도시의 신흥 부르주아지들과 식자층이 의식하지 못한 환락의 폭력적 성격을 문제삼고 있다. 그들의 무의식을 마비시킨 것은 일제에 의해 이식된 도시성이었다. 경성은 그것을 충실히 내면화하여 원주민들을 전염시키고 있었던 것이다. 그와 같이 폭력은 소리없이 다가와서 주체의 온몸을 휘감고 객체로 전락시킨다. 김해강은 이 점을 적확히 묘파하여 시화하고 있다.

 소리와 속도만 도시의 포도를 점령한 게 아니다. 그뿐 아니라 "살ㅅ대 같이 흐르는 自働車의 두줄『헤드라잍』ㅡ"(『電燈불쩌진 鋪道우에는,)은 어둠 속의 불특정 다수를 조명하여 신분을 검열한다. 근대가 생산한 인공 빛의 폭력성이 발화되는 순간이다. 그 빛은 '살대같이' 흐르는 광속도를 무기로 대상들의 실체를 일거에 노출시키는 한편, 자동차 안의 풍경을 은폐하는 이중성을 지니고 있다. 이처럼 근대의 빛은 '살가티 살가티 萬丈의紅塵을 氣勢조케닐으키며' 폭력을 내외에 과시한다. 인용시는 이 점을 놓치지 않았다. 김해강은 속도의 폭력성을 날렵하게 붙잡아서 식민지 근대화의 뒷면을 날카롭게 보여준다. 그의 노력에 의해서 소리, 속도, 빛의 폭력성이 만천하에 폭로된다.

---

9) 『매일신보』, 1929. 1. 22

2. 여성 육체의 식민지 공간성

1912년부터 일제에 의해 본격적으로 단행된 소위 '토지조사사업'은 다수 농민들의 이농현상을 가져왔다. 대부분 소작농이었던 그들은 하루아침에 농토를 빼앗기고 일자리를 찾아 도시로 몰려들었다. 그로 인해 도시 주변에는 토막민들의 숫자가 날로 증가하였고, 그들은 스스로 노동 가치를 하락시키면서 의식주를 해결하느라 분주하였다. 이처럼 타의에 의해 전국적으로 벌어진 계급의 재생산 과정은 이후의 도시 문제를 양산하는 빌미가 되었다. 그 중에서 마땅한 일자리를 찾을 수 없었던 여성들은 일제에 의해 마련된 성매매 장소로 흘러들어 갔다. 그녀들은 식민 당국의 정책이 초래하는 악영향을 온몸으로 감당하는 존재가 된 것이다. 그녀들의 유입으로 경성에는 이른바 유흥 시설이 급속도로 증가하여 여러 가지 성 문제를 초래했다. 이에 모더니스트 김기림조차 "정당한 도덕적 지표가 없는 까닭에 그들은 한쪽에 무서운 향락주의의 깊은 연못에 빠질 위험성을 한 걸음 밖에 가지고 있고, 또 한쪽에 부당한 황금과 지위와 세력에 그 정조까지를 짓밟힐 위협을 받고 있는 것"[10]이라며 우려를 표명한 바 있다. 그의 발언은 구체적 해결 방안이라고 하기에는 함량 미달이지만, 당시의 성 문제가 지닌 긴급성을 파악하기에는 어렵지 않다.

식민지에 성 담론이 유행하게 된 것은 전적으로 일제의 영향이다. 일본의 매춘부 수출 역사는 19세기 말부터 중국은 물론 동남아시아까지 진출할 정도로 오래 되었다. 메이지 유신 이후에 외국에 대한 침략 의지를 노골화하게 되자, 일본의 매춘 여성들은 신흥시장으로 부상한 대만과 대한제국으로 건너오게 되었다. 부산(1900), 인천(1902)에 이어 서울(1905)의 일본인 거류지역에 유곽이 만들어지면서 일본 매춘여성들의 유입은 증가일로에 놓였다. 1916년에 공포된 「대좌부창기취체규칙」은 식민지 내에 일본의 공창제도를 공식화한 조치였다. 초기에 건너온 매춘부들은 일본 여성들이

---

10) 김기림, 「직업여성의 성문제」, 『신여성』, 1933. 4.

주를 이루었으나, 점차 식민지의 원주민 여성들도 가담하였다. 1918년에 발행된 경성일보사의 『朝鮮美人實鑑』에 따르면, 미성년자가 70%에 가까울 정도로 원주민 여성들이 차지하는 비중은 날로 증가하였다. 이처럼 무분별하게 이식된 성매매의 공식화는 식민지의 남성들에게 성적 판타지를 불러 일으키면서 1920년대를 육체적 쾌락의 시대로 만들었다.

　　『인간이란무어냐? 육(肉을)향긔롭게하사 즐거히마시고놀자』
　　백골잔을드러마시는 저항락주의자들아
　　홍둥아래 빗나는너의얼골들은 피에주린귀신과갓고나!

　　『내쌜간고기ㅅ덩어리를 먹어맛보시랴오?』
　　『얼마라도! 그러나몸이차다피가식엇나? 키―쓰를다오정열의잔에갓득부어』
　　『입술을더지오 그달른듯한쓰거운입술을』
　　　―「나븨의亂舞」11) 부분

　　1920년대는 성적 방종과 해방이 혼동된 시대였다. 그 이면에는 여러 가지 사조와 식민지적 분위기가 복합적으로 작용하고 있다. 후자의 이유로는 기미독립만세운동의 실패에 따라 지식인들 사이에 만연해진 허무주의, 경성에 개업하기 시작한 유흥 공간, 민족해방이라는 시대적 과업보다는 개인의 자유에 탐닉한 지식인들의 왜곡된 사고방식, 여성의 취업난, 일본에서 들어온 성 관련 잡지 등의 유통이 연루되어 있다. 이처럼 식민지 사회에 성적 판타지를 팽배케 한 책임은 누구보다도 지식인들의 몫이다. 한 예로 일본 유학생들이 돌아오면서 지참한 엘렌 케이의 여성해방론과 사회주의 계열에서 유포한 콜론 타이의 '붉은 연애론'은 예전에 이광수 등이 주창했던 여성해방론을 가격하면서 여성의 성적 자유를 부르짖도록 방조하였다. 유학생들은 체일 중 습득한 성 담론을 무분별하게 들어와서 식민지 여성에게 소비한 것이다.

---

11) 『신여성』, 1926. 7; 최명표 편, 앞의 책, 62-63쪽.

1922년 즈음부터 신문지상에 광고되기 시작한 '비밀사진(나체사진)'을 포함한 에로물은 날이 갈수록 흥성해졌다. 불과 10여 년 전에 여성에게 덮씌워진 봉건적 제도를 타파하자던 계몽담론은 흔적도 없이 사라져버리고, 그 대신에 성적 방종을 조장하는 광고가 차지한 것이다. 성 담론은 그 무렵에 이르러 신문잡지의 지면을 장악하고 하위 담론을 재생산하면서 식민지 전역으로 확산되었다. 한 예로, 경성과 멀리 떨어진 전라북도에서 잡지 『性愛』12)와 『變態心理』13)가 발간될 정도였다. 또 1937년의 신문 기사는 소도읍 이리의 '에로' 열풍에 우려를 표했다.14) 이처럼 잡지의 발행과 기사로 모건대, 성 담론은 경향 각지를 구분하지 않고 상당 기간 횡행한 줄 알 수 있다.

그러나 성 담론은 절대 다수를 차지한 식민지 원주민들의 실상과는 거리가 멀었다. 한 사회주의 운동가가 적절히 지적한 바와 같이 "근래에 와서 뿌르조아 자유주의자 등이 『연애의 자유』와 『성의 해방』을 부르지즘으로써 강고한 봉건적 인습을 깨트리려고 함은 아주 무의미한 일은 안이나 그러나 그것만으로는 푸로레타리아에게 대하야 근본적으로 하등의 이익을 가질 수 업는 것"15)이다. 그럼에도 불구하고 '푸로레타리아'는 생을 영위할 목적으로 '뿌르조아 자유주의자'가 주도하는 담론장에 흡인되어 성의 상품화에 참여한다. 이러한 이율배반적인 사태는 "우슴을 파는 醜雜한 거리"(「헐리는 純情의 王都」)로 타락해버린 식민지 도시에 창궐한 유흥공간에서 노골화되었다. 그곳에서는 남녀의 은밀한 욕망이 본질적 가치를 망각하고 상품으로 거래되었다. 바야흐로 성의 상품화가 본궤도에 오른 것이다.

---

12) 『동아일보』, 1923. 11. 28
13) 『동아일보』, 1927. 4. 25
14) "최근 에로 세계의 약진은 이 따에 현저하야 돈에 자유가 잇는 부호 자제들은 대개 유흥에 도취하야 주사청루(酒肆靑樓)에 출입하며 오만(傲慢)향락제일주의로 취생몽사의 화항(花巷)에 빠지기 쉬우며 또 만히 잇는 사회적 현상의 하나이다."(『조선일보』, 1937. 8. 1)
15) 윤형식, 「푸로레타리아 연애론」 (1), 『삼천리』 제4권 제4호, 1932. 4. 1

밤이다. 밤! 밤! 歡樂의밤!
大都의변두리를 붉게 물드럿든 북새가사라지자—
燦爛한電光속으로 몰리는 쩨물ㅅ결. 사람의쩨물ㅅ결.
게집애들의奔放한우슴을 쩔어트리고 달어나는 自働車·自働車……

地上을흘으는 夜氣에 풀럭풀럭 억개넘어로 풀럭어리는 넥타이들!
술이다. 게집이다. 자욱자욱 코를 쏘는强烈한粉香을 맛느냐?
肉色夜會服을 착 걸치고나슨 게집애들의 몸ㅅ둥아리를 짤흐라!
가슴을 헤치고 술ㅅ병을 휘돌리며 萬丈의氣勢를 놉히는 사내의一羣.

눈을부시는 어지러운色彩. 귀를짜리는 시쓰러운音響.
한폭두폭 쌀어안는 밤 안개에 고요히파무쳐 갈째
倦怠가 굽이치는 大都의깁흔 밤!
盡湯한 歡樂의世界는 佳境을 치닷는다.

妖艶한曲線을 虛空에 그리며
百燭電光이 輝煌하게 쏘아나리는
三層쎌딍 양탄자우에
벌어진 白蛾의춤! 白蛾의춤!

우루루몰렷다 우루루쩌러지는
다리·다리—다리의물ㅅ결. 횟청횟청횟청거리는 다리의물ㅅ결.
와라락 달겨들다 와라락 물너스는
허리·허리—허리의멜로듸. 날신날신 날신거리는 허리의멜로듸.

주린猛獸처럼 씩은거리는 알콜에 저즌 몸ㅅ둥이들
恍惚한光景에 醉하야 넉을 살올째
방싯. 앵도입술 터트리니 굴너쩌러지는 쇠꼬리목청
더욱더—사내의 미친血球를 흔들어놋는眞珠알 우슴.

제비처럼 미쓰러저 쑤루루 달겨드는 白蛾의무리!
엣다. 바더라! 사랑의指標다. 덩실 내부듯는 豊艶한살ㅅ덤이.
白魚가튼 흰팔이 넌즛! 목을 걸어감ㅅ고 능청! 느러질째.
고기의粉香에 숨이막혀 확확 달어올으는 全身의痙攣·痙攣……

> 풀은술 출렁거리는 琉璃컵에 불붓는입술이 다흘째—
> 연한볼에 타올으는紅爛! 물 이슬 젓는 秋波!
> 쏘다진다. 키스·키스······퍼붓는다. 키스·키스······
> 오오 情慾의바다에 업질어진 마지막 絢爛한歡樂의場面이여!
> ―「白滅하는肉의洪水時代」16) 부분

김해강은 "가리울곳을 가리우지도못한 사내의엉덩이와 女人의사타구니―"(「더위먹은都會의밤아」)가 어우러진 '絢爛한歡樂의場面'을 여과없이 보여준다. 그는 3층 빌딩에서 벌어진 춤판을 5연에서 실감나게 묘사하고 있다. 그는 무대의 광경을 '다리·다리―다리'와 '허리·허리―허리'로 표현하여 춤추는 남녀의 숫자가 적지 않다는 사실을 보여준다. 그것은 '허리·허리―허리'에서 보듯이, 허리와 허리 사이에는 가운뎃점으로 표기하고 나서 세 번째에 이르러서는 '―'로 나타낸 것에서 확인 가능하다. 곧, 춤추는 남녀의 허리가 헤아릴 수 없이 많다. 특히 '다리'와 '허리'에서 반복적으로 받침없이 쓰인 'ㄹ'음은 시적 상황을 부드럽게 이어줄 뿐 아니라, '횟청횟청 횟청거리는' 남녀의 음주 상태와 '날신날신 날신거리는' 그들의 부산한 육체를 클로즈업시켜 '숨이막혀 확확 달어올으는 全身의痙攣·痙攣'를 사실적 장면으로 보여준다. 또 시인은 '방싯', '우루루', '와라락', '쭈루루', '확확' 등의 생생한 시늉말을 구사하여 그들의 환락 파티를 실감나게 재생한다. 시인은 다리를 '물결'로 표현하여 남녀간의 분주한 움직임을 시각화하였고, 허리를 '멜로듸'로 표현하여 술 취한 채 춤추는 광경을 생동감 있게 포착하고 있다.

위 작품은 외형상 11연 44행에 이를 만큼 길다. 1920년대 중반에 등장한 김해강의 시편들은 비교적 긴 편에 속한다. 그것은 식민지의 모순이 구조화되어 가던 당시의 형편에 기인한 것으로, 이 무렵의 현실을 수용한 시편들에서 두루 찾아볼 수 있다. 김해강은 장시형을 나중에도 고집했는데, 그 이유는 식민지의 원주민들을 억압하는 현실적 상황이 제거되지 않은

---

16) 『대조』, 1930. 4; 최명표 편, 앞의 책, 233-234쪽.

탓에 있다. 시를 사회적 반영물로 수용한 그로서는 자신이 추구하는 시형을 철회할만한 명분을 찾지 못한 것이다. 이 무렵에 그의 시편들이 도시의 타락한 면에 치중한 것으로 미루어 보면 더욱 그렇다. 도리어 그는 아어로서의 시어를 일부터 배격하고, 식민지의 타락상을 묘파하기에 알맞은 경우라면 직설적 화법도 마다하지 않았다. 그런 까닭에 그의 시편에는 절제된 태도와 심미적 거리를 확보하려는 기미보다는, 시적 장면에 좀더 접근하여 구체적 현실로 형상화하려는 책무감을 쉬 찾을 수 있다. 그의 직설적인 어법은 여성의 몸에 각인된 "토막 토막 戰慄할 記憶"(「마음의 香火」)들을 시적으로 재현하려는 전략의 일환이었다. 그의 폭로에 힘입어 "송장ㅅ국가튼 차고 쓰린 눈물이담긴 한덩이裸體"(「魔女의노래」)로 식민화된 여성의 육체가 실체적 진실을 드러낸다.

3. 공간을 교차하는 시선의 폭력성

근대의 도시는 계급 모순이 공간의 형태로 생생하게 육화되고 구현되는 구체적 장소이다. 그러므로 식민지 경성은 당대의 모순 구조를 조감할 수 있는 상징적 기표이다. 일제의 식민자본가들에 의해 경성에는 "琉璃窓·色琉璃窓— 눈을 부시는 쇼—위인도의裝飾—"(「歸路」)을 앞세운 근대적 소비공간이 개설되었다. 그 무렵에 들어서기 시작한 카페는 여성의 육체를 둘러싸고 무시로 교차하는 남성의 시선이 지닌 위선을 살피기에 알맞다. 카페는 1680년 이탈리아 출신 프란시스코 프로코피오데이 콜델리가 파리에 최초로 '카페 프로코프'를 개장하며 시작되었다.17) 그의 카페에는 볼테르를 위시하여 루소, 라신느, 라퐁텐, 몰리에르, 몽테스키외, 디드로 등이 출입하면서 파리의 명문 사교장으로 일약 유명해졌다. 그의 성공에 힘입어 파리에는 카페가 여기저기 생겨나기 시작했다. 그의 카페는 계몽주의 사상

---

17) 카페의 역사에 관해서는 크리스토프 르페뷔르, 강주헌 옮김, 『카페를 사랑한 그들』, 효형출판, 2008.

들이 자유롭게 넘쳐나는 토론장이었으므로, 정치적 문제를 두고 격론을 벌이는 광경들이 잦았다. 이에 파리 경찰은 카페를 유언비어가 생산되고 불온한 사상이 교환되는 근원지로 지목하여 감시하기도 했다. 그러나 카페에 출입하는 사람들이 늘어나면서 토론의 질적 저하를 가져왔고, 본래의 정치적 회동보다는 사교적 만남에 적합한 장소로 변모해 갔다. 그것은 카페의 대중화 과정에서 파생되는 불가피한 현상으로 볼만하다.

카페는 도시의 상징적 공간이다. 유럽의 도시인들에게 카페는 만남의 장소이다. 사람들은 그곳에서 친구나 연인을 만나고, 세상 돌아가는 얘기를 나누면서 커뮤니티를 구성한다. 그러나 1920년대에 접어들면서 생기기 시작한 경성의 카페는 본모습과 달랐다. 그것은 전적으로 왜곡된 일본의 카페문화가 무비판적으로 이입된 탓이다. 프랑스의 카페는 차의 제공에 그쳤으나, 일본의 카페는 관동대진재 이후부터 여급이 술을 제공하는 곳으로 변모하였다.[18] 카페가 성적 서비스를 제공하게 되자, 기존의 유흥시설을 따돌리고 인기를 끌었다. 종로의 낙원회관에만 여급이 70여명에 달할 정도로 카페는 활황이었다. 특히 일본 유학파 여배우 복혜숙을 비롯한 인텔리 여성들이 영업에 나서면서 여급은 모던 걸을 대표하는 직업군으로 인구에 회자되었다. 카페의 여급이 "서구적 취향의 향락문화를 매개하고 모던 걸의 이미지를 욕망하면서 관습과 충돌한 근대의 지표"[19]가 된 것이다. 카페는 경성의 중심부에서 집중적으로 영업함으로써, 주변부 인생으로 편입된 식민지 민중의 접근을 제한하여 급간을 고정시킨 혐의를 지닌다. 카페는 출입자의 학력, 재력, 신분 등을 고스란히 담보한 물질적 공간이었다.

> 喇叭한樂隊소리 어지러히울리며 劇場으론 觀衆이쏘다저나온다
> 발ㅅ길이 움직이는곳에 늘어선 카—페의電燈ㅅ불이 금시로 환하여지는구나!
> 오—쎌딍밋 으슥한골목ㅅ길에배를쥐고 쓸어진 무리를 보라

---

[18] 소래섭, 『에로 그로 넌센스』, 살림출판사, 2005, 40쪽.
[19] 서지영, 「여성의 몸과 근대적 욕망의 지형도」, 한국여성연구소 엮음, 『여성의 몸』, 창비, 2005, 322쪽.

―「都市의녀름날」20) 부분

　카페는 대한제국 말에 보급된 다방이나 1903년에 개업한 요정 명월관 등과 다르게 유래되었다. 카페는 일본 유학생들이 귀국하면서 새롭게 등장한 대중적 유희 공간이다. 카페는 끽다점으로 불린 다방과 뚜렷하게 구분되지 않을 정도로 경계가 모호했다. 다만 카페는 주류를 판매하면서 여성의 성매매가 가능하였다는 점에서 남성들을 유혹하기에 충분한 물질적 조건을 갖추고 있었다.
　주로 전문학교 이상에 재학하는 학생이나 신흥부호들이 출입하여 신분을 내외에 과시하였다. 또 작가나 문청들이 카페의 분위기를 선호하면서, 카페는 작가들의 문학적 사랑방으로 기능하기도 했다. 그러나 그들은 카페 아래서 문학적 토론보다는, 고의적으로 음울한 분위기에 도취되어 객관적 현실로부터의 일탈 욕망을 분출시켰다. 그러한 현상은 일제의 식민지 사회에 대한 대대적인 검속과 취업난에 따른 여파였다. 1920년대부터 급속히 늘어난 유학생을 위시한 지식청년들은 장래에 대한 불안감을 해소하지 못했다. 그들은 복무하던 운동전선에서조차 퇴각하여 체념과 허무의지에 편승한 채 퇴폐적 분위기에 휩싸이고 말았다. 그러므로 카페의 번성은 "미래에 대한 전망을 상실하고 허무와 현실 안주가 지배적이었던 식민지 지식인의 처지를 반영한다"21)는 점에서 식민지적 모순을 함닉하고 있다.
　카페는 그 시기에 생겨난 레스토랑 등과 함께 지식인들에게 생산적 만남을 주선하기보다는, 퇴폐적이고 몰역사적인 공간으로 자리잡았다. 레스토랑은 프랑스대혁명 후에 귀족들의 요리를 담당하던 이들이 음식점을 차리고 서민들에게 서비스를 제공하면서 비롯하였다. 레스토랑도 카페처럼 대중화의 경로를 밟은 다중시설이다. 레스토랑은 성적 서비스가 제공되지는 않으나, 그곳에 종사하는 여성에 대한 성적 시선이 작동하기는 마찬가

---

20) 『조선일보』, 1927. 8. 27
21) 김경일, 『여성의 근대, 근대의 여성』, 푸른역사, 2004, 220쪽.

지였다. 고래로 시선은 관찰자의 우월적 지위를 증좌하므로 일방적이고 독선적이며 본능적으로 퇴폐적이다. 근대 이후부터 유행한 원근법적 시선은 대상을 고착화시키고, 보는 자에게 관음증을 유발한다. 손님들의 시선에 의해 "우슴을 파는 추악한 게집"(「紅燈夜嘯」)은 분점된다. 그로서 그녀의 몸은 객체화되어 주체의 자격을 거세당한 채 실내의 남성손님들에게 고루 배분된다. 그녀는 관음의 대상으로 추락한 채 객장의 시선에 무방비로 노출되는 것이다. 1930년대에 한 시인은 "香氣로운 異怪의肉香과 强烈한알콜을찾어/레스토랑, 빠―, 캬바레― 그리고 野鷄窟의 門을녹크합니다"22)라고 읊었거니와, 레스토랑을 찾는 이들의 목적은 '香氣로운 異怪의肉香'을 맡는 데 있었다.

> 나뷔가 접시를 물고 나른다.
> 나뷔가 『말』을 물고 나른다.
>
> 봄도 아닌 地空을
> 풀 풀 나른다.
> 하늘도 없는 花壇을
> 푸뜩 푸뜩 나른다.
>
> 부산하게 쪼아 색이는
> 나뷔의 발톱!
> 나뷔의 발톱에 채이어
> 쭈르르 미끄러지는 눈 눈……
> ―「RESTAURANT」23) 부분

만인의 시신 속에서 집대부는 '나뷔'로 사물화된다. 그녀는 주위의 시선 앞에서 극도의 수치심을 느끼지만, 그것을 발화할 권리조차 차압당한 상태이다. 그녀의 수치심은 자신의 몸이 타인들의 시선에 의해 겁탈되면서 발

---

22) 김광주, 「埠頭・여름」, 『동아일보』, 1934. 7. 5
23) 김남인・김해강, 『청색마』, 명성출판사, 1940; 최명표 편, 앞의 책, 461쪽.

생한 것이다. 수치심은 사회적 요구조건에 도달하지 못한 자신의 처지를 완상하는 타인의 시선을 느낄 때 배가된다. 즉, 수치심은 필연적으로 자의식의 하강과 모멸감의 증가로 이어져서 자존감을 떨어뜨린다. 하지만 레스토랑을 지배하는 남성의 시선은 그녀의 수치심을 전혀 고려하지 않는다. 다중의 시선은 접대부라는 하나의 초점으로 집중될 뿐이다.

그렇지만 수치심은 손님과 접대부의 사이에서 양자를 동일선으로 포획하고 만다. 원래 수치심은 "자기가 대상(물체)이 되었다는 것, 즉자존재로 전락했다는 것, 다시 말해서 나의 존재를 남에게 의존해야만 한다는 사실"24)에서 생겨나는 감정이므로, 그녀뿐만 아니라 바라보는 자조차 '즉자존재'로 전락시킨다. 왜냐하면 응시자는 그녀를 통해서 자기의식을 회복하려고 시도하는 대신에, 성적 시선으로 일관하여 그것마저 복원하지 못하고 대상의식에 머물기 때문이다. 여성의 육체에 고정된 나머지 자기의식으로 돌아가지 못하는 남성의 시선이야말로 김해강이 그녀의 '발톱!'에 감탄사를 부여하고, 그것에 '채이어'서 '쭈르르 미끄러지는 눈 눈……'이라고 말줄임표를 동원한 속뜻이다.

이와 같이 시선은 언제나 폭력성을 은폐하고 있다. 인류사가 개시된 이래 시선은 권력자의 소유였다. 백성은 그 앞에서 굴신할 뿐, 감히 고개를 들어 눈으로 볼 수 없었다. 산업혁명 후에 부르주아지가 등장하면서 시선의 권력 분산이 단행되었다. 하지만 그것은 생리적으로 재력을 위시한 신분적 표지로 작동하였기에, 소수자나 일반 민중들은 그마저 공유하기 힘들었다. 말하자면 "'보는 눈'이 있는 한, 파국을 향해 달리는 폭력의 역사, 야만의 역사는 멈출 수가 없"25)다는 사실은 예나 지금이나 한결같다. 김해강은 이 점을 포착하여 레스토랑이라는 근대적 공간 안에서 움직이는 시선의 야만성을 폭로하고 있다. 그의 노력에 터하여 시선을 작동하도록 조종하는 식민자본주의의 폭력성이 고발된다. 그것은 지금까지 제출된 그의

---

24) 박정자, 『시선은 권력이다』, 기파랑, 2008, 83쪽.
25) 임철규, 『눈의 역사, 눈의 미학』, 한길사, 2004, 430쪽.

시사적 평가를 재고하도록 재촉한다. 김해강은 이른바 '동반자 작가'가 아니라, 1920-30년대 식민지 도시의 근대화가 초래하는 모순을 적확히 묘파하고 비판한 시인으로 평가받을만한 구비조건을 갖고 있다.

Ⅲ. 결론

위에서 살펴본 바와 같이, 1920년대에 김해강은 "모든 人類의心臟을 뽑아 마시던 大都의넋"(「아름다운술을 虛空에뿌리노니」)이 은폐하고 있는 위선을 폭로하느라 공을 들였다. 이 시기는 일제에 의해 강제 이식된 식민자본주의의 모순이 사회의 전 부문에서 문제를 일으키던 때였다. 그것은 일제가 식민지의 발전을 도모하여 도입한 게 아니라 전적으로 자국의 이익을 확보하기 위해 일방적으로 이식한 것이었기 때문에, 식민지의 환경적 요인은 애초부터 고려 대상이 아니었다. 더욱이 1929년 발생한 전세계적인 경제대공황은 식민지의 왜곡된 경제체제를 여지없이 드러내도록 충격하였고, 식민지의 수도 경성은 이 과정을 여실히 증언하였다.

김해강은 경성의 근대화가 촉진될수록 만연하게 될 폭력성을 속도에 찾았다. 평생 전주에서 생활한 그가 일제가 들여온 식민자본주의의 폐해를 도시 공간에서 포착하고 시로 일반화에 성공한 것은 실로 놀랄만하다. 그는 속도를 추구하는 '폭치시대'의 경성에서 그것을 노골화한 공간으로 무도장, 카페, 레스토랑을 시적 공간으로 등장시켰다. 그의 노력에 힘입어 그곳에 은폐된 식민자본주의의 폭력성이 전면으로 폭로되었고, 동일한 식민지 원주민이면서도 여성의 육체를 식민지화하여 희롱하는 남성들의 그릇된 시선에 잠재한 어리석은 폭력적 성격이 드러날 수 있었다. 이처럼 1920-30년대에 집중적으로 발표된 김해강의 도시시는 경성의 근대 공간 표지들에 함의된 식민지성을 전경화했다는 점에서 시사적 의의를 부여할 만하다.(『현대문학이론연구』 제53집, 현대문학이론학회, 2013. 6)

제3부 신석정론

해방기 신석정의 방황과 시적 편력

I. 서론

　한 시인의 시의식은 단정적으로 구분하기 힘들다. 사람들은 한곳에 머물러 살지도 않을뿐더러, 그의 삶은 시간과 장소가 바뀌면서 변해지고, 사회나 국가에 큰 사건을 목도하는 과정에서 의식은 변화를 거듭하기 마련이다. 특히 젊은 시절에 체험한 경험과 그로 인해 심리적으로 입은 내상은 모습을 바꾸어가며 지속적으로 출현하여 당자의 삶을 포박하고, 나아가 그의 활동반경을 구속하여 사유조차 제어하기 때문에 치밀히 고구되어 소상히 밝혀져야 한다. 더욱이 한국처럼 정치가 과도하게 우위를 확보한 나라에서는 개인들이 이분법적 사고방식을 강요받게 되어 전력에 얽매이기 십상이다. 그것은 덜 성숙한 나라의 현상을 증거하는 지표일 테지만, 현재도 위력적인 힘으로 엄존해 있어서 마냥 무시하기도 힘들다. 그러기는 시인이라고 해서 예외일 수 없다. 그 중에서 신석정은 본보기에 속한다. 그는 한국의 정치현상이 전개되는 과정에 대응하는 시인이다. 식민지기에는 탈정치적 상상력에 입각하여 전원시의 발표에 진력했으나, 해방기에는 이해하기 힘들 만큼 정치적 상상력을 발휘하였다. 그러다가 후기에 이르러 신석정은 지난 시기의 행적을 변명하지 않은 채 고고한 세계에 든 양 자위하면서 동양적 자연과 사상에 잠착하였다. 그것은 느닷없다는 표현이 타당할 정도로 급작스러운 태세 전환이었다. 이런 과정에 주목해 보면, 그가 초기에 치중했던 전원에서 자연으로 시적 공간을 이동하게 된 원인이 명쾌하게 밝혀져야 할 필요성이 제기된다.

신석정이 발표한 전원시 계열의 작품에서는 정치성을 검출하기 힘들다. 이 시기에 일제는 1931년 만주사변을 일으키며 전쟁 담론을 확산시키느라 식민지 사회의 사상 통제를 강화하고 있었다. 그 영향으로 문단에서는 카프가 해체되는 틈을 타고 "현실적 좌절과 회의의 보상기제로서 전원을 노래한 전원시가 다수 창작된 것"[1]이다. 그런 사정 탓에 전원시는 비정치적 성향을 띠고 발표되었으나, 전원은 현실에 대한 환멸감에 기반한 관념의 공간이라서 한편으로 정치적 함의를 추출할 수 있기도 하다. 신석정의 시에서 그런 징후를 남보다 앞서 알아차린 김기림은 "그의 목가 그 자체가 견지에 따라서는 훌륭하게 현대 문명에 대한 간접적인 비판"[2]이라고 평가하였다. 신석정의 전원에 내포된 시사적 의미를 처음으로 포착하여 공론화한 것이다. 그의 평에 힘입어 신석정은 시단으로부터 일거에 주목할 만한 시인으로 인정되었고, 『시문학』파의 일원으로 합류하게 되었다. 시단에 자리가 잡혀가는 도중에 일제의 군국주의화가 극으로 치달으면서 그는 훗날을 도모하며 고개숙여야 했다.

해방이 되자 신석정은 목가시인답지 않게 정치지향적 시편들을 발표하고, 좌익 주도의 문학단체에 열심히 참가하며 종전과 다른 행보를 보여주었다. 그러한 기미는 당분간 이어졌다. 그는 훗날에 친일 작품을 안 쓰고 창씨개명하지 않은 것을 자랑하면서도, 정작 세상 사람들이 의아하게 생각하는 해방공간의 시편이나 행동에 대해서는 침묵하였다. 이 점이 반드시 소명되어야만 해방정국에서 남북전쟁 후까지 이어지는 그의 수상한 행적을 온전히 재구성할 수 있다. 그 시기의 결락 부위가 명백하게 해명되지 않으면, 그의 시가 변모하게 된 근거를 내세우기 어렵다. 예를 들자면, 한국 현대시 연구자들이 신석정을 '목가시인'으로 단정하는 결과를 따르고 반복하거나, 그를 '참여시인'으로 자리매김하려는 제자 중심의 연구자들도 이 문제를 의도적으로 외면하기는 마찬가지다. 이러한 경향은 한 시인을

---

[1] 이건청, 『한국의 전원시 연구』, 문학세계사, 1986, 160쪽.
[2] 김기림, 「1933년의 시단의 회고와 전망 (4)」, 『조선일보』, 1933. 12. 10

신비화하여 시세계를 객관적으로 구명하려는 연구자들을 곤혹스럽게 만든다. 이에 본고는 해방기의 방황이 신석정 시의 변모 과정에 끼친 바를 살펴보고자 한다.

II. '먼 나라'의 허상과 실체

1. '생활'의 발견

주지하다시피, 신석정의 시세계는 을유해방을 기점으로 명료하게 구분된다. 등단 초기에 그는 목가풍의 시를 양산하며 사회와 의도적으로 단절한 채 자기만의 공간에서 자족하였다. 스스로 "나는 일제와 정면하여 싸울 수 있는 용감한 청년이 못 되었다"(「나의 문학적 자서전」)고 고백한 그였기에, 이 시기에 선보인 작품들이 식민지 현실과 일정한 거리를 유지하고 있어도 자연스럽다. 그러한 포즈는 그를 한국근대시사에서 소위 목가시인으로 획정하는데 기여하였다. 그가 현실로부터 떨어진 곳에서 상처받은 영혼을 자가치유하던 방식이야말로 비극적 일상에 대한 항거일 수 있다. 그러나 그 세계는 시와 사회의 상관관계를 희석화하고, 동시대의 시인들이 취했던 '항거'의 자세를 난처하게 만든다. 특히 외족에게 강토를 유린당한 처지에서는 항거의 의미가 구체적으로 한정되어야 한다는 점에서, 신석정이 마련한 공간을 옹호할만한 근거는 희박하다.

1939년에 나온 신석정의 첫 시집 『촛불』(인문평론사)은 "자연의 품에 깊숙이 묻혀 꿈과 낭만을 엮던 시절"(「못다 부른 牧歌」)의 모습을 증명하고도 남는다. 연구자들이 두루 인정하듯이, 이 시집에서 그가 찾아갔던 '자연'은 동양적 자연이 아니라 친서구적 '전원'이라고 봐야 정확하다. 그는 식민지 현실에 대한 극심한 환멸감에 기반하여 독자적인 이상세계를 '꿈'꾸었다. 그런 탓에 그의 '꿈'은 "그리움과 동경의 세계이며, 밖으로가 아닌

안으로의 침잠"3)에 불과하여 시사적 의미망에 포착될 수 없다. 그는 세상과 단절된 '자연'에서 가족 외의 출입을 허락하지 않은 채 자폐적이고 자족적인 삶에 안주했다. 그것은 시인에 의한 '상상의 공동체'일 뿐이다. 그의 시작품에서 방언을 찾아보기 힘든 까닭도 거기에 있다. 방언은 기층민중들의 구체적 삶의 현장에서 우러나온 소통도구이므로, 내밀한 성채에 스스로를 유폐시킨 신석정에게 방언은 불필요했다. 더욱이 그가 전통적인 도작문화권에서 태어나 살았던 사실을 떠올리면, 그의 시에서 방언이 구사되지 않은 것은 생활과 유리된 정도를 증명하기에 충분하다. 그는 철저히 전라방언을 배제한 시쓰기를 생활화하면서 식민지기를 벗어났다.

> 어머니
> 당신은 그 먼 나라를 알으십니까?
>
> 깊은 삼림지대를 끼고 돌면
> 고요한 호수에 흰 물새 날고
> 좁은 들길에 野薔薇 열매 붉어
> 멀리 노루새끼 마음놓고 뛰어다니는
> 아무도 살지 않는 그 먼 나라를 알으십니까?
> 그 나라에 가실 때에는 부디 잊지 마세요
> 나와 같이 그 나라에 가서 비둘기를 키웁시다.
> ―「그 먼 나라를 알으십니까?」 부분

신석정의 '꿈과 낭만'을 엿볼 수 있는 작품이다. 그가 꿈꾸는 세계는 객관적 현실과는 '먼 나라'이다. 이처럼 신석정의 시에는 식민지 현실이 주는 중압감을 이기거나 맞서려는 의지보다도, 그곳으로부터 벗어나려는 도피적 욕망이 상당하다. 그런 까닭에 그가 구축한 이상향은 타인의 범접을 허락하지 않는다. 그가 이 무렵에 발표한 작품들에서 '어머니'나 딸(一林, 蘭)을

---

3) 유태수, 「신석정에 있어서 전원의 의미」, 김용직 외, 『한국현대시사연구』, 일지사, 1990, 286쪽.

자주 호명한 것일 보노라면 금세 알 수 있다. 이것은 세상과의 대결이나 어울림보다는, 자족이나 배제를 추구한 그의 성격으로부터 말미암은 것이다. 그런 이유로 신석정이 "어머니와 함께 '그 먼 나라'에 가서 살고자 했던 동기는 억압과 불의가 지배하는 고통의 현실에서 탈출하여 어머니의 태내에서와 같이 평화와 안식을 누리는 땅, 삶의 완전성이 실현된 세계로 되돌아가고자 하는 소망"4)의 드러냄에서 찾아진다. 말하자면 그의 '소망'이란, 비단 시인이 아니라 식민지의 원주민이라면 누구나 소망하는 바에 불과하다.

따라서 신석정으로서는 먼저 '나'의 관계망을 넓힐 필요가 있었다. 그가 혈연관계에 집착하여 어머니와 딸에게 결박되어 있는 한, 시적 성취수준의 향상을 기대하기는 어려웠다. 곧, 그에게는 초기시의 이곳저곳에 배경으로 설정된 서구적인 '전원'의 한계로부터 벗어날 계기가 필요했다. 그것은 서울 체험이었다. 1930년에 신석정은 불전을 배울 목적으로 상경하였다. 하지만 그는 불경 공부보다 선배 시인들을 찾아다니며 문단의 소식을 듣고, 시를 공부하는 일에 더 열심이었다. 그의 움직임은 젊은 나이로 미루어보면 크게 흠잡힐 일이 아니다. 그때 만난 시인들은 나중에 그의 시단 생활을 크게 도와주었으므로, 출가를 마다하고 시업을 선택한 그에게 상경 체험은 유용하였다. 그는 서울에서 소설가 이익상의 집에 머물렀다. 이익상이 살던 집은 시인 유엽이 고향 전주의 가산을 정리한 돈으로 마련해준 20칸 집이었다.5) 아무리 종매부일지라도, 그조차 형편이 넉넉지 않은 판에 신석정이 무한정 기숙할 수는 없었다. 또 신석정은 17세(1923년)에 혼인한 상태였으므로, 처자식에 대한 가장으로서의 책무를 방기하기도 힘들었다. 게다가 불과 10여 마지기의 논밭을 부치는 형편에, 신석정이 서울 생활을 계속하기는 무리였다. 이듬해 그는 생활고 때문에 낙향하였다. 그가 돌아오자마자 부안군 동진면사무소의 서기로 취직한 걸 보아도 귀향은 애초부

---

4) 오세영, 『한국 현대시 분석적 읽기』, 고려대출판부, 1998, 140쪽.
5) 유 엽, 「잊혀지지 않는 벗들 (2), 성해 이익상 씨」, 『현대문학』, 1968. 3, 107쪽.

터 예정되어 있었던 것이다.

　　석우야, 그곳 형편도 잘 살펴보았느냐. 내가 생각했던 좋은 곳이 있으면 얼마나 반가울는지 모르겠다. 허나 좀체 그런 곳이 있지 않을 것만 같은 예감이 날 뿐이다. 급하기는 대단히 급하지만, 그곳 형편대로 하되 1, 2개월 후라도 좋겠고, 4, 5개월 후라도 되기만 하면 좋은 것이지만, 그럼 석우아, 이것을 내가 꼭 믿고 꼭 바라는 것은 아니다. 하도 갑갑하므로 즉 이놈의 면서기직보다는 좀 나으리라는 데서 구하는 것이다.6)

　신석정이 아우에게 보낸 편지의 일부이다. 그는 아우에게 서울에서 일할 곳을 알아봐 달라고 당부하고 있다. 그에게 끊임없이 상경을 자극한 요인 중의 일부는 앞서 언급한 상경 체험과 관련된 것일 터이다. 부안보통학교 졸업의 최종학력을 지닌 그는 문단의 거물 이광수를 만나고, 일본 유학을 다녀온 김기림이나 정지용 등으로부터 세련된 영문학이론을 듣다가 가히 신세계에서만 느낄 수 있는 황홀경을 경험하게 된다. 그들을 따라다니며 문학을 배우는 편이 판에 박힌 '이 놈의 면서기직'보다는 내켰을 것이다. 그렇지만 그 시절은 1929년에 일어난 전세계적인 경제대공황의 여파로 일제가 이식한 식민자본주의의 모순이 여기저기서 돌출하던 때였다. 조선총독부가 발표한 1931년의 조사에 의하면, 서울 시내의 조선인 조사자수 54,701명 중 13,229명(24.2%)이 실업자였다.7) 이런 판국에 그는 '꼭 믿고 꼭 바라는 것'은 아니었으나, 상경할 욕심을 거두어들이지 않았다. 끝내 그는 상경을 이루지 못하다가, 1939년 『촛불』을 발간할 즈음에 미곡 통제 업무를 취급하는 식량영단으로 직장을 옮겼다.

　신석정의 상경 전후를 비교해 보면, 서울에서 여러 시인들을 만난 경험은 시작에 긍정적으로 작용한 것이 확실하다. 그 증거로는, 그의 시가 1930년대 중반 이후부터 변화하기 시작한 점을 들 수 있다. 그는 이 무렵

---

6) 신석상, 신석정 평전 『죽음보다 외로운 가슴을 위하여』, 동천사, 1984, 44쪽.
7) 강만길, 『일제시대 빈민생활사 연구』, 창작과비평사, 1995, 339쪽.

에 이르러 '어머니'를 부르거나 '먼 나라'를 꿈꿀 때 사용하던 경어체를 배제하고 지도 속에서 "저 너그러운 太陽이 抛棄한 地域"(「餘白」)을 찾아내거나, 극적 인물을 등장시켜 시의 서사를 주도하는 임무를 부과하는 등, 시적 수사방식의 변모를 꾀하였다.8) 그와 함께 이 무렵에 읽게 된 뚜르게네프의 소설도 변화의 동력으로 작용하였다.9) 그의 노력은 식민지의 '자연'에 내포된 정치적 의미를 인식하게 되어 비로소 서양적 '전원'의 성격을 탈피하는 성과로 나타났다.

　　시를 쓰는 것은
　　시에서 살려는 마음이어니
　　시에서 살려는 생활을 생활할 때
　　이 붓과 종이에게 輓歌를 보내리다.

　　시를 쓰는 것은
　　시와 생활이 멀어진 뒤의 일이어니
　　시에서 생활하고 생활이 시가 될 때
　　읊어진 옛 노래를 불살라 버리리다.
　　　—「詩論」 전문

인용시에서 보듯, 신석정은 이 시기에 접어들어 시와 생활의 관련성을 부쩍 강조하였다. 그는 "예술이 본래 생활에서 피어나는 아름다운 꽃이며 우슴일진대, 생활을 무시하고 흡기(吸氣)를 몽상하는 우열한 인간은 업슬 것"10)이라고 주장하면서 시와 생활의 일체화를 '시론'으로 정립한다. 스스로 "서른이 가까울 때까지 이 사나이는 '生活'을 모르는 가장 어리석은 행복자(?)"(「나의 몇몇 시우에게」)라고 고백하였듯이, 위 작품은 그가 생활을

---

8) 최명표, 「신석정 시의 수사적 책략」, 『국어문학』 제47집, 국어문학회, 2009. 8, 169-189쪽.
9) 최명표, 「신석정 시에 나타난 뚜르게네프의 영향」, 『한국시학연구』 제25호, 한국시학회, 2009. 8, 307-330쪽.
10) 신석정, 「괭이와 주판으로 문학을 성장시킬 뿐」, 『매일신보』, 1935. 1. 1

둥한시하고 현실을 외면했던 과거를 성찰하며 체득한 경험론적 '시론'이다. 신석정은 '시에서 생활하고 생활이 시가 될 때'가 되면 '읊어진 옛 노래를 불살라 버리리라'고 다짐한다. 그의 시선이 물질적 기반을 이루는 생활을 포착하게 되자, 종전의 '전원' 대신에 식민지 현실에 대한 관심이 자연스럽게 높아졌다.

신석정이 이처럼 예전과 다른 행태를 보이게 된 단초는 세 인물에게서 찾아볼 수 있다. 그들은 신석정의 문청 시절에 영향을 끼친 남궁현, 신석갑, 김아 등이다. 먼저 남궁현(南宮炫)은 전남 영광군 법성포 출신으로 지역사회의 변혁운동에 열성적으로 가담한 운동가였다. 그는 1927년 12월 10일 열린 영광청년동맹 창립대회의 발기인이었고[11], 이듬해 1월 8일 법성포노동조합에서 개최된 법성포동포옹호동맹 발기인총회에서는 준비위원으로 선출되었다.[12] 그는 신간회운동에도 앞장서 1월 17일 열린 영광지부의 발기총회에서 조직부 위원으로 선출되었다.[13] 또 그는 3월 11일 영광청년동맹 법성포지부 정기총회에서 위원장으로 연임되었고[14], 6월 11일 담양청년회관에서 열린 전라남도청년연맹 집행위원회에 집행위원으로 참가하였다.[15]

이와 같이 열렬한 활동으로 남궁현은 사회주의자들의 행적을 모아 놓은 인명사전[16]에 오를 정도로 식민지시대의 사회운동에 깊이 발을 들여놓았다. 그는 전주 신흥학교를 다니던 중에 기미독립만세운동의 주도자로 검거되어 징역 1년형을 받았으며[17], 보성전문학교에 다니던 이현상이 책임자로 있던 고려공산청년회의 전라남도 간부였다.[18] 일제는 이른바 4차 공산당 검거 사건을 일으켜 전라남북도에 수사력을 집중하고 이리의 임혁근

---

11) 『중외일보』, 1927. 12. 14
12) 『중외일보』, 1928. 1. 10
13) 『중외일보』, 1928. 1. 17
14) 『중외일보』, 1928. 3. 16
15) 『중외일보』, 1928. 6. 20
16) 강만길·성대경 편, 『한국사회주의운동인명사전』, 창작과비평사, 1996, 158쪽.
17) 주명준·정옥균 편, 『전북의 3·1운동』 (자료집), 전북인권선교회, 2001, 43-49쪽.
18) 『思想月報』 제1권 5호, 1931. 8. 15

외 44명을 구속하여 재판에 회부하였다.19) 뒤를 이어 일제는 전라북도에 막강한 세력을 확보하고 있던 고려공산청년회의 탄압에 착수하여 1930년 12월 대대적인 검거에 나섰다. 전북의 회원 중에서 작가로는 부안의 소설가 김태수20)가 야체이카 책임자로 복무하였고, 전주고보에서 퇴학당한 남원 출신의 평론가 윤규섭은 평당원으로 활동하다가 체포되었다. 남궁현은 고려공산청년회 사건에 연루되어 1930년 12월 22일 경성지방법원에서 3년 형을 선고받았다.21) 또 남궁현은 1933년 2월 전남 장성에서 장성협동조합을 결성하고 적색 활동을 했다는 혐의로 군산에서 전영률22)과 함께 일경에 검거되었다.23) 함께 체포된 김제의 정을24)은 기소유예 처분을 받았으

---

19) 『매일신보』, 1930. 12. 10
20) 김태수(白洲 金泰秀, 1904~1982)는 부안보통학교를 자퇴하고 상경하여 중동중학교를 졸업하였다. 1924년 8월 『조선문단』에 희곡 「희생자」를 시작으로 여러 편의 희곡과 소설을 남긴 극작가이자 소설가이다. 그는 1928년 8월 부안합동노조 창립 준비위원과 부안농민조합 창립 준비위원, 12월 부안청년동맹 집행위원 등을 맡았다. 그는 신석정의 형 신석갑(辛錫鉀) 등과 1928년 4월 22일 전북청년연맹 집행위원회의 결의에 따라 5월 15일부터 16일까지 부안청년동맹회관에서 예정된 전북청년연맹대회의 준비위원으로 위촉되었다. 1928년 6월 그는 전북청년연맹회관에서 고려공산청년회 이명수의 권유로 입회하여 부안지역 아체이카 책임자로 활약했으며, 같은 해 10월 『동아일보』 부안지국장을 지냈다. 그는 1929년 4월 조선청년총동맹 집행위원 간담회 참석했고, 고려공산청년회 사건으로 징역 1년에 집행유예 3년형을 언도받았다가 풀려났다. 김태수의 문학작품은 『황혼에 서서』(부안문화원, 2010)에 정리되어 있다.
21) 『매일신보』, 1930. 12. 10
22) 전영률(全榮律, 1900~?)은 전북 부안 출신으로 1926년 3월부터 『개벽』 군산지사 고문을 맡았고, 1928년 5월 『중외일보』 이리지국장을 지냈다. 1927년 11월 군산청년회 집행위원으로 있던 중에 적노혁명 10주년기념회 준비 사건으로 구금되었다가 석방되었고, 1930년 12월 고려공산청년회 사건에 연루되어 2년 6개월형을 선고받았다.
23) 『동아일보』, 1933. 2. 21
24) 정을(鄭乙, 1905~?, 이명 鄭判甲)은 전북 김제 출신으로, 일본 와세다실업학교에서 2년간 수학했다. 1927년 7월 신간회 김제지회 창립총회에서 간사로 선출되었고, 조선공산당 김제지회 프렉션에 배속되어 활동했다. 1928년 9월 김제 경찰에 체포되어 1930년 징역 2년 6개월을 선고받았다.(강만길·성대경 편, 앞의 책, 444쪽)

나[25], 남궁현은 1934년 12월 대구 복심법원에서 징역 2년형을 받아 복역하고 1936년 1월 19일 만기 출소하였다.[26] 신석정은 그를 만나 받았던 인상을 아래와 같이 회고한 바 있다.

열여덟 나던 3월 어느 날, 유달리 길다란 머리를 올빽으로 넘기고 키가 후리후리한 청년이 우리 집에 나타났다. 어찌 그 청년이 우리 집에 찾아왔는지 그 용무는 내 알 바 아니었으나, 그 청년은 남궁현이라는 영광 사는 나의 아버지의 진외갓집 아우뻘 되는 사람이었다. 그 청년이 며칠을 묵게 되는 동안 나의 하잘 것 없는 문학 취미를 눈치 챘던지 그의 간단한 여장―작은 책보에 꼼꼼히 싸 가지고 온 『젊은 베르테르의 슬픔』과 『창조』지를 내게 보여주면서 그는 일장의 문학담을 해주었다.[27]

훗날 신석정이 토로할 정도로, 서울의 보성고보를 다닌 남궁현은 '『젊은 베르테르의 슬픔』과 『창조』'를 소개하며 홀로 습작하던 시골의 사춘기 문학 소년을 충격하였다. 그의 권유로 신석정은 계화도를 다녀왔다. 오는 길에 석양을 본 느낌을 신석정은 즉석에서 「기우는 해」로 시화하였고, 남궁현은 그의 시재에 감탄하며 격려하였다. 신석정은 "이 졸작이 그해 『조선일보』 지상에 소적이라는 필명으로 1단의 스페이스를 차지하게 된 것도 그의 지나친 찬사의 부산물이었으리라"[28]고 술회했거니와, 감수성이 한창 예민한 18세의 소년이 받았을 영향은 미루어 짐작할 수 있다. 두 사람이 계화도에서 하룻내 긴 애기를 나누었다고 하니, 이미 운동권에 종사하고 있던 남궁현으로부터 받은 영향은 '일장의 문학담'만은 아니었을 터이다. 신석정이 한참의 세월이 흐른 뒤에도 그날의 감동을 잊지 못하고 후술한 것만 봐도, 계화도의 해후가 미친 파급력을 추량하기에 충분하다.

신석정에게 영향을 끼친 두 번째 인물은 형 신석갑이다. 그는 『개벽』의

---

25) 『동아일보』, 1933. 2. 21
26) 『동아일보』, 1936. 1. 22
27) 신석정, 「나의 문학적 자서전」, 『난초잎에 별이 내릴 때』, 예전사, 1984, 176쪽.
28) 신석정, 위의 글, 178쪽.

독자란에 의견을 개진하고 있는 것으로 보아, 일찍부터 문학에 관심을 갖고 있었던 것으로 보인다.29) 그의 활동과 관련하여 눈여겨 볼 대목은 "우리 고을에는 사백을 중심으로 '야인사'라는 문학 서클이 있었는데, 일본에서 새로운 사조의 세례를 받은 청년들로 매월 원고로 회람하는 작품 활동과 아울러 독일어 공부도 하게 되었다"30)는 신석정의 회고이다. 그가 야인사에서 활동하며 독일어 공부를 포기한 사실을 아쉬워한 대목에 집중하면, 형과 함께 '새로운 사조'를 학습한 줄 짐작하기 어렵지 않다. 부안 지역은 『신생활』지와 『조선일보』 필화사건의 주동자인 신일용과 조선공산당 책임비서 김철수를 배출한 고장이다. 그 영향권에 놓였던 곳이었으므로, 식민지 사회를 타파할 변혁운동에 관심을 가진 운동가들이 많았던 줄 헤아리기 어렵지 않다. 신석갑은 1924년 11월 북풍회의 창립총회에 참석했는데31), 상경한 동기는 종매부였던 정읍 태생의 정우홍32)이 북풍회 창립회원이란 사실에서 실마리를 찾을 수 있을 법하다. 또 그는 그해 12월 천도교당에서 열린 경성청년회 창립총회에 경성청년회원 자격으로 참가하였다.33) 일경이 파악한 경성청년회의 창립총회에 참가한 단체가 북풍회, 조선청년총동맹, 신생활사, 신흥청년동맹, 서울청년회 등이었으니, 신석갑은 동향 출신으로 『신생활』지를 주도하던 신일용 등과 연계되었을 공산이 크

---

29) "부안읍 신석갑 군! 요사이 잡지에서 항용 쓰는 신숙어를 간단명료하게 해역(解譯)을 하엿스면 조흘 줄을 우리 편집부에서도 이전부터 그러한 생각은 잇섯스나 일반 독자가 어떠케 알른지 몰라서 아즉 시작을 못하엿습니다. 그러나 장차는 이것도 구체적으로 결의한 후에 매월 잡지에 내던지 그러치 아니하면 따로이 단본으로 개벽사에서 출판을 하던지 하겟습니다."(「독자교정(交情)란」, 『개벽』 제12호, 1921. 6. 1, 101쪽)
30) 신석정, 앞의 글, 179쪽.
31) 종로경찰서장이 경성지방법원 검사정에게 보낸 공문 경종경고비 제14546호의 2 「북풍회 창립총회의 건(1924. 11 16)」(국사편찬위원회)
32) 정우홍(馬鳴 鄭宇洪)에 관해서는 최명표 편, 『마명 정우홍 전집』 1-4, 신아출판사, 2019.
33) 종로경찰서장이 경성지방법원 검사정에게 보낸 공문 경종경고비 제15141호의 1 「경성청년회 창립총회의 건(1924. 12. 12)」(국사편찬위원회)

다. 그는 경성의 청년단체에 창립회원으로 참가할 만큼 열성적인 운동가였던 것이다.

또한 신석갑은 고향의 청년운동에도 투신하여 1928년 4월 22일 전주 다가정 전북청년연맹회관에서 열린 집행위원회에 출석하였다. 이날 회의에서 그는 부안의 소설가 김태수, 임종한34)과 함께 5월 15일부터 16일까지 양일간 부안청년동맹회관에서 열릴 예정이었던 전북청년연맹대회의 준비위원으로 선출되었다.35) 또 그는 해방 후에 부안군인민위원장을 지냈다.36) 이처럼 신석갑의 광폭한 행보는 신석정의 사상과 행동에 적잖은 영향을 끼쳤을 터이다.37)

세 번째로 신석정에게 영향을 끼친 인물은 1947년 부안에서 발행한 제2

---

34) 임종한(林鍾翰, 1906~1941, 이명 林哲造·林南根)은 부안 주산에서 태어나 신간회 부안지회 부회장, 부안청년동맹 집행위원, 부안농민조합 창립위원 등을 지냈다. 그는 1928년 8월 21일 부안청년동맹회관에서 열린 부안합동노동조합 창립총회에서 집행위원회 의장으로 선출되었다. 이날 선임된 위원은 부의장 백남기·신기위, 위원 임복래·최규섭, 정천약·김용성·신기인·이순옥·김경철·최사준·윤경백·최하춘·신영곤·김태수·신낙윤·박의동, 위원장 후보 신기위, 위원 후보 한판성·박영달, 검사위원 백남기·김성옥, 감사위원 후보 문재만·이선오 등이었다. 임종한은 1928년 김태수가 지국장으로 취임한 『동아일보』 부안지국의 기자로 신정희, 김택권, 신영근 등과 활동했다. 그는 고려공산청년회 부안지역 야체이카에 배속되어 활동하던 중에 검거되어 1929년 10월 경성지방법원에서 징역 1년, 집행유예 3년형을 선고받았다.
35) 『중외일보』, 1928. 4. 26
36) 허영철, 『역사는 한번도 나를 비껴가지 않았다』, 보리, 2011, 73쪽.
37) 신석갑은 1934년 6월 17일 부안 사정에 모인 부안 유지들이 부안청년회관을 매각하고 개축하기로 결의한 후 선출한 임원으로 뽑혔다. 그와 함께 선임된 임원은 신기형, 신기갑, 김영철, 김찬균, 김원균, 신기옥, 김태수, 신영근 등이다. 또 신석갑은 해방 후 전국에서 최초로 발행된 전북아동문화교육연구회의 소년잡지 『파랑새』(1946. 4)에 「우리는 어떻게 『파랑새』를 가지게 되었는가」를 발표했다. 그에 앞서 이 잡지의 창간호(1946. 2)에는 신석정이 동요 「함박눈」을 발표하고, 김아가 「혜원이와 성아에게」를 발표하고 있어 주목을 요한다. 세 사람은 식민지기 내내 부안에서 활동한 것을 고려하면, 그들이 전주에서 발간된 소년지에 나란히 작품을 발표한 사실은 추후에 상론될 필요가 있다.

시집 『슬픈 牧歌』(낭주문화사)의 서문을 쓴 김아38)이다. 그는 신석정이 해방 이전의 작품들을 모아 펴낸 이 시집에 "이제 석정의 가슴에는 다시 푸른 꿈이 깃드리기 시작하였고, 그에게는 푸른 산, 흰 구름만이 그의 시가 아니요, 조선의 세계의 인민도 또한 그의 시가 될 수 있으리라는 것을 믿는 나의 심사는 과연 부질없는 꿈일 것인가?"(「『슬픈 牧歌』에 받치는 글」)라는 머리말을 썼다. 인용문은 그의 기대감과 함께 '푸른 산, 흰 구름만' 쫓는 신석정의 시에 대한 불만을 동시에 담고 있다. 김아는 부안 출신의 일본 유학파 사회주의자로, 한국전쟁 중 빨치산으로 활동한 것 외에 자세한 행적은 알려지지 않았다. 그가 「경제론야유격기(經濟論野遊擊記)」(『비판』, 1931. 9-10)를 발표한 것으로 보아 경제학을 전공한 인텔리로 '일본에서 새로운 사조의 세례를 받은 청년'인 것은 분명하다. 신석정은 1935년 장만영을 만나러 황해도 백천온천으로 가는 길에 그와 동행할 정도로 친한 사이였고, 시를 헌정할 정도로 존경하였다.

위와 같이, 신석정은 야인사에서 활동하는 등, 해방 이전부터 부안 지역의 운동가들과 상당한 교분을 쌓고 있었다. 그는 거기서 '일본에서 새로운 사조의 세례를 받은 청년들'로부터 '새로운 사조의 세례'를 받아 의식의 변화를 단행하였고, 독일어 공부를 하면서 이반 뚜르게네프를 알게 되었다. 특히 그에게 뚜르게네프의 소설에 등장하는 인물들은 커다란 영향을 미쳤다. 그것은 신석정이 해방 전에 "바다같이 터져나올 듯한 鬱憤을 짓씹는 젊은 '인사로푸'39)들"(「房」)을 호명하고, 해방 후에 "바사로프40)를 닮은 젊은 科學者"(「움지기는 네 肖像畵」)를 선망한 것만 보더라도 금세 확인된

---

38) 김아(金鴉, 1911~1952)는 부안 출신으로, 본명은 김태종(金泰鍾)이다. 그는 1940년 1월 『매일신보』 부안지국 총무를 지내다가, 1941년 2월 지국장을 지냈다. 그의 행적에 관해서는 영애 김선 시집 『숲으로 간 아이에게』, 에디터, 2005.
39) 드미뜨리 인사로프는 1860년 1월 이반 뚜르게네프가 발표한 소설 『그 전날 밤』의 주인공이다.
40) 바자로프는 이반 뚜게네프의 소설 『아버지와 아들』의 주인공으로, 무신론자이며 지극한 허무주의자이자 의학도였다.

다. 신석정은 '인사로푸'와 '바사로프'의 사이에서 격동의 시간을 보낸 것이다. 그 정신적 몸부림의 흔적은 아래의 시작품에서 검출할 수 있다.

> 한때 네 몸뚱아리에서는
> 푸성귀 내음새도 안나더니
> 산에서 몇 해나 살고 왔기에
> 왼통 산내음새가 젖어 흠뻑 젖어
> 내 코를 찌르는 것이 즐거웁고나
>
> 도라지 더덕 칡넌출 얽힌 비탈길로
> 난초 麥門冬 石斛 우거진 사잇길로
> 호랑이 여호 살가지 지내간 숲길로
> 노루 고랭이 토끼 뛰다니던 길로
> 너도 거침없이 뛰어다녔더냐?
>
> 그 언제 나 또한 산으로 가서
> 진정 한 마리 작은 짐승이 되어
> 도라지랑 더덕이랑 맥문동 궁궁이랑 파뒤지며
> 거침없이 온 산을 쏘다니며
> 산이 무너지게 거센 소리로 한번 울어 볼거나……
> ―「작은 짐승이 되어―K에게」 전문

신석정은 '그 언제 나 또한 산으로 가'기를 다짐할 정도로, 부잣집 아들에서 '산에서 온 사나히'로 변한 김아를 존경하였다. 그에 따라 '작은 짐승'은 "느티나무 아래에 말없이 앉아서/바다를 바라보는 순하디순한 짐승"(「작은 짐승」)에서 '거침없이 온 산을 쏘다니'는 역동적인 짐승으로 변모되었다. 그 짐승은 '도라지 더덕 칡넌출 얽힌 비탈길, 난초 麥門冬 石斛 우거진 사잇길, 호랑이 여호 살가지 지내간 숲길, 노루 고랭이 토끼 뛰다니던 길'을 뛰어다닌 것으로 보거나, 또 '산이 무너지게 거센 소리로 한번 울어 볼' 것을 기대한다는 점에서, 신석정은 김아에게 의식화된 '인사로프'이고 김아는 '바자로프'였다. 이처럼 그에게 끼친 김아의 영향력은 실로 컸다고 봐야 맞다.

이처럼 신석정은 세 인물로부터 학습한 바를 내세워 '읊어진 옛 노래'를 버리고 해방공간으로 나아갔다. 그가 "시인에 있어서의 행동이란 바로 작품 활동을 하는 것"(「시정신과 참여의 방향」)이라고 발언한 사실을 상기하면, 이 무렵에 보여준 행동은 사실 의외였다. 하지만 앞서 살펴본 바와 같이, 신석정이 종래의 전원으로부터 식민지의 현실로 관심축을 옮긴 과정을 참작하면 이상한 일도 아니다. 또 그가 서울에 머물면서 좌익 성향의 시인들이 주를 이룬 결사체에 가담한 사실[41]은 해방공간이 그의 사상적 정체성을 의식적으로 드러내기에 적당한 계기를 제공했다고 볼만하다.

그렇지만 신석정으로서는 '산이 무너지게 거센 소리로 한번 울어 볼거나' 기대한 해방정국이었으나, 기대와는 다르게 '시와 생활이 멀어진 뒤의 일'조차 헤아릴 여유를 주지 않았다. 해방은 그에게 앞가림하기 힘든 혼란을 안겨주고 만 것이다. 그가 남북간의 전쟁이 끝난 뒤에 향리로 돌아가지 못하고 전주로 이사한 사정을 보면, 해방공간에서 취했던 자세와 움직였던 보폭이 그의 행동반경을 제한한 줄 금세 알 수 있다. 그만치 해방기는 그의 시와 삶을 변모시킨 변곡점이었다.

2. '인민의 소리'의 허망

해방이 되자 신석정은 서울에 나타나서 놀랄만한 행적을 보였다. 먼저 그는 1946년 2월 열린 좌파 주도의 조선문학자대회에 주저하지 않고 참석하였다. 이 회합이 문단의 좌우 통합을 표방했을지라도, 그의 출석은 전혀 예상 밖이었다. 그는 대회에 초청을 받고도 불참한 동향의 김해강이나 김

---

41) 1946년 2월 서울에서 결성된 '시인의 집'에 동참한 시인은 김기림, 김광균, 박세영, 박아지, 조벽암, 오장환, 이용악, 조운, 김철수, 신석정, 임병철, 한백곤, 서정권, 조허림, 김대균, 윤복진, 임학수, 신석죽, 김상원, 박석정, 박산운, 김상훈, 여상현, 김병호, 윤곤강, 이한직 등이다.(『자유신문』, 1946. 2. 23)

창술이 카프에 찬동하여 현실비판적 경향의 시를 발표할 때에도 동조하지 않았다. 또 그는 대회에 참석한 동향의 윤규섭이나 이근영이 해방 전에 취했던 사회주의적 신념과는 대척적인 입장에 선 『시문학』파의 일원이었다. 그만치 한 번도 정치적 이념을 공식화하지 않았던 신석정이다. 당시까지 그는 향리에서 김아 등과 어울리고 서울의 시우들을 만날 뿐이었다. 국권침탈기에 사회주의 운동이 활발했던 전주의 움직임에 초연하고, 문단의 동료들과도 허교하지 않았던 그의 상경을 부추긴 동기는 믿고 따르던 김기림의 선택42)이었다. 그는 김기림과 함께 조선문학가동맹의 일원으로 "성한 피가 내 혈관을 도는 한, 「새벽」과 「아침」과 「대낮」을 찾어, 끝끝내 한 송이 해바라기로 다시 피어보리다"(「나의 몇몇 시우에게」)고 다짐하면서 활발히 활동하였다.

    님이여!
    당신이 열어주신 이 올바른 길엔
    이다지도 원수가 많사옵니까?
    자못 聖스러운 鬪爭의
    幸福을 느끼여 즐거웁습니다

    님이여!
    당신은 또다시 앓는 祖國을 등에 지고
    어느 으슥한 곳에서
    『民族의 偉大한 指導者
    朴憲永 先生의 逮捕슈을 取消하라』
    웨치는 人民의 소리를 들으시옵니까?

    당신에게 나린 逮捕슈은
    바로 우리 人民에게 通하는 것이기에
    그러기에 우리는 목마르게
    당신을 부르는 것이옵니다

---

42) 해방기 김기림의 선택에 대해서는 최명표, 『해방기시문학연구』(박문사, 2011) 중 '제1부 해방기 김기림의 시와 시론'(12-105쪽) 참조.

님이여!
당신의 목소리와 몸짓과
몸부림까지도 우리는 呼吸합니다
어서 돌아오소서
당신은 땅에서 솟아오른
太陽의 化身이옵니다
　　—「님이여! 당신은 땅에서 솟아오른 太陽의 化身이옵니다」 부분

　　미군정에 의해 박헌영 수배령이 내려진 가운데, 좌파 진영의 『문화일보』에는 1947년 6월 13일 김남천의 「민족 대서사시의 영웅적 주인공 박헌영 선생」을 시작으로 그의 귀경을 촉구하는 시편들이 연속적으로 발표되었다. 이러한 움직임은 에밀 뒤르껭이 말한 일종의 '상중의식(喪中意識)'이다. 그에 의하면, 집단은 일시적인 개인의 유한성을 애도할 목적보다는, 집단의 영원성을 재확인하기 위해 상례를 치른다. 상례를 통해서 구성원들은 공동체의식을 확인하게 되고, 그 제례의 참가 여부는 충성도를 검증하는 척도로 작용한다. 그것의 사회적 기능은 "구성원 중의 한 사람을 잃음으로써 연대성이 약화될 위기에 처한 집단의 구성원들을 한 자리에 모으는 데"43) 있다. 곧, 신석정을 위시하여 일군의 좌파 시인들이 합세하며 발표한 작품들은 '상중의식'의 재현에 불과할 따름이다. 정치판은 이미 남한 단독 정부 수립을 위해 좌파의 굴복을 요구하고 있는 마당에, 신석정은 '당신'을 향한 '人民의 소리'를 전하고 있다. 이처럼 그의 시국 인식은 뒤떨어져 있었다. 아니라면 그는 사회주의 이념에 투철한 운동원이라야 맞다.

　　신석정은 해방을 맞아 "에미도 애비도 잃어버린 자식"(「三代」)이 되어버린 자신의 모습을 직시하지 못했다. 유사 이래 전혀 새로운 정체(政體)를 선택하여 독립국가의 기틀을 다져줄 것을 요구하는 해방 조국은 '어머니'보다는 새로운 질서를 다잡아줄 아버지가 필요한 시기였다. 하지만 그는 스스로 나아갈 길을 개척하지 않으면 안 되는 해방정국에서 '어머니'와 살

---

43) Anthony Giddens, 김의순·김자혜 옮김, 『에밀 뒤르껭 연구』, 한길사, 1981, 125쪽.

고 싶었던 '먼 나라'를 구체화하느라 부산하였다. 그가 박헌영을 최상급으로 찬송한 것은 '어머니'를 부르며 이상향에 머물던 습관의 반복이다. 한번도 겪어보지 못한 무제한의 자유가 보장되던 해방기가 사실은 "인젠 동무가 아니면 원수 뿐"(「烽火」)으로 편 가르기를 강요할 줄 알았을 때는 늦었다. 그를 호출한 조선문학가동맹의 지도부는 정세의 불리를 깨닫고 월북해 버렸고, 뒤따라 다른 무리들의 월북이 기도되고 있었다. 그런 판국에 신석정은 대한민국 정부가 수립된 두 달 뒤에도 '당신이 열어주신 이 올바른 길'에서 행복을 느끼고 있다. 그만치 해방은 신석정에게 내면의 혼란을 가중시켰다. 그러던 차에 발발한 전쟁은 그로 하여금 해방기의 행동을 재연하도록 요구하였다.

남북전쟁이 일어난 후에 신석정은 부안군인민위원장44)과 부안중학교 교장을 지냈다. 그는 1950년 친지 신기원45)이 전주경찰서장으로 부임한 동창생 박병배에게 부탁하여 부안 출신의 시인 백양촌과 함께 자수서를 쓰고 풀려났다.46) 이 사실을 전제하면, 그가 그해 겨울에 부안을 떠나 전주에서 발행되던 『태백신문』으로 자리를 옮긴 것은 우연이 아니다. 이 신문은 반공을 국시로 내건 이승만의 행동대 역할을 자처한 대한청년단 전라북도지부의 기관지였다. 그는 이 신문의 편집고문으로 있으면서 '토요시단'을 담당하였고, 백양촌은 『전북일보』의 편집고문 겸 논설위원으로 '화요문예'를 주재하였다.47) 두 시인의 노력 덕분에 전라북도의 문단이 활성화된 점은 길이 기억해야 마땅하다. 그러나 그들이 지역 문단에 기여한 의도는 다분히 정치적 입지와 관련된 것인 줄 부인하기도 힘들다.

44) 허영철, 앞의 책, 140쪽. 고은은 신석정이 해방 후 '인공' 시절에 부안군위원장을 지냈다고 회고하였다.(고은, 「나의 산하, 나의 삶 (59)」, 『경향신문』, 1991. 11. 20)
45) 신기원은 부안 출신으로, 자유당 부안군당위원장을 맡고 있던 1958년 총선거의 공천에서 탈락하자 무소속으로 입후보했다가 민주당에 입당했다.(『동아일보』, 1958. 5. 26)
46) 신석정의 부역 사실에 관해서는 신석상, 앞의 책, 25-31쪽.
47) 조규화, 「전북 문단의 어제와 오늘」, 『전북 정신과 전북의 문학』, 전북문인협회, 1991, 205쪽.

설사 신석정의 부역이 소극적 의사에 의했다고 할지라도, 전력이 이후의 행동 범위를 제한하는 족쇄로 작용하기는 마찬가지였다. 한 예로, 앞서 거론한 「작은 짐승이 되어―K에게」의 원제는 「산에서 온 사나히―김아에게」이다. 신석정은 빨치산이 된 김아의 이름을 이니셜로 처리하고 시제도 바꾸었다. 그는 나중에 대지사에서 중판한 시집에서는 김아의 서문마저 삭제해버렸다. 이러한 조치는 소위 레드 콤플렉스의 발현으로, 부역으로부터 부자유한 신석정의 처지에서는 불가피했을 터이다. 그러나 이 점은 그의 시를 연구하는 이들에게 상시 전제되어야 한다. 그래야만 신석정의 사상적 혼란과 그에 따른 시적 변화 과정을 제대로 규명할 수 있기 때문이다. 그 점을 논의선상에서 제외하거나 외면하는 태도는 연구자가 취할 바른 자세가 아니다.

시일이 경과한 뒤에도 신석정이 해방기의 잉여감정을 전량 처분한 것은 아니었다. 그는 1960년 5월 5일 결성된 교원노조 전주고등학교 지부의 평의원을 맡고 있던 중[48], 1961년 1월 『전북일보』에 교원노조를 옹호하는 시 「斷食의 노래」를 발표하였고, 시 「다가온 春窮」을 그해 4월 4일 혁신계 『민족일보』에 발표하였다. 그는 여전히 해방기의 여진을 떨어내지 않고 있었던 셈이다. 그는 해방기에 '시에서 생활하고 생활이 시가 될 때'의 다짐을 포기하고, 관념이 횡행하는 정치 현장으로 뛰어들고 난 후에도, 정세를 관망하며 선택의 결과 처리에 머뭇거리고 있었던 것이다. 한 번도 정치적 의사를 표시하지 않았던 '정관자'[49]로서의 그가 이념조차 체계화하지 않은 채 나아간 부산물이었다. 그 책임은 스스로 질 수밖에 없었다.

해방에서 전쟁에 이르는 공간은 신석정이 바라던 '먼 나라'의 실상과 거리가 멀었다. 그가 생활과 유리된 운동 현장에 복무할수록 시와 생활의 일치를 추구하던 '시론'은 허물어져갔다. 그것은 그의 '시론'이 미처 여물지

---

48) 『전북일보』, 1960. 5. 12
49) 최명표, 「'정관자'의 이념적 혼란―해방기 신석정의 시와 행동」, 『전북 지역 시문학 연구』, 청동거울, 2007, 267-291쪽.

못한 탓이고, 민중들의 삶에 무관심했던 그가 '인민의 소리'를 대변하려고 나선 결과였다. 그의 두 번째 상경 체험은 처음과 달리 공소한 귀향으로 끝나고 말았다. 이미 시국의 판세는 기울어 반공정책은 더욱 강력하게 시행되는 마당에, 그로서는 "한동안 잊고 살던 세월"(水仙花가 피더니」)의 흔적이 굴레로 작용하는 고향을 떠날 도리밖에 없었다. 그가 귀 기울였던 '인민의 소리'는 허망한 잡음에 지나지 않았던 것이다. 신석정으로서는 참담하고 허무했지만, 시국 상황은 뜻과 다르게 펼쳐져 있었다. 그에게 정치적 이념과 시적 신념의 정리가 필요한 시간이 닥쳐온 것이다. 그의 시 생애에 절체절명의 순간이었다.

3. '대바람소리'의 의미

신석정은 처자식을 부양하지 않으면 안 되는 가장으로서, 자신이 선택한 해방공간에서의 행적을 청산하지 않으면 안 되었다. 그는 『태백신문』에서 소일하던 중에, 1954년 시인 김해강 등의 주선으로 전주고등학교 강사로 부임하였다. 그것은 단순한 공간의 이동이 아니라, 학생들에게 사표가 되어야 할 책임감을 부여받는 계기였다. 앞의 두 시인들의 소개로 서정태, 박희선, 이철균, 하희주, 유기수 등과 어울리며 점차 활동 공간을 넓히면서 선배시인으로서 모범을 보여야 할 책임감도 생겨났다. 또 이병기를 도와 전북 지역의 문단을 재건하면서 후배 시인들을 지도하느라 바빴다. 한번도 지역 문우들과 교유하지 않았던 그에게 전주에서의 문단 생활이 세대적 책임감을 인식시켜준 것이다. 그가 시인과 직장인으로서 책임감을 자각하게 되자, 가장으로서의 책임감은 자연스럽게 수반되었다. 그런 복합적인 책임감은 그에게 생활의 안정을 가져다주었고, 전주에서 독자적인 시세계를 이루어가기 시작했다. 어느덧 그는 "달려가 그대 이마를 만지는 동무/쫓겨가 그대 손목을 붙잡는 동무/억장이 막혀 그대로 바라보는동무"(「審判」)를 쫓아다니느라 자신을 잃어버리는 나이가 지났던 것이다.

살아보니
地球는
몹시도 좁은 고장이드군요

아무리
한 億萬年 쯤
태양을 따라다녔기로서니
이렇게도 呼吸이 가쁠 수야 있읍니까?

그래도 낡은 靑春을
숨 가삐하는 지구에게 매달어 가면서
오늘은 가슴 속으로 리듬이 없는 눈물을 흘려도 보았읍니다.

그렇지만
여보……
安心하십시요
오는 봄엔
나도 저 나무랑 풀과 더부러
지즐대는 새 같이
發音 하겠읍니다.
　　―「發音」 전문

　이 작품이 발표된 『시와 산문: 호남 11인집』은 단기 4286(1953)년 10월 5일 목포의 항도출판사에서 발간한 사화집이다. 그해 10월 5일 창립한 '시와 산문'은 전남의 김현승, 박흡, 이동주, 박정온, 김악, 이석봉과 전북의 이병기, 김해강, 신석정, 서정주, 백양촌 등이 동인으로 참여했다. 공동회장은 지역별로 박정온과 신석정이 맡았다. 오래 지속되지 못했으나, 호남의 대표적인 시인들이 모여 전후의 황량한 시심을 추스르며 두 지역의 시단을 재건하고 시인들 간의 우의를 다지려고 노력한 공이 값지다. 신석정은 이 모임의 전북 지역 대표를 맡을 만큼, 부역으로 생긴 내상을 조금씩 치유해 가고 있었다. 물론 선배 이병기나 김해강의 배려에 힘입은 것일 터이나, 그가 '나무랑 풀과 더부러' 살아가며 '발음'할 테니 주위 사람들에게 안심하라고 이르는 것만 보아도, 전주에서의 생활이 그에게 해방기의 정치적 방황을 정리하고 심리적 안정감을 얻어가기에 유용했던 것은 분명하다. 그는 이 무렵에 "뜨거운 눈물 지우던 나의 벅찬 靑春"(「氷河」)을 회상했거니와, 1956년에 낸 제3시집 『氷河』(정음사)에 이르러 해방기의 정서적 혼란이 어느 정도 정리된 모습을 보여주었다. 이 시집을 전후로 시적 성향이 갈리게 된 배경이다.

신석정이 그 수준에 이르게 된 것은, 무엇보다도 고향의 정원 '청구원'을 전주에 재현한 사실에서 비롯되었다. 그는 전주의 집을 '비사벌초사'라 이름하고, 집안에 여러 식물들을 가꾸며 살았다. 그가 열거한 나무들의 목록만 보더라도 "시누대·식나무·수수꽃다리·태산목·꽝꽝나무·북가시나무·칠영수·백목련·독일가문비·이팝나무·석류나무·치자·뽀뽀나무·동백·호랑가시·낙우송·산수유·국로·감나무·모란·청매·벽도·은행나무·후박·철쭉·박태기나무·개나리·서향·파리똥나무·죽도화 등 30여종"(「정원 이야기」)에 달하였다. 그가 이렇게 많은 종류의 나무를 가꾼 것은 정원을 자연의 축소판이자 우주의 일각이라고 여겼기 때문이었을 테다. 시인들은 예로부터 나무를 예로부터 천상과 지상을 이어주는 매개물로 받아들였다.

신석정도 정원에서의 사색으로 나무의 시적 역할을 이해하고, 나무를 통해서 시간과 공간을 초월하였다. 그것은 소란했던 청년기의 방황으로부터 벗어나는 쓸모 있는 길이었기에, 그는 나무들을 가꾸고 어루만지면서 심신을 위로하고 내상을 치료했다. 그 과정에는 아무도 개입할 수 없었다. 그의 치유행위는 정원에서 이루어지는 까닭에, 타인의 배려나 위로도 불필요했다. 그가 나무를 시제로 삼거나 소재로 즐겨 차용한 이유이다. 그렇지만 신석정이 고향을 회억하는 매개물로 나무를 택한 순간, 그는 이웃들의 '사이'에 존재할 수밖에 없다. 그에게는 나무조차 '먼 나라'의 이웃들이었던 셈이다.

그 가난한 뜨락에 네 어린놈들처럼 나날이 자라나는 나무와 푸성귀들이
철철이 그들의 죄없는 表情을 아끼지 않는 限, 우리는 욕되지 않는 가난을
웃으며 이야기할 날을 기다려도 좋다.

우리 <蘭>이와 나이가 거의 맞서는 20年을 훨씬 넘었을 碧梧桐낭기나 銀
杏낭기나 멀구슬낭기들이 인젠 고개와 어깨를 서로 맞개도 어우러져 그 가지
새이로 푸른 하늘을 뽀조롬히 자랑하고, 시나대 숲에서는 고 작은 비비새들
이 새끼를 부르고 있고나.

厚朴낭기와 라일락을 잘 가꾸어 머지 않은 뒷날에는 탐스러운 꽃들이 피
어, 푸르고 연연한 향기를 좁은 뜨락에 가득 채우도록 하고, 뒤란에 심은 찔
레꽃도 잘 보살펴서 울타리를 삼고, 石榴낭기와 대추낭기도 올들어 꽃이 무
척 피었으니, 가을엔 어린놈들의 군입정이 그리 모자라지는 않겠구나.

梅實낭기와 山茱萸낭기 사이 빈 자리에는 芭蕉를 한 그루만 심어 두어 철
따라 그 뜰을 지내가는 빗소리를 머물게 하고, 寂寂한 밤에는 <唐詩>라도 읽
으면서 조용히 그 빗소리를 듣도록 하렴. 가을에는 銀杏낭기를 스무남은 개
구해 보내리니 모두 제자리 잡아 심어라. 銀杏낭기들이 가을에 그 黃金같이
노오란 잎새들을 휘날리는 것은 다시 없는 <멋>이니라.

인제 네 어린놈들이 장성한 뒤, 내가 너의 할아버지처럼 길솟는 지팽이에
의지하고, 그 좁은 뜨락을 거닐 때, <가난>이 욕되지 않는 세월 속에서 흐드
러지게 웃어 볼 날을 이 낭기들과 푸성귀 속에 마련해 두자.
　―「故園에 보내는 詩―靑丘園에 부쳐」 전문

인용시에서는 고어 '낭기(낡)'가 잦게 출현하고 있다. 그 반면에 신석정
은 여전히 사투리의 사용은 마다하고 있다. 사투리는 특정 지역 사람들이
지녀야 할 언어적 덕목이다. 사투리는 구성원 사이의 의사소통을 촉진하여
공동체의 규범과 가치를 공유한다. 더욱이 사투리는 살아 있는 입말이란
점에서, 신석정이 고의적으로 고어를 도입한 것은 시사적이다. 그는 전쟁
중의 행동으로 인하여 사투리 사용자들과의 소통보다는, 옛것(사람)과의
소통을 추구하고 있는 셈이다. 그것은 전적으로 나무의 고유한 속성으로부

터 비롯되었다. 나무는 다른 나무와 어울려 살아가지만, 자신의 성질을 바꾸지 않는다. 그런 측면에서 이 시기에 신석정이 나무에 괄목하고, 나무로 이루어진 산을 시화하느라 공들인 점은 예사롭지 않다. 그는 나무의 자질에 의탁하여 자신의 세계관을 확인하고 있었던 것이다. 그가 이웃과의 만남보다는 나무와 지내는 시간이 많을수록, 그의 발길은 정원에서 나아가지 않는다. 말하자면, 그는 어울림보다 혼자 사는 법에 익숙하였다. 그런 태도는 도리어 그에게 고독감을 안겨주기 마련이었다.

　신석정이 전주에 사는 동안에 체현한 외로움은 1967년에 나온 제4시집 『산의 序曲』(가림출판사)과 1970년에 펴낸 제5시집 『대바람소리』(한국시인협회)에 삼투되어 있다. 그는 나무들이 서로 어울려 숲을 이루는 줄 애써 외면하고, 나무를 독립된 인격체로 다루기를 서슴지 않았다. 위의 시편이 중요한 이유인즉, 그 안에 등장하는 나무들이 차후의 시편에서 분화되어 재등장하기 때문이다. 그에게는 산도 한 그루의 나무였다. 그가 각종 나무들을 호명하며 자족적 세계를 구축하기 시작한 것은 '먼 나라'를 혼자서 찾던 모습과 흡사하다. 이것이 초기와 다른 점은 그의 나무들이 한결같이 체험이나 인생사의 장면을 동반하는 점이다. 그것은 전적으로 해방기의 체험과 연루되어 구체물로 형상화된 탓이다. 예를 들어 그가 '寂寂한 밤에는 <唐詩>라도 읽으'라고 권하는 것은 그것이 "아득한 아득한 잠을 부른"(「秋夜長 古調」) 줄 알기 때문이다. 그는 고어를 쓰고 고서를 읽으면서 '<가난>이 욕되지 않는 세월 속에서 흐드러지게 웃어 볼 날'을 기다렸다. 그러나 그의 바람과는 달리, 그런 날은 오지 않고 외로움만 심화되었다. 이런 점에서 노년기에 이르러 그가 동양적 정신세계를 천착한 것은, 결국 자신의 고독을 정당화시켜주고 위무해줄 명분이 필요했기 때문이다. 그러나 그것은 또 다른 고독을 낳는 원천이 되었다.

　　대바람 소리
　　들리더니

蕭蕭한 대바람소리
　　창을 흔들더니

　　小雪 지낸 하늘을
　　눈 머금은 구름이 가고오는지
　　미닫이에 가끔
　　그늘이 진다.

　　국화 향기 흔들리는
　　좁은 書室을
　　무료히 거닐다
　　앉았다, 누웠다
　　잠들다 깨어보면
　　그저 그런 날을

　　눈에 들어오는
　　屛風의「樂志論」을
　　읽어도 보고……

　　그렇다!
　　아무리 쪼들리고
　　웅숭거릴지언정
　　―「어찌 帝王의 門에 듦을 부러워하랴」

　　대바람 타고
　　들려오는
　　머언 거문고소리……
　　　　―「대바람소리」 전문

　신석정은 노년기에 부쩍 대나무를 노래하였다. 그는 대나무의 '허이불굴(虛而不屈)'에 착목하고, 평생 동안 불편한 삶을 강요했던 가난조차 '어찌 제왕의 문에 듦을 부러워하랴'고 자위하였다. 그것은 "벙어리처럼 목놓아 울 수도 없는 너의 아버지"(「차라리 한 그루 푸른 대로」)가 해방공간에 선

『전북시인론』

택했던 정치적 방황 탓이다. 그때의 기억 때문에 그는 젊은 시절에 가고 싶어 안달하던 서울조차 "자연을 파괴하고 지옥으로 줄달음질치는 아수라의 집결체"(「전원으로 내려오십시오」)로 격하시켰다. 그럴수록 그것은 결행하지 못한 서울행에 대한 미련을 드러낼 뿐이다. 그는 이런 소란한 심정을 상쇄할 목적으로 대바람소리에 집착한다. 왜냐하면 그 소리는 "좁은 정원의 한 구석을 가려주는 시누대"(「고향에 해가 저문다」)에서 나는 고향집의 소리였기 때문이다. 신석정이 탯줄을 묻은 부안을 그리워할수록, 전주의 삶을 구성하는 물리적 조건들은 소외되기 마련이다.

대나무소리는 전주의 '비사벌초사'와 부안의 '청구원'을 이어준다. 그의 몸은 '비사벌초사'에서 생활하지만, 정신은 '청구원'으로 향하고 있었던 것이다. 따라서 그가 말년에 접어들어서 '지조론'을 거론한 것은 청구원 시절과 비사벌 초사의 자신이 다르지 않다는 사실을 강조하기 위한 방편에 불과하였다. 그와 같이 신석정은 새로 마련한 '비사벌초사'와 젊은 시절의 '청구원'을 동일시하며 현재와 과거를 넘나들며 살았다. 즉, 그는 대바람소리를 타고 두 곳을 오가며 '그저 그런 날'을 회억하고 있다. 그 결과로 대나무소리는 그의 변치 않는 세계관을 증빙해주는 객관적 상관물이 되었다. 그것은 그가 속된 명리를 거두지는 못하여 속은 비었으되, 신념에 반하여 굽히지 않는 삶을 고수했다는 소신의 표명이다. 다만 그 소리는 마치 '머언 거문고소리'처럼 희미하여 경청하지 않으면 들을 수 없다. 즉, 대나무소리의 진정한 의미는 그가 해방기에 취했던 행동으로 말미암아 굴절된 인생의 요약이며, 시작 생활 내내 '먼 나라'를 추구했던 시적 편력의 귀착점이었다.

Ⅲ. 결론

신석정은 대표적인 목가시인이다. 그는 초기에 정치적 의미를 거세한 전원시편으로 시단의 주목을 받았다. 식민지 현실에 직접적으로 반응하지 않은 채 면 직원 노릇을 한 행적을 보거나, 이른바 순수시를 제창한 『시문학』파에 가담한 것을 보아도 그는 현실지향적 시인이 아니다. 그러나 해방을 맞아 신석정은 놀랍게 변신하였다. 그는 좌파 주도의 문학 활동에 능동적으로 참여하다가, 한국전쟁 통에는 부역하였다. 이런 전력은 그 후의 정치 지형이 바뀜에 따라 그에게 극심한 혼란을 가져다주었다. 그의 놀라운 변신 뒤에는 형과 친지 등으로부터 받은 영향이 자리하고 있었다.

 그로 인해 신석정은 해방기부터 전쟁기까지의 행동에 대하여 침묵하는 대신에, 내심으로는 극렬한 상혼에 시달렸다. 그 결과로 닿은 세계가 동양적 자연이었다. 이것이 그가 노년에 이르러서야 당초의 출발선상에서 배제했던 동양적 자연으로 귀의하게 된 전후사정이다. 그가 '비사벌초사'에 사는 동안 끊임없이 '청구원'을 동경한 것은 관조의 시기에 이르러 원시적 세계의 의미를 깨쳤기 때문이다. 두 곳 사이를 이어주는 매개물은 빈 속에서 곧게 들려오는 '대바람소리'였다. 그 소리는 그의 심연에 깊이 응결된 고독으로부터 우러나오는 고독한 실존의 몸부림이었다. 이런 측면에서 해방기 신석정의 이념적 방황은 생활과 괴리된 '먼 나라'의 허상과 실체를 알려주기에 충분하다. 그는 이 점을 알아차리기까지 일생동안 시적 편력을 거듭한 것이다.(『한국시학연구』 제33집, 한국시학회, 2012. 4)

신석정 시에 나타난 뚜르게네프의 영향

> 문학가에게 정치는 해독한 것이다.
> —이반 뚜르게네프

I. 서론

한국 근대문학의 초창기에 러시아 문학은 식민지 작가들이 정서적 친밀감을 가지면서 다량으로 유입되었다. 일본 유학생들의 독서 체험은 사회주의에 대한 동경의식 등과 어우러지면서 러시아 문학에 대한 친근감을 전파하는데 기여했다. 특히 러시아 노농혁명은 식민지 내 유식청년들의 대일 항쟁의지를 불러일으키면서 민족해방과 계급해방에 대한 기대감을 고조시켰다. 기미독립만세운동 후의 운동세력은 러시아의 식민지에 대한 정치적·사상적 지원에 힘입어 러시아에 대한 동경심이 사회 전반에 확산되어 갔다. 특히 일본과의 전쟁에서 패한 러시아의 경험은 일본에게 주권을 늑탈당한 체험과 맞물려서 일본을 공동의 적으로 상정하게 만들었다. 그에 발맞춰 작가들이 정치적으로나 정서적으로 친러 경향을 띠면서, 러시아의 정치체제와 사회 상황을 사실적으로 묘사한 똘스또이와 도스또예프스키 등에게 관심이 커져 갔다.

그 뒤를 따라 1920년대에 본격적으로 소개된 작가는 이반 뚜르게네프(Ivan Turgenev, 1818~1883)이다. 그는 앞에서 거례한 두 작가의 명성에 가려져 있었지만, 서구에서는 그들보다 더 인정받고 있었다. 그 이유는 "그가 똘스또이나 도스또예프스키보다 더 적은 극단적 관점을 갖고 있었고, 특별한 방종과 종교적으로 수용된 견해를 갖고 있는 특이한 러시아적 특질을 보다 덜 지니고 있었기 때문"1)이었다. 식민지에는 그의 소설 외에도 당시 일본 문단의 경향을 따라 산문시가 집중적으로 소개되는 양상을 띠었다.2) 뚜르게네프의 작품에 묘사된 러시아 민중들의 처지는 식민지 원주민들의 그것과 동일시되면서 작가들로부터 큰 호응을 얻었다. 곧, 동류의식이 그의 문명을 높여준 원동력이다.

  그들 중에서 신석정의 시에 뚜르게네프의 작중인물들이 실명으로 등장한 사실은 이채롭다. 뚜르게네프의 작품들이 다량으로 번역되어 소개될 무렵에 습작하기 시작한 신석정은 문학에 뜻을 두고 여러 작품들을 섭렵하는 단계에서 그를 만난 듯하다. 또 부안에서 청년운동에 관여하던 형 신석갑이 친구들과 러시아 서적을 독회했다고 하니, 그들로부터 뚜르게네프를 포함한 러시아 작가들을 접했을 가능성도 있다. 신석정의 시에 출현하는 뚜르게네프의 인물들이 주목되어야 할 우선적인 이유는 발표 시기다. 그는 식민지 말기와 해방 공간에서 그것들을 발표하여 다분히 고의성을 드러내고 있다. 이 기간을 전후하여 그의 시세계는 판이하게 변모한다는 점에서, 신석정과 뚜르게네프의 영향관계는 반드시 검토되어야 한다. 특히 그의 해방기 작품에서 현저하게 표출된 좌파적 성향의 작품들을 정확히 해석하기 위해서라도 언급되지 않으면 안 된다. 이 점이 해명되어야 해방정국에서 수상한 행동을 보였던 그의 행적을 온전히 재구성할 수 있다.3) 아울러 신석정의 시에 미친 불교, 유교 그리고 노장사상의 영향력에 비하여 소홀히 다루어졌던 뚜르게네프의 영향력을 구명함으로써, 그의 시세계가 더욱 확장되고 심화된 근거를 확보할 수 있을 것으로 기대한다.

---

1) R. H. Stacy, 이항재 옮김, 『러시아문학비평사』, 한길사, 1994, 115쪽.
2) 뚜르게네프 작품의 번역 현황에 대해서는 김병철, 『한국근대번역문학사연구』, 을유문화사, 1988, 377-446쪽.
3) 해방기의 신석정 시와 행동은 최명표, 「'정관자'의 이념적 혼란—해방기 신석정의 시와 행동」, 『전북 지역 시문학 연구』, 청동거울, 2007, 267-291쪽.

Ⅱ. 뚜르게네프 수용과 시세계의 변화

1. 식민지 '자연'의 발견

1930년대에 신석정이 발표한 목가풍의 전원시들은 당대의 현실과 상거를 띤 관념태에 머물러 있었다. 그것은 그가 현실의 비극적 사태에 압도된 자아의 정신적 귀의처로 자연을 설정한 탓이다. 또한 그가 동경한 '자연'은 젊은 시절에 독파했다는 도연명의 『桃花源記』와 같은 전통적 세계가 아니라, 당시의 실정과는 괴리된 '어린 양', '녹색 침대', '조용한 호수'처럼 친서구적 전원의 성격이 강했다. 그러나 신석정이 1930년대 중반 이후부터 식민지의 자연에 내포된 정치적 의미를 인식하면서부터 서양적 '전원'의 성격을 탈피하기 시작했다. 그로서 그는 식민지의 자연에 만연된 비극적 광경을 포착할 수 있었고, 이전의 시에 편재하던 추상적 요소를 지양할 수 있었다. 그가 이 무렵에 '어머니'의 "아름다운 傳說"(「이 밤이 너무 길지 않습니까」)에 함의된 "슬픈 傳說"(「슬픈 傳說을 가지고」)을 포착하게 된 이면에는 지도와 지구에 대한 관심이 작용하고 있다.

> 오늘 펴보는 이 **地圖**에는/朝鮮과 印度가 왜 이리 많으냐?(「地圖」, 1936)
> **地球**가 停止하고(「고운 心臟」, 1937)
> 노루 새끼 한 마리 뛰어다닐 **地球**도 없다(「슬픈 構圖」, 1937)
> 이 몹쓸 **地球**에 서서(「봄을 부르는 者 누구냐」, 1938)
> **地球**래두 邊方 몹쓸 땅이었다(「哀歌」, 1940)

이런 모습은 이전의 신석정 시에서 나타나지 않았었다. 그는 '몹쓸 地球'가 '몹쓸 땅'으로 전락한 지 오래된 사실을 깨닫고, 지구를 평면으로 나타낸 지도의 권력적 속성에 주목하고 있다. 다 알다시피, 지도는 19세기 후반에 유럽의 제국주의자들이 지리학을 학문으로 옹립하면서 장족의 발전을 거듭하였다. 그 후에 지리학은 국가 권력과 결탁하며 다위니즘의 비호 아래 지정학이라는 새로운 학문으로 영토를 확장하였다. 이런 학문적 사실을 통해 보더라도, 지도는 약소국가의 의지와 상관없이 제국주의자들의 침략을 고무하기 위한 도구적 지식으로 이용되고 있었다. 지도는 "한 개인의 내면세계와 외부세계 사이의 '중개자'이며, 세계를 '재생산'하는 것이 아니라 '구성'한다"4)는 점에서, 신석정이 지도와 지구에 집요한 관심을 기울이는 자세는 유의미하다. 그 덕분에 그는 "저 너그러운 太陽이 抛棄한 地域"(「餘白」)으로 전락한 '朝鮮'과 '印度'를 발견하게 되었고, 식민지 원주민들의 비극적 삶이 존재하는 땅에 시적 관심을 집중할 수 있었다. 지도는 그에게 '내면세계와 외부세계'를 연결해주는 '중개자'였던 셈이다.

　신석정의 관심 영역이 변경되면서 종전의 시에서 빈출하던 어법의 변화를 수반하였다. 일례로 그의 시에서 경어체는 '어머니'나 '자연'을 추상화하여 절대자로 추앙할 경우에 구사되었다. 그렇지만 그가 지도와 지구를 통해서 '자연'의 실체를 구체적 현실로 변환하자, 더 이상 '자연'은 경외의 대상이 아니었다. 그에 힘입어 그의 시에 산재하던 관념적 요소는 추방되고, 식민지 원주민들의 고통이 정면에서 취급되기 시작했다. 그가 "생활과는 너무나 거리가 먼 지역에서 화조풍월을 읊조리는 시인이 있다는 것은 그렇게 반가운 일은 아니다"(「나는 시를 이렇게 생각한다」)는 자각에 이른 것이다. 그는 어법의 변화를 통해서 식민지의 '자연'에 함의된 정치적 의미를 직시하고, 종전의 시에서 도외시했던 "俄羅斯의 숲에서 印度에서/朝鮮의 하늘에서 알래스카에서"(「차라리 한 그루 푸른 대로」) 벌어지는 사태에 관심을 기울이게 되었다. 그가 '俄羅斯, 印度, 朝鮮'의 현실을 등가로 파악하게 된 배경에는 청년 시절에 독서했던 뚜르게네프의 작중인물들이 관여하고 있어서 검토를 요한다.

　　세상이 뒤집어졌었다는 그리고 뒤집어지리라는 이야기는 모두 좁은 房에
　서 비롯했단다

---

4) Arthur J. Klinghoffer, 이용주 옮김, 『지도와 권력』, 알마, 2007, 24쪽.

이마가 몹시 희고 秀麗한 靑年은 큰 뜻을 품고 祖國을 떠난 뒤
俄羅斯도 아니요 印度도 아니요 더구나 祖國은 아닌 어느 모지락스럽게 孤寂한 좁은 房에서 '그 전날 밤'을 새웠으리라

그 뒤
세월은 무수한 검은 밤을 데불고
무수한 房을 지나갔다

함박눈이 펑펑 쏟아지는 어느 겨울밤
새로운 世代가 오리라는
새로운 世代가 오리라는
그 막막한 이야기는 바다같이 터져나올 듯한 鬱憤을 짓씹는 젊은 '인사로푸'들이 껴안은 질화로 갓에서 冬栢꽃보다 붉게 피었다

千年이 지나갔다
좁은 房에서······
萬年이 지나갔다
좁은 房에서······
　　―「房」5) 전문

이 작품을 온전히 해석하기 위해서는 '인사로푸'에 대한 선이해가 필요하다. 드미뜨리 인사로프는 뚜르게네프의 소설 『그 전날 밤』의 주인공이다. 1860년 1월에 발표된 이 작품의 제목은 농노 해방의 '그 전날 밤'을 가리킨다. 러시아는 이 시기를 전후하여 혁명적 상황에 직면하였다. 국내에서는 농민들이 지주들의 예속으로부터 벗어나기 위한 투쟁을 계속하였고, 국외에서는 발칸반도를 중심으로 터키의 압제에 대항하려는 움직임들이 곳곳에서 일어났다. 이러한 시국 상황의 추이를 주시하던 뚜르게네프는 불가리아인 까드라노프와 러시아 처녀의 연애담을 소설화하여 새로운 인물형을 제시하였다. 이전의 소설에 등장한 인텔리겐차들이 귀족 출신으로 수동적 인물이었던데 비해, 그는 이 작품에서 행동하는 지식인의 형상을 선

---

5) 『학우구락부』, 1939. 9.

택하였다. 귀족의 딸 엘레나 스딴호프는 민중들의 비참한 생활에 동정심을 갖고, 그들을 돕는 실천지향적인 삶을 꿈꾼다. 평소 영웅적 남성과 만나기를 소망한 그녀는 이상주의자 베르세네프와 조각가 슈빈의 구애를 거절한다. 그 대신에 그녀는 터키의 압제에 대항하여 조국의 독립운동에 헌신하는 불가리아의 가난한 유학생 인사로프를 선택하여 결혼하기에 이른다. 남편은 귀국 도중에 병사하지만, 그녀는 남편의 조국을 구하기 위해 러시아로 돌아가지 않고 불가리아에 잔류하기로 결심한다.

신석정은 『그 전날 밤』의 독서 경험에 입각하여 '어머니' 대신 조국해방전선에 복무하는 혁명가를 호명한다. 그는 등장인물의 교체를 통해서 추상적 세계로부터 구체적 현실로 진입하여 '세상이 뒤집어졌다는 그리고 뒤집어지리라'는 열망을 드러내고 있다. 그 과정에서 혁명적 상황을 모의하는 '방'의 정치적 성격이 강조된다. 방은 밀폐된 공간성을 바탕으로 은밀한 거사를 도모하기에 적합한 곳이다. 신석정은 그 방에서 '이마가 몹시 희고 秀麗한 靑年'이 해방전선의 확대 전략을 숙의하며 '그 전날 밤'을 보내는 장면과 인사로프가 동지들과 철야하던 소설 속 장면을 병렬적으로 배치하여 '무수한 房'의 음모를 공식화하고 있다. 그것은 '인사로푸'의 출현을 고대하는 그의 내밀한 바람이다. 아울러 신석정은 '俄羅斯도 아니요 印度도 아니요 더구나 祖國은 아닌' 곳을 공간적 배경으로 설정함으로써, 식민지를 경영하는 제국까지 혁명이 확산되리라는 기대감을 은밀하게 표하였다.

이처럼 신석정은 '인사로푸'들의 혁명 과업에 시상의 초점을 맞추고 있다. 그것은 이중적인 악천후 속에서 질화로를 둘러싸고 정담을 나누며 '새로운 世代'를 기획하는 광경에서 확인 가능하다. 그들의 투쟁 의지는 함박눈의 하양과 冬栢꽃의 붉음이라는 색채 대비 속에서 강조되어 '바다같이' 폭발할 순간으로 전경화된다. 그들은 "밤이 이대로 억만년이나 갈리라구……"(「고운 心臟」)라는 희망으로 현재적 조건을 감내하는 것이다. 신석정으로 하여금 그들의 미래에 대한 긍정적 전망을 도출해내고, 식민지의 '자연'을 응시하는 관점을 변경할 수 있도록 추동한 동인은 뚜르게네프의 영향력이었다. 그의 시에서 뚜르게네프는 중요한 시기에 호명되어 인식론적 전환을 충격한 것이다. 그러나 신석정이 인사로프를 앞세워 실체적 '자연'을 형상화하고자 시도했을 때, 일제는 군국주의의 완성을 위해 식민지의 정세를 더욱 악화시키고 있었다. 이에 그는 "내 人生思索하는 거룩한 瞑想"(「밤을 맞이하는 노래」) 속에서 침묵하게 되었고, '자연'은 '인사로푸'로 인격화된 채 해방을 맞게 되었다. 바야흐로 '인사로푸'가 출현할 순간이 다가온 것이다.

2. 정치의식의 표출

해방 후 양립하던 좌파의 문학단체는 조선공산당 최고 지도자 박헌영의 지시에 의해 조선문학가동맹으로 통합하며 조선문학자대회(1946. 2. 12-13)를 개최하였다. 이때 신석정은 주저없이 합류하여 자신의 정치적 신념을 드러내었다. 이 집회가 좌우파의 통합을 표방하였다고 할지라도, 그의 출석은 의외였다. 왜냐하면 그는 식민지시대에 한 번도 좌파 시인들과 대오를 형성하지 않았었기 때문이다. 그가 좌파 주도의 통합 문학단체의 출범식에 참석한 동기는 대략 세 가지로 추정할 수 있다. 먼저 당시에 신석정은 지방에 거주하고 있어서 해방 후 서울에서 벌어지는 각종 상황을 정확히 접하기 어려웠을 터이다. 더욱이 그는 지역 내에서 허교하는 문우가 적었으므로, 중앙 문단의 움직임을 직접 목격하여 관련 정보를 취합하는 수밖에 다른 방도가 없었다. 그는 이전에 교류하던 『시문학』파 동인을 비롯한 문우들의 안부도 궁금하였고, 존경하던 김기림으로부터 앞으로 취해야 할 문학적 입장에 관한 조언이 필요하였다. 그러므로 그의 상경은 서울의 문단 상황을 파악하기 위한 목적이라고 보는 편이 타당하다.

    벼슬을 잃으신 할아버지는
    벼슬과 나라를 고소란히 斷念하면서

술과 친구와 글에 묻히어
　　말썽많은 세월을 잊은듯이 보내시더니

　　나라를 잃으신 아버지는
　　육친도 벗도 고향도 斷念하면서
　　어무찬 설움에 큰뜻을 세우시고
　　밤길로 밤길로 國境을 넘어가시더니……

　　에미도 애비도 잃어버린 자식은
　　한때 제몸까지도 斷念하면서
　　갈러진 하늘을 목메이게 呼吸하더니
　　모조리 斷念하기를 서로 盟誓도 하였더니라
　　　—「三代」6) 전문

　이 작품의 배경에는 "그의 조부는 벼슬을 잃었고, 그의 부친은 일제의 탄압을 피해 만주로 떠났다"7)는 가족사가 작동하고 있다. 이것이 사실이라면, 이 시기에 신석정이 서울에 장기간 체류했던 이유가 된다. 진술된 내용에 따르면, 그가 친부와의 상봉이나 안부라도 확인하기를 염원했던 바람은 도로에 그친 듯하다. 신석정은 '한때 우리는 斷念의 哲學을 배웠느니'라는 부제 하에 국망이라는 역사적 사건으로 인해 발생한 삼대의 비극을 공표하며 '벼슬과 나라를 고소란히 斷念'하고 '육친도 벗도 고향도 斷念'하고 '제몸까지도 斷念'한 내용을 열거한다. 시인으로 추정되는 자식은 '벼슬을 잃으신 할아버지'와 '나라를 잃으신 아버지'와 '에미도 애비도 잃어버린 자식'의 근황을 보고하면서 '갈러진 하늘을 목메이게 呼吸'할 뿐이다. 이처럼 망연한 태도는 시적 대상과의 거리를 조절하기 힘들 정도로 정향성을 상실한 신석정의 심리 상태를 반증한다. 그는 개인사를 형상화하는데 집착한 나머지, 주관적 내용과 객관적 상황을 조화시키지 못하고 있다. 그만큼

---

6) 조선문학가동맹 편, 『3·1기념시집』, 건설출판사, 1946.
7) 황송문, 「신석정 시연구」, 문덕수·함동선 편, 『한국현대시인론』, 보고사, 1996, 428쪽.

해방은 그로 하여금 정서적 반응을 앞세우도록 견인하였고, 아래의 예문은 그에 대한 적절한 증거이다.

> 어머니의 품에로 돌아가는 길이 다시 열리던 一九四五年 八月 十五日. 나는 목놓아 울었습니다.
> 「인젠어디로 가겠느냐?」구요. 성한 피가 내 血管을 도는限, 「새벽」과 「아침」과 「대낮」을 찾어, 끝끝내 한송이 해바라기로 다시 피어보리다. 그것은 어느 가난한 마을 울 옆이래도 좋고, 나지막한 山기슭이라도 좋겠습니다.[8]

신석정은 해방을 맞이하여 '「새벽」과 「아침」과 「대낮」을 찾어, 끝끝내 한송이 해바라기'가 될 것을 다짐하고 있다. 그의 선언은 초기의 목가적 시풍을 유예하고, 운동 대열에 참가하기 위한 사전 포석이다. 그는 '어느 가난한 마을 울 옆이래도 좋고, 나지막한 山기슭이라도 좋겠습니다'라고 부연하면서 발언의 진정성을 강조하고 있다. 실제로 그는 이 무렵에 "순수 서정이란 따지고 보면 현실도피의 구실에 불과하다"(「시정신과 참여의 방향」)는 주장을 실천하듯이 현장에 소용되는 작품들을 발표하였다. 그는 해방을 맞으면서 '어머니'를 재차 호명하여 관념상으로 실재하던 이상향을 현실에 구현할 수 있으리라는 결의를 밝히고 있는 것이다. 하지만 그가 되찾은 나라를 '어머니의 품'이라고 표현하여 '조'국이 아니라 '모'국으로 파악하는 한, 초기시에서 관념의 성채를 주재하던 '어머니'에게 귀의하기 마련이다. 무릇 어머니는 '품에로' 돌아오는 자식을 무조건 포용해주는 존재이고, 자식의 입장에서 그 길은 '돌아가는 길'이다. 해방정국은 아늑한 품을 지닌 '어머니'보다는, 새로운 질서를 구축하느라 분주한 '아버지'가 필요한 시기였다. 따라서 신석정처럼 관념적 공간에서 자족했던 시인이 해방기의 실천적 국면으로 진입하기 위해서는 내면에 잔존하는 '어머니'의 영향력을 완벽하게 제거할 필요가 있었다.

그러나 신석정은 모든 가능성이 존재하던 해방기에 '～이래도 좋고, ～

---

8) 신석정, 「나의 몇몇 詩友에게」, 『슬픈 牧歌』, 낭주문화사, 1947, 94쪽.

이라도 좋겠습니다'라고 불분명하게 의사를 표명할 만큼, 해방의 감격에 압도당하여 정치적 전망을 확보하지 못한 상태였다. 그는 이념을 내면화하지 않은 채 좌파의 문학운동전선에 가담했기 때문에 급속도로 악화되는 정치 상황에 부합하는 의견을 개진할 수 없었던 것이다. 그 이면에는 그가 1930년대 중반까지 '어머니'라는 관념상의 절대자에게 자신의 '꿈'을 고백하던 나르시스트였다는 전력이 연루되어 있다. 그와 같은 시인들의 문제점은 "자신의 '내면적' 체험을 기록함에 있어서 작가는 현실의 전형적인 부분에 대한 객관적인 설명을 제공하려고 하는 것이 아니라, 다른 사람들로 하여금 그들의 주목·갈채 혹은 동정을 자기에게 쏟도록 유혹하여 비틀거리는 자신의 자아의식을 떠받치게 하려고 애를 쓴다"9)는 점이다. 그러므로 '어머니'에게 의지하느라고 '현실의 전형적인 부분에 대한 객관적인 설명을 제공하려고 하는 것'에 노력하지 않은 그로서는 자신에게 내재된 '자아의식'의 부정적 요소를 청산하지 못하고 방황할 수밖에 없었다. 즉, 정치적 논리를 습득하지 않았던 신석정은 추상적이고 모호한 발언을 계속하기 위해 이전의 어법으로 '돌아가는 길'을 택하지 않으면 안 되었다.

그것은 확실히 음산한 劇場이었습니다.
演劇이 始作하기 直前,
그대 여윈 팔에 쇠고랑을 채운대로
傍聽席을 돌아보는 눈이 차게타는 것은,
쉴새없이 끓는 그대 바른 意志의 表象이었습니다.

한때 地球를 둘러 맸던 쇠줄 마져
썩어 물러앉인 오늘에
서투른 演技를 자랑하며 옛劇場을 지키는 俳優들의
잠꼬대같은 審理와 서투른 論告와 어색한 求刑으로
그대가 어찌 詭辯에 쏠어지는
또한사람의 쏘크라데스가 되오리까?

---

9) Chrostopher Lasch, 최경도 옮김, 『나르시시즘의 문화』, 문학과지성사, 1989, 38쪽.

기욹고 演劇은 暗黑속에서 끝이났습니다.
달려가 그대 이마를 만지는 동무
쫒쳐가 그대 손목을 붙잡는 동무
억장이 막혀 그대로 바라보는동무
우리 綿綿히 通하는 성한 피와더부러
새로운 歷史의 審判을 약속하는
새별이 달낭하게 窓을 넘어 흘러옵데다.
　　—「審判」10) 전문

　신석정은 이 시에서 조선문학가동맹의 기관지에 함께 수록한 다른 동맹원들의 작품들과 달리 선명하지 못한 서술로 일관하고 있다. 예를 들자면, 위 작품을 발표한 동인으로 추측되는 '그대'의 형상이 선명하지 못하고, 제목으로 설정된 '새로운 歷史의 審判'의 정체도 불분명하다. 이 시기는 한국사에서 유례가 없을 정도로 정치적 자유가 최대한 허용되고 있었으므로, 그는 '審判'에 대한 '詭辯'을 구사하지 않아도 무방했다. 이것은 그가 해방기의 혁명적 사태를 맞아 정치의식을 분출하고 있지만, 정작 정국의 추이를 간파하기에는 역부족이었던 상태를 증거한다. 일례로 그는 1946년 1월 12일에 쓴 시에서 "太陽을 議論하는 거룩한 이야기는/항상 太陽을 등진 곳에서만 비롯하였다"(「꽃덤풀」)고 선언하였다. 하지만 한번도 현실적 국면에 개입하지 않았던 그가 '太陽을 議論하는 거룩한 이야기'를 시화하기로 결심하자, 조직은 정치시를 요구하였다. 당시 문단은 정치적 결사체의 하위 조직으로 편입되어 이념의 선전대 역할을 수행하고 있었으므로, 그는 조직원답게 정치적 성향을 작품에 반영하지 않으면 안 되었다. 이에 신석정은 식민지 말기에 폐기했던 경어체를 재활용하여 '님'을 칭송하였다. '님'의 대상이 바뀐 것만으로도 그의 시적 보폭은 누구도 예상할 수 없었을 만치 이전과 확 달라졌다.

---

10)『문학』, 1947. 4.

全羅道 光州땅 벽돌공장에서
당신의 등에 걸러지던 무거운 벽돌은
바로 그게 우리『祖國』이었읍니다

太陽도 없는 욕된 하늘 아래
우리는 牧者를 잃은
한갓 헤매는 羊떼이었읍니다.

쇠사슬이 풀리고
새로운 太陽이 솟아오르는가 했더니
다시 南녘 하늘 아랜 몹쓸 風俗이 남아 잇어
祖國은 앓는 채 두 해를 꼽박 누어 있읍니다.

님이여!
당신이 열어주신 이 올바른 길엔
이다지도 원수가 많사옵니까?
자못 聖스러운 鬪爭의
幸福을 느끼여 즐거웁습니다

님이여!
당신은 또다시 앓는 祖國을 등에 지고
어느 으슥한 곳에서
『民族의 偉大한 指導者
朴憲永 先生의 逮捕令을 取消하라』
웨치는 人民의 소리를 들으시옵니까?

당신에게 나린 逮捕令은
바로 우리 人民에게 通하는 것이기에
그러기에 우리는 목마르게
당신을 부르는 것이옵니다

님이여!
당신의 목소리와 몸짓과
몸부름까지도 우리는 呼吸합니다

『전북시인론』

어서 돌아오소서
당신은 땅에서 솟아오른
太陽의 化身이옵니다
　—「님이여! 당신은 땅에서 솟아오른 太陽의 化身이옵니다」11) 전문

　미군정의 박헌영 수배령에 따라 운동 전선이 위기 국면에 봉착하자, 좌파 진영의 기관지 『문화일보』는 이북에 머물고 있었던 박헌영의 귀경을 촉구하는 일련의 작품들을 연재하였다.12) 신석정은 그 대열에 합류하여 위 작품을 발표하였다. 그는 박헌영을 '목소리와 몸짓과/몸부림까지도' 최상급으로 찬양하며 '목마르게' 부르면서, 인류의 원죄를 구속한 절대자로 추앙하고 있다. 당시까지 박헌영과 공개적인 인연을 노출시키지 않았던 그에게 박헌영은 과연 '太陽의 化身'일 정도로 이념적 우상이었을까? 이미 정치적 판세는 좌파에게 불리하도록 기울어진 마당에, 굳이 '당신'을 향한 안타까운 심정을 표백할 만큼 그의 정치적 판단능력은 취약한 상태였을까? 식민지시대처럼 향리에서 소란한 정국의 진정을 기다리며 시심을 보전해도 무방했을 그가 정치적으로 주목받을 줄 번연히 알면서도 굳이 작품을 발표한 사정은 무엇이었을까? 해방 이전에 발표했던 이른바 '전원시'는 혁명적 낭만의식으로 구성된 이상향이었고, 신석정은 그 안에서 '民族의 偉大한 指導者'를 추종하며 자신의 신분을 숨겼던 것일까?
　다수의 논자들이 인정하듯이, 신석정은 "언제나 崇高할 수 있는 푸른 山"(「靑山白雲圖」)을 찾아다니느라 현실과 거리를 유지하던 '목가시인'이었

---

11) 『문화일보』, 1947. 7. 5.
12) 이 무렵에 『문화일보』에 발표된 작품들은 김남천의 「민족 대서사시의 영웅적 주인공 박헌영 선생」(1947. 6. 13), 임화의 「박헌영 선생이시어 우리게로 오시라」(6. 13), 오장환의 「시적 영감의 원천인 박헌영 선생」(6. 14), 김상훈의 「위대한 민족의 수령」(6. 14), 유운의 「인민의 곁으로 도라오라」(6. 17), 이병철의 「박 선생이어 태양처럼 나타나시라」(6. 18), 이수향의 「박헌영 선생이 오시어」(6. 22), 조남령의 「어서 오라 인민의 벗이여!」(6. 24), 유진오의 「당신의 일흠을 물으면」(6. 25), 한진식의 「박헌영 선생이시어 피는 이러히 빨르고 있읍니다」(6. 27), 김광현의 「박헌영 선생을 모셔와야 한다」(6. 28) 그리고 신석정의 시(7. 5) 등이다.

다. 그런 그가 해방기에 느닷없이 박헌영을 찬양하는 정치시를 발표하게 된 동기는, 그의 시에 나타난 지배소를 통해 유추할 수 있다. 전술한 바와 같이, 등단 후 그의 시에서 '자연'은 '어머니'의 품과 같은 절대적 공간이었다. 그 후에 '자연'은 '인사로푸'로 전이되었고, '어머니'와 '인사로푸'는 동격화된 채 해방을 맞았다. 이미 해방을 '어머니의 품에로 돌아가는 길'이라고 선언한 신석정은 조선문학가동맹의 배후 조종자였던 박헌영에게 귀의한 것이다. 그 증거는 '우리는 牧者를 잃은/한갓 헤매는 羊 떼'라고 자기규정한 대목에서 찾아볼 수 있다. 신석정이 익숙한 경어체를 재활용할 만큼 시국 상황은 급박했고, 그의 처지는 불확실했다. 그를 둘러싼 불안의식이 '님'과 '牧者'를 동일시하도록 만든 것이다. 그것은 그가 초기에 '어머니'를 부르던 모습과 겹쳐진다.

하지만 시인이 관심을 기울인 정치적 사건을 시작품에 구현하려고 해도, 대상과 시인 간의 단절현상은 극복할 수 없었다. 왜냐하면 신석정의 박헌영을 향한 존경심은 정치적 이념과 시적 신념이 혼화된 것이 아니기 때문이다. 위 시에서 절박한 시인의 음성이나 투철한 이념을 추출하기 힘든 이유인즉, 소위 영웅대망론의 시적 발현에 불과한 탓이다. 그가 '새로운 太陽'으로 우러르고 싶었던 박헌영은 이미 '어느 으슥한 곳'으로 유폐될 운명에 처해 있었다. 그러나 신석정은 그를 '새로운 世代'를 가져다 줄 '인사로푸'로 착각한 나머지 최고의 찬사로 문자화하고 말았다. 그것이 그가 맞닥뜨렸던 해방기의 최대 난관이었고, 그 후로 그의 행보를 제약한 최고의 굴레였다. 그는 그것을 '올바른 길'로 인식하고 전쟁기까지 포기하지 않았다. 그는 정말 영웅의 출현을 대망했던 것일까?

이처럼 해방은 신석정의 시에 변곡점으로 작용하였다. 그는 해방을 맞아 정치적 열망을 적극적으로 표출하면서, 대부분의 작품들을 좌파 정치단체에서 주도한 지면에 발표하였다. 또한 작품들이 주제상으로 발표지의 성격에 부합되고 있어서, 그가 순수문학을 표방하며 출범했던 『시문학』파의 일원이었다는 사실과 견주어 보면 놀라울 변신이었다. 신석정은 등단 이후

자기만족적 관념의 성채에 안주하다가 해방기의 혼란한 사태에 직면하여 그답지 않게 활발한 정치적 상상력을 발휘한 것이다. 그것은 그의 시를 관류하는 낭만적 성향으로 말미암은 것이다. 그가 해방 전에 '먼 나라'와 '어머니'를 찾아가거나, 해방 후에 박헌영을 찬송한 것은 이상향이나 절대자에게 의지하여 문제를 해결하려는 습관의 반복이다. 그 연장선상에서 그는 해방기의 불확실한 정치적 가능성에 과도한 관심을 기울였다. 이것은 그가 "현실과 대척점에 위치하여 충족감을 유발하는 이상적인 공간"13)으로서의 '자연'을 현실에서 실현할 수 있으리라고 기대한 열망으로부터 비롯된 것이다.

3. 이상과 현실의 갈등

해방은 신석정에게 혁명의 시기였다. 그는 "한 편의 시는 겨레의 멍든 가슴을 되찾아 주는 따뜻한 손길이 되어 줘야 하고, 같이 울어줄 수 있는 데까지 시인은 찾아가야 할 인고와 용기가 있어야 할 것"(「젊은 시인에게 보내는 편지」)이라는 신념에 입각하여 좌파 문단의 운동전선에 동조하였다. 그렇지만 시국의 영향으로 전선의 기세는 날이 갈수록 위축되었다. 그는 이런 형편을 맞아 "가는 곳마다 <에레나>는 많아도/아무데도 <에레나>는 없더라"(「너를 두고」, 1946. 2. 14)고 허망한 심정을 토로하면서, 뚜르게네프의 소설 『그 전날 밤』의 여주인공 '엘레나'를 호명하였다. 이처럼 그는 중요한 기로마다 뚜르게네프의 작중인물들에게 자신의 내면을 투사하고 있다. 그는 이 무렵에 '엘레나' 외에도 다른 작중인물을 재호명하였는데, 그 모습은 1939년에 '인사로푸'를 호명히어 갑갑한 상황의 타개를 모색하던 것과 흡사하다.

---

13) 이혜원, 「자연과 현실의 미학적 수용」, 『현대시의 욕망과 이미지』, 시와시학사, 1998, 289쪽.

질 화로를 끼고 네 얼굴이 있다
모두 젊고 悲壯한 네 얼굴에
내 낡은 얼굴이 끼어 있다.

어떻게 人民을 위하고
어떻게 人民의 모습을 그려야겠느냐?는 젊은 畵家의 말은 山보다 무거웠다.

人民의 소리를 代辯할 수 있는
그리고 人民이 알아야 할 『詩』에
무슨 화려한 詩語가 오늘 또 다시 우리에게 必要하겠느냐?
절룸바리 아우를 등에 업고 三八線을 넘어왔다는
젊은 詩人의 날카로운 말이다.

여보!
詩니 그림이니 하는 奢侈品보다
우리 人民에게는 한술의 밥이 더 必要하지 않습니까?
詩와 그림이 꽃필 수 있는 나라를 먼저 세워야만 하겠다는 것은
젊은 經濟學者의 퍼붓는 말이다.

모스코—로 가겠다는 한삻고 모스코—로 가야겠다는
바사로프를 닮은 젊은 科學者는
이미 마음은 눈덮인 西伯利亞를 汽車로 달리고 있었다.

마조 바라보는 네 얼굴에
앓른 조선이 가로 뇌여 있다.
마조 바라보는 네 얼굴의 까만 눈에 빛나는 祖國이 멀리 있다.

磊落한 볼을 다시금 열없이 만지는 낡은 내 얼굴이 움주기는 네 骨像畵 속에
석기여 있어 줄거웁다.(1946. 11. 25)
　　　—「움지기는 네 骨像畵」14) 전문

---

14) 『신천지』, 1947. 2.

바자로프는 이반 뚜게네프의 소설 『아버지와 아들』의 주인공이다. 그는 19세기 러시아의 봉건 질서를 대표하는 파벨키프사노프와 대립적인 인물이다. 그는 예술과 문학을 불신하고 과학에 의한 진보를 절대적으로 신뢰하였다. 그는 인간과 사회를 경멸하고, 계몽 이전의 몽매한 상태에 처한 러시아를 구제할 목적으로 낙향하였다가 죽는다. 바자로프는 무신론자이며, 지극한 허무주의자이자 의학도였다. 그가 시대와의 불화를 해소하지 못한 채 비극적 결말에 이른 것은, 당대의 완고한 질서에 침묵하던 지식인들의 행태를 비판하려는 작가의 의도였다. 그의 출현으로 부정적 이미지가 강했던 허무주의자는 "어떤 권위에도 굴하지 않고, 비록 그것이 존중할 만한 가치가 있다 할지라도 액면 그대로는 어떤 원리도 받아들이지 않는 자"15)로 의미가 변모되었다. 당대의 러시아 청년들에게 바자로프는 이른바 '잉여인간(superfluous man)'16)을 대변하는 인물형이었다. 그의 등장에 힘입어 러시아의 인텔리겐챠들은 행동하는 지식인의 전형을 확보할 수 있었고, 전제정치의 종말을 위한 투쟁 대오를 결속할 수 있었다.

이런 맥락을 고려해 보면, 이 작품은 앞에서 분석했던 「房」의 연작이다. 신석정은 두 작품에서 인사로프들이 껴안은 질화로와 바자로프가 낀 질화로를 중첩시키고 있다. 두 작품에 공히 출현하는 질화로는 '새로운 世代'와 '詩와 그림이 꽃필 수 있는 나라'를 갈망하는 '잉여인간'의 순정한 의지를 증언하는 매개물이다. 인사로프와 바자로프는 질화로를 매개로 교차 출현하면서 해방 전후의 신석정 시에서 정치의식을 노출하도록 추동하였다. 그는 두 주인공의 혁명적 열정을 복사하여 '나라 찾기'와 '나라 만들기'라는

---

15) Johan Goudsblom, 천형균 옮김, 『니힐리즘과 문화』, 문학과지성사, 1993, 29쪽.
16) '잉여인간'은 알렉산드르 뿌시킨이 발표한 「예브게니 오네긴」의 주인공 오네긴에게 붙여진 명칭으로, 능력을 갖고 있으면서도 인생에 환멸을 느끼는 무기력한 존재를 가리킨다. 이러한 유형의 인간군은 전제주의와 농노제라는 19세기 러시아의 절망적인 정치 상황 때문에 좌절하는 지식계급의 한계를 반영한다. 그러므로 잉여인간은 서구문학에 나타나는 '반영웅', '성난 젊은이'와 비슷한 개념으로 파악해야 한다.(이항재, 『소설의 정치학』, 문원출판, 1999, 56쪽)

시대적 과업에 반응한 것이다. 그가 1946년 2월 '에레나'를 부른 뒤, 11월에 바자로프의 출현을 기다리며 쓴 '人民이 알아야할『詩』'는 소설의 인물과 현실적 인물을 구분하지 않은 결과이다. 곧 "바자로프는 윤리적, 철학적 이데올로기소가 아니라 문학작품의 구성요소"17)에 불과한데, 신석정은 해방을 맞아 스스로 바자로프가 되어 '앓른 조선'을 치유하려고 시도했다. 그것은 '젊고 悲壯한 네 얼굴'에 압도된 '내 낡은 얼굴' 때문에 생긴 자괴감 때문이었다. 그는 '눈덮인 西伯利亞'로 떠난 '바사로프를 닮은 젊은 科學者'를 따라가지 못하는 자신의 처지를 안타깝게 여기고 있다. 마치 이태준의 『소련 기행』(1946. 10)을 연상시키는 듯한 그의 태도는 뚜르게네프의 소설에서 주목할 점이 "그의 양면성, 즉 낭만적 목가성과 정치성을 조화시키는 일"18)이라는 경고를 미처 듣지 못한 탓이었다. 그 결과로 인해 신석정은 등단 후에는 '낭만적 목가성'을 중시하다가 식민지 말기부터 '정치성'에 치중하였는데, 해방기에는 '낭만적 정치성'을 시의 방향으로 설정하게 되었다.

  어슴발이 들 무렵에
  젊은 놈이 찾아와서

  『누굴 부뜰고 이 좁은 가슴을 터트려 보겠읍니까?』
  막막한 이야길 듣는 나도
  그 젊은 놈에겐 송두리채 붙잡혀줄 수도 없는
  서러운 놈인가 보다

  인젠 동무가 아니면 원수 뿐입니다
  원수와 동무가 뒤 섞여 사는
  적막한 적막한 세상이래서
  나는 젊은 놈을 따라 갈
  힘도 여윘는가

---

17) Mikhail M. Bakhtin, 이득재 옮김 『문예학의 형식적 방법』, 문예출판사, 1992, 40쪽.
18) Irving Howe, 김재성 옮김, 『소설의 정치학』, 화다, 1988, 130쪽.

어둔 하늘엔 별도 드믄데
부련듯 일어서며 젊은 놈은
가야겠다고 한다
젊은 놈을 따라나선 나는
『짐승들 요란히 우는 어둔 밤』 하며
내 귀에도 아스노라하니 들려온다.

고개에 이르자 젊은 놈은 기어ㅎ고
짐승들이 요란히 우는
어두운 속으로 끝끝내 떠나고 말았다

나는 내 여윈 손아귀에
그 젊은 놈이 남기고 간 體溫과 더불어
얼어붙은 내 가슴 저 한구석에 댕기고 간
빨가케 빨가케 타오르는 烽火를 본다
　　―「烽火」19) 전문

  한 편의 시는 "시인 자신에 의해서 실재하는 현실의 일부로 경험될 수 있는 허구적 인물에 대한 시인의 공감인 동시에, 다른 한편 삶의 진행 과정에서 때때로 시적인 허구의 일부로 표현되기도 한다"20)는 점에서, 해방기에 신석정이 발표한 작품들은 그의 정치의식을 반영하고 있다고 보아야 한다. 그러나 그는 정세의 추이를 예측하기는커녕, 문단의 움직임조차 제대로 파악할 수 없을 정도로 판단능력을 결여하고 있었다. 이것은 그가 정치적 안목을 확립하지 못한 채 시국 상황에 압도되어 현실을 너무 낭만적으로 파악한 결과였다. 실제로 그가 앞의 작품을 발표할 당시에 조선문학가동맹의 지도부는 정세의 불리를 깨닫고 월북해버렸고, 그 뒤를 이어 작가들의 월북이 도모되고 있었다. 그런 판국에 신석정은 이 작품을 대한민국 정부가 수립된 두 달 뒤에 발표하면서 '동무가 아니면 원수'라고 단호

---

19) 『문장』 속간호, 1948. 10.
20) Jan Mukařovský, 김성곤·유인정 옮김, 『무카로브스키의 시학』, 현대문학사, 1987, 62쪽.

하게 선언하고 있다. 이미 시국의 판세는 우파에 의한 단독정부의 수립으로 결정되었는데, 신석정은 정치적 이상과 현실적 조건 사이에서 방황하고 있었던 것이다. 정신을 보편적 충동이나 모든 인간이 공유하고 있는 의미를 추구하려는 동인이라고 할 때, 봉화를 향한 그의 정신적 지향은 나아가지도 물러서지도 못하는 곤혹스러운 상태를 대변하기에 충분하다. 신석정은 현실의 변화를 수긍하지 못하고 '젊은 놈을 따라나선 나'이기 때문에, 끝내 '봉화'의 불길에서 '젊은 놈이 남기고 간 體溫'을 간직하려고 시도하는 것이다.

그렇지만 그의 가슴에 '빨가케 빨가케 타오르는 烽火'는 분단의 제도화로 인해 타오를 만한 객관적 조건을 상실하였다. 그는 '본다'라는 낱말에 자신의 행동을 위임한 채 정세의 변화를 관망할 수밖에 없었던 것이다. 그에 따라 신석정은 앞의 인용시를 발아시켰던 '즐거웁다'는 감정을 철회하고, 혼란스럽게 전개되는 정치판에서 후퇴하게 되었다. 실제로 신석정은 이 시를 발표한 후에 상당 기간 작품을 활자화하지 못했다. 그의 정치에 대한 관심은 한참 후에야 회복되어 "<닥터·李>의 肖像畵로 밑씻개를 하라"(「쥐구멍에도 햇볕을 보내는 民主主義 노래」, 1961. 1)는 분노로 이어졌다. 그만큼 해방기에 분출된 그의 정치의식은 시세계에 중요한 전환점으로 작용하였다. 그는 문청 시절에 읽었던 독서 체험에 기반하여 뚜르게네프의 '잉여인간'을 자처하였으나, 시국에 대한 낭만적 판단으로 도리어 시적 굴절을 초래하고 말았다. 그로 인해 신석정은 상당기간이 경과한 후에야 시작활동을 전개할 수 있었다. 그가 말년에 이르러 "뜨거운 눈물 지우던 나의 벅찬 靑春"(「氷河」)을 술회하며 뚜르게네프를 다시 언급한 것은, 결국 해방기의 시적 방황에 대한 회한이다.

어찌 생각하면 인생은 「영원한 상실」인지도 모른다. 청춘도, 사랑도 끝내는 제 자신까지 상실하는 것이다.
그렇기에 투르게니에프도 이런 허무한 인생을 바사로프에게 대변시켰으며, 조국에 돌아가기 전 날 밤에 가여운 불가리아 청년 인사로프를 죽이고 만 것

이다.21)

신석정은 뚜르게네프의 독서 체험에 입각하여 '인생은 「영원한 상실」'이라고 '허무한 인생'을 반추하며 해방기의 혼란스러웠던 상황을 회고하고 있다. 해방 후 서울의 문단 활동을 정리한 신석정은 전주로 거처와 직장을 옮기고, 전라북도의 문단을 활성화하는 대열에 참가하였다. 그는 이병기, 김해강 등이 주도하는 고향의 문단에 합류하여 후배 시인들의 정신적 지주 역할을 자임하였다. 이와 같은 일련의 움직임은 신석정으로 하여금 이전과 달리 현실의 구체적 조건들을 응시하는 계기가 되었다. 전주에 기거하는 동안, 그가 동양적 정신세계를 심화하고 자연과 정신의 밀접한 상관관계를 의식할 수 있었던 것은 바로 현실과 거리를 유지한 덕택이었다. 그가 노년에 "山은 어찌 보면 雲霧와 더불어 항상 저 아득한 하늘을 戀慕하는 것 같지만 오래 오래 겪어 온 피 묻은 歷史의 그 生生한 記錄을 알고 있다"(「山은 알고 있다」)고 단정한 배경에는 해방기의 방황이 자리잡고 있는 것이다.

Ⅲ. 결론

신석정은 대표적인 목가시인이다. 그는 순수문학을 표방한 『시문학』파의 일원답게 서구적 전원을 자기만족적 공간으로 설정하며 현실과 거리를 두고 있었다. 이런 성향을 참작하면, 그는 해방 후 우파 측의 문단에 가담하는 편이 자연스러웠다. 그러나 그는 예상과 달리 조선문학가동맹에 가입하였고, 조직의 노선에 부합하는 작품들을 망설이지 않고 발표하였다. 그것은 그가 1930년대 중반에 접어들면서 식민지의 자연에 내재된 정치적 함의를 발견한 탓이었다. 그 이면에는 뚜르게네프의 소설 속 인물들이 영

---

21) 신석정, 「영원한 상실」, 『난초잎에 별이 내릴 때』, 예전사, 1984, 107쪽.

향을 끼쳤다. 그것을 계기로 그는 목가풍의 전원시와 결별하였고, 현실에 대한 시적 관심을 제고하게 되었다.

　해방기를 맞아 신석정은 내면에 잠재되어 있던 정치적 상상력을 발휘하였다. 그는 인사로프와 바자로프의 출현을 대망하면서 정치의식을 표출하였다. 그러나 그의 시도는 이념과 혼화되지 못하며 실패하였고, 그로 인해 상당기간 정서적 혼란을 감내하지 않으면 안 되었다. 그 후에 그는 '문학가에게 정치는 해독한 것이다'는 사실을 깨달으며 시와 정치 간의 적절한 거리를 유지하려고 노장사상에 탐닉하였다. 이러한 움직임의 밑바탕에는 그가 문청 시절에 사숙했던 러시아 작가 이반 뚜르게네프의 독서 체험이 관련되어 있다. 그러므로 해방을 전후하여 신석정의 시적 전환을 충격한 뚜르게네프의 영향력은 정당하게 평가되어야 할 것이다.(『한국시학연구』 제25호, 한국시학회, 2009. 8)

신석정 시의 수사적 책략

I. 서론

세상에 존재하는 모든 문학작품은 현실을 직접적으로 다루지 않는다. 이 점은 작가들에게 고민을 안겨준다. 그들이 난관을 돌파하는 방안 중 하나로 수사적 책략을 꼽을 수 있다. 작가마다 수사력이 다르고, 작품마다 수사 방식이 달라지는 이유이다. 문학작품은 "겉의 이야기를 통해 문자 그대로의 그 이야기와는 다른 무언가를 전달하고자 한다는 점에서 알레고리이며, 문학작품을 해석하는 행위―더 나아가 사실상 인간의 모든 사고 행위― 또한 문학작품에서 문자 그대로의 겉 이야기와는 다른 의미를 끌어내어 서술한다는 점에서 알레고리"[1]이다. 이러한 특성은 식민지시대의 시 작품들을 분석하는 경우에 상시 전제되지 않으면 안 된다. 당시에 시인들은 국권 상실의 분노를 삭이는 한편으로 국권 회복을 향한 의지를 시화하지 않으면 안 되었기에, 식민지 당국의 검열을 의식하면서 양립하는 감정 상태를 작품의 내적 질서에 조화시켜야 하는 어려움을 안고 있었다. 시인들은 이러한 국면을 헤쳐가기 위해 알레고리라는 시적 장치를 동원하여 자신의 전언을 효율적으로 드러내려고 시도하였으며, 그들의 노력은 일제의 검열 정책을 우회하는데 효과적인 수단이었다. 이런 측면을 감안하면 알레고리는 시작품을 지탱해주는 형식적 기반이었고, 당대의 현실을 반영하기에 적합한 수사적 책략이었음을 알 수 있다.

그에 합당한 사례는 '목가시인'이라는 문학사적 평가와 '참여시인'으로

---

1) 이일환, 『알레고리와 아이러니 사이』, 한신문화사, 1999, 62쪽.

명명하자는 제자들에게 포위된 신석정의 시에서 찾아볼 수 있다. 다들 동의하다시피, 그의 시에 두루 출현하는 지배적 이미지는 자연이다. 그의 등단 초기 시편에서 자연은 현실과의 거리 조절에 실패하면서 도피적 성격을 띠었으나, 시간이 경과하면서 자연의 정치적 의미가 강조되는 양상으로 변모하였다. 그는 1930년대를 전후하여 식민지 자연의 실체를 파악하게 되었으며, 그 결과로 자연은 이상향이 아니라 구체적 현실로 자리바꿈하게 되었다. 이런 점을 고려하면, 그는 "현실의 절망적 상황을 정시하고 절망을 극복하는 하나의 방식으로서 자연을 수용한 것"[2]이다. 신석정의 자연이 함의하고 있는 알레고리적 성격은 자연의 도식적 해석을 지양하도록 권유한다. 곧, 그는 자연을 통해서 현실세계와의 대결에서 빚어지는 각종 한계상황을 극복하려고 시도하였으므로, 시작품의 발화를 주도하는 수사적 측면을 소홀히 대할 수 없는 것이다. 왜냐하면 시인은 소기의 목적을 달성하기 위해 여러 가지 수사적 장치들을 활용하여 미적 수준을 제고하기 때문이다.

이에 본고에서는 해방 이전의 시작품에 한정하여 신석정의 수사적 책략을 살펴봄으로써, 현실 묘사방식의 변모 양상을 천착하기로 한다. 그는 초기에 서구적 전원을 자연과 동일시하였으나, 점차 전통적 자연을 찾아가는 시선의 이동을 보여주었다. 그의 변화는 고유한 시세계를 구축하는 과정에서 당면하는 시행착오였다. 그가 초기의 시편에 편재하던 관념적 요소를 척결하고 식민지의 구체적 현실에 착목하게 된 이면에는, 여러 가지 요인들이 복합적으로 작용하고 있다. 신석정은 일제의 군국주의 체제가 공식화되는 상황을 목도하면서 식민지 원주민들의 비극적 참상에 주목하게 되었다. 그 과정에서 제국주의자들에 침략욕을 반영한 지도를 발견하였고, 그 후로 그의 시는 놀라울만한 형식적 전환을 모색하였다. 그는 경어체를 위시한 화법의 변화, 현실의 중시 그리고 독서 체험에 기인한 시적 인물의 형상화 등을 통해서 시세계의 변화를 꾀하였다. 따라서 신석정의 시적 변

---

2) 이숭원, 『근대시의 내면구조』, 새문사, 1988, 95쪽.

모 과정은 행간에 장치된 수사적 기법들을 해명하려는 노력이 우선되어야 한다.

Ⅱ. 현실 묘사 방식의 수사적 변화

1. 경어체의 배제

신석정이 초기에 발표한 시편에는 서한체 형식이 많다. 그것은 1920년대 중반 이후부터 약 10여년간 시단에 유행하였던 서한체[3]를 차용한 것이기도 하지만, 그의 시작품들은 여느 시인들과 변별적 자질을 갖고 있다. 먼저 그의 시에서 서한체는 대개 '어머니'를 호명하면서 사용되었다. 이것은 그가 서한체를 특정 사상의 전달을 도모하기 위한 방편이 아니라, 자신의 고유한 시적 표현 수단으로 채택했다는 것을 말해준다. 그의 시에서 '어머니'가 관념상으로 존재하던 절대자라는 사실을 떠올리면, 결국 그가 채택한 서한체는 자기고백의 시적 형식이었다. 신석정은 현실에서 훼손된 자아의 상처를 치유하기 위해 서한체를 사용한 탓에, 초기시에서는 자아의 갈등상이 거의 표출되지 않았다. 이것은 그의 시를 현실도피적이라고 폄하되는 근거로 작용하여 "억압된 현실로부터 탈출하려는 시인의 낭만의식이 문학적으로 표현된 것"[4]이라는 부정적 평가를 낳는 요인이 되었다.

신석정의 시에 나타난 '먼 나라'가 관념상으로 존재하는 이상향인 것은 분명하나, 그곳이 당대 현실의 초월적 공간이라는 점을 간과해서는 안 된다. 그가 시작 생활을 하던 1930년대는 일제에 의한 식민정책이 제도화되면서, 객관적 정세는 악화일로에 있었다. 이런 시대적 조건을 고려한다면,

---

[3] 서한체 시의 유형과 특성에 관해서는 최명표, 「일제하 서한체시 연구」, 『국어문학』 제42집, 2007. 2, 67-95쪽.
[4] 오세영, 『한국 현대시 분석적 읽기』, 고려대출판부, 1998, 142쪽.

그가 이 무렵에 집중적으로 구사한 경어체는 '어머니'에게 귀의하여 정신적 위안을 제공받기에 적합한 화법이었다. 신석정은 서한체 형식의 작품들에서 존대법과 존칭어를 사용함으로써, '어머니'에 대한 경외심과 함께 현실세계의 완고한 상황을 드러낸 것이다. 시인을 대신한 어린 화자는 호기심이 충만한 시기이므로, 그의 화법은 의문형 어미로 종결 처리되어 시의 분위기를 조성하는데 기여한다. 시인의 '어머니'가 거주하는 공간은 몽상의 세계이며, 현실로부터 단절되어 있다. 그만치 시인의 이상과 현실 간에는 범접하기 힘든 정서적 거리가 가로 놓여 있었던 것이다. 신석정이 '어머니'를 부르면 부를수록 '먼 나라'를 동경하는 욕망은 커지고, 상대적으로 우울한 현실의 정체가 탄로난다. 이것은 시인의 삶과 꿈이 조화를 이루지 못한 균열을 증거하기에 충분하다.

사실 그의 초기시에서 시대와의 불화 양상을 검출하기란 여간 힘들다. 그 이유는 그의 작품에서 화자들이 '어머니'를 찾아가는 자식으로 설정되어 있기 때문이다. 이것은 국권 상실의 정치상황과 결부되어 '아버지'의 부재를 반증한다. 즉, 그가 '어머니'를 찾았다는 사실은 회귀적 시간관에 입각하여 과거적 시절의 향수를 노래한다는 것이다. 이런 태도는 평화한 유년기의 공간을 찾기 마련이고, 현재적 상황에 대한 엄정한 대응을 주저하도록 압력한다. 그것은 현실에서 직면하는 각종 문제사태와 정면으로 대결하려는 투쟁의식보다는 회피하려는 퇴행적 자세로부터 비롯된 것이어서, 강고한 식민지 상황을 외면했다는 혐의에 직면하게 된다. 그 배후에는 경어체가 연루되어 있다. 경어체는 현실의 절망적 상황으로부터 일탈을 소망하는 시인의 명상에 기반하여 상상된 이상향으로 진입하기에 부합되는 화법이었다. 그러나 이것은 외세에 강점된 물리적 현실세계에 대한 부정을 전제로 성립하는 관계이므로, 시인과 현실 간의 거리는 필연적으로 확대될 수밖에 없다. 아래의 시편에서 그 모습을 점검할 수 있다.

어머니!

그 염소가 어찌하야 나를 쩌바닷슬가요? 그러케 유순하든 그 염소가 어여뿐 쌀로 나를 쩌바든 그 까닭을 나는 도모지 알 수가 업습니다.
아즉한 언덕 저—편에 푸른 한울이 말업시 흐르고 포곤한 봄실바람이 가늘게 그 발자욱을 엄기는 푸른 벌에서 나와 함께 놀든 그 힌 염소가 오늘에 나를 쩌바든 것은 그 무슨 까닭인지 나는 도모지 알 수가 업습니다.
어머니!
그리고 머—ㄴ 한울가에 그 꼿조차 살어서 아스라이 기—ㄴ 江잔졸음 잡는 물결에 유달리도 짜쯧한 해ㅅ볏이 미쓰럼타든 봄날! 나물캐는 어머니를 멀리 두고 내홀노 풀피리 불며 굽어든 江 저—편 언덕밋 잔물결에 힌염소의 어지러운 그림자를 바라보고 놀째 아아 그째에도 모르쇠하고 풀만 뜻든 그 염소가 어찌하야 오늘에 나를 쩌바닷슬가요?
어머니 아모리 해야 그 염소의 마음을 나는 폭잡을 수가 업습니다.

어머니!
그런데 그 염소의 목을 얽어매인 것은 그 무엇이며 그를 매여 쌍에 말쑥을 박은 것은 그 무슨 까닭일가요?
목대미테 달린 쇠고다리 고다리에 쮀어서 말둑에 이서 쌍에 늘인 굵은 줄!
어머니! 이 모든 것을 저는 물쯔름이 쳐다보다가 생각을 하얏습니다마는 아모리 해도 알 수가 업엇습니다.
어찌하야 이것이 저로 하야곰 이상한 일이 아닐가요?
어머니!
저는 또 한번 생각하지 안을 수 업섯습니다. 녯날 故鄕의 나직한 언덕 늘어진 수양버들 저—편 시내 건너 푸른 들을...... 그리고 거기서 풀쯧든 염소의 조으는 눈자위에 말업시 기퍼가는 봄과 함께 한업시 깁흔 그들의 포곤한 꿈을!
그리고 저녁해 머—ㄴ 한울에 기울어 가—ㄴ 江 잔물결에 나려쪼이는 햇볏이 자개가티 남실거리고 저녁째 유달리도 불게 빗나는 황토백이 언덕 미테서 해설피 울든 염소의 기—르게 쩨는 엄매ㅅ소리가 한업시 아득하게 지금 나의 귀에 울려오는 것 갓습니다. 마치 봄아츰 자욱한 안개 저—편에서 그 무슨 소리 들리는 것 가티—
그러든 염소가 그러든 염소가 어찌하야 오늘날 목매여 잇스며 그의 눈자위에는 철업는 꿈의 오고가든 그림자조차 살아진 것은 그 무슨 까닭인가요?
어머니! 그리고 나를 봐야 알은 체도 안코 도리혀 여윈 눈자위로 나를 흘겨보는 것은 그 무슨 까닭일가요?

「신석정 시의 수사적 책략」

아아! 어머니!
　　오늘에 그러케 초라한 그가 나를 쩌밧드며 나에게 덤비는 것은 길이길이 알지 못할 수수꺽기라 일을가요?
　　오! 나의 어머니!
　　　─「어머니! 그 염소가 웨…?」5) 전문

　이 작품을 신석정은 시집에 수록하지 않았다. 그런 까닭에 지금까지의 논의에서 별로 인용되지 않았던 이 작품은 등단 초기 그의 시에 범람하던 특성들을 담보하고 있으면서도, 대상과의 어긋난 상태를 시화하고 있다는 점에서 유의미하다. 먼저 시인은 예전처럼 '어머니'를 호출하여 '그러케 유순하든 그 염소가 어여쁜 쌀로 나를 쩌바든 그 까닭'을 묻는다. 그에게 '염소'는 "양지밭에 흰 염소 한가히 풀 뜯고"(「그 먼 나라를 알으십니까」) 있던 짐승으로, '먼 나라'의 필수적인 구성원이다. 그러므로 화자는 '푸른 벌에서 나와 함께 놀든 그 힌 염소'의 분노를 의아하게 생각한다. 화자는 염소가 '목대미테 달린 쇠고다리 고다리에 꿰어서 말둑에 이서 짱에 늘인 굵은 줄'로 묶여 있다는 사실을 발견하지만, 그것이 화자의 이해를 도출해내지는 못한다. 화자는 여전히 '그가 나를 쩌밧드며 나에게 덤비는 것은 길이길이 알지 못할 수수꺽기라 일을가요?'라고 의문을 표한 채 '어머니'를 부르며 작품을 종료한다. 그것은 '염소'와 '나'의 원만한 관계가 외부 요인에 의해 손상되었기 때문이다. 이제 시인에게 '먼 나라'를 찾아가서 유년기의 추억에 잠기는 것조차 예전 같지 않은 상황이 도래한 것이다. 그런 점에서 이 작품은 종래의 시에서 거부감 없이 쓰던 경어체의 지속 여부를 판단할 시점이 임박했음을 보여준다.

　신석정은 어린 화자를 앞세워 '어머니'를 향해 시적 상황을 토로하는 '나-너'의 소통방식을 취한다. 그렇지만 실제적으로는 '어머니'가 관념상으로 존재하는 절대자라는 점에서, 그의 소통방식은 자신을 향한 내면의 문답이다. 곧, '나-나'의 방식에 가까운 것이다. 이런 방식은 그의 시작품들에

---

5) 『동아일보』, 1929. 11. 3

내재되어 있는 현실세계와의 갈등 양상을 드러내기에 적합하다. 그는 끊임없이 '어머니'를 호출하여 현실의 왜곡된 질서를 드러내는 동시에, 원시적 평화가 훼손되기 이전의 세계를 향한 열망을 담고 있다. 그것이야말로 "현실적 좌절을 치유받을 새로운 이데아가 필요"6)했던 시인이 궁구할 수 있는 알맞은 방식이었다. 현실과의 대결 국면에서 실패할 수밖에 없는 시인이 상처받은 영혼을 위무하기 위해 '나-나'의 형태를 변형하여 '나-너'의 소통방식을 고안한 것이다. 그러므로 '어머니'가 살고 있는 곳은 현실세계로부터 멀리 있을수록 존재 가치가 제고된다. 왜냐하면 그래야만 그곳이 당대의 포악한 현실로부터 보호될 수 있으며, 타인의 접근을 차단할 수 있기 때문이다. 그렇지만 시국상황이 악화되면서 '어머니'의 존재는 점차 효용성을 상실하게 된다. 시인은 더 이상 '옛날 故鄕의 나직한 언덕 늘어진 수양버들 저―편 시내 건너 푸른 들을…… 그리고 거기서 풀뜯든 염소'와 시선의 일치를 기할 수 없다. 그 징후를 신석정은 '내홀노 풀피리 불며 굽어든 江 저―편 언덕밋 잔물결에 힌염소의 어지러운 그림자를 바라보고 놀째 아아 그째에도 모르쇠하고 풀만 뜯든' 그 염소와 '나를 봐야 알은 체도 안코 도리혀 여윈 눈자위로 나를 흘겨보는' 염소의 태도 변화로 보여주고 있는 것이다. 그의 부정정신은 자연과 현실 사이의 거리를 인식하면서 심화되어 다음처럼 절창을 낳는다.

    나와
    하늘과
    하늘 아래 푸른 山뿐이로다

    꽃 한 송이 피워 낼 地球도 없고
    새 한 마리 울어 줄 地球도 없고
    노루 새끼 한 마리 뛰어다닐 地球도 없다

---

6) 이건청, 『한국전원시연구』, 문학세계사, 1987, 70쪽.

나와
밤과
무수한 별뿐이로다

밀리고 흐르는 게 밤뿐이요
흘러도 흘러도 검은 밤뿐이로다
내 마음 둘 곳은 어느 밤 하늘 별이드뇨
　　―「슬픈 構圖」7) 전문

　위의 작품을 온전히 이해하기 위해서는 작품의 제목에 쓰인 '構圖'에 주목해야 한다. 신석정은 어두운 밤의 산정에서 아래를 바라보며 암흑으로 뒤덮인 현실을 응시한다. 그가 산의 정상에 있다는 사실은 산이 가로 눕혀져 있는 시형에서 확인된다. 대체적으로 수직성의 이미지를 상징하는 산은 아래로 내려갈수록 범주를 확장하여 나무를 거꾸로 세운 듯한 형상을 이룬다. 그로 인해 시적 상황은 '슬픈' 정조를 자아내고, 시인의 의도는 '구도'를 형성한다. 그는 '슬픈' 구도를 완성하기 위해 생명의 부재상황을 연마다 강조하고 있다. 특히 '먼 나라'를 구성하던 '꽃', '새', '노루'의 공간마저 봉쇄당한 상황은 관념상의 이상향조차 존립하기 힘든 시대 형편을 암시한다. 이처럼 시인은 '슬픈' 정조의 고양을 도모하기 위해 갖가지 수사를 동원하고 있다. 그 결과로 그의 시에는 종전에 빈출하던 경어체가 사라지고, 시대 상황을 개관적으로 서술하기에 알맞은 평서문으로 바뀌었다. 그만치 암담한 식민지 현실은 미래적 전망조차 불투명할 정도로 힘들었다. 그는 현실적 조건의 실상을 폭로하기 위해 '먼 나라'에서 행하던 치료행위조차 중단하지 않으면 안 되었던 것이다. 그 증거는 시인이 장치한 시간의 '구도' 속에서 찾아볼 수 있다.
　신석정은 낮과 밤이라는 시간을 각 2연씩 할당하고 있다. 그렇지만 주의를 기울여 살펴보면, 낮과 밤의 시간이 흐르는 양상은 각기 다르다. 전

---

7) 『조광』, 1939. 10.

반부의 1연과 2연은 낮 시간의 부재 상황이지만, 시간이 흐르지 않는다. 이에 비해 후반부의 3연과 4연은 밤이 반복적으로 서술되면서 시간의 흐름이 확산된다. 그 이유는 '산'과 '별'에 대한 신석정의 인식 태도에서 유추할 수 있다. 전반부에서 '나'와 함께 있는 '산'은 "주름살 많은 늙은 山"(「山으로 가는 마음」)이다. 하지만 이미 '먼 나라'를 동경할 수 없게 된 마당에 '崇高'는 절실한 미덕이 아니다. 그에 반하여 후반부에서 '나'와 함께 있는 '별'은 "푸른 별을 바라보는 것은 하늘 아래 사는 거룩한 나의 일과"(「들길에 서서」)를 구성한다. 그가 아무리 궁핍한 시절이더라도 일상을 구성하는 별바라기를 결코 양보하지 못하는 이유이다. 따라서 후반부에서 연이어 강조되는 '밤'의 확산이 이루어질수록 '나'를 둘러싼 '무수한 별'들은 존재 가치를 증명하게 된다. 그것은 신석정이 '밤'의 의미를 정면에서 응시하게 된 소산이고, 비록 희미한 불빛일지라도 '별'에 의지해 '밤'을 견딜 것을 다짐하는 선언이다. 그는 여전히 '먼 나라'를 지상에서 구현할 순간을 감내하고 있었던 셈이다.

2. 지도의 발견

1930년대에 들어서 시단에는 자연을 예찬하는 작품들이 적잖이 발표되었다. 이 때 신석정이 발표한 목가풍의 전원시들은 시단에 신선한 반응을 불러일으키면서 일거에 주목할 만한 대상으로 부각되었다. 그가 동경했던 소위 '자연'은 개별적 차원의 "아무도 살지 않는 그 먼 나라"(「그 먼 나라를 알으십니까」)였고, 그는 자연에서 현실의 부자유한 상황과 실존적 비애로 인해 우울해진 영혼을 치유하였다. 하지만 신석정의 시는 "자연에 대한 묘한 흥앙과 조화의 미를 표현했던 것"[8]이어서, 그와 자연 사이의 거리는 시대 상황이 악화될수록 멀어질 수밖에 없었다. 그것이 신석정의 현실에 대한 혐오감을 자극하여 당대의 구체적 상황과 유리된 서구적 풍경을 찬

---

8) 서정주, 『한국의 현대시』, 일지사, 1988, 186쪽.

미하도록 추동하였다. 그렇지만 그는 현실에 대한 입장 변화를 조심스럽게 모색하면서 발화 양식의 변화를 시도하게 되었다. 신석정은 경어체를 폐기하는 대신에, 반복적인 수사를 도입하여 소기의 효과를 달성하게 된 것이다.

숲길 짙어 이끼 푸르고
나무 사이사이 강물이 희어……

햇볕 어린 가지 끝에 산새 쉬고
흰 구름 한가히 하늘을 거닌다

산가마귀 소리 골짝에 잦은데
등 너머 바람이 넘어 닥쳐와……

굽어 든 숲길을 돌아서 돌아서
시냇물 여음이 옥인 듯 맑아라

푸른 산 푸른 산이 천 년만 가리
강물이 흘러 흘러 만 년만 가리
―「山水圖」9) 전문

신석정은 한 폭의 산수도를 완상하는 양 서술하면서도, 내심으로는 이중적 감정을 행간에 장치하여 '山水圖'의 불온한 성격을 은근히 드러내고 있다. 그런 마음가짐이 전통적인 자연을 감상하면서도, 바탕의 시적 정조를 부자연하도록 견인하였다. 그 기묘한 어긋남은 '山水는 오롯이 한 폭의 그림이냐'라는 부제에서 비롯되어 5연에 이르러 절정에 달한다. 그는 '~만'이라는 한정형 보조사를 활용하여 1연부터 지속되던 산수도의 분위기를 파괴하고, 각 연은 '짙어/사이사이', '푸르고/희어', '햇볕/흰 구름', '쉬고/거닌다', '골짝/등', '소리/바람', '푸른 산/강물', '천년/만년' 등의 선명한 대조

---

9) 『조광타임즈』, 1938. 1.

등을 통해서 시인의 전언을 효과적으로 드러내었다. 또한 4연에서는 '~라'라는 고시조의 어미 형태를 재현하여 '山水圖'라는 시제의 특질을 강조하며, 끝 연에서 이루어질 반어적 어긋남을 예비하고 있다. 시인은 4연까지 산수도의 정조를 유지하다가, 5연에서 산수도가 평범한 그림이 아니라는 본의를 부정어법으로 언표한 것이다. 그의 부정에 힘입어 산수도는 회화적 차원에서 현실적 차원으로 편입되고, 대상물로서의 산수도가 식민지 자연의 비유물로 판명된다. 비로소 그가 서구적 자연으로부터 벗어나게 된 것이다.

이처럼 신석정은 산수도의 이면을 응시하면서부터 식민지 시인이 지녀야 할 윤리적 덕목을 확보하게 되었다. 그것은 그로 하여금 식민지의 '자연'에 만연된 비극적 광경을 포착할 수 있는 안목을 제공하였고, 그는 이전의 시에 편재하던 관념태의 성격을 지양할 수 있었다. 그 결과로 그는 이후의 작품에서 '어머니'를 부를 때 사용하던 서한체 형식을 자연스럽게 폐기하는 근거를 확보하게 되었다. 이것이 그의 화법 변화를 이끌어 단호한 어조를 도입하도록 추동하였고, 그가 식민지의 자연에 산재하던 진실을 응시하는 계기로 작용하였다. 신석정은 식민지의 자연에 각인되어 있는 정치적 의미를 깨닫게 되면서부터 "다시 오는 봄"(「少年을 위한 牧歌」)을 기다리는 신념을 내재화하기 시작했다. 그것은 반어적이고 반복적인 표현으로 구현되었는데, 이런 표현 기법은 이 시기에 집중적으로 나타났다. 일례로 시인은 위 작품의 '푸른 산 푸른 산이 천 년만 가리/강물이 흘러 흘러 만 년만 가리'라는 표현을 다음처럼 되풀이하고, 같은 말을 반복하면서 신념을 공고히 다진다.

　　막막한 이 밤이 막막한 이 한밤이/천년을 간다 해도/만년을 간다 해도(「밤을 지니고」, 1937)
　　밤이 이대로 억만년이야 갈리라구……(「고운 心臟」, 1937)
　　무성한 나무처럼 세차게 서서/무성한 나무처럼 세차게 서서(「슬픈 傳說을 지니고」, 1938)

눈물 짓지마라 눈물 짓지마라……(「抒情歌」, 1938)

신석정은 거듭되는 표현을 통해서 미래를 향한 긍정적 희망을 표출한다. 이런 모습은 이전의 시편에서 볼 수 없었던 것으로, 그가 더 이상 '먼 나라'를 찾아서 자신의 신세한탄을 토로하던 자세로부터 벗어나겠다는 결의의 실천이다. 그는 앞의 인용시에서 확인할 수 있듯이, '산수도'라는 그림을 식민지의 '산수'와 전치시켜서 자신의 전언을 교묘히 전달하는데 성공하였다. 이 점은 이전의 시에서 빈출하던 서구 취향의 전원과 확실하게 단절된 그의 자연관을 증빙하면서, 앞으로의 시편들이 나아갈 방향을 시사한다. 그의 자연이 '먼 나라'를 구성하는 환경적 요소가 아니라, 식민지 원주민들의 구체적 현실로 변모한 것이다. 따라서 이때 신석정이 그들의 비극적 삶의 터전에 관심을 기울이는 것은 자연스러운 귀결이었다. 그 과정에 '지도'가 관여하고 있으며, 지도는 그의 시의식을 가격하여 시적 공간의 확대는 물론이고 현실에 대한 인식을 심화시켜 주었다. 그것은 심정적 '구도'에서 지리적 '지도'로 나아갔던 그의 노력 덕분이었다. 그 예는 1936년에 발표된 다음 시에서 살펴볼 수 있다.

  地圖에서는 푸른 것을 바다라 하였고
  얼룩덜룩한 것을 陸地라 부르는 습관을 길러 왔단다

  이제까지 國境이 있어본 일이 없다는
  저 하늘을 닮아서 바다는 한갈 더 푸르고

  陸地가 石榴껍질처럼 울긋불긋한 것은
  오로지 色彩를 즐긴다는 단순한 理由가 아니란다

  오늘 펴보는 이 地圖에는
  朝鮮과 印度가 왜 이리 많으냐?

  시방 나는

> 똥구란 地球가 流星처럼 화려히 떨어져
> 갈 날을 생각하는 『외로움』이 있다.
>
> 도시 地球는 한덩이 푸른 石榴였거니…….
> —「地圖」 전문

　　신석정은 이 무렵에 이르러 당대의 암울한 현실을 "봄은 地球에서 아주 자취를 감추었으리라"(「봄을 부르는 者 누구냐」)고 표현하는 등, 유난히 '지도'와 '지구' 따위의 땅에 관심을 기울이며 좌절감을 토로하였다. 그의 우울한 심리 상태는 지도를 보고 '朝鮮과 印度가 왜 이리 많으냐?'는 통탄으로 이어지면서, 제국주의에 유린된 약소국가의 비참한 운명에 분노하도록 견인한다. 그에 의하면 원래 '地球는 한덩이 푸른 石榴'였으나, 제국주의자들의 일방적 구획에 의해 '陸地가 石榴껍질처럼 울긋불긋한 것'으로 변하였다. 그의 진단은 '이제까지 國境이 있어본 일이 없다'는 진술과 결부되어 평소에 꿈꾸어 왔던 '먼 나라'의 본모습을 추측케 한다. 그곳은 세상의 온갖 갈등을 무화시키는 '어머니'가 존재하고, 시간상으로는 여전히 지구가 국경선으로 분할되기 이전의 '한덩이'였던 과거이다. 그러나 신석정은 말없음표를 사용하여 자신의 꿈을 원천적으로 봉쇄해버린다. 이것은 그의 시대에 대한 절망감이 구체화된 것이면서, 도저한 현실 앞에서 속수무책이었던 시인의 한계를 드러낸 것이기도 하다. 그의 깊은 좌절감은 차라리 '똥구란 地球가 流星처럼 화려히 떨어져'버리는 지구의 멸망을 바라면서 극점으로 치닫게 된다.

　　이처럼 지도는 발견되는 순간, 신석정의 절망감은 극대화되어 더 이상 경어체로 '먼 나라'를 동경하던 초기의 모습을 견지하기 힘들었다. 스스로 '어머니'와의 교신을 차단해버린 판국에, 그가 할 일이란 현실의 질곡을 타개하는 것뿐이다. 그러나 한번도 행동에 나서지 않았던 그로서는 시작 활동 외에 달리 강구할 방안이 없었다. 그는 자신의 실존적 조건을 직시하고, 이전의 목가풍과 단절하기로 결심한다. 이 시기에 발표된 그의 작품들이 한결같이 부정적 이미지로 일관하고 있다는 사실이 그것을 반증해준다. 비록 그가 지구 멸망의 날을 생각한다고 발언했으나, 그것은 '외로움'으로 채색된 두려움을 동반하고 있다. 그는 극도의 절망감을 표출하여 지구의 멸망을 고대하는 것이 아니라, 역설적으로 태초에 '한덩이 푸른 石榴'였던 상태로 복원되기를 염원하는 것이다. 그 상태는 '어머니'에 의해 세계의 상처가 포용되는 유년기와 흡사하다. 이것은 신석정이 '먼 나라'를 완전히 폐기한 것이 아니라, 내심으로 더욱 간절하게 현실에서 구현되기를 욕망하고 있었다는 심리적 표지다.

3. 시적 인물의 형상화

한국문학에 끼친 러시아 작가들의 영향력은 막강하다. 그들은 대부분 식민지시대에 소개되기 시작했다. 레오 톨스토이는 이광수와 김동인에게 이른바 '중요한 타자'였고, 1919년에 번역된 표도르 미하일로비치 도스토예프스키의 서간체 소설 「가난한 사람들」은 한국에 서한체 소설이 출현하는 직접적 계기가 되었다. 이와 같이 식민지 작가들이 러시아문학에 과도할 정도로 관심을 기울인 이유인즉, 전제봉건 통치에 신음하며 유럽의 후진국에 속하였던 러시아에 대한 동류의식 때문이었다. 마침 러일전쟁에 패배하여 아시아의 패권을 일본에게 넘겨주어야 했던 러시아의 처지는 국권을 상실한 치욕과 동일시되기에 안성맞춤이었다. 아울러 레닌이 주도한 1905년의 2월 혁명과 1917년의 10월 혁명이 연달아 성공하게 되자, 작가들은 국권을 회복할 수 있는 일말의 희망을 러시아의 정세 속에서 발견하게 되었다. 그 여파로 인해 프롤레타리아혁명을 완수하기 위한 문학이 주창되기 시작했고, 식민지의 작가들은 프롤레타리아문학을 표방하는 문학단체를 결성하기도 했다.

식민지의 작가들이 이반 뚜르게네프에게 호감을 표하게 된 연유도 이와 별반 다르지 않다. 그들은 차르 체제 하에서 고생하면서도 혁명을 완수하기 위해 헌신하는 지식인들의 고뇌야말로 당장 필요한 덕목이라고 생각하였다. 식민지에 번역된 그의 작품들은 당대의 작가들에게 뚜르게네프 신드롬을 일으킬 만큼 유행이었다. 그 정도를 파악하기에는 아무래도 비평가 김팔봉의 회고담이 적격이다. 그는 20세를 전후하여『클라르테』를 쓴 앙리 바르뷔스와 뚜르게네프를 접하고 깊은 감명을 받았다고 한다. 그가 초기에 발표한「클라르테 운동의 세계화」(『개벽』, 1923. 9)와「또다시 클라르테에 대해서」(『개벽』, 1923. 11), 바르뷔스의 주장을 상당 부분 차용한「금일의 문학, 명일의 문학」(『개벽』, 1925. 7) 등에서 보는 바와 같이 바르뷔스에 경도되어 있었다. 그러나 "투르게네프를 읽어보기 시작한 때부터는 투르게네프가 내 마음에 가장 친근하게 존경할 수 있는 사람처럼 느껴졌다"10)고 술회하여 정서적으로 뚜르게네프에게 친밀감을 표하고 있다. 그만큼 뚜르게네프는 김팔봉에게 커다란 영향을 끼쳐서 그의 문학 행정을 이끌었다.

"긴상은 문학은 해서 무얼 하려고 하시오? 당신은 투르게네프를 좋아하신 댔지오? 당신들의 조선은 50년 전의 ×××(러시아: 필자)와도 방불한 점이 많이 있을 것이오. '처녀지'에 씨를 뿌리시오. 소로민이 되십시오. 투르게네프가 될 것이 아니라 인사로프가 되든지 소로민이 되는 것이 얼마나 더 유의의한 일인지 모르오."11)

김팔봉이 일본의 유수한 비평가에게서 들은 충고이다. 대화에 거론된 솔로민은 뚜르게네프의 장편소설『처녀지』(1877)의 주인공이다. 그는 급진적 이상주의 성향의 대학생 네지다노프와 대비되는 개량주의자로, 작가에 의해 호의적으로 묘사된 인물이다. 여주인공 마리안나는 사랑하던 네지다노프가 자살한 후에, 솔로민이 관리하던 공장에서 '브 나로드운동'을 전개하다가 그와 결혼한다. 이 작품은 1870년대 러시아에서 전개되었던 지식인

---

10) 김팔봉,「투르게네프와 바르뷔스」,『사상계』, 1958. 5; 홍정선 편,『김팔봉문학전집 Ⅱ』, 문학과지성사, 1988, 434쪽.
11) 김팔봉,「나의 문학시대—투르게네프냐 소로민이냐」,『신동아』, 1934. 9; 홍정선 편, 위의 책, 422쪽.

들의 계몽운동을 형상화한 역작이었지만, 발표 당시에는 진보적 지식인들로부터 혹평을 받았었다. 한편 인사로프는 뚜르게네프의 소설『그 전날 밤』(1860)의 주인공이다. 그는 불가리아의 가난한 유학생으로, 귀족의 딸 엘레나와 결혼한 후 조국해방운동에 가담하기 위해 귀국하던 중에 병사한다. 두 작품이 김팔봉에게 호응을 얻을 수 있었던 이유는 50년 전의 러시아와 조국의 현실이 방불하다는 점이었다. 이 점과 함께 식민지의 작가들이 뚜르게네프를 비롯하여 러시아 작가들에게 경사된 것은 "문학을 통한 시대의 가치 추구 및 현실의 변혁을 통한 문학의 생명력 회복과, 현실과 문학과의 순환적 연계성에 대한 인식과 집착"12)에 기인한다.

사실 두 작품은 인용자의 독서체험에 의해 자의적으로 재단되고 있다. 앞의 작품들에서 작가가 심혈을 기울여 창조한 인물은 마리안나와 엘레나이다. 두 여성은 우유부단한 지식인 남성들에 비해 적극적으로 운동전선에 참가하며, 공통적으로 정치적 신념의 완성을 위해 상대 남성과 결혼한다. 특히 인사로프는 폐결핵에도 불구하고 엘레나와 과도하게 육체관계를 지속하여 병사에 이른다. 이런 소설 속의 전후관계는 절단된 채 작가들의 필요에 의해 임의적으로 차용되고 있다. 그런 사례는 염상섭이라고 해서 예외가 아니었고,13) 신석정 역시 엘레나보다는 인사로프에 초점을 맞추고 있는 점은 별반 다르지 않다. 이것은 그의 동료의식에서 비롯된 것으로 보인다. 그가 시「움지기는 네 肖像畵」(『신천지』, 1947. 2)에서 뚜르게네프의 소설『아버지와 아들』의 주인공 바자로프를 등장시킨 사실로 미루건대, 뚜르게네프에게 받은 영향력이 상당했던 줄 부인하기 힘들다.

    세상이 뒤집어졌었다는 그리고 뒤집어지리라는 이야기는 모두 좁은 房에
  서 비롯했단다

---

12) 김영민,『한국문학비평논쟁사』, 한길사, 1992, 57쪽.
13)「아닌게 아니라 <쎘드>에 안젓는 김군은 <인사로프>—지금 그 순영양은 <엘레나>라고 햇스면 이것도 넉넉히 소설 한 판이 될찌 몰으지」하며 해춘이는 모자를 든다.」(염상섭,『사랑과 죄: 염상섭전집 2』, 민음사, 1987, 60쪽)

이마가 몹시 희고 秀麗한 靑年은 큰 뜻을 품고 祖國을 떠난 뒤
俄羅斯도 아니요 印度도 아니요 더구나 祖國은 아닌 어느 모지락스럽게
孤寂한 좁은 房에서 『그 전날 밤』을 새웠으리라

그 뒤
세월은 무수한 검은 밤을 데불고
무수한 房을 지나갔다

함박눈이 펑펑 쏟아지는 어느 겨울밤
새로운 世代가 오리라는
새로운 世代가 오리라는
그 막막한 이야기는 바다같이 터져나올 듯한 鬱憤을 짓씹는 젊은 『인사로
푸』들이 껴안은 질화로 갓에서 冬栢꽃보다 붉게 피었다

千年이 지나갔다
좁은 房에서……
萬年이 지나갔다
좁은 房에서……
　　—「房」14) 전문

신석정은 혁명적 상황을 모의하는 '방'의 모습에 주목하고 있다. 그는 종전에 집착하던 '먼 나라'로부터 '좁은 房'으로 공간 이동을 감행하여 추상적이고 불투명하던 시절과의 단절을 시도한다. 그의 노력 덕분에 '세상이 뒤집어졌었다는 그리고 뒤집어지리라는 이야기'가 과감하게 첫 행을 장식하고 있다. 그는 대범하게 일제에 의한 국권의 상실을 '세상이 뒤집어졌었다'로, 광복을 향한 의지를 '뒤집어지리라'고 표현하여 '새로운 世代가 오리리'는 '**막막한 이야기**'가 결실을 맺으리라는 기대를 표명한다. 그의 놀라운 언급은 종전에 보기 힘들었다. 이것은 그가 경어체를 처분하면서 발견하게 된 식민지 자연의 정치적 의미가 전이된 사례이다. 그는 초기의 자연을 식민지의 현실로 대체하였고, 그것을 이 시에서는 '房'으로 축소시키고

---

14) 『학우구락부』, 1939. 9.

있다. 그로서 신석정은 '먼 나라'를 동경하는 퇴행적 유아의식으로부터 탈피하여 민족해방의 시대적 과업을 운위할 만큼 '울분'을 토하게 되었다.

이처럼 그의 '房'이 "琉璃窓 하나도 없는 단조한 나의 房"(「푸른 寢室」)에서 '이마가 몹시 희고 秀麗한 靑年'이 거사를 도모하는 혁명적 공간으로 전환되자 인식의 변환이 수반되었다. 그것은 정치적으로 유사한 처지에 놓인 '俄羅斯', '印度' '祖國' 등을 차례로 거론하는 지리적 관심으로 나타났다. 앞에서 살펴보았듯이, 그것은 신석정이 1930년대 중반 이후부터 '지도'에 주목한 결과이다. 지도의 사용은 "지식의 전달보다는 지식을 구축하는 과정"15)이라는 점에서, 그의 관심은 괄목할 만하다. 그는 지도를 통해서 국제정세는 물론이고, 식민지의 자연에 함의된 지리적 지식을 구성할 수 있었다. 그 덕분에 그는 제국주의의 식민지로 전락한 '印度'를 발견할 수 있었고, 봉건 정치에 신음하던 '俄羅斯' 농민들의 실상에 동정심을 갖게 되었다. 이것은 개인적 차원에 머물던 신석정의 자연의식이 '똥구란 地球'까지 외연을 확장한 결과이다. 또 그가 인사로프를 개인으로 설정하지 않고 집단으로 호명한 이유도 반제국주의전선의 연대 필요성을 염두에 둔 것이라고 볼 수 있다.

그 외에 이 작품에서 중시되어야 할 점은 신석정의 심리적 움직임이 은밀하게 드러난 점이다. 한 예로 '房'을 '바다같이 터져나올 듯한 鬱憤을 짓씹는' 시인의 내면으로 파악할 수 있다면, 작품의 구조는 철저하게 광복을 향한 구체적 행정을 상징한다. 그가 등단 초기에 도입했던 서한체 형식들이 '어머니'를 향한 듯하지만 실상은 자기고백의 형식이었다는 사실을 재인용해보면, '먼 나라'를 현실 속에서 구현하려는 내밀한 욕망이 시상을 이끌고 있다. 이처럼 신석정은 1930년대 말에 접어들면서 초기의 우회적 수사를 용도폐기하고 중의적 수사를 채택하게 되었다. 아울러 그는 '인사로푸'라는 낯선 외국 청년을 등장시켜 화자의 신분을 변경하고, 식민지 당국의 검열 장치를 무력화시키는 효과를 거두고 있다. 이런 모습은 그의 수사

---

15) Jeremy Black, 박광식 옮김, 『지도, 권력의 기술』, 심산, 2006, 33쪽.

적 기법들이 심화되는 단계에서 부수적으로 획득한 결과이다. 신석정은 이와 같이 일관되게 '먼 나라'를 실현하려는 욕망을 감추지 않았다. 단지 그것이 초기의 관념적 요소를 삭제하면서 일제 말기에 이르러 과거적 세계가 아니라 미래의 현실로 구체화되기를 갈망하는 형태로 잠재되어 있었을 뿐이다. 그는 내면의 욕망을 여러 가지 수사적 장치들로 은닉하거나 노골화하고 있는 것이다.

Ⅲ. 결론

한국근대시사에서 신석정은 전형적인 '목가시인'으로 자리매김되고 있다. 이러한 문학사적 사실은 그의 초기시에 집중적으로 나타난 서구지향적 전원에 주목한 탓이다. 이 무렵의 시에서 자아와 세계간의 대결 국면은 조성되지 않았으며, 그는 도리어 과거 회귀적 시간관에 입각하여 관념적인 요소로 현실의 조건들을 사상하려고 시도했다. 그의 노력은 식민지 말기에 접어들면서 '산수도'의 실체를 파악하면서부터 자연의 정치적 함의를 발견하면서 극적으로 전환되었다. 그는 식민지의 현실을 자연과 등가로 파악하면서 종래의 목가풍의 전원시와 결별하게 된 것이다. 그 이면에는 끊임없이 수사적 책략을 강구했던 그의 시작 태도가 자리 잡고 있다.

초기에 신석정은 '먼 나라'를 주재하는 '어머니'에게 고백하기 적합한 서한체 형식을 고수하였다. 그러나 날이 갈수록 악화되는 시대 상황은 그와 '먼 나라' 사이의 거리감을 조장하였다. 이에 그는 식민지의 자연이 외세의 강점으로 인해 왜곡된 사실을 '지도'를 발견하며 깨닫고 '먼 나라'를 떠나 구체적 현실에 주목하게 되었다. 이에 그는 경어체를 폐기하며 서한체로부터 벗어나 객관적 조건을 서술하기에 알맞은 서술문 형식을 채택하였다. 또한 문학청년 시절의 독서 체험은 그로 하여금 식민지의 현실과 러시아의 그것을 동일시하도록 견인하였다. 그가 추상적인 요소가 제거된 '먼 나라'를 실현하려는 꿈을 간직할 수 있었던 배경에는 각종 수사적 책략이 작용하고 있는 것이다. 그러므로 신석정 시의 행간에 장치된 수사적 장치들과 미적 성취 수준을 연계하려는 노력이 뒤따라야 할 것이다.(『국어문학』 제47집, 국어문학회, 2009. 8)

제4부 강인한론

안으로 열(熱)하고 겉으로 서늘하옵기
― 강인한의 초상

 겨우내 광주에서 나오는 계간 시 전문지 『시와 사람』을 컴퓨터 옆에 놓아두고 지냈다. 나는 그 잡지의 정기독자도 아니고, 알코올과 니코틴처럼 엉겨있어야 회포가 풀리는 사이도 아니다. 단지 그 잡지의 표지에는 잊지 못할 '미소짓는 사슴' 강인한 시인이 환히 웃고 계셨기 때문이다. 아마 나는 사진 속에서 플라타너스 우글거리는 고등학교 시절에 우리들을 매료시켰던 가지런한 미소를 발견했는지 모른다. 그 시절에 우리들은 그가 작사하여 '금주의 인기가요' 차트에 올랐던 「하얀 조가비」의 주인공인 통기타 여가수 박인희와의 관계에 대해 집중추궁하였다. 단 1분의 농담이나 흐트러짐이 없는 그는 긴 목을 초산으로 돌리고 나더니, 사슴같이 맑은 웃음 한 모금을 피어 물었다. 그때와 잡지에 실린 미소의 터울은 얼마나 될까를 생각하다가, 문득 "기억의 밀실에 불이 켜지는"(「봄의 열쇠」) 광경을 보았다.
 지난 5월말 "시리고 아픈 이 나라의 어금니"(「전라도여, 전라도여」) 같은 광주에 다녀왔다. 결혼 30년을 맞으면서 마침 등단 절차를 마친 사모님의 수필집 발간연을 조촐하게 연다는 '정갈한 동물'로부터 온 청첩장 때문이었다. 오랜만에 찾아간 빛고을의 주말 풍경은 더운 날씨로 인해 더욱 부산하게 보였다. 장이 파하기도 전에 서둘러 돌아오다가, 버릇처럼 백양사 휴게소에 들러 "견고하게 기다리는 무표정"(「자동판매기」)한 자판기에서 커피를 뽑아 들었다. 맹장까지 깊숙이 박혀버린 인 때문에 카페인을 맡고 서야, 비로소 나와 그의 문학을 꺼내어 만지작거릴 힘이 생겼다. 과연 그의 문학적 세례 속에서 나의 문학적 평수는 얼마나 넓혀졌는지 따져보기 위해 그의 시집을 몽땅 되읽기로 했다.

강인한은 일찍부터 예술 방면에 두각을 나타내었다. 그는 전주고등학교에 진학하고 나서 원래 한국화의 대가인 벽천 나상목이 지도하는 미술반원이었다. 그러다가 고 3이던 1961년 10월, 성균관대학교에서 주최한 전국고교생문예콩코르에 시 「오늘」이 김구용과 정한모의 심사로 입선하였다. 수상을 계기로 그는 신석정이 지도하는 문예반으로 자리를 옮겼다. 그의 문명은 이때부터 노송원두에 훨훨 날리게 되었는데, 위로는 석정으로부터 "두려워하는 제자이자 후배"라는 소리를 듣게 되고, 아래로는 후배 시인 박정만으로부터 "참 부러웠다"는 흘김을 받게 된다.

이러한 찬사는 1962년에 입학한 전북대학교에 다니던 중에도 이어졌다. 1963년 그는 청구대학에서 주최한 현상공모에 소설과 시가 입선되었고, 1964년에는 경북대학교 학보사에서 공모한 전국대학생 현상문예에 시 「死者共和國」이 김춘수의 고선으로 당선되었다. 그의 필명 '강인한(姜寅翰)'은 응모를 앞두고 꼬박 이틀 동안 옥편을 끼고 지어낸 이름이다. 그는 1965년 『전북일보』 신춘문예에 시 「당신 앞에서」가 가작 당선된 뒤, "도대체 글러먹은 한·일 회담과 월남 파병을 담"은 시 「1965」를 투고하여 『동아일보』 신춘문예 당선 통지를 받았다. 그러나 이 작품이 전북대학교의 신문에 앞서 발표되었다는 이유로 3일 뒤 취소 결정을 받음으로써, "대학 졸업 전까지는 기필코 문단에 당당히 나서리라"(「문학이라는 종교에 묻혀 산 외톨이」)던 약속은 물거품이 되어버렸다. 그러나 그는 1967년 『조선일보』 신춘문예에 「대운동회의 만세소리」로 보란 듯이 재기하였다. 그해 5월 그는 문공부가 주최한 문화예술상 문학 부문에 시조 「임진강」이 수석당선되는 영예를 안았다.

강인한은 대학신문사의 편집국장으로 활동하며 시를 발표하거나 컷을 그리며 캠퍼스 생활을 꾸려나갔다. 당시 그는 처절한 사랑병에 걸려 있었다. 그는 "한 주일에 한두 편씩의 시를 엽서에 써서 그녀에게 부쳤"지만,

사랑하는 이는 "인간을 믿나요"(「목에 걸리는 외로움」)라는 별사를 전해 왔다. 그는 첫사랑의 실패를 끝내 "믿어지지 않는다"(「배반의 길」)고 부정하면서, "영원히 늙지 않는 소년"(「말세리노의 회상」)이 될 것을 다짐하였다. 이 사건 이후 그의 시는 혹독한 내공 수련 과정을 거쳐 초월적 허무의 지를 짙게 드리우게 되는데, 이러한 성향은 작금에 발표되는 시편에서도 산견된다. 그의 시집 『어린 신에게』(문학동네, 1998)는 그 동안 켜켜이 쌓아두었던 그 시절의 "동화 같은 사랑"(「삼십년만의 고백」)을 모은 것이다. 독자들은 이 시집에서 그가 "항상 눈 내리는 겨울을 살고 싶다는 율리"(「율리의 초상」) 때문에 "일인분의 투명한 갈증"(「마음에 숯을 다스리고」)을 맛보면서, '이상기후' 아래서도 '불꽃'의 정열로 사랑했던 한 여인과의 사랑과 별리 그리고 정한을 고스란히 살필 수 있다. 이 시집에 대해서는 그의 선배이자 문우인 정양 시인의 발문이 워낙 탁월하기 때문에 모든 설명은 군더더기가 된다. 정양은 시인의 감수성과 평론가의 분석력을 겸장한 문장으로 시편의 이면에 배어 있는 사연을 털어놓았다. 아마 두 사람간의 인간관계를 엿볼 수 있는 대목이지만, 그보다는 물리적 연치가 주는 허허로움 혹은 넉넉한 그리움의 테가 도드라져 보인다.

　사랑조차 시로써 고백하는 강인한은 모든 세상사에 초연하게 반응하면서, 시 말고는 아무 것도 생각하지 않았다. 그는 "몸도 약한 데다가 담배를 하루에 한 갑씩" 피우고, 위궤양 치료제를 먹으면서도 커피를 즐기며 바둑을 통해 세사의 때를 씻어냈다. 그는 현대인의 필수품인 그 흔한 휴대전화 한 대 없으면서도, 인터넷에 중독된 채 사이버 세상에서 표표히 살아가고 있다. 그가 시 쓰는 일 외의 다른 일에 얼마나 무심한 편인지 알아보기 위해서는, 아무래도 그의 동숙자의 증언을 듣는 편이 훨씬 신뢰도를 향상시킬 것이다.

　　시력이 나쁜 편도 아닌 남편은 어떤 사람이건 찬찬히 살펴보는 일이 없다. 몇 년 동안을 오며가며 인사를 나누는 동네 아주머니들에게도 누가 누구인지 모른 채로 건성으로 고개만 꾸뻑 숙이고 다닌다. 그래서 내게 책망을 들은 적이 한두 번이 아니었지만, 그 버릇은 여전하다.
"내가 왜 남의 각시 쳐다본당가. 우리 각시만 안 잊어버리면 되지."(김명규, 「닮는다는 것」, 『당신의 이름은』)

강인한이 '우리 각시만 안 잊어버리면 되지'라고 변명하는 순간, 그의 눈은 분명히 먼 산을 바라보았을 것이다. 내게는 시를 풀이하다가 분위기에 몰입되어 창 넘어 산바라기를 하며 그윽하게 젖던 그의 눈이 생생한 기억으로 남아 있다. 그는 하루하루 "조금씩 증발하는 내 안의 물"(「영혼의 무게」) 때문에 45킬로그램을 넘지 못하는 근중을 가져서 군대에도 못 갔지만, "제 것 아닌 것에는 곁눈 한 번 주는 법이 없이, 제 말 아닌 남의 말은 모두 귀모아 미소로 들어주고, 끝끝내 제 작은 영토 안에 비통하리만치 아름다운 침묵의 얘기들을 노적봉의 불꽃으로 화려히도 태우며 사는 사람"(이만재, 「인간 강인한을 말한다」)이다. 그의 '누가 누구인지 모른 채로 건성으로 고개만 꾸뻑 숙이고' 다니는 밋밋한 성격은 수업 시간에도 그대로 투영되었는데, 시간 내내 조직적인 강의 외에는 일체의 농담이나 한눈팔기를 허용하지 않았다.

그렇게 재미없는 수업을 받았던 내게 "말할 수 없이 준열하고 신산한 시대를 살 수밖에 없으면, 시인은 최소한 그 준열하고 신산한 고통을 깨우쳐는 주어야 한다"(「역사 속의 시」)는 그의 근엄한 발언은 전적으로 딴 세상 사람의 얘기처럼 들렸다. 더욱이 그가 이 글에서 박목월의 「나그네」를 신랄하게 비판하고 있는 줄 전혀 몰랐다. 국어 시간 중에 그는 이 작품을 해설하면서 그저 암담한 시대에 이토록 한유한 생각을 할 수 있었는지 모르겠다는 정도의 토를 달았을 뿐이다. 그는 감수성이 예민한 제자들이 행여 모난 시관을 갖지 않도록 불필요한 비평적 언급을 극도로 아꼈던 것이다. 그는 판서조차 국민학교 1학년 교사처럼 정사각형으로 써야 직성이 풀리고, 시간을 꼬박 채운 뒤에야 검은 헝겊을 잇댄 출석부를 겨드랑이에 물린 채 교실 문을 빠져나가는 정확한 선생님이었다.

이와 같이 그는 철저하게 시인으로서의 삶과 교사로서의 삶을 구분하였다. 1966년 교직에 몸담은 이래 지금까지 한결같이 도시락 가방을 들고 출퇴근하는 현직 교사인 그의 시에서 분필 냄새가 나는 것은 마땅하다. 그는 이 나라의 가장 궁휼한 세대인 청소년들이 "새하얀 은사시나무가 바라뵈는/도서관 열람실에서/놀빛 고운 햇살 사이사이/카라마조프 씨의 형제들을/네가 만나 이야기할 수 있"기를 바라고, "양지 바른 교실 옆에 쪼그려앉아/사육장에서 눈이 빨간 흰 토끼에게/네가 뜯어온 한 바구니 싱싱한 풀을/네 사랑으로 오롯이 먹일 수 있"기를 바라며, "오후 세시까지의 수업을 마치고/음악실에서 상아빛 건반을 누르며/보리밭 사잇길을 두 손 모아 노래할 수 있"(「봄이 오면 아이들아」)기를 바란다. 그런 점에서 그는 영락없는 교사 시인이다. 하지만 사람이 사람답게 살아간다는 게 "미분적분보다 갈수록 어려운 것"(「밤 열 시의 아이들」)이고, "맨몸으로 소금밭을 밀어가는 일"(「조개」)이라는 현실을 익히 알고 있는 그의 현실적 고뇌를 헤아리게 되기까지, 나는 별 수 없이 세월의 강을 건너야 했다.

강인한은 1977년 봄에 "송룡굴에서 멀리 하평리로 꿈틀거리며 흐르는 물줄기는 상리 어귀에서 항시 머뭇거"(「정읍에서」)리는 고향을 떠난다. 개구쟁이 시절을 보냈던 광주로 이사하면서 그는 여러 시우들을 만나는 한편, 역사적 비극의 현장에서 '살아남은 자의 슬픔'을 체험하게 된다. 삶의 공간이 바뀌고 새로운 인연을 만들어가면서 그는 개인적 서정의 시화보다, 사회적 풍경을 잔잔하게 묘사하게 된다. 아직까지도 운전 면허증이 없는 그가 시내버스를 타고 가면서 "허기지고 풀기없는 얼굴"들에게 풀기를 찾아줄 궁리를 하고, "연속방송극을 만나러 가는 이들"(「황혼」)에게 보여줄 대본의 내용을 생각하는 것은, 이 시기에 이르러 이웃 사람들의 일상적 세목을 세밀하게 묘사한 보기이다.

이때 그는 시인 고정희, 허형만 등과 함께 <목요시>를 창립하고, 직접 발기 선언문을 작성하기도 한다. 시대의 형편이 악화되면서 그는 시가 "시인의 성실한 삶을 반추하는 그 시대의 사회적 산물이며, 무엇보다도 시정신을 내포해야 한다"(「목요시 선언」)고 선언하고, 이른바 순수시와 민중시의 한계를 뛰어넘으려고 시도한다. 시가 주제 전달에만 집착하면 정치적 구호가 될 것이며, 또 삶의 냄새가 배어 있지 않은 아름다운 의상에만 집착하면 공소한 지푸라기로 전락할 것이라고 믿었기 때문이다. 그는 한국을 대표한다는 문인들에게만 회원 자격을 주는 단체에 적을 두었다가 그들이 유신 지지 성명을 발표하자 강단있게 발을 끊어버렸고, 민족을 위하는 문학을 하는 사람들만 가입한다는 모임에도 이름을 걸지 않았다. 어떠한 문학적 에콜도 배제하며 문단활동을 자제했던 그의 행동은 한 평론가로부터 그의 시편들을 "60년대 사랑시의 한 표본"(김재홍, 「젊은 날의 장미빛 초상」) 정도로 하평되었고, 흔한 문학상조차 제대로 받지 못하도록 작용하였다. 그들의 오독을 탓하기에 앞서, 강인한이 자신의 시적 생애에 불순물이 끼어드는 것을 거부한 채 오직 시쓰기만 생각하며 살아 왔다는 사실이 중요하다.

강인한이 시를 이야기하는 자리에서 만해, 육사, 윤동주, 그리고 "성북동 골목 끝에 명함 한 장 문패로 붙이고/껄껄 웃으시는" 지훈을 그리워하는 것만 보더라도 시인된 자의 몸놀림에 대해 얼마나 철저한지 헤아리게 해준다. 이후 그의 시에서 팽팽한 긴장감이 느껴지는 것은 이러한 시관과 함께, 긴장의 시학을 끝까지 밀고 나갔던 "형형한 눈빛"의 김수영을 시형으로 섬기는 데서 말미암은 것이다. 따라서 그에게 왜곡된 80년대의 정치 상황은 교사의 삶과 시인의 삶, 소위 순수시와 민중시 사이에 자리잡은 "균형 감각의 유지를 어지간히 괴롭힌 건 사실"이었다.

1980년 5월 광주는 완벽한 어둠 속의 섬이었고, 사람들은 모두 '칼레의 시민들'이었다. 눈으로 보고 귀로 들을 수는 있으되, 외부로 사실을 말할 수 없는 열흘 동안 그는 릴케의 말처럼 "쓰지 않고서는 죽을 수밖에 없는" 절박한 상황에 직면하게 된다. 그 때 그는 자신의 "일기나 시가 전혀 타의에 의해 없어져 버릴는지도 모른다"는 극도의 절망감 속에서도 쓴 것 외에는 뾰족한 수가 없었다. 살아서 괴로운 나날을 보내던 그는 마침내

"사회 속에서 첨예하게 반응하여 구체적인 삶의 표정을 진실하게 표현"할 수 있기를 기도하면서, 「광주, 1980년 5월의 꽃」을 쓴다.

> 허공에 높이 떠 있습니다
> 내려갈 길도, 빠져나갈 길도
> 흔적 없이 사라진 뒤
> 소문에 갇힌 섬입니다.
> 살려주세요, 살려주세요, 살려주세요
> 한 주일만에 나선 오후의 외출에서
> 꽃상자 속에 담긴 꽃들을 만났습니다
> 서양에서 들여온 키 작은 꽃들
> 가혹한 슬픔을 향하여
> 벌거벗은 울음빛으로 피어 있었습니다
> 말 못하는 벙어리 시늉으로 피어 있었습니다.
> ─「팬지꽃」전문

시인의 산문 「올바른 주제와 올바른 아름다움」에 의하면, 이 작품은 때마침 청탁을 받았던 『현대시학』에 발표될 예정이었다. 그러나 전봉건 주간은 특유의 꿈틀거리는 글씨로 "시기가 좋지 않으니, 이 시는 잘 간직하고 있는 편이 좋으리라"는 사신과 함께 반송하였다. 그 뒤 제목을 지금처럼 바꾸고 『월간문학』에 탈없이 발표되었다. 이 사실은 한때 이 나라에서 자행되었던 권위주의적 권력의 유치한 검열제도의 실상을 반증해준다. 그들의 눈에는 시작품에 나타난 직정적인 서술적 표현만 문제되었을 뿐, 작품 속에 삼투된 주제의식의 위험성은 포착될 리 만무하였다. 이 작품은 권력욕에 눈 먼 한 떼의 정신착란자들이 자행했던 병정놀이의 경과를 알레고리로 보여주고 있다.

시작 초기부터 '말하기'를 애써 마다하고, 가슴속에서 분노의 싹을 자른 뒤에야 '보여주기'에 나서는 그는 "안으로 열하고 겉으로 서늘하옵기"(정지용, 「시의 위의」)를 몸에 밴 전형적인 외유내강형 시인/인간이다. 말할 것이 있으면서도 "말 못하는 벙어리 시늉"을 해야 하는 시대의 굴레 아래서, 그는 분노를 삭이느라고 이를 꽉 다무는 습관이 들어서 치아가 튼실하지 못하다. 그래서 그의 시에는 치통과 관련된 작품들이 많다. 치통 때문에 고생하는 그는 치과에서 "끽소리없이 찡그리며"(「치과에 가서」) 사랑니를 뽑으면서도 세상을 걱정하기 때문에, 이앓이와 관련된 시들은 예사롭지 않다. 이 계열의 작품들은 가히 독자들에게 치통의 사회적 의미를 알려주기에 충분하다.

   이 없으면 잇몸으로 산다지만
   아찔한 辛酸의 꼭대기에 서서
   내려다보니
   금수강산도 말짱 거짓말이로구나.

   사십여 년간
   본인의 굴욕스런 육신에
   보필을 충성으로 하던 공신들 떠나가고

   틀니를 끼웠다.
   음울한 모의로 다물린 재갈이여.
   구속이여
   팔려버린 개가 주인을 바꾸듯이
   새롭게 길드는 일만 이제 남았으니.
     ―「재갈」 부분

 강인한에게 틀니를 끼우는 일은 단순히 '팔려버린 개가 주인을 바꾸듯이' 의치에 적응하는 일이 아니다. 게다가 이 연의 앞에 나온 '금수강산도 말짱 거짓말이로구나'라는 진술을 전제하면, 이면에 깔려 있는 현실적 배경은 결코 안이한 게 아니다. 현대사의 비극적 현장에서 군사정권의 재집권을 바라본 그에게 또다시 군화 밑에서 '새롭게 길드는 일만 남'은 여생은 마치 '개 같은 날들의 오후'에 불과했던 것이다. 그것은 강인한의 나이와 해방 후 현대사의 경과가 '사십여년간'이라는 연수의 공통된 기반 위에서, 시인 '본인의 굴욕스런 육신'과 현대사의 왜곡상이 중첩되고, 신군부의 폭력정권에 협력하는 지식인들의 등장과 자신의 발치 행위가 '보필을 충성으로 하던 공신들'이 떠나가는 것으로 상호 대립되면서 생겨난 극심한 허탈감이다.

그런 비관적 현실 인식에 기반하여 강인한은 '재갈' 물린 시대 상황에서 "성치 못한 이빨로/세상을 물어뜯기엔 힘이 부"치다는 사실을 알고서, 아예 치과의사에게 입안에서 발화되고 싶어 안달난 "더러운 비밀을 발본색원하시라"(「치과 의자에 누워」)고 요청하기에 이른다. 그의 강골의식이 하고 싶은 혹은 해야 할 말을 못할 바에는 차라리 '더러운 비밀'을 뿌리채 근절해버리는 쪽을 택한 것이다. 체질적으로 약골이라서 그런지 "물리적인 폭력도 싫고, 시에 있어서 언어의 폭력도" 혐오하는 그가 침묵을 선택한 것은 당대의 모순에 항거하는 의지의 표출이었다. 곧, 극한상황 속에서도 시인으로서의 위상을 허물려 하지 않았던 그의 시적 신념이 치통을 데불고 온 병인이다.

등단 이후 강인한은 일관되게 '기록'보다는 '표현'에 중점을 두는 시작 태도를 견지해 왔는데, 그것은 대학 시절 이래 형식주의 비평가 김종길을 시론의 스승으로 삼은 데서 비롯되었던 것이다. 가령 그는 수몰지역 주민들의 실향의 아픔을 노래하면서도, 서술적 경향을 보여준 이동순의 장시 『물의 노래』(실천문학사, 1983)와 달리 단아한 차림의 작품 성향을 보여주었다. 예컨대 "시름시름 비가 내리네/경상북도 안동군 월곡면/물 속에 가라앉은 고향/문둥이의 고향은 비에도 젖지 않네."(「실향」)처럼, 어떠한 시대상황 속에서도 '시의 위의'를 고수하는 고집 센 심미주의자이다. 그것이 그의 시에서 "어떠한 사회적 모순도 심미적인 언어로 포착되지 않을 경우, 단지 사회적 모순이었을 따름"(이은봉, 「순결한 영혼 혹은 정직한 불투명성」)이라는 부정적인 평가를 받는 동인이다.

이 평언은 강인한의 시 「1965」에서부터 내재되었던 건강한 역사의식을 간과한 독법의 결과이다. 인용한 작품의 배경에는 "하나도 하나도 안 기쁜 환송을 받으며" 월남으로 파견되어 출국하는 친구와의 이별 장면이 장치되어 있다. 그렇지만 작품의 이면을 눈여겨보면, 한참 동안이 흘러서야 문제시되었던 성감대 같이 예민한 용병 문제를 다루고 있다. 다만 작품 속에 수용된 사건/대상을 여느 시인들과 달리 '말하기'를 마다하고, 이미지를 통해 보여주는 것을 중시했을 뿐이다. 따라서 그의 시적 능력은 '정직한 불투명성'을 다루는데 월등하기보다는, 아래 작품에서 살필 수 있듯이 현실을 암유적으로 '보여주기'에 뛰어나고 보아야 타당하다. 그는 이 시에서 하찮은 일에도 잘 놀라고 문 밖의 소문에 쫑긋하는 '귀'이지만, 총에 맞아 사람이 죽어가는 실제 상황에서는 정작 '귀'를 닫아버리는 사람들의 이기적인 행태를 힐난하고 있다.

   길이 끝나는 곳에서
   바람이 일어난다
   바람보다 투명한 우리들의 귀.
     —「귀」 부분

 이 작품을 쓰게 된 동기에 대해 시인은 "진실을 의식적으로 외면"하는 "소시민적 자기기만에 대한 야유"(「현실 인식과 시정신의 균형」)라고 술회하였다. 그는 광주의 민중항쟁 현장에서 생존했다는 사실에 대해 가혹한 자기비판을 감행하는 한편, 지우들에게 "꼼꼼히 적힌 광주항쟁일지를 읽어주던"(정양, 「허명과 실명의 넉넉한 거리, 마침내 못 감춘 사랑」) 분노를 안으로 안으로 삭이며 이 시를 쓴 것이다. 작품 속에서 '길이 끝나는 곳에서' 바람보다 먼저 일어나는 인간의 '귀'는 영악하고 이기적인 인간의 속성을 꼬집은 것이다. 주인이나 자신에게 위험이 닥쳐오면 바람보다 먼저 쫑긋해지는 개의 '귀'와 달리, 인간은 타인의 소문이나 자신의 잇속에만 관심을 기울이는 고약한 '귀'를 가진 동물이다. 그 '귀' 때문에 인간들은 남의 아픔을 한갓 가십거리로밖에 수용하지 않으며, 더러운 허욕과 미망에 빠지게 된다.
　신체의 일부분인 '귀'를 통해 인간의 이중적 행태를 비판하던 그는 "광주를 팔아 오월을 팔아/싸구려 분단장"(「배반의 세월 속에」)을 하는 사람들이 "그 이름으로 평안한 직장과 명예를 사기도" 하고, "아예 장사꾼으로 나선"(「'칼레의 시민들', 그 후의 삶」) 현실을 목도하게 된다. 인명과 교환된 물적 가치가 본질적 가치를 훼손하는 현장은 도저히 용납될 수 없는 시대적 삽화이다. 그러나 현실적 질곡 앞에서 신념은 고루한 '앙시앙 레짐'일 따름이다. 근본적으로 인간을 미워할 줄 모르는 그는 그들의 변신조차 "인간적인 것, 그 자체"로 받아들이면서, "세상 미운 놈들/용서하라 용서하라/잘못도 곱게 씹어 용서하라"(「삼겹살 먹는 법」)고 주위를 다독거린다. 여리고 따뜻한 성정을 가진 그가, 시간의 늪을 지나면서 변모해 가는 인간 군상을 향해 용서와 화해의 메세지를 보내는 장면이다.
　역사의 하늘빛이 인간에 의해 고유한 제빛을 잃고 '목판본' 빛깔로 물드는 모습을 바라보면서 그는 『우리나라 날씨』(나남, 1986)를 선보였다. 시력 20년을 맞아 펴낸 이 시집에서 그는 「김유신에게」, 「김부식에게」, 「칙어」, 「이성계에게」, 「백작 이완용의 달」 등에서 집권계급에 의해 자의적으로 조작된 역사적 사실들을 비판한다. 이 작품들을 통해 그는 역사의 변함없는 화두인 사필귀정은 "결코 이루어지기 어려운 약자의 희망이지, 강자의 미덕으로서도 결코 해결될 수 없는 성질의 것"(「자서」)으로 단언하면서, 역사는 "피 묻은 백지, 마초 한 다발"(「저녁 비가」)에 지나지 않는다고 쓸쓸한 '완판본'의 표정을 짓는다.
　단말마들이 벌였던 희대의 살인극 속에서 살아남은 강인한은 광주의 진실을 세상에 알리고자 수첩에 깨알같은 글씨로 일지를 써서 휴대하고 전주로 넘어와 친구들에게 보여주었다. 그런 전차로 그가 역사의 지배적인 담론을 희롱하는 태도로 역사의 부분인 현재적 순간의 사건들을 시화하는 것은 지극히 당연하다. 그래서 5월의 선연한 혈흔이 활자화된 그의 시집 『칼레의 시민들』(문학세계사, 1992)에는 민주화 운동 시대에 투신자살했던 청년학도의 죽음을 "눈 딱 감고 떨어지는 땡감 하나"(「땡감」)로 애도하거나, 기계문명의 폐악을 고발하는 시편들이 많이 등장한다. 그러나 그조차 독특한 반어법으로 처리될 뿐이다.

> 뇌없는 아기가
> 태어난다
> 태어나기도 전에
> 뱃속에서 녹아버린다
> 아이스크림처럼.
>
> 이 여름에
> 사상이 없이 태어날 수도 있는
> 하늘의 축복이여.
> ―「뇌없는 여름」 부분

영광 원자력 발전소 주변에서 실재했던 무뇌아의 출산을 희화적으로 묘사한 이 시는 그의 시작 태도가 극명하게 드러난 작품이다. 그는 시적 대상의 본질적 측면을 날카로운 직관으로 통찰한 뒤, 특유의 아이러니와 풍자 기법으로 빚어낸다. 비합법적인 권력 때문에 비틀어질대로 비틀어진 세상에서 살아남으려면 '사상이 없이 태어'나야 한다. 그는 더 이상 시대의 아픔을 느끼거나, 인간적인 삶을 위한 항거 의지를 가질 필요가 없다는 점에서 그의 출생은 '하늘의 축복'이다. 더욱이 여름의 소란한 풍경에 파묻혀 무뇌아를 출산한 산모의 고통이 아이스크림처럼 소멸해버린다는 점에서, 이 시에 장치된 정조를 비롯한 내적 형식은 치밀하게 직조된 것이다. 그 과정에서 불필요한 어휘들은 사상되고, 어느 것 하나 빠뜨려서는 안 될 정도로 작품 구조는 단단하게 조직화된다.

이렇게 산출된 작품은 속으로는 처절할 만큼 진지하지만, 표면적으로는 단정한 차림으로 드러난다. 시 읽기가 시인과 독자의 고통의 공유라는 점에서, 우리는 시인의 시적 번뇌를 가볍게 넘겨서는 안 된다. 멋쟁이가 멋을 부리느라 오랜 시간을 단장하듯이, 그의 깔끔한 시편의 배면에는 속쓰린 발효 과정이 담겨 있다. 단지 그는 아픔을 고통스럽게 절규하지 않고, 고유한 작시법으로 '보여주기'에 치중할 뿐이다. 이런 태도야말로 강인한의 신념이 체화된 실제 모습이다.

　최근의 시집 『황홀한 물살』(창작과비평사, 1999)을 통해 우리는 정밀한 고독 속에서 더욱 빛나는 그의 시안과 자유로운 시적 어법을 발견할 수 있다. 그가 IMF 상황으로 발생한 노숙자들이 "추운 겨울 하늘 오선지에 앉은 참새들처럼"(「세한도」) 비참하게 살아가는 모습을 추사의 명품에 빗댄 작품에서는, 시적 성취가 원숙한 경지에 달했음을 살필 수 있다. 특히 이 시집에는 "버릴 것 버리지 않을 것"(「이삿짐을 챙기며」)을 가늠하기 어려워진 오십줄의 사내가 "산 자가 죽은 자에게 보내는 신호"(「한밤중에 삐삐가 울린다」)의 의미를 천착하는 시편들이 두드러지게 출현한다. 시대의 슬픈 삽화조차 눈물 한 방울 흘리지 않고 묘사하는 그의 장기는 「저녁 문상」처럼 친구의 죽음을 다룬 작품에서도 여전히 위력적이다. 그는 "웃음 반 울음 반으로 반짝이다가"(「황홀한 물살」) 가는 친구의 다비식장에서도 '황홀한 물살'을 찾아내고 있다.

　쟝 보드리야르에 의하면 죽음은 삶이 끝이 아니라, 궁극적으로 죽은 자와 살아 있는 자를 분리하는 사회적 경계선에 불과하다. 죽음은 지배 권력을 영속화하기 위해 사후 세계의 영혼 불멸을 주장하며, 현세적 불평등을 정당화함으로써 지배 이데올로기를 합리화하는 역할을 담당한다는 것이다. 또 노베르트 엘리아스가 『죽어가는 자의 고독』에서 설득력있게 묘파한 것처럼, 살아남은 자들은 죽어가는 자들을 고립시키기 위하여 교외에 묘지를 조성하는 등, 무진 애를 쓴다. 그러나 광주의 죄없는 주검들을 보아버린 강인한에게 삶과 죽음은 한끗 차이일 뿐이다.

　　개울물에 아른아른
　　스물 넘은 가시내 분홍의 젖몸살

> 마을길을 돌아가노라면
> 죽은 이의 숨결도 손에 닿을 듯
> ―「꽃샘바람 열어 보니」 부분

죽음은 인간이 "각질의 하늘"(「하, 이유가 없다」) 아래서 거부할 수 없는 보편적인 자연현상 중의 하나일 뿐이다. 하이데거의 규정대로 '죽음을 향하고 있는 존재'로서의 인간은 죽음을 통해 삶을 인식하는 관점의 변화를 초래하며, 이러한 자기계몽의 과정을 거쳐서 인간은 비로소 자유하게 된다. 생과 죽음의 공시성, 그것이 곧 인간계에서 시시각각으로 벌어지고 있는 실제 상황이다. 그는 주변의 죽음을 통해서 자신의 실존 조건을 초탈한 경지에 다다랐기 때문에, 관능적인 '스물 넘은 가시내 분홍의 젖몸살'과 '죽은 이의 숨결'을 감각적 차원에서 병치시킬 수 있었던 것이다. 탁월한 촉수를 가진 그는 이미 마흔 살에 "슬며시 산이 흔들리는"(「매죽리에서」) 것을 보아버렸고, "사람이 산다는 건, 조용히 늙어간다는 것/고운 목숨의 한 타래가/꿈결 속으로 아스라이 벋어간다는 것"(「호박」)을 깨닫고 있었다.

강인한이 그즈음에 이르러 시가 "'쓰여지기'를 기다리게 된 것"(「쓰는 시에서 쓰여지는 시로」)은 깊은 사색에서 절로 우러나온 체험적 시론이다. 그 한 예로 다음 작품은 무던히 긴 숙성 기간을 거친 것이다. 극심한 가뭄으로 시달리다가 문득 듣는 단비의 기쁨과 그 순간의 소박한 평화를 포착한 이 작품은 5년 만에 완성되었다고 한다. 그의 염결성을 담보하는 시관을 엿볼 수 있는 말인데, 그는 "두보의 율시 「강촌」에 나오는 아내의 이미지와 흡사하지 않을까" 하는 걱정 때문에 무척 망설였다고 한다. 이 시는 감자를 먹고 초록의 빗소리를 자장가 삼아 청하는 낮잠/나비잠의 가벼움을 노래한 것이다.

> 오랜 가뭄 끝에 내리는 비는
> 싱싱한 초록이다.

보랏빛 남쪽
　　하늘을 끌어다 토란 잎에 앉은
　　청개구리

　　한 소쿠리 감자를 쪄 내온
　　아내 곁에
　　졸음이 나비처럼 곱다.
　　　　—「보랏빛 남쪽」 전문

　현재까지 강인한이 간행한 일곱 권의 시집을 훑어보아도, 여간해서는 찾기 어려울 정도로 밝은 작품이다. 이순을 바라보는 그의 시적 성취가 '졸음이 나비처럼 곱다'라는 한 행에 집약적으로 드러나고 있다. 이러한 삶의 태도는 자신의 시작 평가에 대한 초월적 진술을 낳는 원천이 된다. 그가 "도대체 생전이나 사후에 남의 입에 자자히 오르내리는 일이 무에 그리 대수로울 건가. 시인은 그저 곁의 눈치 살피지 않고, 자기의 시를 쓰는 사람이면 족할 것"(「후기」)이라고 언급한 것은, 비평적 평언이나 현실적 속박으로부터 자유로운 시인으로 살아가겠다는 자기선언이다. 이러한 발언은 현존하는 불확실성으로부터 자신을 추상화할 수 있는 절대적 가능성을 획득하려는 시적 결의로 파악된다. 우리들 중 누구도 한 사람의 절절한 사랑을 가벼운 일상으로 파악할 수 없듯이, 자신의 시적 신념을 끝까지 추구하려는 강인한의 다짐을 책 끝에 달아두는 까치밥으로 여길 수는 없다. 그는 이 나라의 "가장 후진 백성들이 사는 땅"에 태어난 이후, 감당하기 버거운 현실적 고통 속에서 자신만의 작시법으로 팽팽한 긴장감을 잃지 않았다. 지금까지의 시세계를 살펴볼 때 그는 결코 우람한 낙락장송은 아니지만, 동구밖에 서서 넉넉한 그늘을 만들어주는 한 그루의 느티나무로서 시단의 한 축을 지탱하고 있는 것은 분명하다. 더욱이 그의 시작 태도가 연차를 가짐에 따라 가슴속에서 곰삭을 대로 곰삭은 다음에야 절로 '쓰여지는 시'를 추구할 정도로 무심한 경지에 달했다는 사실은 주목되어야 할 것이다.

앞으로 강인한의 시쓰기는 "아직도 나는 스무 살 어린 남자"(「아직도 나는 스무 살이다」)라는 오연한 심리적 기반 위에서 "치렁한 사념의 물빛에서 건져"(「돌과 시」) 올리는 자세로 지속되리라 확신한다. 아울러 현실적인 국면에서 그는 본디 "가진 것 없으므로 부끄러움만 넉넉한 겨울"(「푸른 하늘 어디쯤」) 같은 마음가짐으로 "희끗희끗 내리는 일악장의 무반주 첼로 연주곡"(「눈 내리는 날의 정물화」)을 들으며, "헛되고 욕된 세상을 비껴"(「거리에 비를 세워두고」)가는 법을 시화하여 세상에 내놓을 것이다. 젊은 시절의 강인한은 여느 시인들처럼 "꽃열이듯 피어오르는 요령부득의 문장 한 줄"(「나비 환상」)에 매달렸다. 하지만 이제는 시가 "향 맑은 솔빛"(「봄 회상」)으로 우러나기를 기다리는 "눈뜨는 홑겹의 외로움"(「산수유꽃 피기 전」)을 만끽하며 살아간다. 그는 예나 지금이나 미래에나 '자기의 시를 쓰는 사람'이다.(『현대시』, 2001. 7)

강인한 시에 나타난 병리현상

I. 서론

　인간은 살아가는 동안에 질병으로부터 자유로울 수 없다. 질병은 차라리 인간의 실존을 증명해주는 의학적 표지라고 보아야 타당할 성싶다. 수많은 문학 작품에서 질병이 취급되는 이유도, 결국 인간의 본질적 조건에 대한 탐색의 결과라고 할 수 있다. 질병은 역사적으로 다양한 부면에서 지속적으로 분화되며 퇴출되거나 발전해 왔다. 개인의 신체에 영향을 주는 질병은 개인과 사회의 관계, 나아가서는 국가간의 관계에도 영향을 끼친다. 이처럼 질병은 인간의 모든 국면에 개입하려는 속성을 지니고 있어서, 문명을 만들거나 절멸시키는 동인이라고 해도 과언이 아니다.

　문학사에서는 소설의 과학화를 주창한 자연주의 문학에 이르러 질병은 본격적으로 수용되었다. 한 예로, 에밀 졸라는 명편『목로주점』에서 알코올 중독자의 행로를 마치 병상일지처럼 지극히 사실적으로 묘사한 바 있다. 또한 낭만주의자들에게서 각광받은 결핵은 '영혼의 질병'[1]으로 부를 만큼, 작가들에게 친숙한 질병이었다. 20세기에 이르러 프로이트의 심리학이 우세를 점하게 되자, 정신질환이 시와 소설의 주요 소재로 차용되는 추세이다. 그처럼 질병도 유행을 탄다.

　한국 문학 작품에 질병이 수용된 시기는 근대문학의 시점과 맞물려 있다. 질병은 이광수의 장편소설『무정』을 비롯하여 채만식의『탁류』, 현진건의「타락자」등에서 서사를 추동하는 주요 동인이다. 질병은 등장인물을

---

1) Susan Sontag, 이재원 옮김,『은유로서의 질병』, 이후, 2002, 32쪽.

타락과 비극의 결말로 인도하거나 서사의 진행 속도를 지연시키는 등, 적극적인 역할을 수행하면서 소설의 미적 성취에 영향을 끼친다. 질병은 1960년대의 소설에서 본격적으로 출현하는데, 그 이유는 전쟁 체험이 안겨준 충격과 사회경제적 구조가 야기한 심리적 압박감에 있었다. 동일민족 간에 벌어진 대규모 살육 사태는 이념의 호오를 초월하여 인간의 실존적 위기 상황을 적나라하게 노정시켰다. 생명을 위협하는 전쟁 앞에서 민족적 동질성은 후순위로 밀려나고, 가장 기본적인 생존의 욕구만 살아남아서 전쟁의 참상을 증언하였다. 특히 손창섭의 소설작품에서 빈번하게 등장하는 병적 인물들은 작가가 창조한 인물이라기보다는, 전란의 공포 앞에 노출된 인간의 본성이 얼마나 비틀릴 수 있는지를 증명하는 사례라고 볼 수 있다. 이처럼 현대문학은 "삶과 인간적 손상이나 사회적·정치적인 이상 현상의 비유나 상징으로서 질병을 원용하여 질병 현상을 문학화하거나 주제화"[2] 한다. 이런 경향은 세월이 흐를수록 잦아지는 편이다.

지금까지 결핵이나 나병 등에 관한 논의는 활발하게 진행되어 왔다. 하지만 기타 질병의 시적 수용 양상에 대한 연구는 미진한 것이 사실이다. 그것은 소설에 비해 단형을 취하는 시의 생리적 한계 때문이기도 하지만, 주제학적 연구에 대한 연구자들의 소홀한 관심 때문이기도 하다. 시인들은 작품을 통해 꾸준히 질병의 고통을 호소했지만, 연구자들이 주목하지 않았던 것이다. 이에 본고에서는 한하운 시[3]에 나타난 나병의 정치적 함의를 물으며 시작한 질병의 시학적 연구를 심화하기 위한 과정으로 강인한의 시작품에 출현한 병리현상을 살펴보고자 한다. 1960년대 시인에 속하는 강인한은 "몸에 지닌 병도 한 재산이라고"(「겨울을 기다리며」) 질병을 통해서 사회적 현실과 개인적 고통을 토로하고 있다. 그 중에서도 그의 시편에 빈출하는 치통, 이명 그리고 결벽증의 수용 양상을 집중적으로 살필 것이

---

2) 이재선, 『현대소설의 서사주제학』, 문학과지성사, 2007, 14쪽.
3) 최명표, 「'사회적 타자'의 시적 몸부림—한하운 시의 정치시학」, 『해방기 시문학 연구』, 박문사, 2011, 337-361쪽.

다. 그 과정에서 질병과 사회현상의 상관관계가 덤으로 드러나기를 기대한다.

II. 질병의 세 가지 층위

1. 치통의 사회적 의미

예로부터 건강한 치아는 오복 중의 하나라고 불러 왔다. 그 시절은 의술이 발달되기 이전이라서, 치통이 발병하면 마땅히 치료하기가 힘들어서 건치에 관한 관심이 더 컸을 것이다. 파충류 이하의 척추동물들과 달리, 인간의 치아는 영구치가 난 후에는 더 이상 환치되지 않는다. 다시 돋아나지 않고 새로 갈 수 없는 영구치의 숙명은 다시 살 수 없는 인간의 숙명과 흡사하다. 이 생리학적 사실이 인간으로 하여금 치아에 대한 의식을 형성시켜준 밑바탕이었다. 작금에 이르러 한국인들은 치아를 각별하게 다룬 나머지, 심미적 효과까지 아우르기도 한다. 물론 치과적 지식을 무기로 상업적 치료에 집중하는 치과의사들의 전술과 맞물려 벌어진 사태이기도 하다. 예를 들어 한국인들은 하지 않아도 무방한 치아 교정은 물론, 심지어 미백 효과까지 노리며 치과에 드나들기를 마다하지 않는다. 어느덧 몸 담론의 유행에 편승하여 치아조차 미용의 차원으로 진입한 이 나라의 형편에서 알 수 있듯, 치아에 대한 인식은 개인사적 차원을 넘어선다.

치통(toothache)은 치아뿐만 아니라, 치주 조직의 통증을 동반한다. 치주염을 비롯한 치과질환은 자연 치유가 극히 어려워서 환자들은 필연적으로 치과를 찾아서 치료할 수밖에 없다. 그러나 사람들은 병원 중에서 치과에 가는 것을 가장 싫어한다. 대부분의 사람들은 마취로 인한 고통과 두려움 그리고 치아를 가는 기계음이 싫어서 치과에 가기를 꺼린다. 또한 사람들은 발치에 대한 두려움을 갖고 있다. 대개의 상처 부위는 치료 후 복원되거나 절제로 인한 허전함이 시간의 경과 속에서 소멸하는데 비해, 발치는 허전함과 아울러 음식 섭취나 발화시마다 부재를 확인하도록 만든다. 이 점에서 발치는 존재의 근거지를 색출하는 비인간적 의료행위이다. 사람들은 평소에는 치아에 대해 무관심하다가도, 발치나 치료의 순간에 이르면 자신의 허물을 탓하면서 치과의사의 처분에 따르며 관심한다.

강인한은 치아나 치통을 소재로 한 작품들을 자주 발표하였다. 그만치 치아로 고생했다는 증거일 텐데, 이앓이와 관련된 그의 작품들은 개인사적 차원을 뛰어넘어 치통의 사회적 의미를 환기시켜 준다. 치통(sociodontia)은 어원에서 유추할 수 있듯이, 사회적 현상과 관련되어 있다. 치통은 당대 사회의 부조리에 대한 개인의 고통과 침묵의 결과로 발생하는 사회적 질병인 것이다. 내성적 인간일수록 자신에게 부과되는 사회의 압력으로 생겨난 심리적 압박감을 분출하지 못하고 내면에 켜켜이 쌓는다. 그의 분노는 인내와 정비례하여 상승하지만, 밖으로 표출되지 못한 탓에 몸을 갉는다. 분노는 그의 내부에서 나가지 못하여 울분이 되건만, 무기력한 소시민은 문제사태를 해결할 방안을 갖지 못해 자학하게 되는 것이다. 그것은 강인한에게 잠자리에서 이를 가는 행위로 나타난다.

> 흔들흔들 뿌리째 흔들리는 아픔에
> 풍치의 어금니를 뺐는데도
> 아내가 그런다
> 자면서 이를 간다고
>
> 어금니를 좌우 세 대씩이나
> 빼버렸는데도
> 자면서 또 이를 간다고
> 아내가 그런다
>
> 뿌드득뿌드득
> 내 잠 속에서 어금니가 갈았던
> 각질의 하늘

> 못 견딜 치욕이 무엇이었나
>
> 아침에 나는 막무가내로 생각이 안 나
> 보아도 그만
> 안 보아도 그만인 신문지를 뒤적거리고
> 텔레비전을 틀어보지만
>
> 주소 불명의 이유를
> 아무데서도 찾을 수 없구나
> 몽땅 빼버린 어금니를
> 이제 다시 찾을 수 없듯이
> ─「하, 이유가 없다」4) 전문

　강인한은 "어금니 하나를 마저 뽑지 않기 위해서"(「편지」) 양치질한다. 그에게 마지막 남은 '어금니 하나'는 소시민의 존재증명이다. 그러나 그마저 빼냈는데도 불구하고 이를 갈자, 시인은 가슴속에 내재화된 '못 견딜 치욕'을 호출한다. 이때 그는 치욕의 근원이 '생각이 안 나'자 신문을 뒤적거리고 텔레비전을 켠다. 하지만 '보아도 그만, 안 보아도 그만인 신문지' 안에 치욕이 남아있을 리 만무하다. 이미 정통성을 확보하지 못한 정권의 하수인으로 전락한 언론 매체에서 치욕의 원인은 '주소 불명'으로 처리되었기에 아무데서'도' 찾을 수 없다. 그것은 마치 발치되어 치과의 폐기물로 처리되어버린 어금니를 다시 찾을 수 없는 것처럼 절망적이다.
　이와 같이 인용시편은 위정자들에게 길들여진 언론의 통제 하에서 일어나거나 벌어졌던 의문사를 위시한 숱한 사건들의 진실을 찾을 수 없던 당대 사회의 치부를 드러내준다. 그 과정에서 강인한은 모든 사람들이 겪는 치통을 메타포로 활용하여 '흔들흔들 뿌리째 흔들리는 아픔'에도 침묵하며 견디지 않으면 안 되었던 지난 시절의 음화를 새겨냈다. 이 점에서 그를 가리켜 "감각이 빼어난 서정시인이면서도 서민생활과 관련한 번뜩이는 현

---

4) 강인한, 『황홀한 물살』, 창작과비평사, 1999, 32-33쪽.

실의식이 차분하게 읽는 이의 마음을 울리고 있다"5)고 본 평자의 식견은 탁월하다.

입안은 치과의사에 대한 "순종이 이루어지고 주관성이 형성되는 권력의 공간"6)이다. 그 안에서는 환자가 주인 행세를 못하고 집도의가 주체가 되어 온갖 권력을 행사한다. 환자는 제 입안을 그에게 맡기고 방관하며, 죄수처럼 의사의 지시에 복종하지 않으면 안 된다. 이 도저한 굴욕은 입안에 세균을 배양한 채 살아왔다는 죄책감으로부터 기인한 것이다. 그의 죄는 치과의가 단죄한 것이다. 말하자면 환자는 자신의 치아에 대한 자율성을 삭탈당하고, 타인의 의사에 따라 죄책감을 부과받게 된다. 치과의는 '그윽하게' 환자의 입안을 고루 수색하고 점검하며 가학한다. 환자는 자신의 입안에서 치과의사의 손가락이 자유롭게 움직여도 거부하거나 반항할 수 없다. 이미 입안은 치과의가 점령한 영토이며, 그 안에서 벌어지는 일은 온전히 의사의 의지에 따른다. 이처럼 치아를 매개로 입안에서 일어나는 모든 경우의 수는 권력작용과 유사하다. 치과의 치료행위가 개인의 차원뿐만 아니라, 사회적 관계도 포함하고 있는 것이다.

앞의 시가 "더러운 비밀을 발본색원하시라"(「치과 의자에 누워」)며 치통에 은닉된 사회적 고통을 시화한 작품이라면, 아래에 인용하는 시편은 나이듦의 쓸쓸한 표정을 치통으로 빗댄 가작이다. 메를로 퐁티의 유명한 "사람의 몸은 보여지는 것인 동시에 보는 것이다"를 조금만 비틀어 말한다면, 사람의 치아는 보여지는 것인 동시에 보는 것이다. 사람들은 양치하는 동안에 거울을 보며 자신의 치아에 이상이 있는지를 판별한다. 또 그는 다른 사람의 치아를 보며 그이의 건강 상태를 판단하고, 자신의 치아 상태를 견주어 본다. 치아를 사이에 두고 주체와 객체는 시선을 교차하며 서로의 건강 유무를 확인하는 것이다. 그런 인식은 치아가 수명을 다하기 시작하는

---

5) 이성부, 「그리움의 넓이와 깊이」, 『창작과 비평』 통권 제104호, 1999. 여름호, 244쪽.
6) Sarah Nettleton, 대한치과의사학회 옮김, 『푸코와 치아』, 한울, 2000, 200쪽.

나이에 접어들수록 심화된다. 상대적으로 건강하지 못한 치아를 가졌거나 인공치아를 식재한 사람이라면 치아에 대한 인식의 강도가 높을 수밖에 없는 까닭이다.

> 치과에 간다 씹을 수가 없어서
> 이발소에 가듯
> 나는 이제 거세된 두려움을 아득히 그리워하며
> 길게 편안히 눕는다
> 상처 난 잇몸을 확인하고
> 의사는 틀니를 꺼내 바라본다 그윽하게
>
> 예전에는 성치 못한 치아를 갈고 깎던
> 내 온몸을 송곳으로 관통하던
> 저 기계 소리가
> 마취주사의 끔찍한 바늘 앞에 서 있었다
> 그러나 오늘 나는 조용히 기다릴 뿐
>
> 바쁘지도 조급하지도 않아
> 의사가 기계 수리공처럼
> 섬세하게 다듬어준 틀니를 물고 나면
> 이 세상의 먹을 것들이
> 온통 적의뿐이었던 그것들이
> 내게 다시 한번 화해의 악수를 청한다
>
> 아직은 나를 기다리는 시간이
> 가깝기는 하여도 저만치 떨어져 있는 거야
> 검고 긴 두려움의 구멍 내가 끌어야 할 그 문이
> 아직은 아직은.
> ―「적과의 화해」7) 부분

고통이 장기간에 걸쳐 진행될 때, 사람들은 그 고통 속에서 일종의 쾌

---

7) 강인한, 『푸른 심연』, 고요아침, 2005, 52-53쪽.

감을 느끼게 된다. 강인한의 기통애(嗜痛愛, algophilia)는 이 나라의 왜곡된 정치 현실과 관련되어 있는 줄 앞에서 밝혀졌다. 그로 인해 내면화된 자학적 증상의 하나이겠지만, 그는 '거세된 두려움을 아득히 그리워하며' 치과에 간다. 그는 '이발소에 가듯' 치과에 가는 것으로 보아 치과공포증(dentophobia)을 초월한지 오래이다. 치통에 대해서는 이골이 났을 법한 그의 병력사항은 심상한 일과에 지나지 않지만, 문제는 머리카락을 자르거나 이를 뽑는 것에 대한 거세불안이 시의 결구까지 지속되고 있다는 점이다. 그는 틀니를 끼워 '온통 적의뿐이었던 그것들'과 화해한다. 그렇지만 화해는 '화해의 악수를 청한다'로 보아 일방적이다. 그는 아직 화해할 시도할 엄두를 내지 않고 있다. 왜냐하면 그가 '온통 적의뿐이었던 그것들'과의 화해를 앞두고, 거세된 치아를 대체한 "덜그럭거리는 틀니"(「삼겹살을 먹는 법」)로 '검고 긴 두려움의 구멍'을 보았기 때문이다. 그 구멍은 '내가 끌려야 할 그 문'이고, 발치로 시작된 거세불안이 종식되는 지점이다.

　강인한에게 '거세된 두려움'을 안겨주었던 '검고 긴 두려움의 구멍'은 발치된 그 자리를 차지한 의치가 덮고 있는 구멍이다. 그 구멍은 영구치를 뽑아버린 자리에 난 것이라서 발치된 치아의 부재를 증명할 뿐이다. 그것의 부재는 틀니로 인해 가짜존재로 대치되어 있다. 그러나 가짜존재는 진짜존재를 온전히 대체할 수 없기에 시인은 '거세된 두려움을 아득히 그리워'한다. 그의 그리움은 '아득히'라는 시간표지로 인해 '가깝기는 하여도 저 만치 떨어져 있는' 화해의 시간을 불러온다. 그러나 '이 세상의 먹을 것들'과의 화해는 틀니를 끼우고 있는 잠깐 동안의 시간 속에서 가능한 것이지, 영구치가 사라진 자리에 돋아난 구멍에 적층된 시간에서는 결코 이루어질 수 없다. 그 시간은 영원히 오지 않는다. 이제 그에게 남은 시간은 '나를 기다리는 시간' 밖에 없다. 그것은 최종적으로 존재의 영원한 부재, 즉 죽음이라는 이길 수 없는 '적과의 화해'가 이루어지는 시간이다. 강인한은 발치와 의치를 통해서 사람이 극복할 수 없는 운명적 과제를 형상화하고 있다. 그것이 끝 행에서 '아직은 아직은.'이라고 유예하면서도 마침표를 찍을 수밖에 없도록 만든 이유이다.

2. 이명의 시간적 층위

한국의 도시화는 80%에 달한다고 한다. 이만한 수치라면 한반도의 반 토막밖에 안 되는 좁은 땅이 도시적 요소로 밀집되었다고 말할 수 있다. 문 밖을 나서면 무분별하게 개발된 흔적을 쉬 찾을 수 있거니와, 단 한 시간이라도 소리없이 살기가 불가능한 실정이다. 도시민들은 하루를 소리로 시작하여 소리로 끝낸다. 이제는 소리가 소음으로 전락하여 처치 곤란한 지경에 이르렀다. 심리학자들에 의하면, 만성적인 소음에 노출된 아이들은 공격적 성향을 지닌 사람으로 성장할 가능성이 높다고 한다. 소리가 사람들의 일상을 지배하고 구획한 것도 모자라 그의 인성까지 조형하는 역할을 수행하게 된 셈이다. 근래에 이르러 청력에 이상을 느끼는 환자들이 증가하는 추세를 보이는 것만 보아도, 사람을 둘러싼 소리가 무용하거나 유해한 줄 알 수 있다. 소리로 구성된 근대문명이 사람을 구축하는 세상에 살게 된 것이다.

현대는 소리의 시대이다. 소리는 현대 사회의 주요 구성요소이며, 인간의 존재성을 확인시켜주는 음성 상징이다. 소리는 이곳과 저곳을 단절없이 이어준다. 그처럼 소리는 타인지향적인 속성을 지니고 있어서 현대인의 특성에 정확히 대응하여 구성 요건을 규정하고 이전의 시대와 구분하는 심급으로 작동한다. 인류의 역사는 소리의 진화 과정과 상응한다고 해도 과언이 아닐 정도로, 소리는 인류의 문명사에서 상당한 영역을 당당하게 확보하고 있다. 농촌의 고요한 풍경과 도시의 소란한 광경이 대립적으로 연상되듯이, 소리는 공간의 특징을 명료하게 드러내주는 자질이다. 한국의 개화기 모습을 보노라면, 전차나 자동차 등의 소리가 가져온 놀라운 의식 변화를 금세 확인할 수 있다. 그처럼 소리의 유무에 따라 미명과 개명이 갈라지고, 소리의 활용 능력에 의해 정신문명과 물질문명의 차이가 발생하게 된다.

이명(tinnitus)은 외부에서 소리의 자극이 없는데도 불구하고 소리를 느끼는 현상이다. 이명은 정신분열증에 속하는 환청과 달리, 귀에서 뇌까지의 소리 전달 과정 중에서 특정 부분에 이상이 생겨서 환자에게 실제로 소리가 간헐적이거나 연속적으로 들리는 병적 징후이다. 아직까지도 정확한 원인을 찾지 못하고 있는 이명은 현대인들에게 흔히 발병되는 친숙한 병이다. 물론 연치가 거듭됨에 따라 발병하기도 하지만, 질병의 속성상 연령의 과소를 가리지 않는다. 그것은 청각이 외부와의 전방위적인 물리적 접촉으로 인해 생겨나는 주관적 감각인 탓으로부터 기인한다. 곧, 청각은 언제나 살아있는 대상과 접촉하여 사람들을 그것에 몰입시켜버린다. 말할 것도 없이, 사람의 기관 중에서 귀는 청각을 담당한다. 귀는 청각과 관련하여 여러 가지 역할을 담당하지만, 그 중에서 중요한 것 중의 하나가 평형 유지이다. 구체적으로는 내이의 전정기관에서 담당한다. 그러므로 이 기관에 이상이 생기면 어지럼증이 나타나 평형 상태를 파괴하게 된다. 이명은 소리가 자극 물질로 전해지지 않았는데도 불구하고 소리를 체감하는 이상현상으로 평형이 어긋나 있는 상태이다.

> 지난 겨울부터 몇 달째
>
> 보이지 않는 숲이 자라고 있었다
>
> 내 귓속 어딘가
>
> 보이지 않는 나무 뒤에 숨어
>
> 매미들이 울고 있었다
> ―「이명(耳鳴)」[8] 전문

---

8) 강인한, 『푸른 심연』, 고요아침, 2005, 101쪽.

주지하다시피, 소리는 시인과 세계의 교응을 담당하는 중요한 역할을 맡고 있다. 시작품에서 다양한 소리들이 자아내는 협화음과 불협화음이 들려오는 것이나, 음성상과 율격을 강조하는 것은 온전히 시인과 소리의 상관관계에 기인한다. 아람어의 어원상으로 시인(poet)이 자갈 위로 흘러가는 물소리를 듣는 사람이라면, 그는 숙명적으로 소리에 민감하게 반응할 권리와 의무를 동시에 지닌 사람이다. 고래로 "청취의 테크닉은 눈에 보이지 않는 것을 귀에 들리게 한다"9)는 점에서, 소리와 운명적으로 얽혀 있는 시인이라면 '눈에 보이지 않는 것'을 듣지 않으면 안 된다. 그가 '지난 겨울부터 몇 달째' 눈에 보이는 것과 보이지 않는 것 혹은 들리는 것과 안 들리는 것 사이에서 유지하고 있던 균형감각을 상실하게 될 때 이명은 발생한다. 그는 '보이지 않는 숲'에서 들려오는 매미울음 소리를 듣는다. 눈에는 보이지 않으나 어딘가에 엄연히 존재하는 '숲'이야말로 강인한에게 이명증을 가져다 준 병인이다. 나아가 매미울음은 시인에게 이명증의 움직일 수 없는 증거로 구체화되어 존재하는 소리이다.

따라서 매미울음이야말로 시인의 일상적 평형상태를 훼방하는 소음이다. 그러나 그 소음은 단순히 시인의 귀에 거슬리는 것이 아니라, 몇 달째 퇴적화된 시간의 '숲' 너머에서 들려오고 있다. 즉, 그것은 시인이 "아슬히 뻗는 기억의 촉수"(「경계」)가 포착해 낸 소리이다. 매미가 수년 동안 살았던 땅 속에서 나와 숲속에서 시인을 향해 존재음을 알릴 때, 그것은 울음을 통해서 아스라한 시간의 허물을 벗어버리고 세상 밖으로 나온다. 그래서 시인의 시편에 등장하는 매미울음은 여러 겹의 이미지를 연속적으로 연출해낸다. 이 점에서 강인한이 취급한 이명이라는 질병은 병리적 자질을 초월하여 시적 차원으로 진입할 발판을 마련하게 된다. 그가 매미울음소리에 시간적 성격을 부여한 흔적은 아래에 따온 시에서 명료하게 구경할 수 있다.

---

9) Jonathan Sterne, 윤원화 옮김, 『청취의 과거』, 현실문화, 2010, 172쪽.

매미 울음소리
붉고 뜨거운 그물을 짠다
먼 하늘로 흘러가는 시간의 강물

저 푸른 강에서 첨벙거리며
물고기들은
성좌를 입에 물고 여기저기 뛰어오르는데

자꾸만 눈이 감긴다
내가 엎질러 버린 기억의 어디쯤
흐르다 멈춘 것은

심장에 깊숙이 박힌
미늘,
그 분홍빛 입술이었다.
　　—「입술」10) 전문

　　인용 작품은 제목과 달리 이명증으로 인한 연상작용이다. 강인한은 매미울음소리를 들으며 '엎질러 버린 기억'을 되살린다. 그 기억은 "소문으로만 남은 첫사랑"(「황사 지난 뒤」)처럼 '미늘'이 되어 지금까지 그를 놓지 않고 있다. 더욱이 소문이 구성하는 청각 사회는 "개인과 세계를 훨씬 수동적이고 덜 이기적으로 이해해서 청각을 으뜸으로 치는 세계는 개인의 자아와 세계를 합치"11)시키는 특성을 갖고 있다. 그렇다면 강인한은 '청각을 으뜸으로 치는 세계'에 살고 있으므로 '개인의 자아와 세계를 합치'시키려는 사회적 성향으로부터 벗어날 수 없다. 그로 인해서 시인은 사회로부터 벗어나려는 탈출 욕구와 첫사랑의 '분홍빛 입술' 사이에서 평형감각을 잃어버리고 만다. 그것이 그에게 이명증을 일으키는 요인이다. 강인한은 '분홍빛 입술'이 '미늘'이 되어 자신의 시간을 포획하리라는 사실을 알고

---

10) 강인한, 『입술』, 시학사, 2009, 97쪽.
11) Mark M. Smith, 김상훈 옮김, 『감각의 역사』, 성균관대학교출판부, 2010, 94쪽.

있었다.

> 나는 확신한다
> 이 느닷없는 입맞춤이
> 나에게 상처가 되리라는 것을,
>
> 기도하는 마음으로
> 나는 너를 가만히 끌어 올리고
> 한 개의 작은 달걀을 두 손으로 감싸듯이
> 플루토에서 온 이 얼굴을 바라본다
>
> 스무 살 성처녀, 네 머리칼에서
> 희미하게 라일락 향기가 떠돌았고
> 더운 내 입술은
> 너의 눈 위에 포개졌다
>
> 그리고 다음 날 또 다음 날
> 새가 날아갔다
> 가서는 돌아오지 않았다.
> ―「입맞춤, 혹은 상처」[12] 전문

 강인한은 "절망에 입맞춘 내 입술"(「오페라의 유령」)을 떠올리며 '이 느닷없는 입맞춤이' 자신에게 상처가 될 줄 예감한다. 그는 '너'를 '플루토에서 온 이 얼굴'이라 이름한다. 하필 1930년에 발견되어 태양계의 끄트머리에 위치했다고 해서 지옥별로 명명된 명왕성에서 온 얼굴이라니. 그의 명명법은 '스무 살 성처녀'라는 다음 연에 의해서 범접할 수 없는 존재가 뜻매김되고, 또 '가서는 돌아오지 않았다'는 종결구에 의해 잡을 수 없는 존재로 자리매김된다. 결국 강인한에게 이명을 안겨준 매미울음은 시간의 나이테 속에서 숙성되기를 기다렸던 추억을 불러왔고, 그로 인해서 시인은 '분홍빛 입술'이 범한 '입맞춤 혹은 상처'라는 이중적이고 반목하는 이미지

---
[12] 강인한, 『입술』, 시학사, 2009, 134쪽.

사이에서 평형상태를 잃어버리게 된 것이다.

3. 결벽증의 시적 신념화

인류사의 문명화 과정을 살펴보면, 사람의 분비물을 은폐하는 역사의 연속이었다. 몸의 내부에서 외부로 배출하는 각종 분비물들은 숨겨지는 순간, 사람들의 삶터로부터 격리된다. 가령, 대표적으로 사람의 대소변이나 침 등은 하루라도 배출되지 않으면 당자의 목숨을 요구하는 것들이다. 또 이것들은 사람이라면 누구나 배출하는 것이어서 감추거나 단속할 것이 아니다. 하지만 사람들이 위생을 발견하는 순간부터 분비물들은 타인에게 감염시킨다고 판명되어 묻히거나 매립되지 않으면 안 되는 위험요소로 낙인되었다. 사람들은 자신의 몸 안에서 몸 밖으로 배출된 분비물을 스스로 구분하고 오염의 경계로 삼게 된 것이다. 동일한 물질일지라도 그것이 몸의 안에 있느냐 밖에 있느냐에 따라서 위생과 비위생의 척도로 삼은 사람들의 조치는 고스란히 문명의 이름을 빌어 단행되었다고 볼 수 있다.

이 점에 주목하여 결벽증의 근원을 찾아낸 프로이트는 항문기의 아이들에게 가해졌던 부모들의 배변 요구가 병인을 형성한다고 주장하였다. 결벽증(automysophobia)은 심리적 강박 증세이다. 아이들은 항문기에 욕구의 심각한 좌절을 경험하게 되면 낭비하거나 어지럽히며 지저분하게 만드는 폭발적 성향을 보이고, 반대의 경우에는 지나치게 청결하고 정돈과 질서에 신경을 쓰는 강박적 성향을 보여서 결벽증을 유발케 된다는 것이다. 그의 주장을 요약하면, 결벽증은 욕구의 좌절에 대한 심리적 반사작용으로 형성된 방어기제이다. 배변과 결벽의 상충하는 행위가 동일한 증세의 다른 이름이라는 사실 앞에서, 인간의 욕구 충족이 함의하고 있는 부작용을 예상할 수 있다. 곧, 증상을 예측할 수 있는 질병은 치유 가능하기 때문에 불온하다.

강인한은 치유당하지 않기 위해서 시를 쓴다. 그의 시적 상상력은 늘 현실에 대한 불온성을 함의하고 있다. 그는 이것을 잃어버리지 않기 위해서 자신을 채찍하며 내면에 똬리를 틀고 있는 열등감을 자극한다. 그의 시에 대한 열정은 "독일의 시인 릴케가 말한 대로 '쓰지 않고서는 죽을 수밖에 없는' 절실한 심정으로 글을 써야 한다는 충고에 나도 동의한다"[13]는 발언으로 입증되고도 남는다. 그의 '쓰지 않고서는 죽을 수밖에 없는' 절박한 심정은 강박관념을 안겨주기 십상이다. 그것이 그의 시업에 결벽증을 장치하게 된 요인이다. 다들 수긍하다시피, 강박증은 사회적 자아와 이상적 자아의 충돌로 인한 심리적 간극이 상당할 경우에 발생한다. 그러므로 그것은 필연적으로 항상적인 시적 긴장감을 유지하도록 시인을 압박하고, 자신이 배설한 언어에 대한 책임감을 요구하기 마련이다. 그런 시인의 시편일수록 심미적 성취수준이 높은 것은 당연하다.

  대학 시절, 지방대학교에 다니는 자격지심을 씻기 위하여 나는 죽어라고 글을 썼다. 닥치는 대로였다. 시, 소설, 희곡, 무어라고 이름지을 수 없는 잡문도 턱없이 써댔다. 쓰는 것만이 내 유일한 삶의 증거였다. 그렇게 쓰면서 문득 느껴지는 게 있었다. 인간이 신의 경지에 도달할 수 있는 것은 창작 행위라고. 글을 쓰는 것은 가장 숭고한 창조 행위라는 것. 스스로를 준엄하게 돌아보고, 세상 돌아가는 모습을 신의 눈으로 바라보고, 그리하여 가당치 않은 불의와 부정에 대해서는 침묵해선 안 된다는 것.[14]

소위 '자격지심'이란 누구나 갖고 있는 심리적 열등감이다. 그것은 씻으려고 노력한다손 씻어지거나 멸실되지 않는다. 다만 그렇게 노력하는 과정을 통해서 시적 지향점을 고수하게 된다. 그러므로 이런 부류의 시인의 작품을 읽노라면 '글을 쓰는 것은 가장 숭고한 창조 행위라는 것'을 쉽게 깨달을 수 있다. 그것은 그가 '스스로를 준엄하게 돌아보고, 세상 돌아가는 모습을 신의 눈으로 바라보고, 그리하여 가당치 않은 불의와 부정에 대해

---

13) 강인한, 「자서」, 『어린 신에게』, 문학동네, 1998.
14) 강인한, 「겨울 속의 몇 가지 풍경」, 『시와 사람』 제19호, 2000. 겨울호, 143쪽.

서는 침묵해선 안 된다는 것'에 목숨을 걸기 때문에 생겨나는 확신이다. 이러한 확신은 그로 하여금 '시인은 먼저 사람이 되어야 한다'는 윤리적 심급을 설정하도록 강권한다. 그가 말하는 '사람'은 "뼈와 살이 있고 피가 돌고, 바늘로 찌르면 아픔을 느낄 줄 알며, 한 방울 더운 선혈이 솟는 그런 사람"[15]이다. 곧, 참된 사람-시인이란 사회적 갈등 사태를 외면한 채 순수하게 시업만 경작하는 무리가 아니라, 따뜻한 가슴을 갖고 이웃의 처지에 애정을 표하고 사회적 문제에 정당히 발언하는 '사람'이다.

그러나 지난 세월호 사태에서 보았듯이, 국민이 국가의 안전을 걱정하게 된 순간에도 침묵하는 시인들이 많았던 것은 부인할 수 없는 부끄러운 사실이었다. 그렇다고 강인한이 현실에 대한 시인의 과도한 개입을 권장하는 축은 아니다. 그는 단지 시인들이 "사회 속에서 첨예하게 반응하며 구체적인 삶의 표정을 진실하게 표현"[16]하기를 바랄 뿐이다. 즉, 그가 원하는 시인상은 사회적 현상에 대한 긴장감을 유지하는 동시에, 민중들의 일상적 삶을 진실하게 형상화하는 시인이다. 그것은 "올바른 주제에 올바른 아름다움을 갖춘 시, 이것만이 항상 나의 지향하는 바 관심거리였다"[17]라는 선언의 연속선상에서 나왔다. 그의 시편에 배어 있는 '올바른 아름다움'은 초기부터 현재까지 견지해 오고 있는 시적 신념인 셈이다. 곧, 강인한의 시에 고루 삼투된 결벽증상은 시업을 이룩하기 위한 자기결의라고 할 수 있다.

시란 무엇이며, 시인은 누구인가. 시인이 쓴 작품이 다 시가 아닐 것이매 과연 나는 몇 편의 도저한 시를 썼다 할 것인지. 내 삶과 시의 스승들은 모두 가시고 없다. "밟지도 말고 밟히지도 말자"라는 표어를 서가 한쪽에 붙여 놓고서는 난초를 데불고 밤에 먹을 가시던 비사벌초사 주인 석정 스승의 넉넉함이 그립고, "시는 나의 닻이다"고 외치며 형형한 눈빛으로 세상을 쓸어보

---

15) 강인한, 「시인의 말」, 『신들의 놀이터』, 책만드는집, 2015, 4쪽.
16) 강인한, 「독자를 위하여」, 『칼레의 시민들』, 문학세계사, 1992.
17) 강인한, 「자서」, 『우리나라 날씨』, 나남, 1986.

시던 김수영 시인의 치열성이 오늘 새삼 그립다.
　어떤 시인은 작품의 성패를 불구하고 훗날의 평가 내지는 사후의 영예를 은근히 탐하기도 하지만 도대체 생전이나 사후에 남의 입에 자자히 오르내리는 일이 무에 그리 대수로울 건가. 시인은 그저 곁의 눈치 살피지 않고, 자기의 시를 쓰는 사람이면 족할 것이다.18)

　신석정은 강인한의 고등학교 은사이고, 김수영은 그의 시를 선고한 선배시인이다. 두 시인은 공통적으로 '곁의 눈치 살피지 않고, 자기의 시를 쓰는 사람'이었다. 강인한의 이 선언은 시작 활동에 전념하기 위한 결곡한 서원의 표시이면서, 동시에 '생전이나 사후에 남의 입에 자자히 오르내리는 일'에 무관심하기를 바라는 기도문이다. 그의 이러한 신념은 "안이한 서정의 무절제한 배설을 거부"19)하고, 나아가 "현존하는 불확실성으로부터 자신을 추상화할 수 있는 절대적 가능성을 획득하려는"20) 시적 결의에서 비롯된 것이다. 그가 꿈꾸는 '그저 곁의 눈치 살피지 않고, 자기의 시를 쓰는 사람'은 "회장도 사장도 교장도 이사장도 아닌 다만 자기 세계 안에서 글쓰는 일 하나로 평생 가장 소중히 여기는 사람"21)이다. 그런 태도는 밑의 인용시에 그대로 투영되어 있다.

　　아내가 달달 볶아도
　　끝끝내 운전면허를 따지 않는 사람
　　도시락 가방을 들고
　　고집스레 시내버스로 출근을 하며
　　휴대폰을 주어도 가지지 않는 사람
　　일찍이 기사보다 광고가 많은 신문을 끊고
　　티브이 연속극을 끊어버린 사람
　　시월 유신 때 한국문인협회를

---

18) 강인한, 「후기」, 『황홀한 물살』, 창작과비평사, 1999, 125-126쪽.
19) 신석정, 「서」, 『이상기후』, 가림출판사, 1966.
20) 최명표, 「안으로 열하고 겉으로 서늘하옵기」, 『현대시』, 2001. 7, 127쪽.
21) 강인한, 『시를 쓰는 그대에게』, 시와사람사, 2003, 64쪽.

팽개쳐버리고
국제 펜클럽도
들었다가 팽개쳐버린 사람
엿도 안 먹고 껌도 안 씹으면서
오래 전 신경성 위장병에서 만성 위염으로
다시 위궤양으로 승진한 사람
그래서 술도 끊고
싹둑 신용카드도 끊어버린 사람
아 그러나 한 가지
대한민국 교육세를 남보다 많이 내려고
하루 한 갑씩의 담배를 열렬히 사랑하는 사람
　　—「이런 사람」[22] 전문

　타인의 평언이나 췌언을 거절하고, 오직 시의 위의만 걱정하는 강인한의 사람됨을 정직하게 자인한 작품이다. 요새 세상에서 운전면허나 휴대전화는 사회인의 필수품이나, 강인한은 그조차 획득하기를 외면한다. 그것도 모자라 그는 신문이나 티브이 연속극도 보지 않는다. 이만하면 그가 세상과의 단절을 추구하는 이방인처럼 보인다. 그렇지만 민의를 묻지 않은 시월유신에 동조하는 행태를 보인 각종 문인단체를 과감히 탈퇴해버린 결기를 보노라면, 그의 모습은 세상과의 단절이 아니라 세상의 올바르지 못한 것과의 결별인 줄 알게 된다. 곧, 그의 단절행위는 세상이 정상적 질서를 회복하게 되면 철회될 것이다.
　이와 같은 강인한의 대응방식은 '뼈와 살이 있고 피가 돌고, 바늘로 찌르면 아픔을 느낄 줄 알며, 한 방울 더운 선혈이 솟는 그런 사람'으로서 '스스로를 준엄하게 돌아보고, 세상 돌아가는 모습을 신의 눈으로 바라보고, 그리하여 가당치 않은 불의와 부정에 대해서는 침묵해선 안 된다는 것'을 실천한 도덕률의 구체화에 해당한다. 그의 시 「이런 사람」의 '이런 사람'이야말로 이에 합당할 터이다. 그렇다면, 강인한은 시와 삶의 일치를

---
[22] 강인한, 『푸른 심연』, 고요아침, 2005, 45-46쪽.

추구했던 옛 시인들의 자세로부터 기원한 줄 알 수 있다. 그것이 그로 하여금 세상의 불의를 용납하지 말도록 제어하고, 세상사람들의 부조리한 행태를 수용하지 못하도록 가로막는다. 그는 이처럼 엄격한 윤리의식으로 생을 운용하고, 행동으로 실천하는 시인이다. 그의 시에 나타난 병리현상은 바로 건강하지 못한 세상 때문에 생겨났다.

Ⅲ. 결론

이상에 살핀 바와 같이, 강인한의 시작품에는 병리적 징후들이 자주 출현하고 있다. 그런 모습은 그를 포함하여 1960대 시인들의 시편에 나타난 징후들을 전체적으로 세밀하게 조감하기를 요구한다. 더욱이 그 세대는 해방, 한국전쟁, 군사독재, 민주화 운동 등을 관통하며 한국 현대사를 온몸으로 감당했기에, 이러한 요구사항은 무리하지 않다.

첫째, 강인한의 시에서 치통은 한국의 왜곡된 정치적 현실과 상관되어 발생한다. 이것은 치통의 사회적 의미를 고구하도록 권할 뿐 아니라, 한 나라의 정치메커니즘이 국민의 건강생활에도 영향을 끼친다는 사회병리학적 사실을 증명하고 있다.

둘째, 강인한의 시에서 이명은 '매미울음'이라는 소리를 통해서 청각이미지의 겹침현상으로 나타났다. 그의 이명증은 시간 속에 퇴적화되어 있던 추억이 되살아난 것으로, 병리학적 증상을 초월하여 시적 현상으로 전이되고 있다.

셋째, 강인한의 시에서 결벽증은 시인의 출발 단계부터 결심했던 신념의 구현 과정에서 육화되어 저절로 드러났다. 그가 시작 초기부터 각별하게 견지하고 있는 시적 신념은 시와 시론 등에서 잦게 표출되면서 지금까지도 불변하도록 제어하는 동인이다. 그러므로 결벽증은 그의 시작업 동안 계속적으로 빈출할 전망이다.

종합하여 말하건대, 강인한의 시에 장치된 병적 증상들은 철저하고 엄숙한 시정신에서 기인하였다. 시를 대하는 그의 유난히 진지한 태도가 사회현상에 대한 치열하게 반응하도록 추동하고, 작품 안에서 시어의 절제를 포함한 염결한 자세를 유지하도록 견인한 것이다. 징후 가운데 물리적 치료와 정치 현실의 개선으로 치유 가능한 치통이나 개인적 차원의 기억들이 중첩되어 일으킨 이명은 충분히 통제될 수 있다. 그러나 그의 시에 대한 결벽증만큼은 앞으로도 변함없이 지속되리라 믿는다.(『문예연구』, 2015. 가을호)

시의 위의와 시인의 윤리적 의무
―강인한 시집 『튤립이 보내온 것들』평

1

　일찍이 시와 정치의 관계에 주목한 영국의 바우라(C. M. Bowra)는 시와 정치의 분리를 당연시하는 대중들을 향해 시인들이 자신의 존재의 한 시점에서 당대에 일어나는 일에 관심을 갖는 것은 자연스럽다고 일갈했다. 이 점에서 그가 일제에 대한 처절한 항거를 시화한 심훈의 「그날이 오면」을 주목하고 고평한 것은 당연하다. 세계문학사적으로 정치적 상황이 악화될 때마다 시인들은 현실을 타개하기 위하여 노력하기를 그치지 않았다. 한국에서도 시인들이 문학적 자유와 정치적 자유를 등가로 인식하고 투쟁한 덕분에 더 이상 정치적 상황에 대한 관심이 필요 없는 줄 알았다. 그러나 지난 10년 가까운 세월 동안, 이 나라에서 벌어진 반민주적 작태는 시인들로 하여금 외적 환경을 외면하지 못하도록 붙잡았다.
　이와 같은 시국에 등단 50년을 기리면서 시인으로서의 윤리적 의무를 이행하려는 움직임을 보인 시인이 강인한이다. 그의 제10시집『튤립이 보내온 것들』(시학)은 평생 동안 목숨을 걸고 시를 쓰면서 '시는 언어의 보석이다'는 신념을 실천궁행한 자서전이다. 그가 이번 시집의 머리에 앉는 글에서 "어떤 상황에 처한다 해도 시에 대한 내 신념을 부러지지 않을 것"(「시인의 말」)이라고 단언하는 것만 보아도, 자신의 시적 신념에 대한 오연한 의지가 얼마나 결연한지 알 수 있다. 이전의 시집『강변북로』가 2006년 봄에 옮겨 살기 시작한 서울살이를 점검한 작품집이었다면, 이 시집은 몇 년 동안의 나라 사정에 따라 시인의 본분과 시의 위의에 대한 번민을 담고 있어서 구별된다.

2

  지금까지 강인한은 서정성과 역사성에 바탕을 두고 시를 써왔다. 그가 문단에 나오기 전에 낸 시집 『이상기후』가 서정성의 출발점이었다면, 한 대학의 신문에 발표했었다는 이유로 당선을 취소당한 시 「1965」는 역사성의 디딤판이다. 양자는 등단 초기부터 줄곧 그의 시세계를 굳건히 지켜주는 보루였다. 서정성이 그와 사물과의 내밀한 조응관계를 나타내주는 표지라면, 역사성은 그와 세계와의 치열한 상관관계를 증언하는 발언이다. 예컨대 시집 『불꽃』, 『어린 신에게』, 『황홀한 물살』, 『푸른 심연』 등이 서정적 시편들로 채워졌다면, 『우리나라 날씨』와 『칼레의 시민들』 등은 역사성을 강조한 작품들이 좀 더 많은 분량을 차지하고 있다. 그는 시작 생활 중에 두 가지를 적절히 통제해 왔으나, 이 시집에 이르러 외부 요인 때문에 서정성이 위축되는 양상을 보인다.

  강인한은 사회적 현실이나 역사적 사건을 시화하면서 알레고리를 동원한다. 말하자면 그는 알레고리를 통해 이미지를 빚어냄으로써 기억의 재구성을 시도하는 셈이다. 알레고리의 효용성을 높이 산 발터 벤야민은 상징과 그것을 구분하였다. 그는 알레고리가 상징에 비하여 작품에 역사적이거나 신화적인 배경을 설정하기 때문에 이미지를 구체적으로 드러내는 데 효과적이라고 보았다. 이미지의 초월적 성격보다 알레고리를 윗길에 둔 그의 평언은 시와 정치의 관계를 살펴볼 경우에 유용하다. 강인한은 5월 광주의 비극을 시화한 「팬지꽃」 등에서 알레고리를 통해 사회 상황을 비판하였다. 이런 수법은 자칫 시의 저급한 나락이나 도구화를 예방해주는 동시에, 고유한 시적 이미지를 자아내는 효과를 거두었다.

  지금 내가 갇힌 사각의 벽엔 거울이 없지만

내 마음 속 굽이도는 나선의 층계를 내려가면
정면에 면경이 걸렸고, 거기 젊은 아버지의 얼굴이 들어있다.
장터에서 유리전구를 와삭바삭 깨물어 먹던 아버지
우리 아버지의 거역할 수 없는 목소리를, 여자여 너는 들을 것이다.

일곱 번 몸을 바꾼 스뱅갈리의 목소리.
이리 오라, 백합 같은 처녀여 백치의 내 사랑이여.
간절함만을 안은 채 무서워 말고 내게로 오라.

연가시 유충이 귀뚜라미 머릿속에 들어앉아
그리운 물 냄새를 찾아가는 것처럼.
죽음 앞둔 코끼리가 머리 들어 킬리만자로의 달을 바라보는 것처럼.
　　―「스뱅갈리 앞에 선 여인」 부분

　모리에의 소설 『트릴비』에 나오는 주인공 스뱅갈리는 '다른 사람의 마음을 조종하여 나쁜 짓을 하게 할 힘을 지니고 있는 사람'이란 뜻을 지니고 있다. 소설이 영화화되기도 했지만, 영화광이 아니라면 알지 못했을 이 말이 외국 뉴스에 등장하면서 한국인들에게도 널리 알려졌다. 마치 선시적 지식이 요구되는 소재를 끌어들이는 강인한의 습관은 한국의 정치 상황을 아르헨티나의 군부 독재에 빗댄 「데사파레시도스」 등에서 산견된다. 이 시집에서도 엘러리 퀸의 소설 『Y의 비극』을 차용하여 세월호 소유주 유병언의 사진전을 힐난한 「Y의 비극」, 1833년 카를브륄로프의 그림에 관한 지식이 필요한 「복원」, 1952년 마티스가 그린 「왕의 눈물」 등에서 확인 가능하다. 이런 사례는 강인한에게 서정성을 약화시키도록 강요하는 주변 환경을 증명해주므로 바람직스러운 것은 아니다.
　스뱅갈리는 '죽음 앞둔 코끼리가 머리 들어 킬리만자로의 달을 바라보는 것처럼' 여자에게 '한번 뒤돌아보면 재가 되는 세상이 나올 것'이라고 위협한다. 여자의 어리석음은 "세상에서 가장 정직한 표정의 가면을 쓰고"(「반인반신을 기리는 노예들의 합창」) 있는 '아버지의 거역할 수 없는 목소리'를 그리워하는 순간부터 예비되어 있었다. 그 여자는 "치렁치렁 거망빛 드레스 자락에 아홉 가닥 붉은 꼬리가 살랑"(「저글링」)거리는 '성처녀'이기에, "그 여자를 에워싼 제국의 부로들이 구세주를 대하듯 엄숙히 가스통을 어깨에 메고"(「리아스식 해안의 검은 겨울」) 다닌다. 따라서 "모래알 같은 약 알갱이를 가루로 빻아야 삼킬 수 있는 사람"(「홍어회를 못 먹는 것은」)들은 "에로스의 가면을 쓰고 당신을 찾아온 그녀"(「소행성 F32에서 온 여자」)의 정체를 알아차리기 힘들다.

  그 여자로 대표되는 한국의 정치 상황을 야유하며 외신은 대통령에게 스벵갈리의 청산을 충고하였다. 이처럼 대중들이 익히 알고 있는 사실을 시의 장면으로 들여올 경우, 시인은 대중성을 얻는 대신에 예술성을 잃어버릴 위험에 처한다. 강인한은 이런 상황에 닥칠 때마다 알레고리를 이용하여 돌파해 왔다. 그는 기억의 재발견을 통해서 개별적이자 보편적인 이미지를 생산한다. 그 과정에서 기억은 외적 상황의 기록으로 기능하여 대중들과 익숙하게 조우하게 된다. 그로서 알레고리는 시인의 의도를 충실히 수행하고, 그에 힘입어 작품은 낯설어져서 심미적 효과를 담보한다. 이러한 강인한의 장기는 2014년 4월 16일 일어난 진도 앞바다의 참사를 다룬 아래 작품에서 빛을 발하고 있다.

    물살 빠르게 휘도는 골짜기
    맹골수로 저 아래에 모로 누운 거대한 여객선은
    우리들의 성당이어요.
    여기 따뜻한 슬픔의 휴게실은 우리들의 주소이고요.
    머리카락에 붙은 부연 소문들
    날마다 시린 무릎에는 퍼런 전기가 흐르지만
    착하고 고운 지영 언니
    당신이 세상에 존재하는 그게 얼마나 고마운지요.
    거짓말을 감추려 또 거짓말을
    입술에 검게 칠하고 늑대들과 사는 여자는 참 불쌍해요.
    한라산에 철쭉은 어디만큼 왔나
    나비 앞장 세워 찾아가는 길,
    파이프 오르간 소리가 천천히 종탑의 층계를 오르는 동안

은빛 갈치 살같이 달려가는 그 골짜기로 봄이 오겠지요.
기다리던 답장이 오고, 하늘에서 별빛이 쏟아져
끝없이 소라고둥처럼 내려가는 단조의 층계
야자나무 잎사귀에서 호두나무 가지로 통통 건너가는
별 하나, 별 둘,
가만히 있어요, 가만히 있어요.
눈 감고 가만히 기다리는 다영이, 수찬이, 차웅이
손 내밀어 봐, 별 모양 귀여운 불가사릴 줄게.
오라고, 이리 오라고 손짓하는 볼우물 예쁜 최샘,
집게발 높이 들고 옆걸음 치는 꽃게들, 뽀글뽀글 피워 올리는
물방울 카네이션은 엄마한테 우리가 띄워 보내는 사랑이에요.
아, 우릴 부르는 저녁 종소리⋯⋯
엄마 이제는 가셔요, 울지 말고 이제는 집에 가셔요.
　　―「가라앉은 성당」 전문

　수학여행을 떠난 300여명의 고등학생이 바다 한가운데에서 목숨을 잃은 어처구니없는 사고는 문명국가라면 도저히 일어나기 힘든 비극이었다. 국민들은 '이게 나라냐!'라고 자책하면서 어린 아이들을 바다 밑에 수장해 놓고서도 시간이 흘러서 분노의 여론이 잠잠해지기를 바라는 정부 앞에서 절망하지 않을 수 없었다. 하지만 역사가 말해주었듯이, 언제나 죽은 자들만 억울한 법. 정부도 여도 야도, 세월호의 침몰을 숱한 사건 중의 하나로 인식하기는 마찬가지였다. 국가가 국민을 보호하지 않는다는 사실에 경악한 강인한은 세월호에 승선한 아이가 침몰하는 순간을 기록하는 방식으로 분노를 승화하였다. 그는 이 시에 1910년 프랑스 작곡가 드뷔시가 작곡한 피아노곡 「가라앉은 성당」을 배음으로 장치하고 있다. 노래는 공주의 질투로 바다 속에 가라앉은 대성당이 어느 날 아침에 바다 위로 떠오르더니, 종소리가 나고 사제의 기도 소리가 들린 후에 다시 바다 속으로 가라앉았다는 전설을 배경으로 전한다.
　드비시의 노래는 세월호의 아이들이 조국의 인재로 자라나지 못한 채 어른들의 "탐욕의 허기"(「젊은 베르테르를 위하여」)에 의한 인재로 짧은

생을 마감하고 마는 순간의 비극성을 배가시킨다. 그것은 '착하고 고운 지영 언니'와 '거짓말을 감추려 또 거짓말을/입술에 검게 칠하고 늑대들과 사는 여자'의 대비로 극명해지고 있다. 그 여자는 '일곱 번 몸을 바꾼 스벵갈리의 목소리'에 포획된 "아슈라 백작"(「동충하초의 꿈」)이다. 선악의 대비는 승강하는 층계의 대조와 맞물려 선내의 숨막히는 상황을 고조시킨다. 그것이 강인한으로 하여금 드비시가 성당의 부상과 재침몰 과정을 가락의 고저로 표현한 사실에 주목하도록 거든 요인이다. 그는 '우릴 부르는 저녁 종소리'가 울리면 다시 가라앉게 되는 성당의 운명을 '파이프 오르간 소리가 천천히 종탑의 층계를 오르는 동안'과 '끝없이 소라고둥처럼 내려가는 단조의 층계'에 담았다.

층계를 오르내리는 운명의 순간 속에서도 아이들은 '뽀글뽀글 피워 올리는/물방울 카네이션은 엄마한테 우리가 띄워 보내는 사랑'을 표현한다. 그것은 죽음의 순간을 맞는 아이들과 엄마를 이어주고 둘 사이에 이별의 순간을 마련해주려는 강인한의 배려이다. 아울러 물방울은 아이들이 저승으로 떠나기 전에 이승에 남은 엄마에게 바치는 최후의 카네이션이면서, 세월호가 반드시 수상으로 떠오를 것을 예시하는 기포로 볼 수 있다. 비록 아이들에게 "태어나지 마라, 이런 나라에"(「태어나지 않은 이름은 슬프다」)라고 절규한 그였으나, 마지막에 물방울을 통해서 진실의 인양을 고대하는 가족과 국민들의 바람을 함의해 놓은 것이다.

3

이 시집에서 강인한은 "우리가 돌아가 기댈 정의가 있기는 있는가"(「분노는 파도처럼」)라고 묻는다. 그의 질문은 그야말로 다사다난했던 최근의 몇 년 동안을 살아가는 동안에 느꼈던 바를 갈무리한 것일 테지만, 어쩌면 "애당초 글러먹은 나라"(「1965」)의 백성으로 태어나서 깨달은 바를 재생한 것인지도 모른다. 그의 도저한 절망과 수치심은 심신을 쏟아 지켜온 나라가 국가로서의 품격을 갖추지 못했다는 사실에 기인한 것으로, 서정성을 뒤로 밀어내고 시인의 윤리의식을 앞세우도록 견인하였다. 그런 시절이 서둘러 종식되어 강인한의 특유한 조촐한 서정이 내외에 만연하기를 기대한다. 그런 점에서 이 시집은 외부 환경이 시인에게 작용하는 힘의 세기를 확인시켜주기에 충분하다.(『시와 시학』, 2017. 여름호)

제5부 이가림론

이가림 시의 고향의식

I. 서론

　이가림(李嘉林)의 본명은 계진(癸陳)이다. 대대로 정읍에 뿌리를 내리고 살던 그의 가문은 선대에 "기차로 사흘 밤 나흘 낮을 꼬박 달려가서야 닿는다는 만주 열하라는 곳"1)으로 떠났다가 해방 후에 귀국하였다. 그가 프로필에 1943년 만주의 열하에서 태어났다고 적는 사정이다. 그는 해방을 맞아 다시 정읍으로 돌아와서 옹동면 산성리의 외가에서 성장하였다. 상급학교 진학을 위해 전주로 옮긴 그는 전주중앙국민학교와 전주서중학교를 다니며 청소년기를 보냈다. 그는 1973년 성균관대학교 불문과를 졸업하고, 1989년 프랑스 루앙대학교에서 불문학박사 학위를 받은 불문학자이다. 한때 MBC 프로듀서를 지낸 그는 정년퇴임한 인하대학교에서 오래 근무했다. 그의 시작 활동은 전주고등학교 3학년 재학 중 전북대학교에서 주최한 전국고교문예현상모집에 시「철로 부근」이 당선되면서 시작되었다. 그 역시 당시의 문학소년들이 밟았던 전철을 따라 시단에 진입할 채비를 했던 셈이다. 그 뒤 이가림은 1964년『경향신문』신춘문예에 시「돌의 언어」가 가작 입선되고, 1966년『동아일보』신춘문예에 시「빙하기」가 당선되어 시단에 등장했다.

　이가림은 과작의 시인이다. 그는 화려한 등단 과정을 밟았으나, 여러 단체에 적을 두지 않고 자신의 시업에 열중하였다. 그가 참가한 동인지이라야 전주 친구들끼리 만든 <원시림>과 신춘문예 당선 시인들로 구성된

---

1) 이가림,「우연과 필연의 길」,『내 마음의 협궤열차』, 시와시학사, 2000, 94쪽.

<신춘시>에 그쳤다. 그는 특수한 성향을 보이거나 특정한 집단에 소속되어 활약하기를 꺼린 것이다. 그런 결과로 이가림은 "일찍부터 순수시의 헛된 미망을 과감히 떨쳐버리고, 사회과학적 편향이 우리 시를 거의 무차별적으로 강타할 때도 그는 의연히 자기 시의 영역을 탄탄히 굳힌, 그리하여 양자를 통일적으로 조화시킨 시인"2)으로 평가받는다. 그는 여러 권의 시집 말고도 산문집3)을 내어 1993년 정지용문학상과 2012년 영랑시문학상 등을 수상하고 그 동안의 시업을 위로받았다. 하지만 그의 시집을 통독해 볼 양이면, 상당량의 작품이 시집에 중복 수록된 사실을 발견하게 된다. 서지상으로 분별해 볼만큼 마땅한 이유를 찾아볼 수 없다는 점만 보더라도, 그의 과작은 표나게 확인된다. 말하자면, 그는 시류에 섞이지 않으면서도 다작하여 시재를 허비하지도 않았던 것이다.

그러나 그것이 이가림의 시적 편력이 전무하다거나, 시적 방황이나 인식의 심화 정도를 부정하는 것은 아니다. 시집을 발간할 적마다 그의 시적 모색은 깊어지고 넓어졌다. 더욱이 초기시에서 부단히 표출되던 이국정조는 물리적 나이의 증가를 따라 상당 부분 삭제되어 관심있는 독자들의 우려를 탕감시키고 있다. 그렇지만 지금까지 그의 시세계는 "아이의 순진한 마음과 동무들과의 놀이 그리고 평화로운 자연과의 조화로 이루어지는 행복한 삶의 이미지―이러한 것에 대한 동경과 상실감은 기실 처음부터 지

---

2) 윤영천, 「슬픔 또는 사랑의 변주곡」, 『서정적 진실과 시의 힘』, 창작과비평사, 2002, 274쪽.
3) 이가림의 시집은 『빙하기』(민음사, 1973), 『유리창에 이마를 대고』(창작과비평사, 1981), 『슬픈 반도』(예전사, 1989), 『순간의 거울』(창작과비평사, 1995), 『내 마음의 협궤열차』(시와시학사, 2000), 『바람개비별』(시와시학, 2011), 시선집 『지금, 언제나 지금』(시월, 2011)과 『모두를 위한 시간』(시인생각, 2013) 등이다. 그의 산문집은 『사랑, 삶의 다른 이름』(시와시학사, 1998), 『흰 비너스 검은 비너스』(문학수첩, 2004) 등이 있다. 또 이가림은 미술에도 조예가 깊어서 『미술과 문학의 만남』(월간 미술, 2000)을 펴냈고, 전공을 살려서 프랑스의 시론들 『불사조의 시학』(정음사, 1978)으로 편역한 것을 비롯하여 가스통 바슐라르의 『촛불의 미학』(문예출판사, 1975), 『꿈꿀 권리』(열화당, 1980), 『물과 꿈』(문예출판사, 1980) 등을 번역하였다.

금까지의 이가림의 작품에 일관된 연속성을 부여하고 있는 강력한 모티프"4)를 이루고 있는 게 사실이다. 이에 본고는 그런 평가의 준거가 고향의식이라고 보고, 시작 초기부터 이가림의 시편에 줄곧 출현하는 고향의식의 시적 의미를 알아봄으로써, 시세계를 온전히 이해하는 발판으로 삼고자 한다.

Ⅱ. 출향과 귀향의 변증법적 변주

1. 이향, 고향의 발견

고래로 고향은 떠난 이들에 의해 이승에서 가장 아름다운 언어로 칭송된다. 그들은 떠난 자의 원죄를 의식하며 고향에서 보낸 한 철을 못 잊어 갖은 말로 미화하기를 마다하지 않는다. 그의 발화에 따라 고향은 원시적 장소성을 획득하는 대신에, 발화자에게 낭만적 상상력을 대여해준다. 망향 시편들의 시간이 여느 시보다 과거시제를 일삼고, 고향을 원시적 질서가 온전한 곳으로 인식하는 버릇은 그로부터 발상한 것이다. 그러나 모든 고향이 아름다움으로 충만한 것은 아니다. 특정 사건으로 말미암아 씻을 수 없는 상처를 내장한 고장이라면 사정은 달라진다. 그 중의 하나가 전라북도 정읍이다. 그곳 출신 시인 이가림의 시에서 정읍은 "흰 달빛 은은한 비올롱의 彈奏하는 노래"(「겨울 판화」)가 아니라 "제길할 제길할"(「井邑紀行」)이라는 탄식음으로 호출된다. 두 소리의 이질적인 성격은 정읍이 그에게 서정적 공간으로 저장되어 있다기보다는 한맺힌 역사적 장소로 기억되어 있다는 증거이다.

정읍은 예로부터 호남의 웅군으로 나라의 식량창고 노릇을 묵묵히 수행

---

4) 김종철, 「이가림의 시에 대하여」, 이가림 시집 『유리창에 이마를 대고』 해설, 창작과비평사, 1981, 105쪽.

하다가, 재변이 생기면 벌떼같이 일어나 구국 대열을 선도했던 충의의 고장이다. 한 예로, 임진왜란이 일어나자 내장사에서 수도하던 희묵대사는 승병을 이끌고 산문을 지켰거니와, 왜구들에 의해 모조리 불타버린 『조선왕조실록』은 정읍사람 안의와 손홍록이 전주사고본을 수레로 싣고 와 내장산 용굴에 숨기고 지켜서 오늘날까지 전해지게 되었다. 그 뒤에 밖으로는 동북아시아의 국제 질서를 충격하고, 안으로는 국정개혁의 도화선이 되었던 갑오동학농민혁명은 두고두고 정읍인들의 자랑거리이다. 전봉준을 수장으로 삼아 일어난 이 혁명은 실패로 돌아갔으나, 한국 사회의 비근대적 요소를 척결하고 의식상의 근대화를 격발시킨 대사건이었다. 특히 집강소의 자치 행정은 민족의 민주 역량을 한층 드높인 계기가 되었고, 신분제의 타파는 봉건제도의 철폐로 문화적 근대화를 앞당겨주었다.

하지만 혁명의 실패로 정읍은 역도의 땅으로 낙인찍혔고, 정읍사람들은 "죄 없는 수인(囚人)"(「촛불 소묘 2」)이 되어 관군들에 의해 무차별적으로 살육당하거나 고향으로 돌아오지 못하고 타관을 전전해야 했다. 지금도 그 상처는 정읍의 곳곳에 "온통 짙은 멍 자국투성이"(「멍」)로 남겨져 있거니와, 이가림이 그 모습을 시화한들 놀랄 일이 아니다. 이미 만주에서 "낫 든 전봉준을 닮은"(「만주 자작나무 숲길에서」) 아버지를 만난 그였으므로, 초기에 문제점으로 지적되던 관념 유희는 시집에 노골적으로 배어 있던 '제길헐'의 형이상학적 유희였을 뿐이다. 그것은 이가림이 갑오동학농민혁명의 상흔이 여기저기 남아 있는 고향을 "눈물나는 조국의 순결한 땅"(「숨쉬는 그림자」)과 동의어로 인식하는 등, 주체의 역사화를 시도한 노력에서 수긍할 수 있다. 그는 혁명의 후손으로서 "울부짖음처럼 까맣게 불을 밝히는 눈망울의 수많은 꽃들"(「통곡」)을 노래하기로 다짐한다.

> 동풍이 목놓아 소리치는 날
> 빈 창자를 쓰리게 하는 소주 마시며
> 호남선에 매달려 간다 차창 밖 바라보면
> 달려와 마중하는 누우런 안개

> 호롱불의 얼굴들은 왜 떠오르지 않는가
> 언제나 버려져 있는 고향땅
> 단 한번 무쇠낫이 빛났을 때에도
> 모든 목숨들은 諺文으로 울었을 뿐이다
> 논두렁 밭두렁에
> 張三李四의 아우성처럼 내리는 비
> 캄캄한 들녘 어디선가
> 녹두장군의 발짝 소리 들려온다
> 하늘에게 直訴하듯 치켜든
> 말없이 젖어 있는 풀들의 머리
> ―「黃土에 내리는 비」 전문

누가 읽어도 동학농민혁명을 역사적 배경으로 설정하고, 현존재의 실존적 자리를 탐색한 시편이다. 어느 날 시인은 '빈 창자를 쓰리게 하는 소주'를 마시며 귀향한다. 호남선 열차에 몸을 맡긴 그를 '달려와 마중하는 누우런 안개'는 '호롱불의 얼굴'들이 떠오르는 것을 훼방한다. 그 얼굴은 "수천의 밤을 헤쳐 나온 참혹한 얼굴"(「칼레의 市民」)로, 갑오년에 죽어 간 '張三李四'의 모습을 연상시킨다. 그들의 원혼은 하늘로 건너가지 못한 채 '말없이 젖어 있는 풀'로 살아서 귀향자에게 고향의 비극을 상기시켜 준다. 그들은 "한 뙈기 꿈을 파먹어 들어오는 강적"(「强敵」)에 맞서 "무식하게 곡괭이를 들고 무식하게"(「고부에 머무르며」) 일어난 농민군이다. '강적' 앞에서 한없이 나약한 존재에 불과한 그들이지만, '諺文'으로 울어서 '사람이 곧 하늘'인 줄 내외에 널리 알렸다. 그 사이에 '아우성처럼 내리는 비'가 '말없이 젖어 있는 풀들의 머리'에 내려서 울음을 준비한다.

그 덕분에 이가림이 술기운에 의탁하여 찾아간 '언제나 버려져 있는 고향땅'은 대동세상을 꿈꾸는 생명의 땅으로 변모한다. 곧, 그가 고향을 노래하는 것은 "자본에 의한 농촌의 절멸이라는 위기를 눈앞에 둔 우리 시대에 그럼에도 고향 타령이라는 낭만적 위안으로는 이 위기를 극복할 수 없다는 인식"5)에 그치지 않는다. 국내의 형편없는 현실로부터 달아날 궁리

끝에 외국문학을 선택한 연구자가 아니라, 그는 고향의 도처에서 "푸르른 목숨의 뿌리 박혀 있는 땅"(「질경이풀」)의 의미를 찾아서 "일만 평방미터의 망망한 비애 따위"(「해돋이」)를 벗어던진 행동파 시인이었다. 그러면서도 그는 "가난하지만 따스한 사람들이 있는 한, 아프디 아픈 포복일망정 몸 전체로 싸워나가야 된다"6)고 다짐하며 영육을 추스른다. 그가 시적 투쟁의지를 다지면서 '가난하지만 따스한 사람들'로 시야를 넓히자, 갑오년의 '장삼이사'들은 저마다 이웃으로 되살아났다.

> 시외버스 정류장 옆 빈터에
> 산나물 팔러 오는 먼 친척인 것만 같은 아낙네들의
> 새까만 얼굴들,
>
> 소주 마신 듯
> 붉은 달이 비틀거리는
> 개울물에 바퀴를 씻고
> 무거운 그림자 끌며 돌아가는
> 달구지들의 하루
>
> 짠 고들빼기 김치맛 나던 곳
> 고왔던 양가집 사랑 모두 시들어져
> 낯선 골목마다
> 다 닳아진 창 몇가닥
> 빨래처럼 펄럭이누나
> ―「이끼 낀 고향에 돌아오다」7) 부분

인용한 시의 '산나물 팔러 오는 먼 친척인 것만 같은 아낙네들'은 "당당한 여인무사(女人武士)들"(「그 여름의 옥수수밭」)이 아니다. 그녀는 "냉병 같은 뙤약볕"(「뙤약볕」) 아래서 채취한 산나물을 팔고 있지만, 낯익은 친

---

5) 최원식, 『문학의 귀환』, 창작과비평사, 2001, 339쪽.
6) 이가림, 「후기」, 『유리창에 이마를 대고』, 창작과비평사, 1981, 110쪽.
7) 이가림, 『유리창에 이마를 대고』, 창작과비평사, 1981, 22-23쪽.

척처럼 이물없는 여인이다. 정읍은 군사정권이 일방적으로 편향되게 입안한 경제개발계획에서 소외되어 '이끼 낀 고향'이자, '붉은 달'마저 노동에 지쳐 불콰하게 비틀거리는 곳이나, "꼭 내 외숙모같이 생긴/살가운 정읍 사투리 아줌마"(「아담 옷수선 가게」)가 있어 '살가운' 곳이다. 이가림의 낯가림이 사라지고 사투리의 의미에 착목하자, 그 자리는 정겨운 고향 사람들로 채워졌다. 이처럼 이가림의 시편들은 "철저하게 '주체'의 시간적 경험으로부터 발원되고 있지만, '세계'와 소통하려는 열망을 동시에 내포함으로써 대상의 확장을 통한 신생의 언어를 지향"[8]한다는 점에서 주목받을만하다. 그의 소통의사는 고향을 떠나서 고향을 발견한 것이라서 더욱 진실하고 값지다.

시인은 고향을 미감으로 회상한다. 감각은 선험적으로 전승되어 온 문화적 인식행위라서 과거와 밀접하게 이어주는 역할을 수행한다. 특히 미감을 자극하는 맛이란 "주관적이기 때문에 소집단 단위로 지배되며 감성적 용어로 표현될 수 있다"[9]는 점에서, 시인은 반찬 하나에 의지하여 맛의 추억이 저장되어 있는 유년기로 돌아간다. 그가 고향을 '짠 고들빼기 김치 맛 나던 곳'으로 회억하는 것만 보아도, 서정적 시간은 '무거운 그림자 끌며 돌아가는' 달구지들처럼 안식의 공간으로 향한다. 오랜 객지생활에 찌든 그였으나, 유년기부터 몸에 배어 있는 생리적 식감에 힘입어 고향사람들과 고들빼기김치를 함께 먹으며 공동체의식을 나누어 갖게 된다. 고들빼기김치는 씁쓸한 맛이 일품인 전라도음식으로, 그 중에서도 정읍과 전주사람들이 유난히 즐겨 먹는다. 정읍이 고향이고 전주에서 성장한 이가림이고 보면, 고들빼기김치를 통해 '소집단'의 맛을 공유하고 '감성적 용어'로 기쁨을 주고받는다손 타박할 일이 아니다. 도리어 일찍부터 서울 생활과 유학 생활과 인천에서 직장 생활하느라 길들여진 타관의 맛을 일거에 쫓아버리

---

[8] 유성호, 「낭만적 꿈과 고전적 시선의 협주―이가림의 시세계」, 『시와 사람』, 2008. 가을호, 155쪽.
[9] Mark M. Smith, 김상훈 옮김, 『감각의 역사』, 성균관대학교출판부, 2010, 161쪽.

고 원시적 시간 속으로 진입하려는 그의 노력은 정당하다.

2. 오랑캐꽃, 고향 심상의 확장

이가림은 과작의 시인이 아니랄까봐 연작시도 드문 편이다. 시집의 표제가 되기도 했던 「순간의 거울」은 그가 주장하는 교감의 시학을 실천한 작품들이고, 「시간의 모래」는 프랑스 생활 중의 교감을 단형에 담은 것이다.10) 그에 비해 「오랑캐꽃」 연작은 사향시편으로, 이가림이 등단 후에 발간한 여러 권의 시집에 필히 들어간 작품들인 만큼, 고향을 그리워하는 정도를 살피기에 제격이다. 그런 만치 이 연작은 망향가로 분류되어야 마땅하다. 그러나 이 작품들을 정독해 보면, 평범하고 보편적인 망향시라고 보기에는 심각한 국면들을 내장하고 있는 줄 알게 된다. 곧 오랑캐꽃은 겉으로 "배고픈 고향"(「소녀가수」)의 소소한 사연을 자상하게 수용한 소품이지만, 속으로 그 꽃은 "모든 것 바치고 슬프게 젖은 눈빛"(「그 쟁기꾼의 아내는」)을 상징하고 있다. 그렇다면 시인이 오랑캐꽃에 막대한 의미를 부여한 전후사정을 알아볼 필요가 대두된다. 다행스럽게 이가림은 시론을 설파하는 자리에서 오랑캐꽃에 주목하는 까닭을 언급해두었다.

> 이른 봄 들길 같은 데서 쉽게 만날 수 있는 이 볼품없는 꽃이 내게는 그 어느 화사한 옷차림의 눈부신 꽃보다도 은근한 정다움을 안겨준다. 호들갑스럽게 피는 벚꽃이나 복사꽃처럼 유혹적인 것도 아니며, 저 혼자 고상한 채 그 맵시를 뽐내는 작약이나 모란처럼 사람의 시선을 끄는 것도 없다. 오랑캐

---

10) 이가림은 '교감의 시학'에 대하여 다음과 같이 언급한 바 있다. "내가 생각하는 '교감(交感)이라고 하는 것은 인간과 인간, 인간과 사물과의 현상학적 관계를 의미한다. 우선 어떤 사물에 대해 사랑을 하지 않으면 교감할 수 없다. 나를 둘러싸고 있는 세계와 사물을 사랑하지 않으면 그리고 깊이 이해하지 않으면 진정으로 교감할 수가 없다. 시인은 사물의 거죽이 아니라 알맹이, 그 깊이를 꿰뚫어 보고 거기에 소중하고 숭고한 의미를 부여할 줄 알아야 한다."(이가림, 「교감의 시학을 위하여」, 『모두를 위한 시간』, 시인생각, 2013, 100쪽)

> 꽃은 어쩐지 가냘프고, 어쩐지 안쓰럽고, 어쩐지 불쌍한 느낌을 주는 저 이끼 낀 가난한 계집애의 모습을 연상시킨다.11)

오랑캐꽃은 '어쩐지 가냘프고, 어쩐지 안쓰럽고, 어쩐지 불쌍한 느낌'을 주어 "따뜻하고 정감어린 눈으로 세상을 관찰하는 너무도 인간적인 시인"12) 이가림의 정약한 감정선을 자극한다. 그 꽃은 호들갑스럽거나 유혹적이지 않아서 '저 혼자 고상한 채 그 맵시를 뽐내'지도 않는 '은근한 정다움'을 지녀서 한국인의 심미적 자질에 부합한다. 특히 오랑캐꽃은 '이끼 낀 가난한 계집애의 모습'을 닮아서 "이끼 낀 고향"(「어린 꼬리치레도롱뇽의 하루」)의 "숨어서 웃던 연보라 옷고름의 꽃"(「도라지꽃」)을 연상시킨다. 그러므로 이가림이 오랑캐꽃을 통해서 고향의 심상을 확장해 나가는 것은 극히 자연스럽다.

더욱이 "쉰 삘기 같은 계집애들"(「땅뺏기」)은 산업화시대를 맞아 고향을 떠나 도회지에 살아가다가 "보숭보숭한 백도(白桃)빛 얼굴"(「물총새잡이의 기억 2」)마저 잃어버려서 귀향할 수 없다는 점에서, 오랑캐꽃은 '삐비꽃 같은 가시내'가 '쉰 삘기 같은 계집애'로 타락해버린 모습을 담기에 제격이다. 삐비는 정읍 방언이고, 삘기는 표준어이다. 이가림은 의도적으로 두 어휘를 각기 사용하여 고향/서울 사이의 가로막힌 거리감을 언표하였다. 한 사물을 다르게 작명하는 것은 문화의 차이에서 기인한다. 고향의 방언이 주는 촌스러움은 정서적 안도감을 수반하여 시인을 유년기로 안내한다. 그러나 삘기는 서울 '계집애'가 되어버린 정읍 '가시내'를 포획하여 귀향을 만류한다. 이처럼 이가림은 사소한 시어 하나에도 의미를 부여함으로써, 고향으로 돌아가지 못하는 '가시내'의 신세를 형상화하는데 성공하고 있다.

그녀는 「오랑캐꽃 9」에 연달아 등장하는 "패랭이꽃 같은 가시내 삼례"이고 "삐비꽃 같은 가시내 정순이"이며 "달래 같은 가시내 숙자"이다. 이

---

11) 이가림, 『사랑, 삶의 다른 이름』, 시와시학사, 1998, 18쪽.
12) 장경렬, 「젖어들기에서 뛰어넘기로」, 이가림 시집 『바람개비별』 해설, 시와시학, 2011, 168쪽.

'가시내'들의 공통점은 고향을 떠났다는 점과 '가난한 계집애'라는 점이다. 그녀는 "저마다 저마다의 슬픔 파닥거리며"(「세상의 모든 조약돌은」) "악어 잔등보다 더 거친 손"(「한 월남 난민 여인의 손)으로 살아간다. 그녀의 "찬 번개불에 드러나는 이 빈약한 얼굴"(「오랑캐꽃 3」)은 '말라비틀어진 고향의 얼굴'과 동격이다. 그녀는 "청춘의 쓸개까지도/싸게 팔아버린 서울의 10년"(「馬羅島를 향하여」)을 청산하고 "유년의 허물어지기 쉬운 꿈"(「누이를 위하여」)을 찾아 "전라도 정읍 산성리"(「어떤 안부」)를 찾아간다. 하지만 고향에서 그녀는 "기억할 수 없는 이름"(「겨울 판화」)이 되어 잊혀진 존재였다.

  나를 짓밟아다오 제발
  수세식 변소에 팔려온 이 비천한 몸
  억울하게 모가지가 부러진 채
  유리컵에나 꽂혀 썩어가는 외로움을
  이 눈물겨운 목숨을, 누가 알랴.
  말라비틀어진 고향의 얼굴을 만나면
  죽고 싶다 다시는 돌아갈 수 없는
  슬픈 전라도 계집애의 죄.
  풀꽃만 흐느끼는 낯익은 핏줄의 벌판은
  이미 닳아진 자를 받아주지 않는다.
  쑥을 뜯고 있는 주름살의 어머니에게
  마지막으로 갈 수 있을까.
  이 곪아터지지도 못하는 아픔
  맥주잔에 넘치는 비애의 거품을 마시고
  더럽게 더럽게 웃는 밤이여.
  나를 짓밟아다오 제발
   ―「오랑캐꽃 1」[13] 전문

오랑캐꽃은 '제비꽃, 장수꽃, 병아리꽃, 씨름꽃, 앉은뱅이꽃' 등의 여러

---

13) 이가림, 『유리창에 이마를 대고』, 창작과비평사, 1981, 26쪽.

이름을 거느린다. 제비꽃은 한반도의 전역에 두루 피어나는 다년생 야생화로, 해마다 4월 경이면 산야에 지천으로 핀다. 앉은뱅이꽃은 제비꽃의 별명이기도 하나, 지역에서 따라서는 채송화나 민들레의 이칭이기도 해서 제비꽃을 단정하는 이름은 아니다. 전라도에서는 대부분 제비꽃으로 불리는 이 꽃을 좋아한 프랑스의 독재자 나폴레옹은 엘바섬에 유폐되어 있을 당시, 제비꽃이 필 때 돌아가겠다고 큰소리치며 왕좌 복귀 의지를 드러냈다고 한다. 아마 오랑캐꽃의 귀향지향성은 그로부터 추가되기 시작했는지도 모른다. 더욱이 이가림은 불문학자이기 때문에, 이국의 소문을 익히 알고 있었는지도 모를 일이다. 이런 측면에서 그가 귀향의식을 드러내는 식물적 표지로 오랑캐꽃을 고른 것은 탁월하다.

이용악의 절창 「절라도 가시내」를 잇는 '슬픈 전라도 계집애'는 가발공장 여공(「오랑캐꽃 2」), 방직공(「오랑캐꽃 5」), 창녀(「오랑캐꽃 6」) 등으로 이름을 달리하며 등장한다. 그녀는 "어둠의 세계 저쪽에서 들려오는 낯선 이의 흐느낌 소리를 엿들을 수 있는 밝은 귀를 가진 야경꾼, 삶도 아닌 삶을 살아가는 버림받은 자의 상처를 감싸줄 수 있는 야경꾼"14)이 되고 싶은 이가림의 예민한 촉수에 포착된 '나'이다. '나'는 '수세식 변소에 팔려온' 것으로 보아 도시의 안락한 삶을 꿈꾸며 고향을 떠난 '비천한 몸'이다. 더욱이 '나'는 "살결에 찍힌 수없는 발자욱"(「오랑캐꽃 6」) 때문에 고향 언저리에도 가지 못한다. 왜냐하면 '풀꽃만 흐느끼는 낯익은 핏줄의 벌판'에서 '나'의 슬픈 사연은 '유리컵에나 꽂혀 썩어가는 외로움'일 뿐이고 '곪아터지지도 못하는 아픔'일 뿐이다. 그러므로 '이미 닳아진 자를 받아주지 않는다'는 사실을 잘 알고 있는 '나'는 '쑥을 뜯고 있는 주름살의 어머니'에게 돌아가고 싶어도 '다시는 돌아갈 수 없는' 신세를 한탄하면서 '이 눈물겨운 목숨'을 '억울하게 모가지가 부러진' 오랑캐꽃 같은 처지로 '맥주잔에 넘치는 비애의 거품'을 마신다.

---

14) 이가림, 「어두운 시대의 야경꾼」, 『내 마음의 협궤열차』, 시와시학사, 2000.

성큼 들어서지 못하고
문 밖에서만 엿보는 마당
퀴퀴한 청국장이라도 끓이고 있는가
어둑한 부엌에서
새어나오는 어머니의
밥그릇 달그락거리는 소리

나는 돌아가야 한다
부서진 얼굴을 감추고
돌아가야 한다
저 번쩍이는 도시의 수렁 속으로
밤 속으로
　　　―「오랑캐꽃 10」15) 전문

　'나'는 "부르튼 발이 가까스로 다다른 마을"(「사랑」)에 왔으면서도 집안으로 들어가지 못한다. 이미 '닳아진 자'인 줄 자각한 그녀는 부엌문 틈으로 '새어나오는 어머니의' 실루엣조차 '엿'보지 못하고 식구들을 위해 분주히 '달그락거리는' 밥그릇 소리를 '엿'들을 따름이다. 그마저도 다른 먹거리와 섞이지 못하는 '퀴퀴한 청국장'처럼 '나'의 밥그릇은 "퀴퀴한 에트랑제"(「철로 부근」)가 되어 어머니의 '밥그릇 달그락거리는 소리'로부터 거세되어 있다. 그녀의 죄라면 "한 가마니의 가난"(「수차 위의 생」)으로부터 벗어나기 위하여 "내 고향 황토길"(「황토길 가면」)을 떠난 것밖에 없다. 그러나 "열여섯 댕기머리 누이"(「부용산 1」)의 귀가는 '낯익은 핏줄'들에 의해 거부된다. 그녀의 "삼켜지지 않는 가느다란 울음"(「촛불」)은 고향의 산야에 까마귀소리처럼 꺼이꺼이 쌓일 뿐, 어머니조차 그녀의 발기척을 들을 수 없다.
　이처럼 '나'의 "한아름 껴안고 싶은 이 목메인 그리움"(「풀」)과 "새기지 못하는 외로움"(「상실 1」)은 전적으로 시인의 냉혹한 태도에서 시작된 것

---

15) 이가림, 『순간의 거울』, 창작과비평사, 1995, 54-55쪽.

이다. 이가림은 '새어나오는 어머니의/밥그릇 달그락거리는 소리'로 행가름하여 '나'의 허물을 극대화시켰다. 나아가 그는 어머니의 달그락거리는 소리마저 끊어버리고 행을 마감하여 생겨난 연과 연 사이의 절벽으로 '나'를 몰아붙이고 있다. 그로 인해 '나'는 "외칠 수 없는 침묵의 구멍"(「야경꾼 1」)에 빠진 채 "나를 보는 나를 보는 나를 보는 나……"(「순간의 거울 3」)와 대면케 된다.

이제 '나'는 "시린 외로움"(「촛불 소묘 1」)을 가슴에 안고 '저 번쩍이는 도시의 수렁 속으로' 돌아갈 것을 선언한다. 도시는 "샹들리에 불빛 휘황한"(「지구는 결코 둥글지 않다」) 곳으로, "주홍빛 유곽들의 불빛들"(「웅덩이 속의 무지개」)이 넘실거린다. 도시의 밤은 "집 없는 그리움이 울고 있는 밤"(「심야방송」)이다. 그곳에 사는 이들은 "밤이 괴어 썩고 있는 거리에서 길을 잃고 쓸쓸한 것이 좋아진 누구든지 들어와도 좋다는 주홍빛 천국의 반쯤 열린 불빛"(「상실 2」) 속에서 '길을 잃고 쓸쓸한 것이 좋아진' 존재로 길들여진 채 살아간다. 그들에게는 돌아갈 '집'이 없기에 '그리움'도 없다. 그들은 "碑文이 없는 死者들"(「통곡」)처럼 '부서진 얼굴을 감추고' "멍들은 주막의 향수"(「철로 부근」)를 달랠 뿐이다. 그러나 애초부터 '집 없는 그리움'이기에, 그들의 "상처는 깊고 내뱉지 못한 슬픔이 퍼렇게 살아"(「진흙」)서 "시퍼런 시퍼런 그리움"(「도깨비불」)으로 변하고 만다.

3. 귀향, 삶과 죽음의 합일점

옛날부터 귀향은 살아남은 자들의 본능적 공간의식이 구체적 장소를 향해 움직이는 의식상의 회귀이다. 사람들의 귀향이 회향인 이유인즉, 태어나서 처음으로 밟은 땅을 떠나 "石花껍질 같은 지구의 한 모퉁이"(「새우잠」)를 차지하고 살아가다가 "말라붙은 갯바닥에 쏠려온 해파리 같은 시들음"(「해파리 日記」)으로 원래의 땅으로 돌아가기 때문이다. 그러므로 출향과 귀향은 유년기와 노년기에 각각 대응하여 사람의 일생을 파노라마로 응축시켜 보여주기에 적합하다. 월나라의 새들이 저녁이면 남쪽 가지에 앉듯이, 사람들은 "산등성이 상수리나무들이 남쪽으로 휘이는 것"(「바람개비별 4」)마냥 늘그막에 이르러 향리로 돌아가는 것이다. 또 사람들은 "노랑저고리 장다리꽃 무더기로 피는 고향"(「피리타령」)에 숨겨둔 "추억의 사금파리 한 조각"(「소금창고가 있는 풍경」)을 찾으러 고향을 찾는다. 하지만 '버려진 옛집'은 "머나먼 무한을 꿈꾸는 어린 새"(「우리들의 둥지」)의 귀향을 반갑게 맞아주지 않는다. '어린 새'는 고향의 썰렁함이 의아하다. 자신이 꿈꾸는 '머나먼 무한'의 출발점이었던 고향이 도착점이기도 하다는 사실을 발견하자, 그에게 고향은 '버려진 옛집'의 주인들이 누워 있는 곳으로 변모한다.

  오동꽃 저 혼자 피었다가
  오동꽃 저 혼자 지는 마을
  기침 소리 하나 들리지 않는
  버려진 옛집 마당에 서서
  새삼스럽게 바라보는
  아득한 조상들의 뒷동산

  어릴 적 어머니의 젖무덤 같은
  봉분 두 개
  봉긋이 솟아 있다

  저 아늑한 골짜기에 파묻혀
  한나절 뒹굴다가
  연한 뽕잎 배불리 먹은 누에처럼
  둥그렇게 몸 구부려
  사르르 잠들고 싶다
    —「둥근 잠」16) 전문

---

16) 이가림, 『바람개비별』, 시와시학, 2011, 15쪽.

옛집을 찾은 이가 느끼는 감정은 '있다'와 '싶다'의 사이에 놓여 있다. 어려서 뛰놀던 뒷동산은 '아득한 조상들의 뒷동산'으로 변모하여 낙향자의 몸에 새겨진 시간 표지를 알려주고, 부모의 두 봉분은 '어릴 적 어머니의 젖무덤'으로 전이되어 어린양하던 모습을 연상시켜준다. 그것은 뒷동산의 장소성과 함께 시간성을 동시에 담보하고 있으므로, 고향은 낙향자의 어린 시절과 노년 시절이 조우하는 지점이 된다. 즉, 한 사람의 귀향은 '아늑한 골짜기'에서 한나절 뒹굴고 싶은 나이든 자의 추억 여행인 동시에, '둥그렇게 몸 구부려' 잠을 자는 "웅크린 태아 형상"(「바람개비별 1」)이 되어 다시 태어나고 싶은 이중적 욕망의 발로이기도 하다. 그것은 "죽음마저 새로운 여행의 시작"(「깃털이라는 이름의 여자와 함께」)이라는 깨달음으로 지속된다.

어떻게 해서든지
무덤 자리 하나 마련하려고
고향땅으로 돌아가려는 게 아니라네
한번 떠난 바로 그 자리로
사람은 결코 다시는 돌아갈 수 없다는 걸
내 어찌 모르겠는가
그저 탯줄 묻은 그곳 가까이
조금 더 가까이 다가가 보려는 것이라네

…(중략)…

집으로 돌아가는 길
내 가장 먼 여행은
무덤 자리 하나 잡기 위해서가 아니라네
저 파탕크놀이의 쇠공처럼
우주의 배꼽에 최대한 가까이
나를 붙여 보려는 안타까움이라네
어머니의 아늑한 어두운 자궁 속으로
한사코 되돌아가려는

오래된 맹세라네
—「귀가, 내 가장 먼 여행 1」17) 부분

인용문은 작품의 첫 연과 끝 연이다. 비교적 최근작에 해당하는 이 작품은 연작으로 쓰이고 있어서 이가림의 귀향 의지를 검토하기에 제격이다. 귀향이야 늘그막에 이르러 고향을 회억하는 시인의 자연스러운 감정의 발동일 터이다. 하지만 시인은 자신의 귀향을 '무덤 자리 하나 잡기 위해서가 아니라'고 강변한다. 그의 강조법은 예스런 작법, 곧 처음과 끝을 반복적 어구로 배치하여 폐쇄회로를 마련하던 버릇의 재출현이다. 강조된 귀소욕은 이가림이 이전 시집의 후기에서 언명했듯이 "나는 소박하고 선량한 하나의 순수 개인이 되고 싶다"18)던 소박한 바람의 확인이기도 하다. 그처럼 이가림의 귀향은 소박하게 '그저 탯줄 묻은 그곳 가까이'에 '조금 더 가까이 다가가 보려는 것'이고, 또 '어머니의 아늑한 어두운 자궁 속으로' 돌아가려는 '오래된 맹세'라고 강조한다. 그에 따라 앞의 시에서 시인이 무덤을 '어머니의 젖무덤'이라고 표현하고, 자신을 '연한 뽕잎 배불리 먹은 누에'라고 비유한 의미는 "무한한 본원으로 돌아가기 위"(「하구」)한 몸짓으로 판명된다.

이가림은 작품의 제목 아래에 "大曰逝 逝曰遠 遠曰反(크다는 것은 간다는 것이고, 간다는 것은 멀어진다는 것이며, 멀어진다는 것은 되돌아온다는 것이다)"는 『도덕경』 제25장 '象元'편에 실린 대목을 적어 놓았다. 하지만 시인이 인용문의 앞 구절을 따오지 않아 불필요한 오해가 생기고 말았다. 원문에서 '크다'는 '도'를 가리킨다. 시인으로서는 '도'의 회귀성을 인간의 귀소성으로 등치하여 시작하고자 인용한 듯하다. 그러나 인용상의 거두절미는 의도하지 않은 오해를 불러일으키기 마련이므로, 본문과 그에 어울리는 해석을 다시 인용하여 시작품의 해석에 원용하기로 한다.

---

17) 이가림, 『바람개비별』, 시와시학, 2011, 47, 49쪽.
18) 이가림, 『순간의 거울』, 창작과비평사, 1995, 119쪽.

"有物混成, 先天地生. 寂兮廖兮, 獨立不改, 周行而不殆, 可以爲天下母. 吾不知其名, 强字之曰道, 强爲之名曰大. 大曰逝 逝曰遠 遠曰反. 故道大, 天大, 地大, 人亦大. 城中有四大, 而人居其一焉. 人法地, 地法天, 天道法, 道法自然."(혼돈하면서도 이루어지는 무엇인가가 천지보다도 먼저 있었다. 그것은 소리가 없어 들을 수도 없고, 형태가 없어 볼 수도 없으나, 홀로 우뚝 서있으며 언제까지나 변하지 않고, 두루 어디에나 번져나가며 절대로 멈추는 일이 없어, 천하 만물의 모체라 할 수 있다. 나는 그 이름을 알지 못하겠다. 억지로 자호를 지어 도라 부르고 억지로 이름을 지어 대(大)라 할 뿐이다. 그것은 크므로 어디에나 번져 나가고, 어디에나 번져 나가므로 안 가는 곳 없이 멀리 가고, 멀리 가므로 결국은 되돌아오게 마련이다. 그런고로 도가 크고, 하늘도 크고, 땅도 크고, 또한 사람도 크다. 이 세계에는 큰 것이 넷 있는데, 그 중에는 사람도 한몫을 차지하고 있다. 사람은 땅을 법도로 삼고 따르고, 땅은 하늘을 법도로 삼고 따르고, 하늘은 도를 법도로 삼고 따르지만, 도는 자연을 따라 스스로 그렇게 된 것이다.)19)

시인은 '사람은 결코 다시는 돌아갈 수 없다는 걸' 익히 알고 있다. 그것은 단순한 철리이기도 하지만, 앞서서는 죽고 싶다던 '슬픈 전라도 계집애'의 절망에 찬 절규이기도 했다. 그와 "천사가 잃어버리고 간 날개라 믿"(「茶色 눈동자」)는 그녀는 물리적 나이의 차이가 다를 뿐이지, 동일인물이었던 셈이다. 그렇다면 이가림이 굳이 '어떻게 해서든지/무덤 자리 하나 마련하려고/고향땅으로 돌아가려는 게 아니라'고 항변한 이유를 유추할 수 있다. 그는 "땅 위에서의 유랑이 끝나는 날"(「이사」)에 "잉걸불 같은 그리움"(「석류」)과 "혼자 우는 슬픔"(「야경꾼 2」)으로 한맺힌 '전라도 계집애'와 같이 '기침 소리 하나 들리지 않는' 고향의 옛집으로 돌아가고 싶었던 셈이다. 그것은 "우리들 무리의 언 살 녹여주는 이불이 되리"(「나귀처럼」)라던 맹세의 실천이었다.

다들 알다시피, 이가림이 '한사코 되돌아가려는' 어머니의 '어두운 자궁 속'은 생명의 처소이다. 그의 자궁회귀본능은 시작품에서 곧잘 출현하거니와, 귀향의지와 등가관계를 맺고 시의 주제를 견인하는 모티프로 활용된

---

19) 장기근·이석호 역, 『노자/장자』, 삼성출판사, 1990, 89-90쪽.

다. 따라서 시인이 자궁 안에서 '우주의 배꼽에 최대한 가까이' 가보려고 바라는 것은 '기침 소리 하나 들리지 않는' 절대 공간에서 태초적 시간을 갖고 싶은 욕망과 다르지 않다. 그와 같은 "순수자유"(「35평방미터의 고독 1」)는 "보이지 않는 여러 사람의 지평을 열기 위해"(「숨쉬는 그림자」) 몸부림치던 젊은 날의 초상을 다시 찾고 싶어 한다. 결국 그가 인용한 '大曰逝 逝曰遠 遠曰反'은 시의 출발점에서 도착점으로 돌아온 '가장 먼 여행'을 마치려는 시인의 생을 요약하고 있다. 도는 곧 이가림에게 "집으로 돌아가는 길"(「하구」)이고 "생의 소실점"(「가을의 끝」)이었던 것이다. 따라서 그에게 귀향은 알베르 카뮈의 장편소설 『전락』에 나오는 주인공 "장 바티스트 클라망스"(「氷河期」)가 되기를 갈망했던 등단 초기의 다짐을 완성하는 시점일 뿐더러, 삶과 죽음의 합일점이라는 존재론적 인식을 공간상으로 입증하는 종점이다.

Ⅲ. 결론

이상에서 살펴본 바와 같이, 이가림의 시편에는 고향에 대한 사랑이 두루 배어 있다. 이 점은 여느 시인이나 다를 바 없겠으나, 그의 고향의식은 시일이 경과할수록 심화되고 확대되는 양상을 보였다. 정읍에서 대를 이어 살다가 만주로 이거한 뒤 귀향한 집안의 내력은 그로 하여금 고향에 대한 애정을 더욱 깊게 만들었다. 이가림의 고향의식은 갑오동학농민혁명이 일어난 역사적 장소에 대한 뚜렷한 자긍심에 바탕하고 있다. 이러한 의식은 군사독재 기간의 정치적 탄압과 경제적 불평등으로 피해를 입은 고향에 대한 관심을 드높이도록 자극하였다.

이가림의 시에 나타난 고향의식은 출향과 귀향의 변증법적 양상을 띠고 있다. 일찍부터 타관살이에 익숙한 그는 고향의 피폐한 모습을 발견하고, 고향을 떠나간 사람들을 시작품에 중점적으로 수용하였다. 특히 그는 '전라도 계집애'들의 한서린 삶의 단면을 포착하여 시화하느라 공을 들였다. 그것은 그의 시에서 두드러지게 나타나는 모성지향성과 결부되어 회귀의식, 귀향의지 등으로 변주되었다.(『한국지역문학연구』 제4집, 한국지역문학회, 2014. 5)

이가림 시의 부재의식

I. 서론

 1960년에 일어난 4·19민주시민혁명은 이 나라에 새로운 역사를 열어줄 듯한 착각과 기대와 우려를 한꺼번에 낳았다. 온 국민의 염원을 싣고 출범한 장면 내각은 정치적 불안을 청산하지 못할 정도로 무능하였다. 그 틈을 타서 권력욕에 눈 먼 일군의 군인들이 학생과 시민의 피로 이룩한 혁명의 성과를 부인하고 정권을 탈취하는 만행이 벌어졌다. 유사 이래 처음으로 이 땅에서 시민이 권력을 창출해 낸 자랑스러운 위업을 군부는 총칼로 무력화시킨 것이다. 군부의 무력 앞에서 시인은 나약한 존재에 불과했다. 그들은 민주혁명의 환희를 노래하다가 말고 금세 들뜬 표정을 감추고 시세의 움직임을 주시하지 않으면 안 되었다. 군부는 당초에 '약속'했던 것과는 달리 쉬 귀대하지 않고 권력욕을 드러내었다. 그 뒤로 한국인들 사이에서 약속은 지키지 않아도 되는 거추장스러운 말장난으로 규정되었다. 시인들은 민주주의의 후퇴를 목도하면서 문학적 대응방식을 찾느라 골몰하였다. 그 영향으로 1960년대의 한국 시단은 모더니즘과 이국정조의 혼존으로 특징된다. 특히 이국정조는 군사정권이 조성한 비민주적 상황으로부터의 탈출을 꿈꾸던 시인들의 희망을 반영하였다.
 그런 탓에 1960년대의 시단 풍경을 일러 "군사정권 초기의 어두운 현실에 대한 반작용으로 이국취향적인 분위기와 내용으로 된 시들이 하나의 흐름이었다"[1]는 한 시인의 회고담은 씁쓸하더라도 경청하지 않으면 안 된다. 그의 고백처럼 그 시대의 시를 이해하기 위해서는 '이국취향적인 분위기와 내용으

---

1) 김원호, 「내가 만난 이가림」, 『시와 시학』 통권 제10호, 1993. 여름호, 95쪽.

로 된 시들'이 '어두운 현실에 대한 반작용'인 줄 전제해야 한다. 시사적으로 '이국취향적 분위기'는 1930년대에 일제의 사상 탄압이 극에 달하면서 해체된 카프를 뒤이은 전원시편에서 수놓인 바 있다. 한국근대시사에서 이국정조는 시인의 뜻대로 채택된 것이 아니라 주변 상황에 의해 강제된 것이다. 그러다 보니 '이국취향적인 분위기'는 시사상으로 객관적 조건에 대한 반동적 흐름일 수밖에 없었다. 그런 분위기를 수용하여 1960년대의 시적 특질을 보여준 시인으로 이가림을 들 수 있다.

이가림은 1964년『경향신문』신춘문예에 시「돌의 언어」가 가작 입선되고, 1966년『동아일보』신춘문예에 시「氷河期」가 당선되었으므로 시단의 분위기에 휩쓸리지 않을 수 없었을 터이다. 하지만 이국취향이 현실로부터의 도피적 욕망을 분출한 것이라면, 그것을 현실의 부조리한 측면이나 구조적 모순에 직면한 시인의 정치적 반발이라고 받아들이는 것이 훨씬 생산적이다. 더군다나 그 시절은 군사정권이 장기집권계획을 구체화하기 시작하던 때라서 일체의 반대 논리나 움직임이 허용되지 않았다. 갓 시단에 등장한 이가림으로서는 국민적 합의 과정을 생략한 채 군사정권에 의해서 일방적으로 조성되는 정치상황에 당황하지 않을 수 없었을 터이다. 그를 포함한 1960년대 시인들의 시세계에 진입할 양이면, 시국의 추세를 되돌릴 수 없는 절망감이 기저에 깔려 있는 줄 염두에 두어야 한다.

이에 본고는 이가림의 시에 일관되게 장치된 부재의식의 근원을 파악하고, 그것이 변주되는 과정을 살펴보고자 한다. 이런 접근 방식이 필요한 이유인즉, 한 시인의 시세계를 온전히 이해하기 위해서는 당해 시인의 의식을 지배하는 정서적 측면에 주목할 여지가 있다고 여기기 때문이다. 예를 들어서 그의 시적 변모 과정을 "모더니스트로 출발하여 민중시로 투신했다가 이제 양자를 지양하여 자기시의 독자적 문법을, 아니 우리 시의 새로운 영토를 개척"[2]하려 한다는 식으로 구분하는 태도는 자의적이고 도식적인 해석이다. 시인들의 변화 과정을 그처럼 기계적으로 단절시킬 수 없을뿐더러, 시인들의 의식세계가 변증

---

2) 최원식,『문학의 귀환』, 창작과비평사, 2001, 341쪽.

법적 발달 단계를 따라 변화한다고 단정할 수도 없는 까닭이다. 따라서 이가림이 이룩한 시적 성취를 평가하기 위해서는 다양한 방법이 동원되어야 하고, 그에 앞서 시인의 의식현상을 분석하는 작업이 선행되어야 할 터이다.

Ⅱ. 존재의 선험적 정서로서의 부재의식

1. 감상성, 존재의 절망적 몸부림

5·16 군사쿠데타로부터 한 세대 동안 대한민국은 군사정권의 무력적 탄압에 민주시민이 맞서는 형국으로 진행되어 엄청난 국력의 낭비를 가져왔다. 아직까지도 이에 대한 사회학적 접근이 통 이루어지지 않고 있으나, 무력정권에 대항하며 30년이 넘도록 허비된 시민의 힘은 오천년 한국사에서 유례없이 비생산적이었다. 그 과정에서 무수한 학생, 지식인, 노동자가 전과자로 낙인찍히고 복권되는 무료한 일이 반복되었다. 지금도 정치철만 되면 나뉘는 민주 세력과 반민주 세력의 이분법적 분류는 습관처럼 되풀이되어도 위력적이거니와, 반대편에 선 자들을 다양성의 관점에서 포용하지 못하고 적대시하며 여전히 지속되고 있다. 특히 이 시기를 통과한 대학생들의 의식을 강타하며 각인된 정권의 포악성은 정신적 방황과 정치적 허무의식을 조장하였다.

그 판국에 등장한 이가림의 시작품도 예외가 될 수 없었다. 그가 프랑스문학도인 것을 자랑하듯 "목쉰 「라 마르세이예즈」를 부르며"(「우리들의 둥지」) 명륜동 어귀를 배회한 사정을 시화했을 때, 그것은 프랑스 국가를 부르는 대학새내기들의 치기가 아니었다. 그들은 프랑스 혁명의 성공을 알리며 국가를 목놓아 부르던 이국의 선례와 너무나 다른 모국의 정치적 상황에 절규한 것이다. 정상적인 보통 사람들이라면 세상에 벌어지는 모든 일이 용납하기 힘든 군사정권시대였으므로 "언 흙 풀리는 봄날"(「내 친구 나무를 생각함」)을 고대하는 젊은이들의 고성방가에 내포된 시대의 우울을 값싼 감상성의 발로로 하폄할 수 없다. 그 시절을 산 대학생이라면 누구나 뜻도 모르고 알아듣지도 모르는 외국 노래를 불렀다. 이 나라에 팝송이 산야에서도 불릴 수 있었던 것은 전적으로 군사정치의 후유증이다. 팝송은 청춘들의 말 못할 속사정을 따라 유행된 것이었지만, 한글로 된 가사조차 검열되던 시기에 프랑스어로 부르는 폐창은 "꽁지에 불을 달고 날으는 개똥벌레보다 자유가 없는"(「밤의 여행」) 청춘들이 존재를 증명할 수 있는 유일한 반항의 외침이었다. 언중들이 일반적인 의사소통상황에서 발화의 의미를 곧잘 감추듯이, 시인들이 의미를 은닉하는 것은 "사회적, 정치적 검열이나 그 밖의 다른 검열을 참작하는 데서 흔히 유발되고 있다"3)는 점에서 정치적 성격을 찾아볼 수 있다.

  아주머니,
  나 술 한잔만 더 주세요.
  솜사탕 같은 눈송이가
  이 세상의 어디에나 아낌없이
  펑펑 쏟아지고 있다는 이유만으로
  조금 미쳐볼 수 없을까요
    —「비용의 노래」4) 부분

  화자처럼 "젊은 날의 푸른 상처 자국들"(「겨울 열매」)을 내면에 각인하고 산 세대는 터무니없는 이유를 둘러대고 술을 마셨다. 그들이 찾아낸 명분이라야 작품에 노출된 바와 같이 감상적이나, 술로 시간을 소비해야만 살아갈 수 있는 대학생들에게 세상은 "디스토피아 언덕"(「밤 속에서」)이었다. 그들은 예민한 청춘이었기에 "맨 길바닥 아무데고 살 대면서"(「봄눈」) 갈 곳 없는 자신들의 정처를 물었다. 그러나 누구도 그들이 원하는 대답을 해줄 수 없었다. 시대의 음울한 분위기는 어린 청년들을 사위에서 압박하였으므로, 그에 그들은 "모래알 되어 부서지면 좋겠네"(「모래알」)라고 자조하고 자학하였다. 술김

---

3) Jan Mukařovský, 「시적 언어란 무엇인가」, Roman Jakobson, 박인기 편역, 『현대시의 이론』, 지식산업사, 1989, 104쪽.
4) 이가림, 『유리창에 이마를 대고』, 창작과비평사, 1981, 58쪽.

에 시작된 자책은 청년화자에게 '조금 미쳐볼' 용기를 준다.

　그렇지만 그 용기는 '솜사탕 같은 눈송이'가 쏟아져서 생긴 것이라서 오래 갈 수 없다. 눈은 사람들에게 일시적인 감상성을 자극할 뿐, 금세 녹아버리는 성질 때문에 "먼 부재의 기슭으로 떠나가는"(「눈」) 존재에 지나지 않는다. 즉, '눈'은 청년들에게 부재의 순간을 확인시켜줄 뿐이다. 그런 탓에 "내 무한한 추억 속으로 내리는 눈"(「겨울 판화」) 속에서 술기운에 의탁하여 호출한 화자의 '추억'은 '적막한 눈발'에 파묻혀버리고 만다. 술기운에서 깨어나지 않기를 바랄 뿐, 그가 행할 수 있는 것이라고는 아무 것도 없는 것이다.

　이와 같이 시대와 타협하지 못하는 대학생들의 자괴감은 정치적 부재, 곧 억압된 민주주의로 인해 삭탈된 정신적 불안정에서 기인한 것이다. 그것을 상징하는 표지가 "하나님의 기침 소리보다 더 적막한 눈발"(「겨울의 불꽃」)이다. 그 '적막'은 근원적으로 하늘로부터 내려오는 소리가 소거된 눈의 실재와 맞물려서 완강한 정치상황 앞에서 무력하기 짝이 없는 청년들의 '소리없는 아우성'을 은유한다. 이것이야말로 그들이 술판을 벌인 속사정이다. 이가림의 초기시에서 건듯 보이는 허무감은 전적으로 정치군인들이 조성한 시대적 상황으로 말미암아 생겨났다.

　그러므로 1960년대의 대학생들이 벌인 술판은 '젊은 날의 푸른 상처 자국들'을 치유하기 위한 해원의 장이었다. 그렇지만 그것은 "어리고 간지러운 항거의 몸짓"(「술 취한 외침」)에 불과했다. 그들은 술기운을 빌려야만 "자유의 피가 흐르는 가물치"(「가물치」)가 될 수 있을 뿐, '자유'한 청춘이 아니었으므로 술기운을 빌려서나마 '자유'를 느끼고 싶었다. 그만큼 청춘은 무기력했기에, '항거의 몸짓'은 소심한 자신에 대한 꾸짖음 외에 별 의미를 확보할 수 없었다. 이 점은 이가림의 초기시에 허무감을 더해주는 계기가 되었다.

　　　술잔이란 술잔은 남김없이
　　　내던지고 내던지고 내던진 다음
　　　한참 멈칫거리는 타협마저 끝낸 다음
　　　떠날 놈은 유능하게 떠나고

>   보이지 않는 것에 걸려 신음하는
>   고운 혼만 남아 울고 있다. 참담한
>   참담한 액운 속에서
>
>   님아, 어이 하리 님아
>   비탈이 오고 철저히 깨어짐이 온다 아아
>   가야 하나 내가 나의 길잡이가 되어서
>   닿을 때까지 가야 하나
>   불도 없고 밧줄도 없는데 님아
>   ―「밖에서」5) 부분

청년 화자를 술 마시게 했던 '무한한 추억'은 '참담한 액운'으로 변했다. 그와 함께 술을 마시던 친구들이 흩어진 풍경이다. 그들 중에서 영악한 친구는 '타협'하고 떠나버렸다. 남은 자는 '고운 혼'의 소유자이나, 그는 "비닐우산 같은 이 나날의 뒤집힘"(「오랑캐꽃 9」)에 적응하지 못하는 불우한 군상일 따름이다. 마침내 화자는 친구가 다 떠나간 '불도 없고 밧줄도 없'는 상황 속에서 '내가 나의 길잡이'가 되지 않으면 앞으로 나아갈 수조차 없는 처지에 놓이고 만다. 그는 다급한 마음에 '님'을 불러보지만, 그 님은 이미 "외칠 수 없는 침묵의 구멍"(「야경꾼 1」)에 빠진지 오래였다. 이 도저한 절망감은 그로 하여금 존재론적 고독을 깨닫게 해준 심리적 동인이었다. 비로소 화자는 "믿을 수 없는 거짓의 웃음으로부터"(「지금은 닻을 올릴 때」) 벗어날 것을 다짐한다. 그런 까닭에 이가림의 시에는 걷는 행위가 자주 나타나고, 걸음을 통해 초기시편에서 문제시되었던 감상성이 역사의식으로 발전할 단초를 확보한다.

감상성은 이가림의 초기시에 관하여 "생활의 객관적인 인식이 배제되어 있고 시를 쓰는 사람의 막연한 정서적 체험이 모호한 관념적인 언어를 통하여 나타나 있을 뿐이다"6)는 비판을 가져왔다. 하지만 그것은 외적으로는 "퀴퀴한

---

5) 이가림, 『슬픈 반도』, 예전사, 1989, 90-91쪽.
6) 김종철, 「이가림의 시에 대하여」, 이가림 시집 『유리창에 이마를 대고』 해설, 창작과 비평사, 1981, 103쪽.

에트랑제"(「철로 부근」)처럼 현실과 유리된 양 행동하지만, 내적으로는 "살이 터지고 부서지고 아주 갈라지는 아픔"(「밖에서」)에 몸을 가누지 못하는 고통을 안겨준 복합적인 자질이었다. 이와 같은 안팎의 불일치는 이가림에게 정체성의 혼란을 야기하면서도 시적 위기 국면으로부터 벗어나도록 역사적 안목을 제공해주었다.

가령, 1960년대 시인들에게서 나타나는 공통된 특성으로 "이 시대를 어떻게 견디고 살아나갈 것인가에 대한 천착과 그에 대한 치열한 몸부림"7)을 검출할 수 있다면, 그것은 전적으로 4·19혁명세대로서의 책임감의 발현일 터이다. 그 점에서 신예시인의 감상성은 '천착'의 '몸부림'이라고 할 수 있다. 그만치 혁명은 이가림에게 "碑文이 없는 死者들의 시커먼 침묵"(「통곡」)을 듣도록 견인해 준 역사적 사건으로, 감상적 요소를 청산하고 그 자리를 역사의식으로 채우게 된 계기로 작용하였다. 이가림의 시편을 꼼꼼하게 읽는 독자라면, 시편의 저변에 장치된 역사의식에서 단단한 결기를 느낄 수 있으리라. 이 점에서 그의 시는 전적으로 시대적 현상으로부터 해찰하지 않고 쓰인 것인 줄 알 수 있다.

    어쩔 수 없이 봄은 다시 돌아와
    궁핍한 거리의 꽃가게마다 햇빛 넘치는
    베꼬니아도 찬란히 피고
    은은한 오르간의 내밀한 노래가 살아
    잠든 기억을 하나씩 일깨우는 거리,
    이것은 무엇일까?
    지금 나의 空洞의 가슴에 흐르는 빙하.
    무거운 온몸의 무게를 가누면서
    인파의 강물 속으로 무심히
    나는 걷고 있네.
    ―「獻詞」8) 부분

---

7) 송기한, 『1960년대 시인 연구』, 역락, 2007, 42쪽.
8) 이가림, 『유리창에 이마를 대고』, 창작과비평사, 1981, 83-84쪽.

4·19혁명은 이가림의 시적 경로를 크게 바꾸어 놓았다. 그가 훗날 시인의 신념과 관련하여 "구체적 현실에도 민감해야 하고 또 사회적, 역사적, 현실적 모순이 보인다면 드러내야"9) 한다고 말한 것만 보아도, 혁명이 그에게 준 감동과 아쉬움은 따로 설명할 필요조차 없다. 그러나 해마다 맞는 혁명기념일은 한 달 뒤에 "난데없는 총성의 메아리"(「지난해의 새들은 어디로 갔는가」)로 시작된 다른 '혁명기념일'에 밀려 "죄없는 조랑말처럼 눈물어린 날의 무지개"(「닫힌 방에서 나는 움직인다」)처럼 무의미하고 별 볼일 없는 날이 되어버렸다. 그래도 철없는 봄은 어김없이 돌아와 세인들의 '잠든 기억'을 일깨워준다. 하지만 기념식조차 소리내지 않고 치러야 하는 형편에 '오르간의 내밀한 노래가 살아' 기념일의 의식을 상기한다손 무슨 소용이 있으랴. 시인으로부터 "일만 평방미터의 망망한 비애"(「해돋이」)를 양도받은 청년 화자의 '空洞의 가슴'은 수면에 존재의 일부를 드러내고 수중에 본모습을 감춘 '빙하'와 같다. 그런 측면을 주목해 보면, 이가림이 등단작에서 명명한 '氷河期'는 "거대한 부자유의 뚜껑 밑에 갇혀"(「찌르레기의 노래 2」) 있는 1960년대의 우울한 정치적 분위기를 알레고리화한 것이다. 즉, 그의 시는 외적으로 단정한 포즈를 취하는 듯하나, 내적으로는 치열한 역사의식에 바탕하고 있다.

      옷고름처럼 나부끼는 달빛에 젖어
      마른 갯벌 바닥으로 배회하다
      무릎까지 빠지는 맨발의, 괴로운 밤 게(蟹)가 되어서 돌아오는
      조금씩 미쳐가며 나는 무서운 醉眼인 채
      황폐한 자갈밭을 건너
      흐린 가스등 그늘이 우울한 시장가에서
      눈은 내리고
      하얀 囚衣 입은 천사처럼 잠시 죽어봤으면 생각하다가
      포효의 거대한 불꽃으로나 멸망하기를 소망하다가,
      아아 자꾸만 목이 메이고 싶어지는
      내 고단한 木管의 노래는 떨려

---

9) 한이각, 「이가림 시인을 찾아서」, 『시와 시학』 통권 제10호, 1993. 여름호, 106쪽.

오뇌의 회오리 바람에 은빛 음계들이 머리칼마다
흩날리며 있네.
　　―「氷河期」10) 부분

　이가림의 시에서 게는 개인적 상징물이다. 그의 시편에서 게는 "속아서 속아서 병든 게같이 어기작거리며"(「피리타령」) 걷거나, "집게 부러진 게(蟹)"(「오랑캐꽃 4」)와 "플라스틱통에 갇힌 게들"(「게들」)처럼 불구이거나 불완전한 상태로 출현한다. 게는 극심한 자기연민 혹은 자기혐오에 빠진 시인의 심리 상태를 증언한다. 그것은 혁명기를 거치면서 "처절하리만큼 선명한 지식인"11)이 되기를 열망하던 패기가 사라지고, 실제로는 "스물아홉살의 나이를 전당포에 잡힌"(「蟹」) 감상적인 청년의 일그러진 자화상이다. 앞서 살펴본 바와 같이, 대학생 화자에게 '조금 미쳐볼 수 없을까요'라고 자조하기를 강권하던 눈은 여전히 내리고 있다. 오히려 눈은 화자에게 '조금씩 미쳐가며' 죽음과 멸망을 소망하도록 여기저기'마다' 흩날린다. 즉, 시인을 둘러싼 시대 상황은 전혀 개선되지 않은 것이다. 그 상황이 그의 시편에서 게를 지속적으로 출현시키도록 조장하였다.
　이와 같이 악화된 주변 환경은 도리어 이가림으로 하여금 "비릿한 게 냄새 풍기는 사람들"(「내 마음의 협궤열차 2」)의 모습을 발견하도록 추동하여 "살가운 정읍 사투리 아줌마"(「아담 옷수선 가게」)를 위시한 "땅강아지 같은 아이들"(「그 여름의 미황사」), "묻지 않고 못 배기는 동곽자(東郭子)"(「장자와 짬뽕을 먹다」), "가난한 물방앗간 집 딸"(「촛불 소묘 3」)과 같은 뭇사람들의 삶을 시화하도록 이끌었다. 다시 말해서 이가림은 게상징을 통해서 "나를 보는 나를 보는 나를 보는 나"(「순간의 거울 3」)의 실체적 모습을 찾게 된 것이다. 그로부터 그는 "비릿한 한 움큼의 부끄러움"(「밴댕이를 먹으며」)을 지닌 이웃들의 소소한 일상에 주목하기 시작하여 마침내 "사물과의 정다운 교감을 가질 줄 아는 사람이야말로 참다운 시인"12)이라는 자각에 다다랐다. 이가림의 결의

---

10) 이가림, 『유리창에 이마를 대고』, 창작과비평사, 1981, 72쪽.
11) 이가림, 『사랑, 삶의 다른 이름』, 시와시학사, 1998, 21쪽.

는 아래의 선언에서도 확인 가능하다.

 한 사람의 시인이 마치 산새가 노래하듯이 그렇게 자재롭고 평화로운 마음으로 세상을 노래할 수 있는 것이라면 얼마나 좋으랴. 그러나 우리가 살아가는 이 나날의 삶의 소용돌이 속에서는 한가로이 아름다운 노래를 흥얼거릴 여유가 조금도 없으며, 고작 몇 마디 다급한 호소의 외침 또는 궁상맞은 사제(私製) 넋두리 따위나 늘어놓게 될 뿐이니, 진정 안타깝고 안타까울 따름이다. 더구나 메아리도 없는 송신(送信)만을 일방적으로 혼자서 날려보고 있는 건 아닐까 하는 두려운 생각에 사로잡힐 때면, 그리 아득하고 망연하기까지 하다. 시가 참다운 사랑과 따스한 상호적 우애의 실제적인 교환이 되지 못한다면, 도대체 무슨 의미가 있으며 무슨 소용이 있겠는가 자문해 볼 때가 많다.13)

 이가림의 서언은 한 시집의 머리글로 얹어진 것이어서 솔직한 심사나 다짐을 엿보기에 알맞다. 모두에 적은 바처럼, 그는 '자재롭고 평화로운 마음으로 세상을 노래할 수 있는 것'을 꿈꾼다. 하지만 주변 환경은 그렇게 녹록치 못할 뿐만 아니라, 무엇보다도 '삶의 소용돌이'가 그처럼 유적한 생을 방목하지 않는다. 그런 줄 알게 된 이가림은 '다급한 호소의 외침'이나 '궁상맞은 사제 넋두리'를 진열하여 특정 진영의 발언을 대변하는 시를 경계한다. 그가 보기에 그런 류의 시편들은 '메아리도 없는 송신만을 일방적으로 혼자서 날려보고 있는' 것과 진배없다. 그것이야말로 그가 시작기간 내내 "큰 소리가 작은 소리를 죽이는 광장"(「지금 닻을 올릴 때」)으로 나아가지 않고 "언제나 말하기 위해 침묵"(「거꾸로」)하는 편을 택한 이유이다. 이가림이 더불어 살아가고 싶은 사람들은 "눈 쓰린 땀방울에 젖어 걷는 자"(「수차 위의 생」)들이다. 그들처럼 인생의 신산을 맛본 자들을 위해서라면 시인은 "우리들 무리의 언 살 녹여주는 이불이 되리"(「나귀처럼」)라고 다짐한다. 지금까지 그의 시에서 간헐적으로 검출되었던 감상성이 '참다운 사랑과 따스한 상호적 우애'로 변모할 입구에 진입한 것이다. 그만치 이가림은 시적 성찰의 눈을 놓치지 않았다. 그의 시편

---

12) 이가림, 「교감의 시학을 위하여」, 『모두를 위한 시간』, 시인생각, 2013, 101쪽.
13) 이가림, 「책 머리에」, 『슬픈 반도』, 예전사, 1989.

에서 발견되는 긴장감은 그런 자세로부터 연원한다.

2. 그리움, 부재의 존재증명

이가림의 시편을 관통하는 원초적 정서는 슬픔이다. 그는 여린 감수성의 소유자답게 "사람들의 자잘한 슬픔"(「어제의 꽃」)도 외면하지 못한다. 오죽했으면 그가 스스로 "'슬픔에 파닥거리며' 살아온 내가 나의 미적 실존의 대상인 슬픔을 포기한다면, 그 슬픔이 서러워할 것만 같다"14)고 고백했으랴. 그의 슬픔은 "밤길뿐이었던 나날들"(「찌르레기의 노래 3」) 때문에 시작된 것이다. 그는 "저 혼자 몸부림쳐 피는 꽃"(「풍접화」)처럼 "시린 외로움"(「촛불 소묘 1」)에 존재론적 고독을 원죄처럼 데불고 산다. 그로부터 기원한 "혼자 우는 슬픔"(「야경꾼 2」)은 "새기지 못하는 외로움"(「상실 1」)과 결합되어 "가라앉은 슬픔과 외로움"(「갈색 머리칼의 애인의 장난」)을 동시에 느끼도록 작용한다. 그처럼 이가림의 슬픔은 도저하다.

>   하지만 세상의 모든 조약돌들은
>   저마다 저마다의 슬픔에 파덕거리며
>   조금씩 닳아져간다
>   나의 얼굴이 아닌 얼굴
>   너의 얼굴이 아닌 얼굴로
>   서로 기대어
>   잠시 낯선 체온을 나누어 갖는
>   서글픈 봉별(逢別)의 순간들
>   그 틈새에 모래가 되어
>   흩어진다
>   —「세상의 모든 조약돌들은」15) 부분

---

14) 이가림, 「후기」, 『순간의 거울』, 창작과비평사, 1995, 119쪽.
15) 이가림, 『내 마음의 협궤열차』, 시와시학사, 2000, 37-38쪽.

인용시는 이가림이 슬픔을 치유하는 방식을 고스란히 보여준다. 과학적 현상으로 본다면야 암석의 순환에 불과한 조약돌의 일생일 터이나, 그는 대상과의 '실제적인 교환'을 통해서 조약돌에 켜켜이 새겨진 '틈새'를 굽어본다. 그 '틈'과 '새'의 사이에 놓이고 쌓여 있는 것은 '저마다 저마다의 슬픔에 파덕거리며' 흩어진 조약돌들의 '서글픈 봉별의 순간들'이다. 그와 같은 시간과 공간의 적층이 조약돌로 하여금 '나의 얼굴이 아닌 얼굴'과 '너의 얼굴이 아닌 얼굴'로 닳아지고 마침내 '흩어진다'. 시인은 사람의 '逢別(만남과 헤어짐)'이 그와 다르지 않다는 사실에 "삼켜지지 않는 가느다란 슬픔"(「촛불」)마저 포용하기로 결심한다. 그리하여 그는 슬픔을 '나의 미적 실존의 대상'으로 자리매김하고, 자신의 시를 "내밀한 실존적 기투의 벌거벗은 비망록"16)이라고 규정한다. 그처럼 생리적 슬픔조차 심미적 대상으로 승화시킨 그였으나, 내면에 자리한 "상처는 깊고 내뱉지 못한 슬픔이 퍼렇게 살아"(「진흙」)서 흥금을 건드리기 일쑤이다. 그로 인해 슬픔은 그리움으로 변주되어 작품의 도처에서 출몰한다.

　　"잉걸불 같은 그리움"(「석류」)
　　"기어이, 기어이 피어나고야 말 그리움"(「솔바람 소리 속에는」)
　　"내 뻗쳐오르던 그리움"(「겨울 열매」)
　　"비소같은 그리움"(「투병통신 1」)
　　"집 없는 그리움"(「심야방송」)
　　"눈먼 그리움"(「목마름」)
　　"한아름 껴안고 싶은 이 목메인 그리움"(「풀」)

이가림의 시집에서 임의적으로 추출한 예이다. 그리움이 특정 대상에 대한 열망의 다른 이름이라면, 그것은 주체와 객체 사이에 '상호적'인 '교환'이 이루어지지 못해서 생긴 것이다. 이처럼 소통하지 못하여 자욱한 그리움은 '잉걸불' 같이 타오르거나 뻗쳐올라서 상승적이다. 그렇지만 그리움이 상승한다손 '실제적'인 교환이 이루어질 리 만무하다. 시인의 그리움은 앞서 살펴본 조약돌이

---

16) 이가림, 「시인의 말」, 『바람개비별』, 시와시학, 2011.

'저마다 저마다의 슬픔'에 파닥거리듯이, 발설할 수 없는 슬픔에 의해서 돋아난 것이라서 대상을 특정하지 못한다. 그가 고백한 것처럼, 일찍부터 미적 대상으로 고정된 슬픔 때문에 가슴만 먹먹해질 뿐이다. 결국 시인은 감상성을 역사의식으로 승화시킨 것처럼, 내적 슬픔을 치유하기 위한 방안으로 시적 절제를 선택한다. 이런 자세는 청년기부터 그를 포위했던 정치적 환경 때문에 익숙해진 것이다. 그런 이력을 가진 이가림의 절제력은 "영원과 순간, 견고함과 부드러움, 낭만적 꿈과 고전적 시선을 통합적으로 갈무리하려는 일관된 지향"[17]으로 구현된다. 아래에 인용한 작품은 이가림의 그리움이 외부적 요인에 의해 생겨난 것이 아닌 줄 알려주는 결정적 시편인 동시에, 대척적인 대상들을 '통합적으로 갈무리'하려는 의식적 '지향'을 보여준다.

> 유리창에 이마를 대고
> 모래알 같은 이름 하나 불러본다
> 기어이 끊어낼 수 없는 죄의 탯줄을
> 깊은 땅에 묻고 돌아선 날의
> 막막한 벌판 끝에 열리는 밤
> 내가 일천번도 더 입 맞춘 별이 있음을
> 이 지상의 사람들은 모르리라
> 날마다 잃었다가 되찾는 눈동자
> 먼 不在의 저편에서 오는 빛이기에
> 끝내 아무도 볼 수 없으리라
> 어디서 이 투명한 이슬로 오는가
> 얼굴을 가리우는 차가운 입김
> 유리창에 이마를 대고
> 물방울 같은 이름 하나 불러본다
> ―「유리창에 이마를 대고」[18] 전문

이 작품은 누가 보아도 정지용의 명편 「유리창」의 영향권에서 쓰인 줄 알

---

17) 유성호, 「낭만적 꿈과 고전적 시선의 협주―이가림의 시세계」, 『시와 사람』, 2008. 가을호, 155쪽.
18) 이가림, 『유리창에 이마를 대고』, 창작과비평사, 1981, 11쪽.

수 있다. 이 시는 폐쇄구조로 이루어졌다. 1~2행은 시편의 도입부에 해당하나, 13~14행에서 되풀이 나와서 결말부를 이룬다. 처음부터 끝까지 화자는 '유리창을 이마에 대고' 실내에 있다. 곧, 그가 부르는 '모래알 같은 이름'과 '물방울 같은 이름'은 3~12행 안에서만 존재한다. 더욱이 내용으로 보아 그의 상태는 자발적이어서 밖으로 나올 기미를 찾기 힘들다. 그는 갇혀 있는 '지금-여기'의 상태를 즐기는 것이다. 그 즐김은 '기어이 끊어낼 수 없는 죄의 탯줄'로 미루어 기통애(嗜痛愛)인 줄 밝혀진다. 그렇다면 시인이 "날마다 부르고 싶은 이름"(「순간의 거울 13」)은 남들에게 알리고 싶지 않은 이름이다. 그와 함께 시인은 '이 지상의 사람들은 모르리라'와 '끝내 아무도 볼 수 없으리라'에서 '모르리라'와 '없으리라'라는 어미를 사용하여 자신에게 국한된 비극적 부재상황의 극한을 한꺼번에 표명한다. 그로서 '이름'의 주인공은 시인의 내밀한 슬픔으로 한정된다.

  시인은 '눈동자'를 '날마다 잃었다가 되찾는' 반복 속에서 발견한다. 하지만 그것은 '먼 不在의 저편에서 오는 빛'일 뿐이다. 그 '빛'은 '깊은 땅에 묻고 돌아선 날'의 '막막한 벌판 끝에 열리는 밤'으로부터 기원한 '내가 일천번도 더 입맞춘 별'에서 온다. 그 '별'은 "언제나 나를 부르는 별 하나"(「이슬의 꿈」)이자 "꿈속에 무시로 떨어지는 별똥별"(「나문재」)이다. 시인은 지상의 사람들에게 들키고 싶지 않은 '이름'을 '별'이라는 광물성 이미지로 치환하고 홀로 밤마다 우러러본다. '별'은 "시퍼런 시퍼런 그리움"(「도깨비불」)의 상징이다. 시인의 기도에 화답한 '별'도 '투명한 이슬'이 되어 유리창에 맺혀보지만, 결국 '얼굴을 가리우는 차가운 입김'에 의해서 둘의 만남은 차단된다. 유리에 맺혀진 뿌연 '입김'은 마주 선 둘의 갈라진 시간이 상당히 흐른 줄 알려준다. 시간의 거리감이 존재의 부재를 실감케 하는 것이다.

  이 점에서 시제로 정해진 '유리창'은 둘 사이의 멀어진 시간을 알려주는 표지이면서, 동시에 부재의 근원을 탄로시켜준다. 그에 따라 이가림의 시에서 부재와 그리움은 동의어란 사실이 판명된다. 곧, 그의 시에서 잦게 출현하는 그리움은 부재의 존재증명과 다르지 않다. 그의 시작품에서 그리움은 부재로 인한 외로움으로 이어지는 교두보로 역할하는 것이다. 두 정서는 동전의 양면처럼 튼튼히 자리하여 이가림의 시가 지닌 정서의 결을 빚어내고 본모습을 잃지 않도록 제어하고 있다.

3. 부재, 존재의 자기동일성

　이가림의 시에서 부재현상은 편재적이다. 그의 시에 나타난 부재는 태어나자마자 피식민자가 되어 만주로 떠났던 가족사, 전쟁 중에 맞은 아버지와의 이별, 청년기의 군사정변과 프랑스 유학, 경제개발에 의한 고향의 소외 등이 복합되어 빚어진 것이다. 문제는 이 중의 대부분이 외적 조건이라는 점이다. 말하자면 그가 일방적으로 당하지 않으면 안 되는 강고한 상황요인들이 부재의식을 심화시켰다. 그가 "'여기 그리고 지금' 있는 것의 현존(presence)의 실체를 드러냄으로써 미래의 삶까지 거머쥐려는 것이다"[19]고 시론적 다짐을 해 보아도, 사방에 산재한 부재현상은 "오 위대한 不在!"(「첫눈」)라는 감탄을 불러일으키며 삭제된 유년기를 회억케 한다. 그가 시단에 등장하기 전부터 가슴 속에 자리잡은 부재의식은 성장기를 거쳐 중년을 넘어가는 시점까지 간단없이 호출되는 기억의 부유물이었던 것이다. 그 정도로 이가림의 시에서 부재의식은 상당한 지분을 확보하고, 시행에 고루 삼투하여 시적 정서를 좌우하고 있다.

　　'대륙'이라든가 '흥아'라든가 하는 이름의 기차로 사흘 밤 나흘 낮을 꼬박 달려 가서야 닿는다는 만주 열하성 승덕이라는 곳이 내가 태어난 곳이다. 일제 치하의 암울하기 짝이 없던 시절 아버지께서 선대들이 대대로 살아오던 전북 정읍을 떠나 일본인이 경영하던 대표채광소의 측량기사로 취직을 하여 신혼살림을 시작하는 바람에 엉뚱하게도 만주땅에서 태어나게 된 것이다. 서울, 평양, 신의주를 거쳐 압록강을 건너 봉천을 지나 중국 국경선 가까운 곳에 위치해 있다는 그곳에 대해 나의 기억으로는 아무 것도 떠올릴 수가 없다. 1943년 겨울에 태어나 8·15해방을

---

[19] 이가림, 「끝없는 '현존'의 탐색」, 『시와 사람』, 2008. 가을호, 144쪽.

맞아 서울로 옮겨왔다고 하니, 겨우 두 살을 넘긴 어린 아기였던 나로서는 전혀 기억할 수가 없다.[20]

나라 잃은 시기에 태어난 죄로 조상 대대로 살아오던 고향을 떠나 만주에서 방랑하다가 돌아온 이가림의 가족사적 사연은 고스란히 한국 현대사의 굴곡을 증언한다. 더군다나 "뒤돌아, 뒤돌아보며 떠나간 사내"(「솔바람 소리 속에는」)였던 아버지와 남북전쟁 통에 메별한 핏덩이라면, 그의 성장 과정에서 아버지의 빈자리는 도드라지기 마련이다. 그런 탓에 이가림의 시편에는 부재현상이 두드러진다. 부재란 대상에 대한 그리움과 슬픔을 불러일으킨다. 그리움으로 인해서 부재의식은 자심해져야 마땅하다. 하지만 이가림은 감정을 절제하기로 소문난 시인답게, 시작품에 자신의 개인사를 이입시키기를 자제한다. 그렇다고 할지라도 그것이 그의 시에 무의식적으로 존재의 부재가 장치되는 것까지 가로막을 수는 없다. 시작이란 시인의 무의식이 문자로 배열되고 정서가 삼투되는 과정이므로, 시인이 의도적으로 무의식의 서술을 훼방한다손 온전히 성공하지는 못한다.

  사철 석탄가루를 신고 오는
  열하숭덕의 바람 속에 서서 엄마는
  紅巾賊같이 무섭기만한 호밀들의 허리를
  쓰러넘기며 쓰러넘기며
  부끄러운 달을 마중하였다 멀리
  보일듯 말듯 움직이는 외길 따라
  눈물나는 행주치마로 가고 있었다
   ―「北」[21] 부분

시인의 고백에 의하면, 위의 시작품은 "집안 어른들에게서 들은 내 유년의 삽화들을 바탕으로 해서 유추적 상상력의 힘을 빌려 쓴 만주 아이의 초상"[22]

---

20) 이가림, 「우연과 필연의 길 1」, 『시와 시학』 통권 제10호, 1993. 여름호, 110쪽.
21) 이가림, 『슬픈 반도』, 예전사, 1989, 73쪽.

이란다. 그가 '유추적 상상력'의 도움으로 빚은 심상에 의하면, '엄마'는 "등에 업은 고수머리 애기들의 칭얼거림"(「그 여름의 옥수수밭」)을 온몸으로 감당하며 '눈물나는 행주치마로 가고' 있는 존재였다. 이 점에서 이가림에게 "유년기적 체험이 그저 풍요로운 행복의 추억으로만 다가오는 것은 아니다"23)는 사실은 유의할만하다. 왜냐하면 그가 성장 후에 겪게 되는 각종 심리적 상흔의 근인이 유년기부터 적층되고 있었기 때문이다. 예컨대, 그에게 "추억의 사금파리 한 조각"(「소금창고가 있는 풍경」)조차 남겨주지 않은 유년시절의 기억과 "낯든 전봉준의 이마를 닮은"(「만주 자작나무 숲길에서」) 아버지와의 이별, 공부하기 위해서 고향을 떠나게 된 사정 등이 "안 보이는 부재"(「시, 나의 유리디체」)를 심화시키는 원인으로 작용한다. 그처럼 이가림의 시적 출발 전부터 작동한 선험적 부재의식은 시작을 지탱해주는 근간이다.

아울러 이가림에게 부재의식을 안겨준 외부 요인은 객관적 조건에서도 찾아진다. 그가 해방 전 세대인 탓에 식민지, 해방, 전쟁, 군사정권 등의 역사적 격변기를 체험할 수밖에 없었던 것은 운명이었다. 그것에 더하여 선조들이 대대로 정주했던 전라도 정읍의 장소성은 그의 시에 잦게 출현하던 감상성을 역사의식으로 승화시키도록 이끌었다.24) 정읍은 갑오동학농민혁명의 발상지이며 군사정권 내내 소외받은 곳이다. 이가림에게 정읍은 "오랜 굶주림 속에 버려진 어머니의 나라"(「또 하나의 돌」)이자 "배고픈 고향땅"(「소녀가수」)이었다. 그는 나라의 처지와 고향의 모습을 동일시하고 있었던 셈이다. 이런 측면에서 그가 정읍방언을 활용하여 "엄니, 나 돌아갈 거야!"(「오랑캐꽃 8」)라고 귀향의지를 토로한 것은 유의미하다. 이 발언은 그의 부재의식이 고향의 유년기에서부터 싹튼 줄 증명하고도 남는다.

전라도 정읍 산성리의

---

22) 이가림, 「우연과 필연의 길」, 『내 마음의 협궤열차』, 시와시학사, 2000, 95쪽.
23) 윤영천, 『서정적 진실과 시의 힘』, 창작과비평사, 2002, 259쪽.
24) 이가림의 시에 나타난 고향의식에 관해서는 최명표, 「이가림 시의 고향의식」, 『한국지역문학연구』 제4집, 한국지역문학회, 2014. 5, 159-178쪽.

> 우리 외할머니네 집 굴뚝 밑에
> 묻어놓았던 옥색 구슬은
> 순수하게 빛나며 아직 있을까.
> 얄미운 개가 매장된 시체를 파헤치듯
> 우악스런 발톱으로
> 꺼내버렸으면 어떡허나.
> 그 굴뚝 근처에서
> 금순이들과 모여 저녁마다
> 꿩의 깃털을 등에 꽂고
> 나는 숨바꼭질을 하며 즐거웠다.
> ―「어떤 安否」25) 부분

이 시편에는 '다시는 다시는 되찾을 수 없는 것을 잃어버린 사람에게—보들레르'라는 부제가 딸려 있다. 말하자면, 이가림은 어린 시절 '외할머니네 집 굴뚝 밑에' 묻어둔 '옥색 구슬'이 '다시는 다시는 되찾을 수 없는 것'인 줄 알고 있다. 더욱이 그의 시에서 '옥색'은 "옥빛 눈물"(「순간의 거울 8」), "흑옥빛 눈물"(「찌르레기의 노래 1」)처럼 '눈물'의 빛깔이다. 그러므로 그가 "순수지각의 원점에서 다시 어린 아이가 되어 바라보고, 놀라고, 꿈꾸면서 쓰지 않으면 안 된다는 근본적인 자기부정, 괴로운 실존적 회의의 갈림길"26)에 서있다고 자인하는 순간, 어릴 적 추억이 남아 있는 '전라도 정읍 산성리'는 "지워지고 지워진 흔적"(「땅뺏기」)일 따름이다. 그가 "무한한 본원으로 돌아가기 위하여"(「河口」) '어떤 안부'를 물으며 자신의 시편에서 거의 사용하지 않는 '즐거웠다'고 표현했을지라도, 그것은 "숨바꼭질하던 천상의 아이들"(「하얀 그림자」)과 동일하지 않은 까닭에 시간적으로 합일되지 않는다. 그 사이에서 부재가 발생하는 것은 물론이다. 이와 같이 그의 시작품에 장치된 부재의식은 '그리움'을 호출한다. 하지만 그리움은 대상의 부재에서 비롯된 정서적 감응이기에 슬픔을 동반하게 된다. 이로 인해 그의 시에서 그리움과 슬픔은 한꺼번에 출현한다.

---

25) 이가림, 『유리창에 이마를 대고』, 창작과비평사, 1981, 62쪽.
26) 이가림, 「'24시간의 시인'일 수 있다면」, 『시와 시학』, 2005. 겨울호, 139쪽.

그럼에도 불구하고 그가 "부르튼 발이 가까스로 다다른 마을"(「사랑」), 곧 '전라도 정읍 산성리'를 찾는 것은 그곳이 '사랑'의 근원지이기 때문이다. 그는 그곳에서 등단 이후 지금까지 "언어의 탄환"(「헛수고」)으로 추구했던 시적 동일성이야말로 "얽매인 자기 동일성"(「뱀에게」)과 등가인 줄 알게 된다. 그 깨달음은 "한번 떠난 바로 그 자리로/사람은/결코 다시는 돌아갈 수 없다"(「귀가, 내 가장 먼 여행 1」)27)는 동양적 무위사상으로 이어져서 "진정한 어머니의 손은 모든 사물들을 보이지 않는 그물로 끌어당긴다"(「밤의 交感」)라는 경구를 낳았다. 결국 출향 이래 지금까지 50년에 걸친 그의 시력을 구축해준 부재의식은 "無垢한 폐허"(「李三晩의 겨울」)를 낳은 원동력이다. 그런 탓에 이가림의 시작품에는 '슬픔'과 '그리움'이 혼화되어 있어서 독자들에게 다소 허허로운 느낌을 들게 해준다. 그러나 그것들이 '사물과의 정다운 교감'을 추구한 그 나름의 시적 대응방식이라는 사실을 기억해 보면, 시단에 나타난 이후부터 현재까지 보여준 일련의 성과들은 부재의식을 바탕으로 존재의 자기동일성을 확인하려는 노력의 결과물이라 할만하다.

Ⅲ. 결론

이상에서 살펴본 바와 같이, 이가림의 시에는 부재의식이 빈번하게 표출되고 있다. 그는 1960년대에 등단한 시인답게 이국적 분위기를 작품에 차용하면서 작품 활동을 시작했다. 이러한 움직임은 그 시대 시인들의 공통적인 성향이었지만, 그의 시에 감상성 시비를 불러일으킨 감점 요인이 되기도 하였다. 그러나 그것은 군사정권의 세도화에 따른 시인의 만동적 반응이었다. 그는 4·

---

27) 이가림은 「귀가, 내 가장 먼 여행 1」의 제목 아래에 "大曰逝 逝曰遠 遠曰反(크다는 것은 간다는 것이고, 간다는 것은 멀어진다는 것이며, 멀어진다는 것은 되돌아온다는 것이다)—노자, 『도덕경』, 제25장"이라는 부언을 붙였다.(이가림, 『바람개비별』, 시와시학, 2011, 47쪽)

19민주혁명의 정신을 작품 속으로 끌어들이면서 감상성을 사상하고 사람들의 일상을 시화하게 되었다.

  이가림은 '슬픔'과 '그리움'을 선험적 정서로 작동시키면서 시작품을 창작하였다. 양자는 그의 시적 기반을 형성한 주요 정서이다. 그는 두 가지를 바탕으로 대상에 대한 교감을 형상화했다. 그럴수록 대상에 대한 열망은 높아졌고, 시인은 시적 절제를 통해서 대상의 심리적 부재를 조절하는 방식을 택했다. 하지만 부재의식은 등단 전부터 그를 지배한 선험적 정서였기에, 작품의 도처에서 줄기차게 출현하였다. 결국 그가 시작 생활 내내 존재의 자기동일성을 추구한 것도 부재의식의 무의식적 발로였던 셈이다. 이처럼 부재의식은 이가림의 물리적 생애와 시세계를 특징짓고 있다.(『한어문교육』 제31집, 한국언어문학교육학회, 2014. 11)

이가림 시에 나타난 '슬픔'의 미학

Ⅰ. 서론

사람은 슬퍼할 줄 아는 동물이다. 이 세상에 살아가는 생명 중에서 유일하게 사람만 슬픔을 느낀다. 슬픔은 사람의 감정이 변화하는 추이를 표정으로 나타낸다. 슬픔은 눈물을 동반하기도 한다. 슬픔에 의해 촉발된 눈물은 사람을 한없이 투명하게 만든다. 서양에서 오래 전부터 눈물을 가리켜서 사람의 영혼을 정화하는 영물이라고 칭한 이유이다. 우는 자의 눈은 호수처럼 맑다. 그에게서는 악의를 찾을 수 없다. 세상 사람들에게서 온갖 비난을 받는 흉악한 범죄자도 눈물을 흘리는 순간에는 순수해진다. 그처럼 슬픔은 눈물을 데불고 다니면서 사람들로 하여금 순수한 성정을 돌아보도록 이끈다. 눈물은 슬픔의 보조제요 슬픔은 눈물의 주인인 셈이다. 그러므로 절대적 순수를 지향하는 시인이 슬픔에 주목하는 것은 당연하다. 그 중에서 대표적인 시인으로 이가림을 들 수 있다.

이가림(1943~2015)은 "슬픔에 파닥거리는 사람"(「가물치」)이다. 일찍이 그는 자신의 시를 지배하는 정서로 슬픔을 꼽았다. 그가 펴낸 시집 중에서 어떤 것을 골라 읽더라도 슬픔이 질펀하다. 슬픔은 유교적 가풍에서 자라난 한국의 시인들에게서 구박받던 소박데기였다. 자칫 시의 품격을 감상적 차원으로 떨어뜨린다고 한사코 외면되던 슬픔이기에, 그것을 시에 끌어들일 양이면 대단한 품이 요구된다. 평생을 문학교사로 산 이가림도 이 점에 유의하여 자신의 시가 "사제 넋두리"(「책머리에」, 『슬픈 반도』)로 전락하지 않도록 여간 주의하지 않았다. 슬픔은 그의 섬세한 노력에 힘입어 시작을 관통하면서도 일정한 품격을 유지하도록 제어하고 있다. 이 점이야말로 이가림의 시가 지니고 있는 미적 성취이다. 보통 염가의 '사제 넋두리'를 재촉하는 용도로 쓰이기를 마다하지 않는 슬픔이 그의 시세계를 심미화하는 도구로 유용했던 셈이다. 아래에 인용한 시집 『순간의 거울』을 내는 자리에 붙여 둔 「후기」를 읽어보면, 슬픔이 이가림 시의 미학적 원천인 줄 확인할 수 있다.

  감히 '자기 시대의 비평의식으로서의 시인'이 되고자 하지만, 그것이 되기 전에 나는 소박하고 선량한 하나의 순수 개인이 되고 싶다. 이젠 엷은 우수의 분위기 따위를 졸업해야 할 나이지만, 이루 말할 수 없는 시린 사랑과 삶의 우수에 종종 젖게 됨은 어쩔 수 없는 일인가 보다. '슬픔에 파닥거리며' 살아온 내가, 나의 미적 실존의 대상인 슬픔을 포기한다면, 그 슬픔이 서러워할 것만 같다. 이 세상의 많은 것들 중에서 어쩌자고 나는 슬픔이란 놈을 붙들었는지 모르겠다.

이가림은 '시인'이기 전에 '순수 개인'이 되고 싶다고 고백한다. 그의 '순수 개인'은 "순수자유"(「35평방미터의 고독 1」)를 추구하여 "찰랑이는 옥빛 눈물"(「순간의 거울 8」)이 그렁그렁한 사람이다. 그의 바람은 전적으로 '슬픔이란 놈'과 친해져서 남상된 것이다. 심지어 그는 슬픔을 '미적 실존의 대상'이라고까지 일컫는다. 이만하면 그가 슬픔을 대하는 태도가 얼마나 진지한지 짐작할 수 있다. 더욱이 시인이 위 글에 '현존하는 빛을 찾아서'라는 부제를 달아둔 점을 간과하지 않는다면, 슬픔에서 '빛'을 찾아내려는 결기조차 추가로 발견하게 된다. 그처럼 이가림은 슬픔에 바탕하여 "'교감의 시학', '만물 조응의 시학', '참다운 만남과 관계'의 시학"(「교감의 시학을 향하여」)을 추구하였다. 그는 '교감'에 기초한 '조응'을 시인과 만물의 '만남'이자 '관계'라고 보았다. 그에 따라 그는 시인을 "시인(視人)"(「바라보기, 꿈꾸기, 쓰기」)이라고 규정한 것이다. 다시 말하면, 그는 세계와 만물의 조응을 슬픔의 눈으로 응시하고, 나아가 "사악하고 부조리한 이 세상에서의 달콤한 유혹들을 버려야 하는 힘든 자기희생의 고통"(「바라보기, 꿈꾸기, 쓰기」)을 다짐한다. 그러므로 그의 슬픔에 가득한 시선은 '자기희생의 고통'을 수반한 것으로, 세계에 대한 비극적 인식을 심화시킨다. 이로서 그의 슬픔은 역사적, 사회적, 서정적 차원의 층위에 근거를 마련하고 '미적 실존'에 기여한다. 그런즉, 이가림의 시에서 주된 정조로 기능하는 슬픔을 논의함으로써 시작의 궁극을 살피는 시도는 뜻있다.

II. 비극적 세계관과 '슬픔'의 심미적 변용

1. 정읍, '슬픔'의 역사적 고향

허두에서 전제한 바와 같이, 이가림의 시를 관통하는 정서는 "끝내 삭지 않는 슬픔"(「멍」)이다. 그는 슬픔이 삭지 않는 천형 때문에 일생 동안 '세상에서의 달콤한 유혹들'과 싸우지 않으면 안 되었다. 이와 관련하여 그가 등단작에서 "스물아홉 살의 강한 그대가 죽어 있었지"(「빙하기」)라고 선언한 것은 주목받아야 한다. 왜냐하면 그는 자신의 죽음을 인정하고 나서 "무서운 醉眼"으로부터 "고운 색깔이 아롱진 魚眼의 나"로 변신하거니와, 그로부터 "맑은 魚眼의 시선"(「칼레의 시민」)으로 "汽笛을 먹고 살아가는 끄름의 受難"(「철로 부근」)을 인식하게 되기 때문이다. 끄름이 기적소리를 먹고 산다는 경이로운 발견이야말로 그의 시적 안목을 활연하게 넓혀주는 순간이었다. 그와 동시에 끄름의 '수난'은 "진정 돌아갈 고향이 없어 배회하는"(「첫눈」) 기차의 행로를 따라가며 반복된다. 고향이 없는 자는 근본이 뿌리 뽑힌 슬픈 존재이다. 그 슬픔은 "일만 평방미터의 망망한 비애"(「해돋이」)로부터 비롯된 것이라서 거대한 서사를 지니고 있다. 그처럼 슬픔은 이가림의 시에서 차지하는 분포도가 이만저만한 것이 아니다. 가히 슬픔은 "도르래로 길어올린 시의 물통"(「시인의 피」)과 유사한 역할을 수행하고 있다.

"저마다 저마다의 슬픔에 파닥거리며"(「세상의 모든 조약돌은」)
"슬픔 하나 되고 싶어"(「나방이의 꿈」)
"시커멓게 엉기는 슬픔의 응어리"(「이삼만의 겨울」)
"나는 낯선 슬픔을 찾아 기웃거렸다"(「오랑캐꽃 3」)
"지금은 더 슬프고 팍팍한 땅"(「피리타령」)
"사랑이여, 박살이 난 슬픔의 진주를 어떻게 할까"(「蟹」)
"그대 슬픈 소식을 건네 들었지"(「빙하기」)
"슬프고 황홀하여라"(「갈매기 벗삼아」)
"내가 깨뜨리는 이 홍보의 슬픔을"(「석류」)

이가림의 시에서 임의적으로 뽑아본 슬픔과 관련된 싯구들이다. 인용구를 일별하면, 슬픔이 시간적 맥락에 작동하는 줄 알아차릴 수 있다. 예를 삼아 '시커멓게 엉기는 슬픔의 응어리'의 경우, 미확인 감정이나 정서가 시간을 지나 켜켜이 쌓인 현상을 지시한다. 또 '지금은 더 슬프고 팍팍한 땅'도 시간이 지나면서 슬픔의 세기가 더해진 땅을 떠올리기에 충분하다. 그와 같이 이가림의 시작품에서 슬픔은 건듯 건져낸 감상이 아니다. 그것은 오랫동안에 걸친 시간의 흐름에 편승하여 숙성되고 굳어져 쌓여 있다. 즉, 그의 슬픔은 시간이 경과하면서 절로 적층된 것이다. 그렇다면 이가림의 슬픔은 시간적으로 솔찬한 기원을 갖고 있다고 봐야 맞다. 그것의 단초는 그의 시에 희소하게 등장한 아버지의 초상에서 찾아볼 수 있다. 그는 "낯든 전봉준의 이마를 닮은"(「만주 자작나무 숲길에서」) 아버지를 시적으로 되살려 부자간의 화해를 시도하였다. 그것을 계기로 그는 아버지가 녹두장군의 후손인 줄 알게 되고, 만주에서도 고향을 잊지 못하는 아버지를 좇아 정읍의 역사에 관심을 기울이게 된다. 바야흐로 슬픔이 역사적 차원에 진입하게 된 것이다.

다 알다시피, 정읍은 갑오년에 동학교도와 농민들이 외세와 반봉건 세력에 맞선 역사의 고장이다. 당시 정읍 사람들은 "숨막히는 캄캄한 날"(「

개기일식」)이 계속되던 시국을 맞아 "모든 목숨들은 諺文으로 울었을 뿐"
(「황토에 내리는 비」)이다. 무지렁이들이 잘난 한자가 아닌 못나빠진 '언
문'으로 자신들의 의사를 표했으나, 조정은 외세와 적폐세력의 준동을 등
에 업고 그들의 소박한 바람조차 칼날로 다스렸다. 하지만 그들이 언문으
로 울었기에 지금의 대한민국이 존재할 수 있었다. 나라를 위기 국면에 몰
아넣은 한문쟁이들의 공허한 담론에 비하여 농투산이들의 언문은 구체적
이고 실제적이었다. 그들이 전면에 등장하자 한문 사용자들의 위선이 드러
나기 시작했고, 비로소 나라는 언문의 사용자들을 국민으로 인정하고 개혁
에 착수하게 되었다. 농민군의 출현은 한문동맹으로 맺어진 양반들의 철옹
성을 부수고, 대다수의 언문 사용자가 나랏일의 전면에 등장하는 계기가
되었다. 바야흐로 백성이 주인이 되는 민주주의가 '언문'을 쓴 동학농민군
으로부터 비롯된 것이다.

그 대신에 정읍의 농민들은 언문으로 운 죄치고는 너무나 큰 피해를 입
었다. 조선 왕조 내내 8할 가까운 세금을 부담하면서도, 그것이 나라를 위
하는 백성의 도리인 줄 알았던 순박한 그들은 가족이 해체되고 역도의 땅
으로 지적되어 행정적으로 강등과 속지의 분해를 겪지 않으면 안 되었다.
그해 여름 이후 정읍은 "뻐꾸기 홀로 울음 우는 곳"(「황토길 가면」)으로
바뀌어버렸고, 산야에는 지금도 피비린내가 나는 홍건하다. 동학군의 원통
한 혼령은 땅과 한몸되어 핏빛 황토로 누워 있다. 산에는 "영영 돌아오지
않는 아비들"(「그 여름의 옥수수밭」)의 원혼이 귀천하지 못한 채 소나무가
되어 바람이 불 때마다 빽빽한 울음을 울고, 들판에는 "땅에 붙박혀 떠나
지 못하는 자"(「내 친구 나무를 생각함」)의 침묵하는 소리가 계절을 따라
흐드러지게 자랐다가 야위기를 반복한다. 그런 연유로 정읍 사람들은 태
어나는 순간부터 갑오년의 업죄로부터 자유롭지 못하다. 갑오년의 전쟁은
정읍인들에게 집단기억으로 세세만년 계승되고 있다. 정읍 사람들은 갑오
동학농민전쟁의 유복자로 이 땅에 태어난다. 그들은 세상에 나오자마자 대
동세상을 구현할 혁명을 꿈꾸고, 유혼의 자손으로서 지켜야 할 덕목을 내

면화한다.

> 알 수 없는 부자유의 밤 속에서
> 휩쓰는 낫에 베어지는 풀잎들이 있다
> 바가지로 바가지로 설움의 물을 퍼올리며
> 끝끝내 잠자지 않는 노여움의 뿌리가
> 무식하게 곡괭이를 들고 무식하게
> 도끼를 들고 일어나 위협하는 바람을
> 이마와 어깨로써 막아내고 있다 아아
> 하나뿐인 참사랑도 허물어지고 험상궂은
> 능욕당한 흉터만 남아 있다 모시적삼의
> 누이여 우리나라의 눈물이여
> ―「고부에 머무르며」 전문

모름지기 고향은 사람들을 평화한 세계로 호출한다. 고향이 갖는 원천적 아늑함이란, 그곳이 "산비탈 기어올라 칡뿌리 캐던 어린 날"(「솔바람 소리 속에는」)을 담보하고 있다는 사실에서 기원한다. 사람들은 고향에서 보낸 유년기를 이승에서 가장 아름다운 추억으로 간직하거니와, 그것은 무시간적인 시간과 원시적인 공간으로 구성된 성채이다. 성은 그 안에 사는 사람을 사방의 위협으로부터 지켜주고, 이웃의 도움으로 생명을 부지해준다. 그러므로 그곳은 절대 파괴되거나 훼손되어서는 안 된다. 고향이 보편적인 추억의 공간으로서의 기능을 잃어버리게 되면, 아이는 일생 동안 극심한 내상에 시달리게 된다. 그것의 흔적이 '눈물'이다. 이가림이 시의 하단부에 이르러 눈물을 흘린 배후에는 그와 같이 고향에 대한 만감이 자리하고 있다.

선조가 자리를 잡고 살았던 고부를 찾아간 시인은 "한 사나이의 외침"(「선돌」) 때문에 '알 수 없는 부자유의 밤'을 맞는다. 그것은 '무식하게 곡괭이를 들고' 언문으로 운 죄로 "곤두박힌 어떤 장정의 피 묻은 잠"(「정읍기행」)으로 인해 생긴 불면의 밤이다. 그 사나이는 전봉준의 이마를 닮은 아버지이기도 하고, 갑오년의 난리의 주역이었던 장삼이사이기도 하다. 고부땅에 남겨진 '능욕당한 흉터'는 해방이 되었어도 복원되지 못하고 "치솟는 노여움의 불길"(「고통의 연금술」)로 화하여 편한 잠을 훼방한다. 그를 잠 못 들게 하는 '끝끝내 잠자지 않는 노여움의 뿌리'는 "능욕하려는 오랑캐의 웃음소리"(「그 여름의 옥수수밭」)이다. 갑오년의 전쟁은 여전히 현재에도 진행되고 있는 셈이다. 이 사실을 비극적 역사의 현장인 고부에서 깨달은 이가림이라서 '우리나라의 눈물'은 슬픈 반도의 현실로 이어지면서 보편성을 획득한다.

> 기러기여, 눈물나게 아름다운 우리나라의
> 푸른 하늘에서 소총을 맞은 기러기여
> 울어다오 자유의 이마가 깨어져
> 반절의 지도보다 커다랗게 피가 얼룩지는 것을.
> 보이지 않는 朝廷의 뒤뜰에서는 날마다
> 더러운 무소들의 싸움이 들려오고
> 딴 아픔 딴 목소리의 털보들에게 밟혀
> 젊은 보리들은 배에 실려 팔려 간다 모르는 곳
> 캄캄한 자본의 구렁으로 죄수들처럼
> 아아 모가지여, 저당 잡힌 모가지여
> ―「半島의 눈물」 전문

시인은 시작부터 '눈물나게 아름다운 우리나라'로 비꼰다. 그 '눈물'은 제목의 '반도의 눈물'과 달라지면서 시인이 정한 시제의 무게를 들어올린다. 이가림은 정상배들의 '더러운 무소들의 싸움'이 끊이지 않고 '딴 아픔 딴 목소리의 털보들에게 밟혀' 사는 '반도'의 분단 현실에 통곡한다. 그의 눈물은 "내 고향 황토길"(「황토길 가면」)에서 "가장 낮은 음성"(「첫 눈」)을 들으면서 발견한 "살이 터지고 부서지고 아주 갈라지는 아픔"(「밖에서」)에서 우러난 것이다. 그는 '척왜양창의'를 부르짖으며 일어섰던 갑오년의 함성을 구축한 자리를 차지한 외세에 지배된 '반도'의 현실은 모르는 곳으로 팔려 가는 '젊은 보리'들의 '저당 잡힌 모가지'는 '캄캄한 자본'이 척도가 되어 값을 매긴다. 이가림의 시에서 보기 드물게 시도된 과감한 생략법은 군사정권 하에서 베트남의 용병으로 파견되는 '반도의 눈물'이 정치적 알레고리의 일환으로 장치된 줄 알려준다. 이 점에서 베트남전선은 "지도의 가슴이 찢기운 155마일"(「통곡」)의 연장선이었다.

그처럼 이가림의 고부 방문은 세계관의 비극성을 심화시키는 한편, 역사의식에 기초하여 "단지 한 사람의 지평이 아니라/보이지 않는 여러 사람의 지평을 열기 위해"(「숨쉬는 그림자」) 시를 쓰도록 추동하였다. 그에 터하여 그의 시에서 '우리나라'는 "오랜 굶주림 속에 버려진 어머니의 나라"(「또 하나의 돌」)로 규정된다. 이 점만 주의해서 보더라도, 한 시인의 올바른 역사 인식이 시적 세계의 확장과 심화에 공헌하는 바를 추량할 수 있다. 만약 이가림이 슬픔을 애상이나 우울한 감정을 드러내는 수단으로 사용했더라면, '여러 사람의 지평'을 여는 것은 실패로 돌아갔을 터이다. 그는 스스로 이 점을 경계하고자 시인을 '시인(視人)'과 동일시하였다. 그것은 '지상의 척도'처럼 그의 시적 관점을 제어하면서 슬픔을 다양한 차원에서 유용성을 배가시켜주었다.

2. 여자, '슬픔'의 사회적 상징

다들 인정하다시피, 한국의 근대화는 여성들의 희생 위에서 이루어졌다. 폭력적 수단으로 정권을 찬탈한 군사정권은 자신들의 불법성을 은폐하고자 '조국의 근대화'를 부르짖었다. 조국이 그들에게 독점될 것이 아니었고, 누구도 그들에게 근대화라는 화두를 선점하도록 승인하지 않았음에도 불구하고, 그들은 자신들의 행위를 정당화할 표어로 근대화를 선정한 것이다. 전국토를 점령한 근대화 담론은 특정 집단과 지역의 발전을 위한 목적을 은폐하기 위한 정치적 담론에 불과했다. 미국에서 유학한 무리들이 돌아와 권학유착의 새로운 모습을 시연하며 군부의 논리를 뒷받침하느라 열심이었다. 그 와중에 전라도는 지리적 조건이 산업의 발달에 적합하지 않다는 등의 해괴한 이유로 철저히 외면당했다. 청년들은 "한 가마니의 가난"(「水車 위의 생」)으로부터 벗어나고자 공장을 찾아 정든 고향을 떠날 수밖에 없었다.

여성이라고 해서 예외가 아니었다. 그녀들도 "배고픈 고향"(「소녀가수」)을 버리고 도회로 나아갔다. 하지만 어려서부터 집안의 남자들에게 밀려 배움의 기회도 갖지 못한 "가난한 물방앗간 집 딸"(「촛불 소묘 3」)이 구할 수 있는 일자리는 보잘 것 없었다. 그녀들은 "태평동 방직공장 계집애들"(「오랑캐꽃 5」)이 되어 저임금 고노동에 시달리거나, 1930년대 식민지의 여성들이 그랬듯이 유흥공간으로 휩쓸려갔다. 그런 탓에 "열여섯 댕기머리 누이"(「부용산 1」)는 가계살림과 조국의 근대화에 기여했으면서도 사회로부터 외면받기 일쑤였다. 이에 그녀들은 청춘을 다 바치고도 보상받지 못하는 자신들의 처지를 "외칠 수 없는 침묵"(「야경꾼 1」)으로 대신하고, 스스로 "죄없는 囚人"(「촛불 소묘 2」)이 되어 고향으로 돌아갈 권리를 폐기하였다.

> 나를 짓밟아 다오 제발
> 수세식 변소에 팔려 온 이 비천한 몸
> 억울하게 모가지가 부러진 채
> 유리컵에나 꽂혀 썩어가는 외로움을
> 이 눈물겨운 목숨을, 누가 알랴.
> 말라비틀어진 고향의 얼굴을 만나면
> 죽고 싶다 다시는 돌아갈 수 없는
> 슬픈 전라도 계집애의 죄,
> 풀꽃들만 흐느끼는 낯익은 핏줄의 벌판은
> 이미 닳아진 자를 받아주지 않는다.
> 쑥을 뜯고 있는 주름살의 어머니에게
> 마지막으로 갈 수 있을까.
> 이 곪아터지지도 못하는 아픔
> 맥주잔에 넘치는 비애의 거품을 마시고

더럽게 더럽게 웃는 밤이여
나를 짓밟아 다오 제발
　　—「오랑캐꽃 1」전문

　위 작품에 이르러 이가림은 한 여성의 삶에 내면화된 슬픔을 사회적 정서로 편입시키고 있다. 시인은 시대적 상황을 후경화하여 슬픔이 개인의 차원에 머물지 않고 사회적 모순을 드러내는데 동원되도록 설정하였다. 그로서 시사적으로 이용악의 절창「절라도 가시내」를 이으면서 쌍벽을 이루는 가작이 되었다. 두 작품의 시대적 배경이 식민지시대와 근대화시대로 다르듯이, 작품에서 배어나는 편차는 독특한 개성으로 수용된다. 공히 작부가 화자로 등장하여 발하는 애틋한 귀향의지가 신세한탄을 타고 비창으로 전해진다. 더욱이 '곪아터지지도 못하는 아픔'에도 불구하고 '더럽게 더럽게 웃는' 화자의 상황은 '눈물겨운 목숨'의 한시린 생을 여실히 보여준다. 이 작품은 "보조개 이쁜 누이"(「순간의 거울 7」)에서 '이미 닳아진 자'로 타락한 한 여인의 '유리컵에나 꽂혀 썩어가는 외로움'을 다루고 있다. 슬픔과 외로움이 범벅이 되어 나타나는 양상은 이가림의 시에서 빈출하는 바, 그것은 "시인이라는 자"(「나누어진 하늘 아래서」)의 시대적 소임에 충실하고자 다짐한 결의에서 기인한 것이다.
　이가림은 오랑캐꽃을 동원하여 '슬픈 전라도 계집애의 죄'를 묻는다. 그는 한때 "오랑캐꽃은 어쩐지 가냘프고, 어쩐지 안쓰럽고, 어쩐지 불쌍한 느낌을 주는 저 이끼 낀 가난한 계집애의 모습을 연상시킨다"(「오랑캐꽃」)고 말한 바 있다. 작디작은 오랑캐꽃에 대한 각별한 그의 애정은 동정심의 발로이다. 동정심은 대상을 측은하게 여기는 어진 마음에서 비롯되는 것으로, 시인과 만물의 교감을 부추기고 옹호해준다. 시인은 오랑캐꽃에서 발견한 '이끼 낀 가난한 계집애의 모습'은 "이끼 낀 고향"(「어린 꼬리치레도룡뇽의 하루」)을 자연스럽게 연상시켜서 귀향의지를 북돋운다. 그러나 이미 '비천한 몸'이 되어버린 그녀는 '말라비틀어진 고향'으로 돌아갈 수 없다. 비록 '풀꽃들만 흐느끼는 낯익은 핏줄의 벌판'조차 받아주지 않는 그녀의 외로움은 슬픔을 숙주로 자라난다. 그에 힘입어 슬픔은 사회적 차원으로 편입된다.

성큼 들어서지 못하고
문 밖에서만 엿보는 마당
퀴퀴한 청국장이라고 끓이고 있는가
어둑한 부엌에서
새어나오는 어머니의
밥그릇 달그락거리는 소리

나는 돌아가야 한다
부서진 얼굴을 감추고
돌아가야 한다
저 번쩍이는 도시의 수렁 속으로
밤 속으로
—「오랑캐꽃 10」 부분

　오랫만에 고향에 왔으면서도 '나'의 "찬 번개불에 드러나는 이 빈약한 얼굴"(「오랑캐꽃 3」)은 집안으로 들어서지 못한다. 부엌에서 새어 나오는 '퀴퀴한 청국장' 냄새와 '밥그릇 달그락거리는 소리'는 유년기의 평화한 시절을 구성하는 공감각이다. 두 가지는 어머니의 존재를 입증해주는 가장 확실한 증거인 동시에, 집안과 밖을 선명하게 구획하는 경계선이기도 하다. 집안으로 들어가지 못하는 '나'와 어머니가 장만하는 저녁 식사의 자리에 동참하지 못하는 '나'의 선연한 대립은 온전히 공동체의 냄새와 소리를 소환하여 '나'의 부적격한 조건을 부각시킨다. 그 냄새와 소리에 의해서 도드라지는 '나'의 소외감은 "웃으면서 우는 여인"(「순간의 거울 11」)처럼 모순된 모습, 곧 고향집에 와서도 "젊은 날의 푸른 상처 자국들"(「겨울 열매」) 때문에 들어서지 못하는 '나'의 행동은 자신의 몸에 각인된 원죄의식에서 발원한 것이다. 이 점에서 인용시가 '오랑캐꽃'의 연작이고, 연작을 온전하게 읽을 양이면 시 전편을 한 편처럼 바라보아야 한다는 시학의 가르침이 여전히 존중받아야 한다는 이유를 깨닫게 된다.

　화자는 도시에서 얻은 "살결에 찍힌 수없는 발자욱"(「오랑캐꽃 6」) 때문에 대문 안으로 진입하지 못한다. 자신의 육체를 더럽힌 죄는 옛날부터 부정을 의미하여 온갖 제의에서 제외되었거니와, 그녀는 어머니가 끓인 청국장으로 완성되는 식사의식에 참여할 공동체로서의 자격을 상실하고 말았다. 그것은 그녀가 도시로 나아가는 순간에 예비된 것이다. 이가림의 시에서 도시는 "슬픈 병원 같은 도시"(「35평방미터의 고독 4」)이나, "그을음 낀 도시"(「종이배」)처럼 부정적 이미지로 건사된다. 그가 전라도 출신이라는 생래적 사실로부터 연원한 것이기도 하나, 그와 더불어 수천년간의 농촌공동체를 해체하고 들어서는 도시의 역기능에 불만족한 것이랄 수 있다. 그가 일찍부터 도시화를 단행한 프랑스 유학파라는 사실을 감안하면 더욱 그렇다. 도시는 "쉰 삘기같은 계집애"(「땅뺏기」)에게 "죄없는 조랑말처럼 눈물어린 낯"(「닫힌 방에서 나는 움직인다」)을 강요하여 '부서진 얼굴'로 만든 원흉이다. '나'는 '수세식 변소'에 길들여진 탓에 "흑옥빛 눈물"(「찌르레기의 노래 1」)을 삼키며 '저 번쩍이는 도시의 수렁 속으로' 돌아가지 않으면 안 된다. 이제 '나'가 돌아갈 곳은 "너랑 저고리 장다리꽃 무더기로 피는 고향"(「피리타령」)이 아니라 "먼지의 도시"(「오랑캐꽃 7」)이다. 그런 까닭에 이가림의 시편에 출현하는 여인들은 "모든 것 바치고 슬프게 젖은 눈빛"(「그 쟁기꾼의 아내는」)을 지니고 있다. 그 범주에는 타국에서 온 여인도 예외가 아니다. 더욱이 이가림 세대는 월남 파병을 목도하면서 대학생활을 보냈다.

　송코이 강가 마을에서 연초록 풀잎으로 태어난 손, 땡볕에 그을린 웃음 깔깔거리며 고무줄놀이하던 손, 바구니 가득 망고를 따던 손, 한 모금 처녀의 샘물을 움켜쥐던 손, 불타는 야자수 그늘 아래 물소를 몰던 손, 느닷없이 M16 총알의 탄피가 스쳐 간 손, 칼에 찢긴 손, 밧줄에 묶인 손, 코브라의 목을 조른 손, 송장을 불태운 손, 빵과 옷을 훔친 손, 가짜 입국사증과 약혼반지를 바꾼 손, 피의 강을 헤엄쳐온 손, 대양에 던져져 살려달라 살려달라고 외친 손, 어머니 사진을 찢어버린 손, 아아, 마침내 남의 땅 구정물통에 빠진 손, 인천 신포동 술가게에 팔려온 손, 악어 잔등보다 더 거친 손, 내가 입맞추고 싶은 거룩한 슬픈 삶의 손.
　　―「한 월남 난민 여인의 손」 전문

시인은 자신이 살고 있는 인천의 술집에서 베트남 여인을 만났다. 그녀의 '악어 잔등보다 더 거친 손'에는 고향 송코이 강가 마을에서 신포동에 팔려오기까지의 고단한 삶의 굴곡이 아로새겨져 있다. 그 손의 주인도 여느 여인들처럼 '연초록 풀잎'으로 태어나 '고무줄놀이'를 하고 망고를 따고 물소를 몰던 소녀였다. 그러나 어느 날 "못 돼먹은 시절의 못돼먹은 총알"(「헌사」)로 조국이 전란의 와중에 휩쓸려 들어가게 되면서부터 소녀는 '칼에 찢긴 손', '밧줄에 묶인 손', '코브라의 목을 조른 손', '송장을 불태운 손', '빵과 옷을 훔친 손', '가짜 입국사증과 약혼반지를 바꾼 손', '피의 강을 헤엄쳐온 손', '대양에 던져져 살려달라 살려달라고 외친 손'을 가진 여인이 되고 말았다. 그 난국으로부터 벗어난 그녀가 낯선 땅에서 할 수 있는 일이란 '전라도 계집애'처럼 술잔을 따르는 일 말고는 할 수 있는 일이 없었다.

이처럼 이가림은 식민지시대의 '절라도 가시내'와 군사독재시대의 '전라도 계집애'와 현재의 '월남 난민 여인'을 통해 시대가 변해도 바뀌지 않는 "새보다 빠르게 지나갔던 열여섯 소녀"(「가을의 끝」)의 '거룩한 슬픈 삶'을 읽는다. 그러므로 월남녀의 '어머니 사진을 찢어버린 손'과 '쑥을 뜯고 있는 주름살의 어머니에게' 돌아가지 못하는 전라도 가시내의 손은 동격이다. 두 여인은 오염된 몸의 소유자란 점에서도 "버리고 떠난 고향"(「예인선」)의 어머니에게 돌아길 수 없다. 그로서 두 여인은 "시린 손에 손을 포개는 모닥불 식구들의 둘레"(「오랑캐꽃 4」)를 차지할 수 있는 자격을 상실하고 말았다. 그녀들에게서 공동체의 구성원으로서의 권리를 압류한 것은 사회적 현실이다. 그것은 주체의 의지와 상관없는 외적 상황요인이라서 연약한 여인의 힘으로 거부하거나 제척하기 힘들다. 그러므로 그의 시에 나타는 여인들은 사회적 현실을 온몸으로 감당하는 인물의 초상이라고 보아야 맞다. 그에 관하여 이가림은 시집 『내 마음의 협궤열차』의 허두에 얹어둔 「어두운 시대의 야경꾼」에서 일단을 비친 바 있다.

저는 감히 한 사람의 잠들지 못하는 시대의 밤의 증인, 눈 부릅뜬 야경꾼이 되고 싶습니다. 어둠의 세계 저쪽에서 들려오는 낯선 이의 흐느낌 소리를 엿들을 수 있는 밝은 귀를 가진 야경꾼, 삶도 아닌 삶을 살아가는 버림받은 자의 상처를 감싸줄 수 있는 야경꾼이 되고 싶습니다. 풀잎의 떨림, 돌의 침묵, 강물의 울음소리, 별들의 합창과 같은 우주적 경이로움의 비밀스런 의미들을 캐내어 전해주는 야경꾼이 되고 싶습니다. 가진 것이라곤 언어밖에 없는 시인인 제가 할 수 있는 일은 삶의 메아리를 보다 멀리 울려 퍼지게 하는 일, 그것뿐임을 새삼 느낍니다.

시인을 야경꾼으로 자처한 그의 시론은 하루이틀에 생겨나서 성급하게 제출된 것이 아니다. 그의 성품대로 오랜 시간에 시를 쓰는 동안에 절로 형성된 야경꾼론은 한마디로 '어두운 시대의 야경꾼'이라는 제하에 함의되어 있다. 그가 '한 사람의 잠들지 못하는 시대의 밤의 증인'이 되고 싶은 바람은 '삶도 아닌 삶을 살아가는 버림받은 자의 상처를 감싸줄 수 있는 야경꾼'으로서의 시인적 소망과 다르지 않다. 한 사람이 '시대의 밤'의 희생자라는 명료한 그의 인식은 갑오년의 난리를 학습하면서 획득한 날카로운 정치의식의 소산이다. 이처럼 엄숙한 인식론적 응시는 자아와 세계의 조응을 최우선시하는 '시인(視人)'의 시선이 낳은 것으로, 그가 전해주고 싶은 '떨림'과 '침묵'과 '울음소리'와 '합창'의 '우주적 경이로움의 비밀스런 의미'를 훼손하는 일체의 폭력에 대한 "항거의 몸짓"(「술취한 외침」)이다. 그 몸짓은 "그 누구의 귓가에도 들리지 않는 침묵"(「돌의 언어」)조차도 놓치지 않으려는 이가림의 "기다리는 힘"(「돌」)의 덕분이다. 기다림은 그의 시작품에 "소리 없는 울음"(「시, 나의 유리디체」)을 마련하여 슬픔을 서정적 차원으로 인도한다.

3. 그리움, '슬픔'의 서정적 승화

그리움은 대상에 대한 간절함으로부터 발아한다. 그것은 대상의 존재 유무과 상관없이 돋아나는 것처럼 보이나, 실상은 존재의 부재 상태라야 제격이다. 대상이 없는 상황은 그리움을 증폭시켜서 외로움을 낳는다. 그리움이 외로움과 맞물려 생겨나는 이유이다. 양자는 대상의 부재에 대한 가없는 안타까움이야말로 슬픔의 근원이다. 그리움은 "꽁지에 불을 달고 나는 개똥벌레보다 자유가 없는 목마름"(「밤의 여행」)처럼 정박할 곳을 찾지 못한다. 그리하여 숱한 방황과 배회를 거듭한 그리움은 "수천의 밤을 헤쳐 나온 참혹한 얼굴"(「칼레의 시민」)을 지니게 된다. 그것은 마치 "물거울에 어리는 여인 얼굴"(「두멧집」)과 같이 실체적 형상을 갖지 못하여 외롭고 슬프다. 그리움의 갈피마다 "아직 울어야 할 마지막 눈물"(「죄없는 죄수」)이 고여 있는 사연이다.

이가림의 시작품에는 그리움이 헤플 정도로 미만하다. 온통 그리움에서 태어났다고 해도 과언이 아닐 정도로, 그의 시에는 그리움이 행간에 깔려 있다. 그의 그리움은 양적으로 과다하다 보니 다양한 모습으로 변주되어 작품의 미적 수준을 향상시키는데 이바지한다. 이런 긍정적 모습은 그리움이 슬픔에서 돋아난 것이기에 가능하다. 앞에서 누누이 말한 것처럼, 그는 시작을 '사제 넋두리'로 하락시키기에 부족하지 않은 슬픔조차 역사적 차원과 사회적 차원으로 승화시키고 있다. 시작의 고수로서 그가 보여주는 성과들은 슬픔을 본령에 해당하는 서정적 차원에 위치시킨 국면에서 확인 가능하다. 그 대표적인 작품이 "솟아오르고만 싶은 이 피묻은 몸부림"(「풀」)으로 완성한 아래의 작품이다.

>그대가 밤마다
>이곳 문전까지 왔다가 가는
>그 엷은 발자욱 소리를
>내 어찌 모를 수 있으리

술 취하여
　　그대 무릎 베개 삼아
　　잠들고 싶은 날

　　꿈길
　　어디메쯤
　　마주칠 수도 있으련만
　　너무 눈부신 달빛 萬里에 내려 쌓여
　　눈먼 그리움
　　저 혼자서 떠돌다가
　　돌아올 뿐

　　그 동안
　　돌길은 반쯤이나 모래가 되고
　　또 작은 모래가 되어
　　흔적조차 사라져

　　이젠 내 간절한 목마름의 땅에 묻고
　　다시 목마름에 싹 돋아
　　꽃필 날 기다려야 하리
　　　―「목마름」전문

시인이 '玉峰 李 氏에게 보내는 편지'라는 부제를 붙여두었으니, 인용작을 감상하기 위해서는 사전에 옥봉 이 씨의 정체를 알아보고, 이어서 그녀가 남긴 「자술(自述)」이란 시를 읽어야 한다. 옥봉은 이봉(李逢)의 서녀이자 옥천군수를 지낸 조원(趙瑗)의 소실이었던 이숙원(李淑媛)의 호이다. 그녀는 종실이면서도 서녀이기에 소실의 삶을 살아가지 않으면 안 되었다. 어려서부터 글 짓는 재주가 남달랐던 그녀는 시를 짓지 않겠다고 약조한 뒤에 시집을 갈 수 있었다고 한다. 그러나 소도둑으로 몰린 이웃이 억울함을 사정하자 그만 「위인송원(爲人訟冤)」이란 시를 써주었고, 문장에 감탄한 벼슬아치는 이웃을 풀어주었다. 그 소식을 들은 조원은 약속을 파기했다고 화를 낸 뒤, 얼마 지나지 않아 옥봉을 버렸다. 세월이 흐르고 나서 조희일(趙希逸)이 승지가 되어 명나라에 갔다가니 옥봉의 시를 건네받았다. 40년 전에 죽은 옥봉의 주검과 함께 시편이 바다 건너 명나라까지 흘러갔다가 후손에게 전해진 것이다. 그로서 명나라에까지 널리 알려진 뒤에야 자신을 축출한 가문의 후손에 의해 고국으로 귀환할 수 있었다. 1704년 (숙종 30년)에 조원의 고손자가 조원, 조희일, 조석형(趙錫馨)의 3대의 문집 『가림세고(嘉林世稿)』를 엮고, 부록으로 옥봉이 남긴 32편의 시를 붙여서 간행하였다. 그 중에 「자술」이 들어 있다.

近來安否問如何 月到紗窓妾恨多 若使夢魂行有跡 門前石路半成破

따로 역문을 병기하지 않아도 풀이하기에 어렵지 않을 만큼 평이하다. 그것은 위 내용을 여러 사람에게 전해지도록 도움을 준 요인이다. 실례로 옥봉의 한은 서도소리 「수심가」에 "약사몽혼(若使夢魂)으로 행유적(行有跡)이면, 문전석로(門前石路)가 반성사(半成沙)" 운운 할 만큼, 선조를 넘어서 지금까지도 이어지고 있다. 사람마다 느끼는 감회는 보편적인 법이라서 앞으로도 그녀는 가고 없어도 시편은 인구에 회자되기를 그치지 않으리라. 조원의 속좁은 도량이 감당하지 못한 옥봉의 시재는 허난설헌과 쌍벽을 이룰 만큼 조선대에 유명했거니와, 인용시는 그녀의 신세가 절로 빚어낸 가창이다. 시인과 작품의 육화는 이런 상태를 가리킨다. 옥봉의 시편은 "날 기다리는 얼굴 하나"(「이슬의 꿈」) 기억해주지 않는 야속한 낭군에 대한 투정이겠으나, 시편의 저변에 장치된 정서가 기본적으로 한민족의 감정선을 건드리고 있어서 실로 시공을 초월하여 값나가는 이유를 증명하고 있다.

옥봉의 시는 세인들에게 알려지면서 시적 전율의 진정한 순간을 체험시켜 준 범례이다. 가스통 바슐라르가 말하는 '떨림'이란 이 시편을 읽어가는 도중에 자신도 모르게 온몸의 신경이 떨리는 그 찰나를 지칭한다. 시적 감동이란 억지로 자아내서는 도저히 얻어지는 것이 아니다. 위 시처럼 자신의 삶과 시가 일체를 이루어야만 자연스러운 감동을 잉태하게 된다. 옥봉의 천부적인 시재가 빛을 발한 위 작품에 대한 답시가 이가림의 시이다. 그의 작품도 가작이고, 특히 3연은 옥봉의 시에 어울리는 절창이다. 그것은 전적으로 '눈먼 그리움'에서 연원하였다. 이가림의 시적 정서 중에서 제일 비중이 큰 슬픔은 '간절한 목마름'에 뿌리를 박고 "한아름 껴안고 싶은 이 목메인 그리움"(「풀」)을 준비한다. 그 그리움은 "눈동자 가득히 언제나 고여 있는 어둠"(「茶色 눈동자」)을 타고 "산발의 정다운 여자"(「겨울 판화」)를 찾아 강물에 몸에 맡긴다.

> 이제
> 내 비소(砒素)같은 그리움을
> 천년 종이에 싸
> 빈 술병에 넣어
> 달빛 인광(燐光) 무수히 떠내려가는
> 달래강에 멀리 던진다
>
> 먼 훗날
> 부질없이 강가를 서성이는 이 있어
> 이 병을 건져 올릴지라도
> 그때엔 벌써
> 글자들이 물에 씻겨
> 사라져버렸을 것을 믿는다
> ―「투병통신(投甁通信) 1」 부분

사실 병 속에 안타까운 사연을 담아 밀봉하여 강이나 바다에 띄어 보내는 '투병통신'은 동서나 고금을 막론하고 간헐적으로 존재하였다. 캐빈코스트너가 주연한 영화 [병 속에 담긴 편지(Message In A Bottle, 1999)]를 볼 양이면, 이런 일이 사람들에게 널리 받아들여진 정도를 가늠할 수 있다. 아울러 시인이 배경으로 장치한 전래의 '달래강 설화'는 투병통신의 비극성을 고조시킨다. 게다가 달래강에 얽힌 남매애는 전통적 설화소라서 서양영화의 허구성에 비해서 공감의 폭을 확대하는 효과를 가져 온다. 특히 '비소같은 그리움'은 비소가 공기 중에서 가열하면 청백색 불꽃을 내는 성질에서 얻어진 비유이다. 비소(As)는 독극성이 강하면서도 중독성을 지닌 광물이다. 그리움도 그와 같다. 그리움은 대상에 대한 강한 열망이 '달빛 인광(燐光)'으로 발화한 심리적 움직임이나, 그것은 대상에 중독되어 나타나는 "시퍼런 시퍼런 그리움"(「도깨비불」)과 같은 금단현상이기도 하다.

시인은 통신의 내용에 궁금증을 표하여 투병을 건져내고자 '부질없이 강가를 서성이는 이'에게 경고한다. 하지만 그 경고는 첫 머리에서 천년 후까지라도 사연이 전해지기를 원망하면서 '천년 종이'에 싸는 순간에 효력을 잃어버렸다. 특히 시인은 그리움을 비소같다고 표현하여 먼 훗날까지 전해지기를 갈망하고 있다. '비소같은 그리움'은 슬하에 "가라앉은 슬픔과 외로움"(「갈색 머리칼의 애인의 장난」)을 거느리고 있어서 오래 갈 수밖에 없다. 그처럼 '슬픔과 외로움'은 이가림 시의 도처에 똬리를 틀고 앉아서 "터질 듯 터질 듯 이어가는 이 몸부림"(「진흙」)을 보여준다. 그 몸부림은 "외칠 수 없는 침묵의 구멍"(「야경꾼 1」)에서 들려오는 "삼켜지지 않는 가느다란 울음"(「촛불」)의 형상을 지니고 있다. 이로서 이가림은 슬픔을 염가로 떨어뜨리지 않고 서정화하는데 성공하였다. 그것은 말할 것도 없이 슬픔이 태어난 정읍의 비극적 사건을 적확히 인식한 기반 위에서 정치사회적 상황과 결부시킨 절제심에 도움을 받았다.

Ⅲ. 결론

이가림의 시는 '슬픔'을 기본 정서로 삼아 존재한다고 해도 지나친 말이 아니다. 그 정도로 그의 시에는 슬픔이 흥건하다. 그는 슬픔을 역사적, 사회적, 서정적 차원에서 활용하였다. 먼저 역사적으로 슬픔은 그로 하여금 고향에서 일어난 갑오동학농민전쟁에 관하여 뚜렷하게 인식하도록 이끌었다. 이 점은 다른 두 차원에서 슬픔이 저렴한 정서적 반응으로 저하되지 못하도록 저지시켰다는 것만 보더라도 탁월한 선택이었다. 두번째로 그가 사회적 현실의 희생양으로 고른 여성들은 산업화 물결에 휩쓸려 시대의 희생양으로 전락한 인물군이었다. 그녀들은 "노란 가랑잎들 마지막 다한 흐느낌"(「황혼」)으로 삶을 증언하면서도 슬픔을 값싼 전리품으로 자랑하지 않았다. 셋째로 이가림은 슬픔을 그리움과 외로움 등으로 혼화하여 전통적 정서로 제시함으로써, 서정시에 요구되는 심미적 성취를 거두었다.

  이와 같은 미학적 성취는 전적으로 이가림의 시론에서 우러난 것이다. 그는 삼라만상과 교감하고 대상과 조응하는 것을 시인의 바른 자세라고 보았다. 그가 시인을 칭하여 '시인(視人)'이라고 가른 것도 자신의 시론을 시로 완성하기 위한 전단계로 설정한 도움판이었다. 결국 그는 이 판에서 "죽음을 무릅쓴 사랑의 비등점"(「순간의 거울 17」)을 발견하였다. 비록 만인이 부러워하는 '사랑의 비등점'이라 할지라도, 그것은 죽음을 무릅써야 도달할 수 있기에 비극적이다. 그래서 그의 사랑은 "날마다 부르고 싶은 이름"(「순간의 거울 13」)을 두고 "절명시 한 편을 써야만 한다"(「바다의 묵시록」)는 사실 때문에 슬프다. 이가림의 슬픔은 그처럼 한순간도 애절하지 않은 법이 없다. 이러한 긴장된 자세가 슬픔조차 심미화할 수 있도록 견인했으리라.(『전북문단』 제82집, 전북문인협회, 2017. 8)

제6부 기타 시인론

극렬한 마르크스주의자의 급작한 전회
-정우상론

Ⅰ. 서론

한국의 근대 문단은 최남선과 이광수의 공적에 빚진 바 크다. 오죽하면 문학사에서 '이인문단시대'라 불러 업적을 칭송했으랴. 둘의 빼어난 활약상 덕분에 문단은 점차 세력을 넓히게 되었고, 이후에 외국에서 문학을 전공한 유학파 문인들이 합류하여 문단의 외연이 넓어지면서 모습을 갖추기 시작했다. 그들은 주로 동인지를 중심으로 작품을 발표하다가 신문과 잡지 등으로 활동 폭을 넓혔다. 그들의 움직임을 따라가노라면, 이 땅에서 문학작품의 발표 공간이 변화한 이력을 추적할 수 있다. 유학생들이 주도한 매체의 발행은 경향 간의 차이를 심화시켜서 근대문학이 태동한 시기를 다르게 만들었다.

그런 까닭에 그 시절의 문학은 독자들보다도 우월적 지위를 선점한 작가들이 호위하던 시기였다. 또한 문학작품을 발표할 매체가 마땅하지 않았기에, 그들은 동인지를 발간하며 스스로 작가의 반열에 오른 사실을 내외에 과시했다. 이 무렵의 동인지들이 지연, 학연 등으로 얽혀 있는 것은 그런 사정 때문이다. 동인지가 배타적이었던 사실은 작가들이 문학을 독자적인 제도로 승인하고 있었던 줄 알려준다. 그들에게는 식민지 사회의 변혁운동은 관심권 밖이었던 것이다. 이 점은 서울과 지역 문단을 가르는 변별적 자질로, 지역 작가들이 사회운동을 겸한 사실에 대응한다.

이런 상황 요인들은 역으로 지역 문단의 형성 과정을 시사한다. 당시까지만 해도 식민지의 전역은 소위 배운 사람이 태부족이었다. 그런 까닭에 각 지역의 식자층은 매우 엷었다. 보통학교 졸업자도 극소수였던 지역에서는 중등학교를 졸업한 학력이면 식자로 행세할 수 있었다. 하지만 그들은 유학파보다도 훨씬 진지하고 엄숙한 자세로 시대적 과업을 인식하였다. 그들은 상대적으로 열악한 형편에서도 시국 상황을 파악하느라 분주하였고, 지역의 운동 과제를 설정하느라 바빴다. 지역에서는 경성의 움직임에 온 신경을 곤추세웠고, 그들과의 연대에 따라 지역의 운동단체를 이끄느라 부산하게 움직였다. 그들은 영세하나마 독물의 창작에 나서기를 그치지 않았는데, 지역 문단은 그들의 활약상에 의해 형성되기 시작했다. 그러므로 한국의 근대문학사는 그간 외면해 왔던 운동가-작가들의 움직임을 추가하지 않으면 안 된다.

당시 전북 지역은 문단이 제대로 형성되지 못한 상태였다. 문단을 이룰 작가가 전무했고, 문학작품을 소비해 줄 독자층도 형성되지 않은 상태였다. 기미독립만세운동 이후에 취학률이 급격히 상승했다고 할지라도, 여전히 대다수의 식민지 원주민들은 절대적 문맹층이 다수를 점하고 있었다. 특히 전라북도의 경우에는 농도의 특성상 현실적으로 문해의 필요성이 생업에 직접적인 영향을 미치지 않았다. 글자를 해독하는 일은 차세대의 몫으로 인식될 정도였다. 그 무렵에 일어났던 청년단체의 계몽운동이 성인을 대상으로 한 사업보다도 청년이나 소년들을 향한 사업이 다양하게 벌어진 것도 동일한 맥락이다.[1] 이런 형편에서 지역의 문단이 형성되기를 바란 것은 난망하였다. 하지만 사회의 변혁을 도모하는 무리들이 모여서 운동을 시작할 때, 그것은 전적으로 후대를 겨냥한다는 점에서 보아도 청년운동의 방향 설정은 현실적인 선택이었다. 이런 측면에서 청년운동가들은 운동 과정에서 식민지 사회의 모순과 식민자본주의의 폐해를 체득하고 있었으므로, 문학과 사회의 현상적 조건을 간파하기에 적격이었다. 그러므로 이들이 사회의 변동을 기획하면서 문학 행위에 가담한 사실은 유의미하다. 문학은 근본적으로 전위적이고 진보적이어서 시대에 대한 통찰에 터하여 미래를 전망할만한 인식론적 확장을 기하도

---

1) 전북 지역 소년운동의 전개 양상에 관해서는 최명표, 『한국근대소년운동사』, 도서출판 선인, 2011, 289-323쪽.

록 돕는다. 이런 시각은 전북 지역의 청년운동가들이 문학 작품의 생산 대열에 합류하게 된 동기를 살피는 데 유효한 관점을 제공해준다. 그것은 식민지 상태의 청산을 위한 희생자적 자세로 기릴 만하다. 이에 알맞은 작가-운동가로 정우상을 들 수 있다.

정우상은 식민지 변혁운동에 관여하는 분망한 틈에도 문학작품을 활발히 발표하였다. 그의 동선은 노상 일경의 감시선상에서 자유로울 수 없었다. 그러나 그는 문학작품의 생산 대열에 기꺼이 합류하여 작품을 제출하였다. 그의 움직임은 초기의 전북 문단이 운동가들에 의해 주도되던 과정을 살피기에 제격이다. 그러므로 정우상의 문학작품들을 학계에 보고하고, 운동상의 이력을 가능한 한 상세히 복원하는 일은 전북문학사의 온전한 기술과 지역문학연구의 활성화를 위해서도 중요하다. 그렇지만 그가 남북전쟁 통에 졸서하는 바람에 존재조차 희미해지고 말았다. 정우상의 이름은 전북 문단의 일화를 회고하는 자리에서도 간과될 정도였으니, 기존의 연구자들이 역사적 사실을 추적하여 문학사적 사실로 재구성하는 일에 태만했던 정도를 알 수 있다. 또한 그들은 문학작품에 집착한 나머지, 작가의 해적이를 조립하는 일에도 소홀했다. 그러다 보니 후속 연구자들이 편의를 좇아 소위 중앙의 유명작가로 몰리게 되었다.

정우상과 흡사한 사례의 작가들이 하나둘이 아닌 것은 전적으로 대한민국의 굴곡진 역사 탓이다. 그러다 보니 문학작품조차 수습하기 힘들뿐더러, 세간으로부터 곱지 못한 눈초리를 받을까봐 자의식을 발동한 작가들도 허다하다. 또한 작가 스스로도 문학 생산 대열에 나섰던 경험을 한갓 젊은 날의 치기로 여기고 혹시라도 남들이 알까봐 은폐하느라 힘을 쏟았고, 자식들에게 해가 미칠까봐 스스로 작품을 파기하였다. 하지만 이미 활자화된 마당에 애써 감춘다한들 덮어질 것도 아니요, 세상의 시선이 따가운들 비문학적인 시각에 터한 것이어서 무의미할 뿐이다. 따라서 정우상처럼 여러 부문에 걸쳐서 작품을 발표한 경우라면, 문학사적 논의선상에 올려 공론화하는 단계를 밟아야 마땅하다. 그의 행정이 자세히 복구될수록 전북 지역의 변혁운동사와 문단사의 결손 부위가 보강될 터이다.

II. 변혁운동과 문학 창작의 겸행

1. 수기한 생애

기미독립만세운동 이후 식민지의 전역에서는 사회운동이 활발하게 일어났다. 경향 각지에 수많은 운동단체들이 생겨났고, 전라북도 내에도 여러 단체가 출범하였다. 특히 일본 유학생들은 체일 중에 습득한 사회주의 사상을 수입하여 유포하는데 앞장섰다. 전북은 그 중에서도 선진적인 지역이었다. 전주 출신 유학생들로 구성된 서조회2)는 방학 때마다 귀향하여 강연회를 열며 민중 계몽에 열심이었다. 유학생들의 활동에 고무된 전주의 유지들은 서조회원들의 향학열을 고취하고, 전주 출신 인재의 양성을 위해서 동경에 기숙사를 신설하고자 모금 운동을 전개할 정도로 관심을 쏟았다.3) 그들의 움직임과 함께 부안의 김철수로 대표되는 공산주의자, 경성의 운동권과 연계된 자생적 운동가들이 증가하면서 전주의 청년운동은 세력을 확장하고 조직화를 이루었다. 운동가들은 전주 지역 청년들의 의식을 충격하여 변혁운동에 뛰어들도

---

2) 서조회(曙潮會)는 1919년 9월 박정근(朴定根), 신시철(申時徹), 신동기(申東起) 등이 동경에서 조직한 재일본 전주 출신 유학생 단체이다. 그들은 이익상, 송주상(宋柱祥), 신석주(辛奭柱) 등과 함께 1920년 8월 5일 회원들의 귀국을 기회로 전북공회당에서 '문화 발전에 공헌코자' 지부에 해당하는 '전주 서조회'를 발족시키고, 창립 기념 문예강연회를 열었다. 또 8월 8일에는 전주좌에서 전주 지역 수재민 구조 자비 음악 연주회를 개최하였고, 1921년 8월 8일부터 27일까지 사립신흥학교에서 무료 도서전람회를 열었다. 서조회는 1922년 8월 16일 전주청년회 후원으로 전주제일보통학교에서 하기 대강연회를 개최하였으며, 8월 17일부터 19일까지 문화사업 기금을 마련하기 위해 전주청년회의 후원으로 전주좌에서 하기 활동사진대회를 개최하였다.
3) 『동아일보』, 1920. 8. 28

록 견인하였다. 그들의 강연 중에서 문학은 사회를 인식하는 도구이자 의식을 개혁하는 수단으로 환영받았다. 전주 청년들은 강연과 도서 전람회를 통해 문학을 접하게 되었고, 막 창간된 『동아일보』와 『조선일보』의 문예란은 실체적 국면을 파악하는 계기를 제공하였다.

정우상(긴봄 鄭愚尙, 1911~1950, 이명 朴英一)은 전주군 전주읍 완산정 262번지 출신의 작가이자 사회운동가였다. 그의 조부는 참봉을 지낸 정인수(悔窩 鄭寅秀)이고, 부친은 정석모(春岡 鄭碩謨)이다. 정석모는 나라가 어수선하던 시기에 진사에 입격(1890년 全羅陞補覆試, 1891년 親臨應製文科初試, 成均館進士覆試)한 탓인지, 유자의 길을 포기하고 일제 치하에서 관변인사로 일관하였다. 그는 진사답게 한시에 능통하여 조선총독 테라우치가 전주에 온다고 기별하자 전주 유지들과 함께 「송덕시」4)를 발표한 것을 비롯하여 여러 편의 한시를 발표했다.5) 부자가 전북문학사에서 한자리씩 차지한 것이다. 정석모는 일제에게 협력하는 댓가로 전라북도 참사 등을 지냈다. 한편으로는 아비의 기대와 달리 청년운동에 극성인 아들의 보호와 가문의 멸실을 막기 위하여 친일에 앞장섰을 가능성도 배제할 수 없다.

정우상은 아비의 친일 행각과 달리, 전주시내에서 벌어진 각종 변혁운동의 최전선에 서서 활발히 활약하였다. 그는 전주공립고등보통학교 2학년에 재학 중 동맹휴학을 선도했다가 1926년 9월 10일 무기정학 처분을 받았다. 그 후 그는 학교측이 징계를 해제하지 않자 사립고창고등보통학교로 전학하여 졸업하였다.6) 그의 문학적 성취를 운운하기에 앞서, 생애사부터 복원하는 일이 급선무인 이유이다.

---

4) 『매일신보』, 1913. 5 25
5) 『매일신보』, 1922. 6. 23; 『매일신보』, 1922. 6. 24; 『매일신보』, 1922. 9. 28; 『매일신보』, 1930. 8. 21; 『매일신보』, 1930. 9. 4; 『매일신보』, 1930. 9. 5; 『매일신보』, 1930. 9. 6; 『매일신보』, 1930. 9. 8; 『매일신보』, 1930. 10. 12; 『매일신보』, 1930. 11. 3; 『매일신보』, 1930. 12. 12; 『매일신보』, 1930. 12. 24; 『매일신보』, 1931. 1. 1; 『매일신보』, 1931. 1. 13; 『매일신보』, 1931. 1. 15; 『매일신보』, 1931. 3. 14; 『매일신보』, 1931. 3. 30; 『매일신보』, 1934. 5. 20
6) 전북지역독립운동기념탑건립추진위원회, 『전북지역독립운동사』, 탐진, 1994, 471쪽.

정우상은 대일항쟁기간 내내 주로 신간회 전주지부와 전주청년동맹, 전북청년동맹 등에서 활동하였다. 그는 1928년 8월 전주청년동맹 고산지부가 주최한 학술강연회에 참석하여 '조선 청년의 역사적 사명'이란 주제로 강연하다가 구속되었다.[7] 1929년 6월 전주청년동맹 집행위원으로 재직하던 정우상은 총독의 전주 방문을 앞둔 예비 검속에 걸려 김문옥[8], 장재섭[9], 오창근[10], 온해성[11], 최정백[12], 김영주[13] 등과 전주경찰서에 수감되었다.[14]

1928년 8월 정우상은 전주여자고등보통학교 4학년에 재학 중이던 임부득[15] 등과 치안유지법 위반 혐의로 검거되었다. 일제는 그들 외에 전주여자고등보통학교 4학년에 다니던 김순자, 류부홍, 김영자, 최숙영, 3학년 박동례, 박보배, 최명순, 심복림, 2학년 서경순 등의 집을 수색하고 불구속 신문하였

---

7) 『동아일보』, 1928. 8. 22
8) 김문옥(金文玉, 1904~?, 이명 金墨同)은 전주 출신으로, 전주청년동맹 간부와 전주노동조합 상무서기로 있던 중, 조선공산당 재건 사건에 연루되어 1934년 11월 29일 대구복심법원에서 치안유지법과 출판법 위반 혐의로 징역 2년형을 받았다.
9) 장재섭(張在燮, 1909~1950)은 전주 이동 출신이다. 그는 전주청년동맹 간부를 지냈고, 1934년 3월 31일 전북 조선공산당 재건 운동에 연루되어 전주지방법원에서 1년 8월의 징역형을 받았다.
10) 오창근(吳昌根)은 전주 출신으로, 호남학회 회원과 천도교 전주교구 간부를 지냈다. 그는 1929년 12월 전주청년동맹 상무집행위원으로 러시아혁명 12주년 기념식에 갔다가 일경에 피체되었다.
11) 온해성(溫海星)은 전주 출신으로, 전주청년동맹과 전주노동조합 간부로 있다가, 1930년 9월 26일 전주경찰서에 피검되었다.
12) 최정백(崔正伯)은 1929년 6월 전주청년동맹 간부로 활동하던 중 일경에 검거되었고, 12월에는 신간회 전주지회 회원으로 활동하다가 일경에 피검되었다.
13) 김영주(金永柱)는 1931년 5월 전주 전일정미소 동맹파업 사건으로 50여일의 구류 후 빙면되었고, 1932년 3월 적색비밀결사 사건으로 검거되었다가 방면되었다. 1934년 그는 조선공산당 재건 혐의로 징역 10개월형을 선고받았다.
14) 『동아일보』, 1929. 6. 26
15) 임부득(任富得)은 전주 이동 출신이다. 그녀는 적광회 사건으로 징역 1년형을 선고받았고, 1930년 3월 전주여고보의 동맹휴학을 선동한 혐의로 체포되었다. 그녀는 1934년 12월 전주, 군산, 이리 등지에 조선공산당을 재건하려 했다는 혐의로 재판에 회부되어 징역 1년 6개월형을 선고받았다.

다. 임부득은 조선독립당 사건으로 서대문형무소에 재감 중인 김철주[16]의 처로, 4학년을 중심으로 '적광회(赤光會)'라는 비밀 독서서클을 조직하고 『뉴우쓰』라는 격문을 등사하여 전주교육회 주최 음악대회장에서 살포하다가 치안유지법 위반 혐의로 체포된 것이다. 이때 전주고등보통학교에 다니고 있던 비평가 윤규섭도 체포되어 고려공산청년회에 가입한 사실이 탄로나 경성으로 압송되었다.[17] 경찰은 격문이 여자가 작성한 것이 아니라 단정하고, 각 방면으로 수색하는 동시에 휴학으로 귀성중인 여학생들도 문초하였다.[18] 잠시 후 정우상은 석방되었다.[19] 그의 혐의는 상해에서 잠입한 공산당원 고창규와의 관련 여부였다.[20]

정우상은 1929년 8월 전북청년동맹위원장으로 추대되었고, 10월 경 고려공산당청년회 조직준비위원회 결성에 참여하여 전라북도책 겸 정치부장으로 선임되었다. 그는 전주청년동맹을 개혁하여 동서남북 4구로 나누고, 고려공산당 야체이까를 조직했다.[21] 정우상은 1930년 1월 전주청년동맹 상무 오창식과 함께 검거되었고[22], 1930년 3월 31일 삼례의 우곤(右近)농장 소작쟁의 선동 혐의로 신간회 전주지회 검사위원장 백용희[23]와 일경에 검거되었다가

16) 김철주(金鐵柱, 1908~?)는 전주 출신으로, 임부득의 남편이다. 그는 1928년 4월 전주청년동맹 간부로 활동하던 중, 8월 전주경찰서에 검거되어 3년간 서대문형무소에서 복역하다가 1930년 말 예심 면소로 출옥했다. 1931년 7월 전주에서 전북공산주의자협의회 중부위원회 결성에 참가하여 전북청년동맹, 전주합동노동조합, 굴전(堀田)인쇄소, 전주전매지국 등에 비밀결사를 조직했다. 전주 일대에서 반전, 반제에 관한 격문을 등사하여 배포하다가 검거되어 1934년 징역 4년을 선고받았다. 해방 후 전국인민위원회 대표자대회에 전북 대표로 참가했다.(강만길·성대경 편, 『한국사회주의운동인명사전』, 창작과비평사, 1996, 135쪽)
17) 『조선일보』, 1929. 8. 3
18) 『동아일보』, 1929. 8. 3
19) 『동아일보』, 1929. 8. 12
20) 고창규(高昌奎)는 군산 출신으로, 해방 후 군산어민회 회장, 전라북도어민회장, 조선어민회(총재 이승만) 최고위원 등을 지냈다.
21) 강만길·성대경 편, 『한국사회주의운동사전』, 창작과비평사, 1996, 436쪽.
22) 『중외일보』, 1930. 1. 25
23) 백용희(白庸熙, 1874~?)는 전주 용진면 출생으로, 한학을 수학하고 대한제국

4월 3일 취조 끝에 풀려났다.24) 이 해 7월 그는 공산당 재건 조직인 전북공산주의자협의회 사건으로 일경에 검거되었다. 이 조직은 3월 정우상, 최정렬25), 박호진26) 등이 조직하였다.

이 사건의 배후 인물은 김창수27)이다. 그는 1928년 제3차 조선공산당 사건에 연루되어 검거되었다가 2년형을 마치고 1931년 1월에 정백, 이정윤28), 김

기에 전주우체주사로 있으면서 대한협회 회원으로 활동하며 국채보상운동에 참가하였다. 1906년 그는 사립 전주함육학교 학감으로 취임하였으며, 1908년에는 고산에 사립화산의숙을 설립할 당시에 설립 취지서를 작성하였다. 그 후에 그는 신간회 전형위원과 신간회 전주지부장과 중앙 검사위원장 등을 지내면서 전주의 사회운동을 지도하였다. 그는 임실군, 금산군, 익산군, 논산면 등지에서 서기를 지내다가 1919년 용진면장을 끝으로 관직에서 물러났다. 이후에 그는 전주고등보통학교 설립에 앞장섰고, 1921년부터 1927년까지 그 학교에서 강사 촉탁으로 근무하였다.

24) 『중외일보』, 1930. 4. 8

25) 이 사건의 재판에서 무죄로 풀려난 최정렬(崔正烈)은 판결문에 28세로, 전주군 이동면 인후리 634번지에 거주한 것으로 기재되어 있다. 그는 와세다대학에 다니던 중 사건에 연루되었다.

26) 박호진(朴昊辰, 1906~?, 본명 朴淑容)은 평양 출신으로 평양 숭의여학교와 이화여고보를 졸업하였다. 1923년 중국 광동대학 영문과에 재학 중 영국의 공산주의자와 교류하였다. 1927년 돌아와서 근우회 중앙집행위원, 1930년 조선청년총동맹 집행위원 등으로 재임 중에 전북공산주의자협의회 결성에 참여하였다. (강만길·성대경 편, 앞의 책, 218-219쪽)

27) 김창수(金昌洙, 1901~?, 이명 金日冶)는 정읍 출생으로, 그는 조선공산당 책임비서 김철수(金錣洙)의 동생이며 김광수(金光洙)의 형이다. 그는 1925년 정읍 화호노농친목회 간부로 있으면서 동진강 건너편에 있는 부안 백산면 원천리소작동우회와 함께 소작료 인하 투쟁을 전개하였다. 1926년 전북민중운동자동맹에 가입하였고, 1928년 제3차 조선공산당 검거 사건으로 징역 2년형을 언도받았다가 1931년 1월 출옥한 뒤 1931년 2월 정읍 이평농민조합을 결성하면서 정읍과 김제 등지의 농민조합운동을 지도하였고, 5월에는 전북공산주의자협의회에 가입하는 등, 사회운동에 앞장선 인물이다.(강만길·성대경 편, 앞의 책, 129쪽; 김준엽, 『한국공산주의운동사』 5, 청계연구소, 1988, 334-345쪽)

28) 이정윤(李廷允, 1897~?, 이명 李廷斗, 李賢樹, 李允樹)은 순창 유등면 출신으로, 서울 오성학교를 졸업하였다. 일본에 유학하여 세이소꾸영어학교, 도시샤대학 예비과와 와세다대학 정치경제과를 다녔다. 1921년 11월 동경 조선기독교청

옹수 등과 출옥하였다. 이후에 그는 5월 전주 이판옥[29]의 권고로 전북공산주의자협의회에 가입하고, 7월 전주의 한종식과 김철주를 방문하고 나서 8월 장일환[30]과 공동 경영하던 서점 신생각에서 사상서적을 반입할 목적으로 도일하였다.[31] 그가 이 사업의 범위를 전북 지역으로 한정한 것은 일차적으로 연고지역일 뿐 아니라, 조직원들의 충성도가 월등하여 조직을 공고화하기 쉽다고 판단했기 때문이었다. 그는 장차 전북의 조직을 기반으로 충남과 서울로 활동 공간을 확대할 의도를 지녔다. 그는 5월 서울에서 정백, 박제영 등과 조선공산당 재건 사업을 기획하고 나서 경기공산당재건준비회의 책임을 맡았고, 충남 당진의 정학원 등에게도 사업의 착수를 지시하여 3도에 걸친 조직을 완료한 후에 조선공산당 재건설준비위원회를 결성하고자 노력하였다. 김창수과 정우상의 움직임은 그 무렵 진행된 경성 이재유 그룹의 재건 움직임 등과 맞물려 있다.[32]

년회관에서 열린 조선인유학생학우회 총회에서 조선의 독립을 선언하는 문서를 갖고 있다가 발각되어 피체되었다. 1922년 11월 북성회에 가입했다가, 1923년 8월 북풍회파와 서울파 공산주의자 간의 대립 국면에서 서울파에 가담하였다. 1924년 10월 고려공산청년동맹 청년부 책임자, 고려공산청년동맹 책임비서를 맡았다. 12월 사회주의자동맹 결성에 참여하여 집행위원으로 선출되었고, 1925년 10월 전진회 집행위원으로 선출되었다.(강만길·성대경 편, 위의 책, 369쪽)

29) 이판옥(李判玉, 1909~?, 본명 韓宗植)은 군산 출생으로, 1930년 ML계 조선공산당 재건 조직 전북공산주의자협의회를 결성하였다. 이듬해 5월 金昌洙에게 가입을 권유하였고, 7월 전북공산주의자중부위원회를 조직하고 책임자가 되었으며, 1932년에는 부안노동조합 부흥 운동에 주력하였다.(강만길·성대경 편, 위의 책, 529쪽)

30) 장일환(把石 張日煥, 1898~?, 본명 張玘石, 이명 張赤波·張石波·張仁煥)은 익산 용안 출신으로, 전주공립보통학교에서 수학하였다. 그는 일본 니혼대학에 유학하면서 1922년 북성회에 참가하였고, 1923년 서울청년회가 주도한 전조선청년당대회에 북성회 대표자로 대회 소집에 관여했다. 4월 도일 후에 이정윤 등과 북성회를 탈퇴하고 서울청년회에 가입했다. 그들의 노선 변경으로 1920년대 전라북도 청년운동은 서울청년회에 쏠리게 되었다.(강만길·성대경 편, 위의 책, 414-415쪽)

31) 김창수의 활동에 관해서는 김준엽, 『한국공산주의운동사』 5, 청계연구소, 1988, 334-345쪽 참조.

이 사건으로 전북 지역의 공산당원들이 대거 검거되었다. 정우상은 1931년 11월 박기성33), 최정렬, 양판권34) 등과 재판에 회부되어 징역 2년형을 언도받았다.35) 이 사건은 일제의 강력한 탄압에 직면하여 궤멸 상태에 처한 조선공산당의 재건 움직임을 노출시켰다. 당시 공산당

정우상 사건, 『경성일보』, 1931. 11. 1

은 일경의 대대적인 검거 선풍에 휘말려 조직의 근간이 다 뽑혀가고 있었다. 이런 위기 국면을 타개하고자 모색된 것이 '아래로부터의 중앙 산출'이라는 조직 계획을 확고하게 정립하게 된 배경이다.

정우상이 주도한 준비 결사운동은 이런 상황을 철저히 인식하고, 종래의

---

32) 최규진, 『조선공산당재건운동』, 독립기념관 한국독립운동사연구소, 2009, 126-187쪽 참조.
33) 이 사건의 판결문에 의하면 朴奇盛(斗彦)은 23세로, 김제군 만경면 만경리 201번지에 거주하였으며, 징역 1년 6개월형을 선고받았다. 그는 만경소년회장과 조선청년총연맹 상무위원을 지내면서 여러 편의 시, 동요, 평론 등을 발표하였다. (최명표, 「박두언의 사회운동과 문학운동」, 『한국지역문학연구』 제1집, 한국지역문학연구회, 2012. 12, 113-149쪽)
34) 양판권(梁判權, 1909~?)은 남원 출신이다. 그는 『동아일보』 남원지국 기자, 신간회 남원지회 회원으로 활동하다가, 1930년 3월 조선방적의 파업 격려문을 발송했다는 혐의로 구류처분을 받았다. 그는 1933년 3월 17일 모 사건에 연루된 혐의로 김제경찰에 의해 검거되어 150여일간 유치장에 구금되었다가 7월 28일 전북 경찰로 이송되었다. 이후에 그는 1934년 12월 전북 공산당재건사건에 가담한 혐의로 체포되어 재판에 회부되었다가 무죄 방면되었다.
35) 이 사건의 판결문에 의하면 정우상(朴英一)은 22세로, 전주군 전주읍 완산정 262번지에 살고 있었다.

운동방식을 비판하면서 시작하였다. 그의 요체는 "지방의 '정예분자'를 선정 추출하여 공고한 기초 세포를 만들고 '수뇌분자'(조직자 또는 뷰로라고도 한다)는 중앙에 연락 본거를 두고 각지를 왕래하면서 지도하는 한편, 합법단체 내부에 세포를 조직하고 합법단체의 행동으로 가장하여 이면에는 공산당 또는 공청 조직을 진전시키려 했다"36)는 데 있었다. 일제에 의해서 전라북도의 사상운동가들이 일망타진되면서 정우상의 운동 경력은 잠잠해졌다.

사실 정우상은 니혼대학에 다니던 중37), 앞의 사건에 연루되어 영어생활을 한 것이다. 이 점을 감안하면, 그의 활약상은 눈부실 정도로 혁혁하고 분주하였다. 1933년 11월 만기출옥38)한 정우상은 1935년 8월『동아일보』전주지국의 통신원으로 위촉되었다.39) 그가 1939년 고등문관시험에 합격하고, 1940년 주오대학 전문부 법과를 졸업40)한 것으로 미루건대, 언론계에 종사하다가 학업을 다시 잇기 위하여 도일한 것으로 보인다. 당시 주오대학이 일본 내에서도 손꼽히는 법관양성대학이란 점을 보면41), 그의 유학은 애초부터 법관이 되기 위한 선택이었던 듯하다.

정우상이 부안군청에 근무하던 강병순42)과 함께 합격하자, 전주 유지들은

---

36) 한국역사연구회 1930년대연구반,『일제하 사회주의운동사』, 한길사, 1992, 130-131쪽.
37)『조선일보』, 1930. 9. 9
38)『조선일보』, 1933. 11. 10
39)『동아일보』, 1935. 8. 29
40)『동아일보』, 1940. 2. 8
41) 전병무,『조선총독부 조선인 사법관』, 역사공간, 2012, 138쪽.
42) 강병순(姜柄順)은 전주 다가정에서 출생하여 전주제일보통학교를 졸업한 후 부안군청에 근무하였다. 그는 1930년 보통문관시험 합격 후, 1938년 3월 일본 주오대학을 졸업하였다. 그는 1933년 9월 23세로 변호사시험에 합격한 뒤, 1939년 10월 고등문관시험 행정과에 합격하였다. 특히 그는 고학으로 정미소에서 일하면서 통신강의록으로 공부하다가 합격하여 언론의 주목을 받았다. 그는 1940년 2월 서울에서 변호사를 개업하였고,『조선춘추』감사를 거쳐 1945년 2월 11일 조직된 대화동맹 이사를 맡으며 훼절하고 말았다. 해방 후 미 군정에서 변호사국장으로 재임하다가 남북전쟁 중에 납북되었다.

성대한 연회를 베풀어 둘의 앞날을 축복해 주었다.43) 그 뒤로 정우상은 법률가의 길을 걸었다. 종전의 그는 1933년 징역 6월을 선고받고 서대문형무소에서 복역하다가 대전교도소로 이감하던 중에 '조선공산당만세', '조선민족해방만세', '조선독립만세'를 외치고 「적기가」를 부를 정도로 극렬한 공산주의자였기에, 이 무렵의 변신은 의아할 정도로 놀랍다. 그는 이 기간에 법률적 지식을 활용하여 간간이 문예지에 글을 발표한 것으로 미루건대, 문학에 대한 열망을 폐기하지는 않았던 듯하다. 하지만 그 뒤에 발표한 그의 수필은 신변잡기44)나 법률적 지식과 문학의 관련성을 논한 글45)로 관심 영역이 이동한 점을 포착하도록 도와준다.

해방 후 정우상은 전국에서 최초로 전주에서 나온 신문『건국시보』의 발행에 관여하였다. 해방을 맞아 여운형 주도의 건국준비위원회가 발족되자, 전주의 유지들은 8월 16일 전주시 풍남동의 최한규46) 댁에서 전주임시대책회의를 열었다.47) 회합 장소를 제공한 최한규는 임실 부호의 자제로, 일본 유학 중에 『학지광』 편집위원을 지냈지만, 학업을 마치고 온 뒤로 별다른 운동에 가담하지 않은 것으로 보면, 그 집이 넓고 시내에 위치하여 왕래하기 편해서 그 집으로 정해진 것 같다. 이 모임에는 변호사 정우상을 비롯하여 서문교회 목사 배은희48), 시조시인 양상경49), 이우식50), 이주상51), 일문판『전북일보』

---

43)『동아일보』, 1939. 12. 28
44) 정우상,「홍차 한 잔의 윤리」(1-2)」,『동아일보』, 1936. 3. 24-25;「계산된 꿈」,『동아일보』, 1936. 3. 26
45) 정우상,「통제법과 인간성」,『춘추』, 1941. 3;「사생자와 문예-법률과 문학의 일절」,『춘추』, 1941. 12;「미망인의 재혼」,『춘추』, 1942. 5.
46) 최한규(又下 崔漢圭, 1905~1950)는 동경유학생학우회에서 발간하던 『학지광』의 복간을 위해 국내에 파송되었고, 1929년 7월 방학 중 유학생 순회강연단의 일원으로 인천의 강연에 나섰다. 그는 1937년 10월 합명회사 동아홍업사를 설립하였고, 해방 후 전북여객자동차주식회사 사장을 지냈다.(최정호,『아버지』, 시그마북스, 2014)
47)『전북공론』창간호, 1946. 7, 43쪽.
48) 배은희(裵恩希, 1888~1966)는 경북 달성 출신으로, 1920년 평양 장로회신학교를 졸업하고 경주에서 전도하다가 전주 서문교회 목사로 부임했다. 그는 신간

기자 이평권52) 등이 참석하였다. 모임의 성원들을 살펴보면, 좌우가 포진되

> 회 전주지부장을 역임하고, 교회 내에 유치원과 무산야학을 설치하여 운영하면
> 서 신흥학교 운영에 관여하였다. 그는 해방 후 전라북도치안대책위원장을 맡았
> 으며, 1946년 2월 비상국민회의에 전라북도 대표로 참석하여 단독정부 수립을
> 촉구하며 이승만 노선을 추종하며 정치판에 뛰어들었다. 이승만을 '국부'로 호
> 칭한 그는 1948년 3월 대한독립촉성회 부위원장, 9월 고시심계위원장, 12월 대
> 한국민당 최고위원 등을 지냈다. 1952년 2월 경북 달성의 보궐선거에서 당선된
> 후, 박정희의 군사쿠테타가 일어나자 1956년 2월 민정당 지도위원을 거쳐 4월
> 민주공화당 최고위원을 맡았다. 그는 「고시단상」(『신천지』, 1950. 3) 등을 발표
> 했고, 전주에서 『기독교는 무엇인가』(전주 성서연구사, 1939)를 펴냈다.
> 49) 양상경(學農 梁相卿, 1903~1988)은 김제 금구면 출신의 시조시인이다. 그는
> 1921년 군산 영명학교를 졸업하고 전주로 이사하여 1924년 11월 전주야학을 운
> 영하였고, 이리로 이사한 1925년 9월에는 이리청년회의 상무집행위원으로 선출
> 되었다. 그는 1939년 1월 전주에서 조선제지주식회사 발기인으로 가담하였고,
> 1941년 10월 임전보국대 발기인으로 참여하며 훼절하였다. 그는 해방 후에 동
> 명학원 이사장과 조선지업주식회사 대표, 주식회사 경방육영회 이사 등을 지냈
> 다. 그는 한국시조작가협회 고문을 역임하였고, 학농시조상을 제정하여 시조 발
> 전에 힘을 보탰다. 양상경은 시조집 『출범』(문우당, 1946), 『애타는 밤』(을유문
> 화사, 1964)과 역시집 『두시선』(을유문화사, 1970)을 남겼고, 『한말피압박애사』
> (인물연구소, 1983)를 펴냈다.
> 50) 이우식(愚堂 李愚軾, 1901~1985)은 경북 칠곡 출신으로, 1926년 경성법학전문
> 학교를 졸업하고 1927년 1월 고등문관시험에 합격하였다. 그는 "3년만에 보통
> 학교와 중학을 뛰어넘어 그 뒤 잇해만에 전검(專檢)에 파쓰한 재사"(『동아일보
> 』, 1936. 7. 21)로 소문났었다. 그는 1928년 3월 평양지방법원 검사 대리를 지내
> 고 1929년 3월 경성지방법원 판사로 임용된 후, 1930년 10월 경성지방법원 인
> 천지청 판사를 퇴직하였다. 그는 1933년 4월 전주에서 변호사로 등록하여 1935
> 년 신건설사 사건의 변호인을 맡았으며, 전주부의회 의원을 지냈다. 해방 후 미
> 군정에서 전주지방법원장으로 발탁된 그는 1948년 9월 좌익 혐의로 재판에 회
> 부되었다가, 1951년 대법원장 김병로의 지명으로 대법관에 임용되었다. 그는 전
> 주에서 변호사로 활동하면서 전주향교재단 이사장으로 명륜대학 설립에 관여하
> 였다.
> 51) 이주상(李柱相)은 전주 출신으로, 소설가 이익상의 오종제이다. 그는 1960년
> 4·19민주혁명 후 민선 전주시장으로 재임하던 중, 1961년 5월 군사정변에 의
> 해 쫓겨났다.(최명표 편, 『유엽문학전집』 Ⅳ, 신아출판사, 2011, 182쪽)
> 52) 이평권(李平權, 1904~?)은 전주 출신으로, 1924년 8월 창립된 전주청년회, 전
> 주청년동맹, 조선청년총동맹 간부로 활약했다. 그는 1926년 10월 전북 익산에서

어 있다. 그러나 건준의 출범을 기화로 기구를 만들고, 기관지격의 신문을 발행하려고 모였다는 사실로 미루면, 정치적 성향이 전무한 것은 아닌 줄 알 수 있다. 회의에서는 회의 소식을 전하기 위해 신문 『건국시보』를 발행하기로 결의하고, 이평권에게 편집 실무를 위임하였다.53) 신문은 전라북도청 옆의 대양인쇄소(대표 오영문)에서 인쇄되어 17일에 배포되었다. 그 후 정우상은 지역 문단의 재건에 앞장서 1945년 8월 27일 시인 김해강, 연극인 김구진 등과 함께 문화동우회를 발기하고, 이듬해 2월에는 이병기, 김창술, 김해강, 채만식 등과 함께 전북문화인연맹을 조직하였다. 그는 해방 후 변호사54)로 활동하면서 전라북도 초대 근로과장55)으로 재직하다가, 남북 간에 전쟁이 벌어졌을 때 인민군에게 붙잡혀서 피살되었다.56) 정우상의 행로는 식민지의 한 청년이 시대적 현실을 자각하고 자생적 공산주의자가 되었다가, 누차의 옥고를 거치면서 사상을 철회하고 식민지 권력과 타협한 사례로 충분해 보인다.

2. 선구적 창작동화

정우상은 1923년 1월 『매일신보』에서 주최한 신춘현상문예공모에 동화「舞蹈하는 魚」를 응모하여 선외가작으로 뽑혔다. 한국 아동문학의 아버지라는 방정환이 번역동화집 『사랑의 선물』을 1922년 개벽사에서 발간하고, 본격

고려공산청년회에 가입했고, 1927년 봄 조선공산당 전북도당에 가입한 뒤에 고려공산청년동맹 전북도책이 되었다. 그해 11월 조선청년총동맹 전북연맹 위원장으로 선출되었다.(강만길·성대경 편, 앞의 책, 385쪽)
53) 당시 제작에 참여한 이들은 이평권(『全北日報』 기자), 오명순(『滿鮮日報』 기자), 최정한(『매일신보』 전주특파원), 정중모(『부산일보』 전주특파원)와 『전북일보』 기자들이었다. 『건국시보』는 처음에 1면을 인쇄 하다가, 11호부터는 『전라민보』로 제호를 바꾸고 타블로이드판으로 양면 인쇄했다.(이치백, 「전주, 해방 후 최초의 신문 발간」, 『새전북신문』, 2009. 8. 27)
54) 『동아일보』 1950. 2. 10
55) 『전북일보』, 1977. 9. 24
56) 공보처 통계국, 『6·25사변 피살자 명부 ①』, 월간조선사, 2003, 279쪽.

적인 아동문예지『어린이』를 창간한 것이 1923년 3월이었다. 또 소년문화운동을 선도한 색동회가 1923년 5월에 창립하였으니, 정우상의 동화가 지닌 아동문학사적 의의는 실로 막중하다.57) 주지하다시피, 이 시기는 동화가 장르로 정착된 상태가 아니었다. 요즘 통용되는 아동문학이란 명칭조차 과학적 절차를 준수하여 규정된 용어가 아니다. 그것은 최남선이 '소년문학'(『소년』)을 사용하다가 '아동문학'(『아이들보이』)으로 명칭을 변경한 뒤에 굳어진 것이다. 그 이후에도 아동문단은 기성 문단과 달리 용어 설정 단계에서 난관에 봉착해 있었다. 실제로 문단에서는 '소년문예'와 '아동문예', '동시'와 '소년시' 등이 난립한 채 병용되었다. 또 문학물도 잡지나 신문의 편집자들이 자의적으로 재단하여 '동요', '동시', '동화시'처럼 다양하게 명칭을 부여하면서 사용되었고, 그것은 장르적 규정에 따른 용도가 아니라 순전히 편집상의 자의에 의한 것이었다. 그러므로 창작동화는 형성 과정에 놓여 있었던 것이다. 정우상은 신문사의 현상 모집에 동화를 응모하여 당선됨으로써, 한국 창작동화의 형성기에 기여하였다. 그런 탓에 그가 발표한 동화는 이 즈음의 특징들을 고스란히 갖고 있다.

어느 찌 王이 숩속으로 흘너가는 닉시으로 散步하고 잇슨즉, 그 닉 속에는 만

---

57) 이와 관련하여 한국 최초의 동화작품을 재론할 필요가 있다. 지금까지 한국아동문학사에서는 1923년 11월호『샛별』에 발표되었다는 마해송의「바위나리와 아기별」을 "구래의 옛이야기태를 깨뜨리고 출현한 최초의 창작동화"(이재철,『한국현대아동문학사』, 일지사, 1978, 86쪽)라고 서술해 왔다. 그러나 이 작품은 1926년 1월호『어린이』에 최초로 활자화된 것을 비롯하여 발표 상황은 의문투성이다. 당시 개성의 박홍근이 주간을 맡아 발행한 월간 유년잡지『샛별』의 창간호 목록에 이 작품은 없을 뿐더러, 이 작품이 발표되었다는 잡지의 원본이 발견되지 않고 있다. 앞서 언급한 문학사의 기술도 순전히 마해송의 일방적인 주장을 인용한 것에 불과하므로, 현시점에서는 마해송이 개성에서 소년문예운동을 펼친 사실을 감안하여 동화회에서 구연하였다가 반응이 좋자 문자화하여『어린이』에 발표했으리라고 추측할 뿐이다. 따라서 아직까지 이 작품을 최초작이라고 단정할 근거는 희박한 셈이다. 더 자세한 논의는 최명표,『한국근대소년문예운동사』, 도서출판 경진, 2012, 73-74쪽.

은 고기가 잇서 쌈도 하고 쩌들고 잇섯습니다. 王은 그 식그러온 生活을 보고
『저것들에게는 大統領이 업다. 오…… 그러니ᄭᅡ 져러케 쩌들고 잇다. 누구든
지 適當한 人物을 選擧하야 두지 아니 하면 아니 되겟다.』
이와 갓치 말하고 宮殿으로 도라갓다.
그리하야 여러 臣下를 모와놋코 會議를 열엇다.
그런즉 그 會議의 結果 여호(狐)를 大統領으로 하게 되엿다.
여호는 大端히 죠화하야 여러 가지 命令을 내엿습니다.
어느 날 여호가 河岸에 셔셔 魚族들에게 이약이도 하고 魚族들의 裁判도 하고
稅金의 調査도 하고 잇슨즉, 百姓 하나가 여호의 엽헤 셔셔 낙시대를 들고 모혀
잇는 고기의 무리를 낙고 잇섯습니다. 여호와 百姓은 잡은 고기를 둘이 나누어
가지고 죠화ᄒ며 잇섯습니다.
그런대 어느 ᄯᅢ 王이 『여호의 裁判은 不公平하다』는 魚族들의 말을 듯고 죠곰
틈 잇슴을 多幸으로 알고 너를 도라 보기가 되엿습니다.
ᄯᅩᆨ 王이 河岸에 이르믹 그 百姓이 만은 고기를 잡어 그것을 화로에 구어 여호
와 갓치 酒宴을 열나고 하고 잇섯습니다. 魚族들은 쓰거운 물 속으로 드러가고
쓰거움을 익이지 못하여 빙ᄉᅠ 남비의 속을 돌며 最後의 苦痛을 쩌들고 잇섯습니
다.
王은 감안이 그 百姓의 겻흐로 가셔
『大體 너는 누구인데 무엇을 하고 잇니?』
하며, 그 얼골에 쓰거운 피가 도랏습니다.
그런즉 百姓의 겻에 잇는 여호가 나와셔
『안이올시다. 져것은 닉의 下人놈이올시다. 그런대 大端히 正直한 아희로 고
기들에게 非常한 尊敬을 밧고 잇습니다. 그리고 이 남비 속에 잇는 고기는 鯉魚
인대, 오늘 임군님이 오신다는 쇼문을 듯고 歡迎하기 爲하야 고기들의 代表로 參
禮혼 것이올시다.』
라고 여호는 極히 造作업시 말하고 안젓습니다.
王은
『그러냐? 魚族들이 너의 大統領을 滿足히 生覺하니?』
하고, 여호에게 물은즉,
여호는
『네. 魚族들은 大端히 滿足히 生覺하야 쏙 天國과 갓다고 죠화하며, 그리고 다
만 王의 幸福히 지내시기를 祈禱홀 ᄲᅮᆫ이올시다.』
이ᄯᅢ 남비 속에 잇는 고기는 大端한 努力으로 뛰여 도라다니며 식그럽게 하엿
습니다.

王은
『그러면 져 고기들은 엇지 저러케 뛰며 돌고 잇늬?』
하니, 이 여호는
『져 고기들은 임군님이 오신 것을 알고 이러케 舞蹈를 하는 것이올시다.』
하니, 王은 그 여호의 말을 確實히 밋고
『그러면 舞蹈를 하는대 音樂이 업스면 아니 되니 얼는 音樂隊의 小鳥들을 불느나.』
하고, 盛大한 酒宴을 主催하엿슴니다.
그리고 王은 大端히 滿足히 宮殿으로 도라갓슴니다.
그 後에 남비 속에 잇든 고기는 寃痛하고 스러운 소리를 지를 쑨이며, 百姓과 여호는
『아하…… 밋친 王이다.』
『허…… 우리에게 놀녓다.』
『아 우슙다.』
『아 愉快하다.』
百姓과 여호는 시로 酒宴을 열고 滋味잇게 놀앗다.58)

정우상이 이 작품을 응모할 때의 나이는 12세였다. 그는 어린 나이였으므로 동화라는 장르를 주저없이 선택했을 터이다. 그로 미루어 보면, 정우상이 어린 시절부터 문학에 관심을 기울여 왔던 줄 알 수 있다. 이 작품은 겉으로는 여우와 고기들이 임금을 농락한 이야기이다. 그러나 속으로는 여우의 교설에 속아 넘어가는 어리석은 임금 때문에 억울한 물고기의 '원통하고 스러운 소리'를 담고 있다. 임금의 어리석은 판단이 낳은 문제사태야말로 작가가 말하고자 하는 바일 터이다. 그는 여우로부터도 '밋친 왕'이란 평판을 들을 정도로, 사리분별이 명료치 않다. 한 나라를 다스리는 임금이 갖추어야 할 덕목 중에서 으뜸은 백성들의 소리를 고루 들어 공정하게 법을 집행하는 것이다. 그러나 임금은 여우의 말만 듣고 물고기들의 기막힌 형편을 헤아리지 못할 정도로 자질이 부족하다.

이 작품이 지닌 의의는 첫째, 초기 동화의 언어상을 똑똑히 보여준다는 점

---

58) 정우상, 「무도하는 어」, 『매일신보』, 1923. 1. 1

이다. 그것은 서술어의 혼용(~다, ~하엿습니다), 한자어의 병용, 표기법의 미정착 등을 지목할 수 있다. 본문 중에 서술어가 불일치한 것은 작가의 불찰일 터이다. 한자어를 병용한 것은 이 시기의 독자가 지닌 특수한 조건, 말하자면 소년의 연령과 연루되어 있다. 소년은 성인이 되지 못한 어린 사람을 총칭하고 있었으므로, 그 안에는 학력(學歷)이나 성별 등을 구분하지 않고 혼재되어 있었다. 그로 인해서 이 무렵의 동화, 동요, 동시에는 한자어가 병용되었다. 그러므로 이 점은 정우상의 과오라고 할 수 없다.

둘째, 동화의 발전 과정을 알게 해준다. 문학사적으로 동화는 우화로부터 발생하였다. 그로 인해 동화는 현실풍자적 성격을 청산하지 못한 채, 계몽기를 거치며 새로운 장르로 생성 중이었다. 동화가 우화의 풍자적 성격을 재현할 수 있었던 배경에는 시대적 요인이 자리하고 있다. 풍자와 우화는 "서사 구성의 핵심이 되는 인물의 설정이라든지 시간과 공간의 구성 등이 소설의 경우와는 달리 아주 느슨하다"[59]는 특징을 갖고 있다. 이런 속성 탓에 우화는 필자의 개입이 수월하여 식민 상태의 현실적 주제를 취급하기에 효과적이었다. 이 무렵의 소설에서 풍자와 우화의 자질들을 쉬 검출할 수 있었던 요인은 그로부터 기인한다. 문학 생산 양식의 변모와 함께 신식 교육을 받고 새로운 독자로 부상한 아이들을 대상으로 한 장르는 설정되지 못한 상태였다. 우화는 동물을 앞세워 아이들에게 친밀히 다가갈 수 있는 장점을 지녔다. 나중에 창작동화로 정착되는 과정에서 전래동화의 형식을 차용하고, 우화의 친밀성을 내용으로 정착할 수 있었던 것도 결국 우화와 동화의 경계가 모호해진 덕분이었다. 이런 점에서 정우상의 동화가 함유한 의미역은 상당하다. 그의 작품은 구어투 문장이 지닌 한계에도 불구하고, 동화의 형성 과정을 살펴보기에 알맞다.

정우상은 인용한 작품 말고 동화를 발표하지 않았다. 그가 동화에 지속적으로 관심을 가졌더라면 유수한 동화작가로 거듭날 수 있었을 텐데, 식민지 시대라는 특수한 조건이 동화 창작에 골몰할 수 없도록 압박하고 말았다. 위

---

59) 권영민, 『풍자우화 그리고 계몽담론』, 서울대출판부, 2008, 24쪽.

작품에서 보여준 동화적 장기를 연마하여 전력했더라면, 그는 전북 아동문단 뿐 아니라 한국의 아동문학의 발전을 위해서 크게 기여했을 터이다. 이 점은 두고두고 아쉬움으로 남는다. 식민지의 강퍅한 현실을 도외시할 수 없을 정도로 그의 성향은 결정되어 있었다. 그는 전주의 청년운동에 적극적으로 관여하며 행동하기 시작했다. 정우상은 더 이상의 동화를 쓰지 못하고 시와 소설의 창작으로 관심을 이동하였다. 이러한 움직임을 가리켜 그가 아동문학을 경시했거나 습작 과정으로 여긴 것이라고 치부할 수 없다. 식민지의 변혁운동에 종사한 경력으로 보건대, 그로서는 동화라는 장르가 지닌 근본적인 속성을 깨달았던 것으로 보아야 타당하다.

3. 식민지 현실의 형상화

1925년 11월 정우상은 『조선문단』의 작품 공모전에 시를 투고하여 동향의 김해강과 함께 당선되었다. 선후배가 시인의 길로 나아갈 준비를 착실히 진행하고 있었던 것이다. 방인근이 이광수를 주간으로 영입하여 만든 이 잡지는 문학청년들에게 큰 인기를 얻고 있었다.[60] 그 무렵에는 일본 유학파들이 귀국하여 동인지를 속속 발간하며 문단의 신세력으로 부상한 시대였고, 열악한 출판 상황 때문에 동인지를 만들 수 없었던 시골의 문학청년들은 이 잡지의 공모전에 큰 관심을 기울일 수밖에 없었다. 특히 시 부문의 선자를 맡고 있던 주요한의 명망은 식민지의 문학청년들에게 주지된 바였으므로, 정우상으로서는 문명을 날리는 시인으로부터 시재를 공인받고 싶어서 응모했을 터이다.

작품이 선고된 후에 정우상의 투고량이 줄어들지 않은 점만 보더라도 그 동기는 확인 가능하다. 그는 운동권에 몸담은 시인답게 식민지의 현실을 시

---

[60] 정우상과 함께 『조선문단』에 시가 입선된 전주의 김해강은 "당시 춘원 이광수가 주간으로 있던 순수문예지 『조선문단』은 대단한 인기를 모으고 있던 잡지였다"고 회고한 바 있다.(김해강, 「나의 문학 60년」, 최명표 편, 『김해강시전집』, 국학자료원, 2006, 775쪽)

에 반영하느라 고심하였다. 그런 움직임은 운동 이력에 비추어 보아도 당연할 뿐더러, 청년운동에 복무하던 동향의 김해강 등이 발표한 작품 경향과도 유사하다. 다만 아직 소년에 불과한 그였기에, 운동과 시작 사이에서 갈등하는 모습을 가감없이 표출하기도 하였다.

>제단우에
>켜노흔 초ㅅ불이
>가을바람에 날려
>포록 포록꺼지랴다
>도로사라나고 함니다
>내가슴속에
>켯던사랑의불도
>바람에썰림니다
>　　　　-「失題」61) 전문

인용시에서 보면 알 수 있듯이, 정우상은 '불' 이미지에 자신의 처지를 의탁하고 있다. 그는 '초ㅅ불'과 '사랑의 불'을 동원하여 '도로사라나고' 떨리는 순간의 이미지화를 꾀하였다. 그에 따라 작품의 전반부와 후반부가 자연스럽게 연결되어 재생의 의미역을 구축한다. 하지만 미세한 균열이 감지된다. 그것은 다시 살아나는 촛불과 달리, 사랑의 불은 바람에 떨린 채로 마감된 데서 찾아볼 수 있다. 아직 십대로서 "배우가운대 한사람"(「生涯」)에 불과하다고 자처한 정우상의 나이를 감안하면, 운동에 가담하는 심회를 토로한 것이라기보다 자신의 처지를 드러낸 것이라고 보아야 그럴 듯하다. 특히 그가 시의 말미에 'P'의 생각이 궁금하다고 부기한 것으로 보면 더욱 그렇다.

이 점에서 정우상이 차용한 촛불은 "불꽃은 괴로워하는 존재"62)라는 바슐라르의 미적 준거에 부합한다. 시인은 불안한 현실과 불확실한 미래로 인해

---

61) 『조선문단』, 1925. 11. 정우상의 작품은 최명표 편, 『전북근대문학자료』 제6권, (신아출판사, 2014)에서 인용하고, 논의상 발표서지를 병기한다.
62) Gaston Bachelard, 이가림 옮김, 『촛불의 미학』, 문예출판사, 1989, 64쪽.

괴롭다. 그는 사방이 암흑으로 칠해진 현실 앞에서 나아갈 바를 몰라 불안하다. 기껏 여드름 날 나이의 청소년이 느끼는 압박감은 예민한 감수성을 재촉하여 불안을 고조시킨다. 정우상의 시업은 이처럼 고단한 조건에서 움텄다. 그는 혁명을 도모할 투사가 되기에 너무 어렸으나, 시대고에 질식하는 민중들의 처지를 외면하기에는 마음이 너무 여렸다. 위 시는 그런 그의 실존적 조건을 여지없이 드러내고 있다. 정우상의 망설임은 촛불이 탈수록 고조되는 불안의식을 충분히 담아내고 있다.

우리의 우름을 대신하야 울어주고
우리의 부르지즘을 대신하야 소래처줄
오오쓰거운피— 朝鮮의詩人이여!
나오너라! 쇠뭉치가튼펜을들고 소래처나오너라!

구덕이詩人들이 지은『象牙의 塔』과
거짓人間들이 지은『바-벨의塔』을
그펜으로 부숴버릴—
그리고 거리로돌아단이며 民衆을爲하야 삐라를쑤려줄
詩人— 우리의心臟을불붓처줄 詩人이여! 나오너라!

피ㅅ발슨눈과 앤테나가튼 豫感을가지고—

어린이의봇채는 소리가튼 묵은꿈의歎息과
죽어버린愛人을 그리는쓰린코ㅅ노래의푸념은 인제는듯기실타 귀가압흐다

새로운時代를 만들詩人이여!
맨발버슨채 그대로나오너라!

좀먹은 이世紀의心臟우에서발버둥치며
넘어도압흔 우리의가슴을대신하야
힘것울고 힘것부르지즈라!

共生의새벽을 마지하기위하야……

『전북시인론』

-「詩人이여! 나오너라」63) 전문

이 작품에 이르러 정우상은 "어디까지든지 숨어 잇는 리어리티를 추구할 것"64)이라고 다짐하면서 세상을 향한 발언을 시화하기 시작한다. 그는 "자취조차사라진옛날의꿈"(「옛날의 꿈」)을 오늘에 되살릴 소망을 시인에게 기대고, 스스로 시인이 되기를 자처한다. 따라서 이 시편은 자신에 대한 결의를 다진 것이고, 그것을 세상에 널리 선언한 것이다. 그가 구상하는 시인은 '우리의 우름'과 '우리의 부르지즘'과 '넘어도압흔 우리의가슴'을 위무해주는 시인이다. 그의 다짐은 '어린이의봇채는 소리가튼 묵은꿈의歎息'과 '죽어버린愛人을 그리는쓰린코ㅅ노래의푸념'으로 이루어진 '구덕이詩人들이 지은『象牙의 塔』'과 '거짓人間들이 지은『바-벨의塔』'을 서둘러 폐기하고 '피ㅅ발슨눈과 앤테나가튼 豫感'으로 '共生의 새벽'을 '만들'어야 한다는 점에서 언어를 다루는 시인이 아닌 줄 밝혀진다. 그는 식민지 사회의 파수꾼이 되어 '힘것울고 힘것 부르지즈'기를 표명하고 있는 것이다. 이로서 정우상은 운동권에 발을 들여놓을 거점을 확보하였다.

정우상은 사회의 모순에 '힘것' 반응하기로 결심하고, 식민지의 변혁운동에 깊이 가담한다. 그의 분투는 시작과 병행되어 시인과 사회의 긴장관계를 증거한다. 이 시기에 시작 활동을 시작한 김창술, 김해강과 같이 그의 시편들은 사회적 현실에 대한 직접적 서술로 특징화된다. 김창술이 김해강과 같이 전동에 살면서 전주청년회 간부로 활약하고, 김해강이 전주천도교청년회를 조직하여 활동하며 시를 창작했으니, 셋은 운동전선에서 수시로 조우했을 법하다. 정우상의 합류로 전북 시단은 리얼리즘에 입각한 시풍이 주류를 형성하게 되었다. 그들의 시적 움직임은 "체험한 현실에 대한 시인의 태도는 대체로 시인의 개인적 성향뿐만 아니라 당대의 문학 경향에도 좌우된다"65)는 점에

---

63) 『조선일보』, 1927. 12. 12
64) 정우상, 「계산된 꿈」, 『동아일보』, 1936. 3. 26
65) Jan Mukařovšk, 「시인이란 누구인가」, 박인기 편역, 『작가란 무엇인가』, 지식산업사, 1997, 76쪽.

서, 운동가적 체험과 카프의 영향 등이 복합된 듯하다. 이 사실은 전북 시단의 특징으로 자연 예찬을 들먹였던 연구자들을 당혹스럽게 만든다. 일제의 폭압이 강해질수록 농도로서 전라북도는 농작물의 빼앗김이 우심했을 터인데, 기왕의 논의에서는 애써 이 점을 삭제한 채 '자연' 운운한 것이다. 또한 전북은 타 지역보다도 훨씬 사회주의 운동이 활발했었음에도 불구하고, 운동가-시인들의 활약상을 가벼이 취급하는 우를 관습화하였다. 이런 점은 논자의 관점이 왜곡된 줄 알려주기에 충분하거니와, 정확한 문학사의 서술을 위해서라도 하루빨리 광정되어야 할 터이다. 이런 관점은 도내의 특수한 환경을 감안하지 않은 채 특정한 결론을 상정하고 논의를 집중하다가 생겨난 왜곡상이라고 볼 수 있다.

> 장쾌한 리듬이다
> 저날새이는 소리를들어라!
> 밤새ㅅ것 우리의죄악을 굽어보든
> 뭇별들의흘러가는轟然한소리
> 새벽이 大地에 걸어오는소리
> 아— 장쾌한리듬이다
> 싸우는소리 울부짓는소리
> 총소리도잇다
> 문어트리는소리도잇다
> 새로 건설하는소리도잇다
> 이것들이 새벽의선물이다
> 벗아! 너의눈은 여직껏 눈물에저저잇고나—
> 이사람아 그대는지금을밤으로아느냐
> 그러치안흐면 저요란스러운소리에
> 놀래엇느냐……
> 아니다! 지금은 울때가아니다
> 저모든소리는 우리에게 거룩됨뿐이다
> 벗아! 우리도어서 일터에나아가자
> 새벽을뜻잇게 마지하기위하야—
> —「먼동이 틀 째」66) 전문

인용시에서 정우상은 "죽엄을주시려거든피흘릴죽엄을주소서"(「仰天歎」)라는 의지로 '먼동이 틀 때'를 기다린다. 그의 음성은 낭만적 어조에 실려 '장쾌한리듬'을 자아내고 있다. 그의 낭만적 취향이야 혁명가로서 지녀야 할 미래의 전망과 결부되어 있어서 탓할 게 아니다. 더욱이 일제의 강압이 강화될수록 '새벽이 大地에 걸어오는소리'를 들으려는 시인의 감수성은 예민해야 한다. 그는 '여직것 눈물에저저잇'는 벗을 다독여 운동 대열에 합류시켜 '새벽을 뜻잇게 마지하'여야 하기에 긴장하지 않으면 안 된다. 이야말로 정우상이 이후에 시작보다 운동에 전력하게 된 동기로 거론될 수 있을 터이다. 이처럼 그가 운동에 관여하는 정도를 더해 가자, 시는 사회 현실과 더 긴밀하게 조응하면서 내적 결의를 다지는 계기로 활용되었다. 그 반면에 그의 문학 활동은 점차 위축되었다. 그의 사례는 국권을 강탈당한 시대의 운동가가 문학을 병행했을 때 당면케 될 경우의 수를 보여주었다는 점에서도 유의미하다.

정우상은 식민지의 변혁운동에 종사하는 바쁜 틈에도 소설「대지는 악마로다」(『매일신보』, 1926. 1. 1),「새벽이 오랴고」(『청년』, 1928. 2) 등을 발표하며 문학의 다양한 갈래에 관심을 드러냈다. 두 작품은 공통적으로 여성의 정조 유린을 다루고 있다. 전자가 여성의 일방적 자살로 끝났다면, 후자는 여성이 복수를 행하면서 '새벽'을 기약한다는 점에서 의식의 진전을 보인다. 둘 다 정우상이 고창으로 학교를 옮기고 나서 발표하였다. 그는 전학으로 인한 심리적 요동을 다스리는 일방, 전주에서 다져진 투쟁의 장을 문학으로 확장했다. 두 작품은 도일 후 계속된 소설 창작의 밑거름이 되었다.

「대지는 악마로다」는 전라북도 운봉면에서 거부의 딸로 태어난 문학소녀 김경애가 주인공이다. 그녀는 보통학교 졸업자로, 일본에 유학한 오빠의 영향을 받아 여러 잡지를 구독하면서 문예에 눈을 떴다. 아버지가 죽자 그녀는 가산을 정리한 오빠집에 거주하다가 당시 여성들에게 유행하던 잡지사 기자를 꿈꾼다. 마침내 오빠의 주선으로 꿈을 이루게 된 경애는 상경하여 잡지사에 취직하였다. 그러나 잡지에 수록할 작품을 받으러 소설가 이진섭을 찾아갔다

---

66)『동아일보』, 1928. 2. 23

가 경애는 그만 겁탈을 당하고 만다. 그녀는 '악마'의 희롱거리로 전락하여 병원에 입원하여 분을 삼킨다. 이어서 여럿에게 못할짓을 당한 그녀는 임신을 하게 되고, 한강철교에서 몸을 던지고 말았다.

정우상의 「새벽이 오랴고」는 두 번째 창작품이다. 주인공 복순이는 제사공장에 다니던 중, 공장의 동맹파업에 가담했다. 그녀는 파업을 지도한 청년회에서 건네준 파업 선언서를 읽었다는 혐의로 공장주에게 호출당했다. 그러나 공장주는 그것과 상관없이 복순에게 흑심을 드러내며 추파를 던진다. 그는 복순에게 경찰서로 불려가지 않게 해주겠다고 유혹하며 욕심을 채운다. 그를 따라 공장 감독도 복순이를 차지한다. 마침내 임신한 그녀는 둘을 찾아가 하소연하지만, 돌아오는 것은 냉대뿐이었다. 그녀는 출산 후 아기를 버리다가 '긔아절도미수죄'로 감옥에 들어갔다.

『웅 그놈……나의 원수이다……나를 속이고 모든 나의 것을 쎄서간 그놈이다……나의 원수이다』라고 부르지젓다
그리고는 그의 손에 잇는 석냥을 보앗다 그 석냥은 그에게 엇더한 힌트를 주고 쓰더한 힘을 주엇다. 그는 그 전에 자긔집 엽에 엇던 부인이 부억에서 잘못하다가 자긔집에 불을 내이고 감옥에 갓단 말을 드른 것을 생각해 보앗다 그리고는 자긔도 쏘 감옥으로 가라는 것을 생각하엿다 감옥……지금 그의게는 그리운 일흠이엇다 굶어 죽는 현실보다 차라리 감옥이 그에게는 락원(樂園)이엇다. 원수를 갑고 감옥에 가고…… 지금의 그는 녜전의 감옥을 무서워하든 때와는 아주 달넛다

조곰 뒤에 복순이가 잇든 공장 주인의 집에서는 쌜간 불덩어리가 무서웁게 침울한 한울을 쏠코 올나왓다 그리고 그 엽흐로 검은 그림자 한아가 『불이야!』를 외치며 어둠에서 어둠으로 사라젓다 그는 이 세긔의 밤을 쏠코 새벽으로 새벽으로 다름질친 것이다

출옥한 복순이가 복수하는 결말부이다. 추위와 배고픔을 이기지 못한 그녀는 이 집 저 집을 다니며 구걸하지만, 문전에서 박대를 당한다. 그녀는 사회로부터 매몰찬 대접을 받다가 자신을 타락시킨 공장주의 집에 방화하여 '새벽

으로' 나아간다. 비록 거친 전개가 눈에 거스르지만, 정우상의 문학적 관점을 확인하기에 알맞은 작품이다. 앞에서 살펴본 시와 같이, 그는 식민지 사회의 변혁운동에 대한 의지를 견지하고 있다. 그의 다짐이 복순이에게로 전이되었을 텐데, 소설 공간까지 운동 현장으로 인식할 정도로 확고한 운동가 기질이 결말부의 '새벽'을 마련한 거름이었다. 그가 여주인공을 통해 보여준 파란한 삶이야말로 식민지의 모순이 덧쒸운 굴레였다. 이 점에서 두 작품은 일본에서 창작하게 될 후속작의 밑바탕이 되었다고 볼 수 있다.

정우상은 유학 중에 일문으로 소설을 발표하여 입선하였다. 소설 「聲」(『文學評論』, 1935. 11)67)이 그것인데, 일본에서 입선된 탓인지, 문단의 여럿에게 주목을 받았다. 이 작품이 성공할 수 있었던 직접적 요인은 앞의 두 소설을 쓰면서 다져진 필력일 테다. 그 뒤를 이을만한 요인은 그가 전주에서 복무했던 운동 경력에서 찾을 수 있다. 그것이 작품의 모티프를 구하는 과정에서 크게 도움을 주었다. 이 작품은 간도공산당 사건으로 사형선고를 받은 권팔용이 고문의 여파로 언어 능력을 상실하게 된 절박한 상황을 묘사한 것으로, 권팔용의 아내 순희가 남편의 병세에 자신을 다잡으며 그와 함께 할 것을 다짐하고 있다. 작가가 고려공산청년회에 가입하여 전라북도의 조직을 책임졌던 이력을 연상한다면, 간도에서 벌어진 사건을 소설적으로 형상화한 이유를 지레 짐작할만하다.

한설야는 이 작품에 대하여 "『文學評論』에 입선된 「聲」의 작자 정우상을 발견하게 된 것은 작년도의 창작계가 과거의 만성적 부진을 극복할 수 잇는 가능성 우에 입각한 사실을 정확히 입증하는 바이다"68)고 주목하였다. 신고송은 당시 일본 문예지에 발표된 이북명의 「初陳」(『文學評論』), 장혁주의 「省墓기는 시나히」(『改造』)과 정우상의 세 작품을 비교하는 자리에서 『聲』의 줄거리를 요약한 뒤에 "그 가진 내용이 ××적 정곡을 가진대 잇서서나 말의 사

---

67) 이 작품의 원문은 최명표 편, 『전북근대문학자료』 제6권, 신아출판사, 2014, 46-66쪽에 수록되어 있다.
68) 한설야, 「금년도 창작계 개관」(3), 『동아일보』, 1935. 12. 17

용에 잇서서나 장혁주 씨의 것보다 일단 위에 설 수 잇다. 『聲』은 모델소설이나 작자의 취재의 적극성이라던가 그 ××적 견해의 정확한대 잇서서나 장 씨를 능가할 것이다. 이북명 씨의 「初陳」은 내용은 장 씨의 것이 반동적인대 비겨 그러치 안흐나 말에 잇서서는 정 씨의 것에도 따를 수 업다. 정 씨의 압길이 촉망된다."69)고 말하였다. 또 임순득은 간도 공산당 사건을 다룬 강경애의 「어둠」을 고평하는 자리에서 "통트러 이 땅의 작가들은 「어둠」의 배후 사건을 그들의 창작적 세계에서는 외국과 가티 녀기엇다. 언젠가 『文學評論』에 실렷든 정우상 씨의 「聲」이 잇섯슬 뿐이엿다."70)고 말하였다.

이처럼 정우상은 문단에서 각광받는 작가였다. 그가 어린 나이에 동화를 썼고, 운동 중에는 시를 발표했으며, 유학 중에는 소설을 창작한 것을 보노라면, 뛰어난 문재의 소지자에게 바치는 평자들의 기대가 당연해 보인다. 그의 소설 창작은 "오늘의 문학 가운대 가장 시대적이라고 말할 수 잇는 작품들은 대개 이처럼 인간이란 것을 자기 자신이란 것을 실험실 속에 너코 여러 가지 약품으로 실험해 보려고 한 흔적이 보이는 작품들이 아닐가"71)라는 자기결의의 소산으로 보인다. 그러나 그의 다짐은 긴박하게 변화하는 식민지의 시대 상황에 압도되어 '자기 자신이란 것을 실험실 속에 너코 여러 가지 약품으로 실험해 보려고 한 흔적이 보이는 작품'보다는, 도리어 '가장 시대적이라고 말할 수 잇는 작품들'을 발표하는 선에서 종료되고 말았다.

정우상이 해방 후에 문학판으로부터 멀어진 사정은 변호사로 지내느라 자신의 결의를 실천하지 못한 자괴감에 기인한 것인지도 모른다. 더욱이 일제 말기에 단행한 그의 직업적 선택이 '불온한' 문학과의 결별을 최촉했을 수도 있다. 그로 인해 정우상은 전라북도 문단의 초기에 복무한 노력조차 증발되고 말았다. 설령 그렇다고 할지라도, 지금까지 그의 문학적 행적을 수소문하

---

69) 신고송, 「문단시감: 初陳·盛·省墓가는 사나히」, (완), 『조선중앙일보』, 1935. 11. 22
70) 임순득, 「여류작가 재인식론」, 『조선일보』, 1938. 1. 28; 최명표 편, 『전북근대문학자료』 제5권, 신아출판사, 2014, 356쪽.
71) 정우상, 「홍차 한 잔의 윤리」 (2), 『동아일보』, 1936. 3. 25

지 않은 채 문단의 형성 과정을 알아보려고 한 연구자들의 학문적 태만까지 탕감되는 것은 아니다. 지금까지 제출된 전북 문단에 관한 기술이나 기억들에서도 그의 행적이나 문학적 흔적은 전혀 언급되지 않았다. 겨우 1947년 2월 16일 채만식을 대표로 출범한 전북문화인연맹의 참가자로 호명되었을 뿐이다.72) 그는 분명히 전북문학사의 앞자리를 차지하고도 남을만한 운동가-작가인데도 말이다.

Ⅲ. 결론

이상에서 살핀 바와 같이, 정우상은 1920년부터 전라북도 문단을 형성하느라 애쓴 선구자이다. 그는 전주에서 청년운동에 투신하는 한편, 문학 활동에도 활발히 가담하였다. 그의 활약상은 전라북도의 초기 문단이 식자층에 속하는 운동가들에 의해 형성된 줄 알려준다. 그런 이유로 본고는 그의 작품들을 수습하여 보고하고, 연구자들의 관심을 촉구하고자 시도하였다. 그는 해방 정국까지 전주에 머물며 지우들과 문단을 정지하는 일에 몸담았다. 그러나 그 뒤의 행적은 아직도 밝혀지지 않은 채 남아 있다. 그로 인해 그는 앞선 공헌에도 불구하고 전라북도문학사에서 누락되어 있다. 그럴지라도 정우상의 행로는 식민지의 한 청년이 시대적 현실을 자각하고 자생적 공산주의자가 되었다가, 사상을 철회하고 식민지 권력과 타협한 사례이다. 그것이 전쟁 통에 잡혔다가 즉결처분되는 빌미가 되었을지도 모른다.

정우상은 여러 갈래를 넘나들며 작품을 발표하였다. 먼저 그는 동화로부터 출발하여 시, 소설, 수필 등으로 영역을 넓혔다. 그의 작품들은 시에 집중된다고 볼 수 있다. 그의 시세계는 식민지의 강포한 현실을 적극적으로 수용하고 형상화에 집중되었다. 이런 경향은 운동가-작가의 당연한 선택으로 보인다.

---

72) 이운룡, 「전북 지역 동인지와 동인 활동」, 『전북문학사』, 전북문인협회, 1996, 265쪽.

그는 일경에 검속되고 공산주의 활동으로 수감생활을 마치고 난 뒤에 급격히 변모하였다. 그 이면에는 그가 일제의 변호사로 평탄한 길을 걷게 된 사정이 작용하고 있다. 그 뒤로 정우상은 수필을 발표하며 문학과의 관계를 잇고자 했으나, 객관적 상황이 악화되며 문학판으로부터 멀어지고 말았다. 더욱이 갑자기 닥친 전쟁판은 그를 횡사케 하여 문학운동에 뛰어들 가능성마저 차단해 버렸다.(『교과교육연구』 제7집, 전북대학교 교과교육연구소, 2012. 12)

사회운동과 문학운동의 상관성
—박두언론

I. 서론

한국 근대문학사는 너무 편파적으로 기술되어 있다. 그 중의 하나는 유명 작가에 과다한 지면을 할애한 점이다. 문학사가 문학현상의 역사적 사실을 집성한 것이라면, 결코 소수의 업적에 편중된 채 현상으로 존재한 다수의 작가들을 무시할 수 없는 것은 자명하다. 그렇지만 한국의 근대문학사는 지나칠 정도로 유학파를 위시한 고학력 작가들에게 집중된 채 기술되어 있다. 유학파를 중심으로 한 새로운 문단 담당층이 형성되어 갈 무렵의 지역 문단은 인적 자원의 부족 사태에 직면해 있었다. 그것은 지역이 신식 교육을 받은 세력들을 흡인할 수 있는 물적 토대를 갖추지 못한 탓이 크다. 그런 사정 때문에 지역의 문단은 민중에 비해 고급 인력에 속하는 운동가들의 참여를 기다리고 있었다. 이미 그들은 운동 과정에서 식민지 사회의 모순과 식민자본주의의 폐해를 체득하고 있었기에, 문학과 사회의 현상적 조건을 간파하기에 적격이었다. 그들이 이 무렵에 앞서서 문학작품을 발표한 것을 보면, 이 점을 의식하고 있었던 것으로 보인다. 더욱이 서울에 비해 문학 담당층이 엷은 지역의 실정에서는 운동가들의 작품 생산이 지닌 의미를 무시할 일이 아니다. 그들의 참여가 없었더라면, 지역의 열악한 형편에서는 문학의 향유 기회가 늦어졌을 터이다. 그러므로 운동가들이 쓴 작품들은 각 지역의 문학사에서 소중히 다루어야 한다.

전라북도의 경우도 예외일 수 없었다. 이미 갑오동학농민혁명의 실패로 인해 도의 전역은 탄압의 광풍이 휩쓸고 지나갔다. 이어서 일제가 통감부를 설치하고 난 뒤로는 전통적인 곡창지대답게 쌀 수탈과 농지 약탈의 현장으로 변모하였다. 일제는 국권을 강탈하자마자 본격적으로 호남의 쌀을 확보할 야욕을 공개적으로 표명하였다. 그들은 토지조사사업이니 산미증산계획 등을 연달아 실시하면서 예로부터 나라의 곳간 역할을 수행한 전라도의 풍부한 쌀을 반출하기에 혈안이었다. 일제의 수탈 정책이 집행되면서 전북 지역의 주민들은 하루아침에 소작농으로 전락하였고, 새로운 빈민층이 생산되어 도시 주변부로 편입되거나 만주 등지로 떠나가는 행렬이 줄을 이었다. 이와 같은 비극적 사태는 주민들의 반발을 당연히 초래하였고, 일제는 합법적 수단과 폭력을 동원하여 그들의 요구를 탄압하였다. 이에 농민들은 사태에 맞서는 조직을 출범시키고, 유식 청년들은 농민들의 권리를 되찾아주기 위해서 여러 가지 운동을 펼쳐나갔다. 그들은 사회운동에 국한하여 움직인 것이 아니라, 소년들에게 문학적 향수 기회를 제공하는 일에도 열심이었다. 그들의 도움으로 지역의 문단이 영성하게나마 형성되기 시작하였으니, 청년운동이 여타 운동에 끼친 영향관계는 결코 가볍지 않은 것이다.

이 글에서 살펴보고자 하는 김제 출신의 박두언(朴斗彦, 1910~1981)은 운동에 복무하면서 문학 활동을 겸행한 인물이다. 고향에서 이발소 직공 노릇[1]을 한 것으로 보아 그는 높은 학력을 소지하지 못한 듯하고, 기본적인 인적사항을 포함한 전기적 생애도 잘 알려지지 않았다. 그에 관해서는 1932년 공산당재건연구회 사건으로 전주의 정우상, 최정열 등과 함께 구속되어 재판받은 판결문을 통해 추측할 수 있을 뿐이다. 그의 이명은 박기성(朴奇盛)이었고, 주소지는 김제군 만경면 만경리 201번지였다. 일제의 법원은 재판 당시에 23세의 청년에게 징역 1년 6월을 선고하였다.[2] 그는 '기

---

1) 박두언, 「농촌 이발업의 과거와 현재—과거 직공생활을 회고하면서」 (상-하), 『동아일보』, 1933. 12. 10-12
2) 『동아일보』, 1932. 3. 20

성'이란 이름을 운동 중에 사용한 것으로 보이나, 신문에 작품을 투고할 때에는 본명을 사용하였다. 이런 이유로 이 글의 논의는 일정한 한계를 안고 출발하고, 나중에 그의 전기적 생애가 밝혀지게 되면 후속 연구로 보충할 것을 다짐해 둔다.

Ⅱ. 변혁운동의 물질성과 문학의 사회성

1. 운동의 행적

지금까지 밝혀진 바로, 박두언의 운동 경력은 만경소년회에서 출발하였다. 이후에 그는 농민운동, 청년운동, 사회운동 등으로 영역을 확장하였고, 서울에서 청년 조직의 집행부에 진입하였다. 이러한 일련의 과정은 그 시기 농민운동의 변모 과정과 흡사하다. 일제는 1905년 통감부를 설치하고 나서 토지조사사업에 착수하여 본격적인 농업수탈에 나섰다. 1907년 현재 곡창지대였던 전북의 김제 지역에는 다수의 일본인 농장이 들어섰고[3], 1908년 8월 동양척식회사법이 통과된 후에 일본인의 전북 진출은 급속히 늘어났다. 이처럼 날이 갈수록 일제의 농업정책은 제국주의적 성격을 드러내자, 식민지 농민들의 불만은 저항운동으로 이어졌다. 특히 1919년 기미독립만세운동은 농민들의 각성을 가져와서 운동은 새로운 국면에 접어들었다. 그 무렵에 야학을 비롯한 각종 계몽운동이 확산되어 1920년대에 농민들은 소작쟁의를 통해서 의사를 강력히 주장하기 시작했다. 1920년 4월 창립한 조선노동공제회와 1921년 5월 조직된 조선노동대회가 1924년 4월 통합하여 조선노농총동맹을 결성되면서 농민들의 투쟁 역량을 강화하기 위한 각종 노력이 이어졌다. 또 1925년 10월 최대의 민족종교였던 천도교

---

3) 이 시기에 김제군내에서 일본인이 소유한 대규모 농장은 만경군 신호동(笠井농장), 백구정(吉田농장), 마전리(井上농장), 초남교(木場농장) 등에 있었다.

계열에서 조선농민사를 설립하고 농촌계몽운동에 참가하였다. 이어서 사회주의 이념이 식민지 사회에 급속히 퍼지면서 1927년 9월 조선농민총동맹이 출범하고, 좌우 합작단체 신간회가 구성되면서 농민운동은 관련 부문과의 연대를 강화하게 되었다. 그리하여 1930년대의 농민운동은 "귀농운동과 농민 야학을 통한 계몽운동, 조선농민사의 공생조합운동, 확대 격화된 소작쟁의, 적색농민조합운동"4)으로 전개되었으나 바, 일제는 이것을 통칭 적색농민조합처럼 공산주의 운동으로 묶어 처벌하였다.

이런 상황에서 출발한 농민운동이니만치, 그 특성상 지역에서 자발적으로 일어난 항일운동이었다. 그러므로 전통적인 쌀 생산지로서, 일제의 농업수탈정책과 그에 맞서는 농민들의 투쟁력이 충돌한 전라북도는 시대적 비극상을 확인할 수 있는 곳이었다. 박두언의 운동 이력은 어린 시절 동화회에 참석했던 '소년'이 식민지 변혁운동에 앞장선 '청년'으로 거듭나는 경우를 살피기에 유효하다. 그러므로 박두언의 운동 경력을 살피기 위해서는 전라북도와 김제 지역의 사회단체들이 움직였던 바를 먼저 알아보아야 타당하다. 그가 운동권에 진입하던 1920년대 전라북도는 신간회의 지부를 최초로 결성할 만큼 사회운동이 활발하였다. 그 세력은 부안 출신 신일용 등의 영향으로 서울청년회 계열에서 장악하고 있었다.5) 청년운동가들 중에는 천도교 청년들이 다수 활동하였으며, 천도교단은 장소 제공을 비롯한 물질적 지원을 아끼지 않았다. 전북 지역의 천도교는 정읍에서 일어난 갑오동학농민혁명으로 인해 심대한 타격을 받았음에도 불구하고, 여전히 민족종교로서의 위상을 떨치면서 지역사회의 반일 정서를 응집하는 신념으로 작용하고 있었던 것이다. 이 시기에 전주를 위시한 도내 각 지에 천도교청년회와 소년회가 결성되어 활발히 활동했던 사실도 그로부터 유추할

---

4) 조동걸, 『일제하 한국농민운동사』, 한길사, 1980, 262쪽.
5) 1925년 10월 10일 서울청년회 계열의 재경 사회주의자들이 결성한 사상단체 전진회에는 이정윤(순창), 조기승(김제), 김병일(김제), 이봉길(김제), 임혁근(익산) 등이 주동 인물로 참여하고 있었다.(이균영, 『신간회연구』, 역사비평사, 1996, 127쪽)

수 있다.6) 전북 도내에는 천도교 계열에서 운영하던 청년단체 외에도 유사단체들이 조직되어 활동하고 있었다. 각 조직은 지역의 실정에 맞추어 운동가들을 네트워크화하면서 투쟁 역량을 구축하며 계몽을 통한 의식화 작업을 추진하였다. 그들의 노력에 힘입어 도내의 민중들은 일제에 대한 투쟁의지를 고양하면서 여타 부문과의 교류와 연대에도 관심을 쏟았다.

이때 전라북도의 변혁운동에서 중추적 역할을 수행한 이는 장일환7)이다. 당초 그는 1923년 1월 동경에서 조직된 북성회에 가담하였으나, 7월경에 서울청년회의 주요 인물로 전신하였다.8) 군산의 운동가에서 지도급에 속하던 조용관9), 김영휘10) 등도 친구 장일환을 따라갔다. 위 세 사람은 이리에서 출범한 민중운동자동맹의 맹원이었고, 김제의 김병숙11)도 같았다. 김병숙은 1923년 김제청년회장으로 선출된 인물로, 1920년 조선노동자대회

---

6) 전북 지역의 소년운동에 대해서는 최명표, 「전북 지역의 소년운동론」, 『전북지역아동문학연구』, 청동거울, 2010, 55-81쪽.
7) 장일환은 익산 용안 출신이다. 그에 관해서는 강만길·성대경 편, 『한국사회주의운동인명사전』, 창작과비평사, 1996, 414-415쪽.
8) 이균영, 앞의 책, 341쪽.
9) 조용관은 익산 함라 출신이다. 그에 관해서는 김규영, 『항일 민족운동의 선구자 일표 조용관 선생 표주박 인생』, 광동인쇄기획, 2001.
10) 김영휘는 정읍 출신으로, 기미독립만세운동에 참가했다가 일경에 검거되었다. 그는 1923년 전조선노동대회 준비위원회에서 활동했고, 군산노동연맹 평의원으로서 노동대회 임시의장을 맡았다. 1924년 4월 조선노동총동맹 창립대회에서 중앙집행위원으로 선출되었다. 1925년 1월 레닌 사후 1주년을 맞이 기념 강연회에서 강연했다. 전북민중운동자동맹의 회무위원으로 재직 중 『민중운동』 배포사건으로 징역 8월형을 선고받았다.(강만길·성대경 편, 앞의 책, 96-96쪽)
11) 김병숙은 정읍 산외 출신으로 1924년 4월 조선노농총동맹 중앙집행위원, 상무위원으로 선출되었다. 1925년 1월 민중노동자동맹 사건으로 검거되어 12월 징역 8월을 선고받았다. 1926년 10월 조선공산당에 입당했고, 1927년 8월 혁명자후원회(모쁠)에 참여했다. 1928년 제3차 조공 검거 사건 후 김제에서 은거하면서 적색농민조합·노동조합 조직 준비위원회 김제야체이까를 결성했다. 1930년 4월 일본 경찰에 체포되어 1931년 10월 경성지법에서 징역 3년을 선고받았다. 1946년 2월 민주주의민족전선 결성 대회에 참여하고 중앙위원으로 선출되었다.(강만길·성대경 편, 앞의 책, 73쪽)

가 발족할 당시부터 활동하며 김제의 청년운동을 지도하였다. 그는 1924년 1월 갑자연구회12)에 가입했고, 3월 김제노동동맹 결성에 참여하여 위원장으로 선출되었다. 그는 갑자연구회에서 만난 임종환13)과 함께 1922년 10월 서울파 사회주의자들이 각 도에 오르그를 선출할 때 전남북 지역의 책임자로 임명되었고, 1924년 4월 전조선노농대회 의장, 조선노농총동맹 중앙집행위원 등을 선출될 정도로 거물이었다. 둘은 서울청년회의 신파로서, 내부에서 사상운동을 전개하였다. 그들은 조선공산당에도 두루 관여하여 2차 대회에서 중앙검사위원으로 선출된 바 있다. 그들이 전북 지역에서 사회운동을 전개하는 과정에서 임혁근14), 장일환 등과 연대한 사실도 중요하다. 그들은 서울뿐 아니라 전라북도의 청년운동을 지도하면서 운동가들을 조직하는 일에 앞장섰다.

  1924년 4월 결성된 조선청년총동맹(청총)은 전북 지역의 청년운동에 큰 영향을 끼쳤다. 청총이 각 지방대회를 개최하기로 결정하자, 전라북도 지역에서는 1925년 10월 30일 전라북도청년연맹을 창립하였다.15) 조선청년총동맹 산하의 전북청년연맹은 출범과 동시에 각층의 계몽운동에 진력하

---

12) 갑자연구회는 1924년에 9월 민중운동자동맹으로 이름을 바꾸고, 기관지 『민중운동』을 일본에서 발간하였다. 『민중운동』의 관계자들은 회무위원 이강하, 김철, 임표, 이평권, 편집위원 장일환, 이광수, 김광수, 송영섭, 김철수, 이정윤, 온낙중, 김영휘, 민중운동사 위원 조용관, 김희영, 방한회 등이다.(『조선일보』, 1924. 12. 9) 나중에 『민중운동』 사건으로 조직이 와해되자 전주, 군산, 옥구, 임피, 정읍, 태인, 익산, 김제의 청년 대표들은 1926년 1월 5일 이리 복성관에 모여서 '우의적 연결을 신조로 사회봉사를 목적'으로 병인지우회를 출범시켰다. 이날 선출된 임원은 집행위원장 정한조, 서무부 백찬기·정을·조용훈·김행규·전두일, 연구부 이용기·최종규·최성용·채기묵·문중현 등이다.(『동아일보』, 1926. 1. 10)
13) 임종환은 익산 출신이다. 그에 관해서는 강만길·성대경 편, 앞의 책, 401쪽.
14) 임혁근은 익산 출신이다. 그에 관해서는 강만길·성대경 편, 위의 책, 403쪽.
15) 이날 대회에 참가한 청년단체는 전주청년회, 전주여자청년회, 전주형평청년동맹, 이리청년회, 군산청년회, 이리노동청년회, 군산노동청년회, 금산청년회, 옥구엑쓰청년회, 신풍청년회, 연산청년회, 김제청년회 등이다.(『동아일보』, 1925. 11. 5)

였다. 동 연맹은 1927년 4월 20일 연맹을 해체하고 조선공산당 산하의 전라북도위원회를 결성하였다.16) 위원회는 조선공산당의 지시에 따라 1927년 10월 30일 조선청년총동맹 전라북도연맹(도맹)으로 이름을 바꾸었고, 1928년 5월 부안청년회관에서 정기대회를 열어 새로 집행부를 선출하였다.17) 이것은 이른바 정우회 선언에 따른 조직의 개편과 관련된 것이다.

도맹이 소년부를 설치한 것은 당시 소년운동계에 불어 닥친 소위 혁신풍조와 맞물려 살펴야 한다. 이 무렵 소년운동권은 김제소년회가 김제소년연맹으로 이름을 바꾼 예에서 보듯이, 오월회가 주도한 사회주의 소년운동이 방정환 계열의 세력을 물리치고 주도권을 장악하고 있었다. 오월회의 지도자는 정홍교였고, 그는 서울청년회에서 활동하던 인물이었다.18) 그런 사정은 전라북도 지역의 사회운동이 서울청년회 편에 섰던 것과 겸하여 고려되어야 할 터이다. 곧, 전북의 소년회가 소년동맹으로 '혁신'하는 과정과 청년단체가 '혁신'하는 배후에 서울청년회의 세력이 작용하고 있는 줄 동시에 감안하지 않으면 안 된다.

한편 김제청년회는 본래 김제청년구락부19)가 1918년에 회명을 바꾼 것

---

16) 『동아일보』, 1927. 4. 24
17) 새로 선출된 임원은 집행위원장 김복수, 후보 문중현, 서무재정부 하준기·은성천·송금상, 정치문화부 김태수·임종한·이종규, 교양부 이화천·김창한·김철주, 소년부 어재홍·박세석·이석태, 선전부 최규섭·신진우·이두용, 조사부 임영택·유연기·임용준, 후보 송상문·이도·정정산·강기주·김선·문운학 등이다.(『동아일보』, 1928. 5. 20)
18) 정홍교는 반도고학생친목회의 지방 순회강연단에 포함되어 1922년 1월 8일 김제천도교당에서 열린 강연회에 참석하기 위해 김제를 방문하였다.(『동아일보』, 1922. 1. 18)
19) 김제청년구락부는 1918년 설립 후 재정난으로 운영이 중단되었다가 1919년 봄 재건코자 했으나 일경의 반대로 무산되어 1920년 5월 15일 김제 사정에서 창립총회를 열고 출범하였고(『동아일보』, 1920. 5. 24), 5월 22일 임시총회를 열어 임원으로 부장 강동희, 부부장 이기호, 총무 백기욱, 서무반장 박규준, 문예반장 홍희식, 강연반장 오해술, 체육반장 김병일, 경리반장 조기승 등을 선출하였다. (『동아일보』, 1920. 5. 29)

으로, 1925년 6월 김제무산청년회[20]와 김제신흥청년회를 통합하였다. 당시 김제의 청년운동 지도자들은 김병숙을 비롯하여 조기승[21], 조재술[22], 이봉길[23], 조주안[24], 조이철[25], 박연[26] 등이었다. 김제 청년들은 1925년 김제신흥청년회관에서 6월 21일 창립총회를 열고 출범한 김제독서구락부를 운영하고 있었다.[27] 이 구락부에서는 7월 12일 조이철 댁에서 열린 임시총회

---

20) 김제무산청년회는 1925년 4월 26일부터 김제천도교당에서 김제노농동맹과 메이데이 기념 강연회를 공동 개최하던 중, 일경은 간부 이봉길을 불러 강연회의 금지를 통지하였다.(『동아일보』, 1925. 5. 2)
21) 조기승은 1922년 12월 30일 김제천도교당에서 열린 벽성소년단 송년강연회에서 '연말의 계산'을 강연하였고(『동아일보』, 1923. 1. 5), 1925년 7월 5일 열린 조선청년총동맹 정기대회에서 김병일, 장적파 등과 집행위원으로 선출되었다(『시대일보』, 1925. 7. 7). 그는 1927년 5월 15일 시천교당에서 열린 서울청년회 정기대회에서 검사위원으로 선출되었고(『동아일보』, 1927. 5. 18), 1928년 2월 제3차 공산당 검거 사건에 연루되어 동향의 온낙중, 김병일, 이평권 등과 종로경찰서에 검거되었다.(『동아일보』, 1928. 2. 5)
22) 조재술은 1926년 2월 『동아일보』 정읍 화호지국 기자로 임용되었다.(『동아일보』, 1926. 2. 4)
23) 이봉길은 1925년 1월 군산경찰에 의해 검거된 민중운동자동맹 사건으로 조용관, 김병숙, 임종환, 임혁근, 김영휘, 장일환, 임영택, 김희영 등과 수감되었다(이균영, 앞의 책, 343쪽). 그는 고려공산청년회 김제지역 야체이까 책임자로 활동했다. 같은 해 11월 22일부터 30일까지 김제읍 중학기성회원으로 김제 관내를 순회하며 지부 설치와 선전 업무를 맡은 선전대원으로 활동했다.(『시대일보』, 1925. 11. 24)
24) 조주안은 1927년 7월 신간회 김제지부 서무부 위원을 지냈다.(『동아일보』, 1927. 7. 23)
25) 조이철은 1927년 6월 11일 김제소년회가 김제천도교당에서 연 임시총회에서 집행위원장으로 선출되었다.(『중외일보』, 1927. 6. 13)
26) 박연은 정읍 출신으로, 1927년 7월 16일 김제천도교당에서 열린 신간회 김제지회 제1회 간사회에서 재정부 간사로 선출되었다. 이날 선출된 간사는 정치문화부 이우일·이봉길·조순식, 조사연구부 조판오·김혁진·천병원, 서무부 조주안·문중현·곽홍문, 선전부 전기환·조판현·이기호, 재정부 김병천·박연·조석연, 상무간사 조주안·전기환·조판오·최석술·이봉길이다.(『중외일보』, 1927. 7. 20)
27) 이날 선출된 임원은 의장 장준석과 서기 조판오였다.(『동아일보』, 1925. 6. 21)

에서 이봉길의 경과 보고에 이어 규약의 수정과 회원 모집, 도서 구입 문제 등을 토의하였으며, 주민들을 위한 강좌도 개설하였다. 일례로 김제독서구락부는 김제천도교당에서 1925년 7월 25일부터 3일간 '제1회 하기 학술강좌'를 개설하여 김병일[28)]의 사회로 주오대학에 재학 중이던 김광수[29)]의 「사회학설의 변천」, 와세다대학에 재학 중이던 온낙중[30)]의 「유물사관 해설」을 들었다.[31)] 『동아일보』와 『조선일보』는 이 구락부에 자사 신문을 무료로 기증하기로 결정하였다.[32)] 유수 신문사의 지원은 독서회 활동의 활성화를 최촉하였고, 회원들의 활동 의욕을 고취하기에 충분하였다.

청년들의 독서회 활동에 영향을 받아 1927년 10월 9일 김제형평청년회관에서 김제소년독서회가 창립되었다.[33)] 이 독서회의 회장은 곽복산[34)]은 김제소년회가 조선소년총연맹의 지침에 따라 혁신한 김제소년동맹의 대표를 겸하였다. 또 그는 1928년 7월 26일 익산소년동맹회관에서 개최된 조선소년총연맹의 전북연맹창립준비위원으로 위촉되었고[35)], 서울에서 열린 조선소년총동맹의 간부로 활동할 만큼 경향에 알려진 활동가였다. 박두언은 김제소년독서회에서 1927년 11월 19일 연 김제소년소녀동화대회에서 3등

---

28) 김병일은 전북 김제 출신으로 1925년 11월 11일 러시아혁명 8주년 기념일을 맞아 청총이 한성강습원에서 주최한 강연회에서 '볼쉐비키 성공의 근본 조건'을 강연하였고(『동아일보』, 1925. 11. 6), 1926년 김제청년총연맹 대회를 주최하다가 경찰에 검거되었으며(『동아일보』, 1926. 1. 13), 1926년 6월 8일 조선총동맹 간부로 있다가 검거되었다(『시대일보』, 1926. 6. 9). 그는 1928년 2월 제3차 공산당 사건에 연루되어 동향의 온낙중, 이평권, 조기승 등과 종로경찰서에 검거되었다.(『동아일보』, 1928. 2. 5)
29) 김광수에 관해서는 강만길·성대경 편, 앞의 책, 45쪽.
30) 온낙중에 관해서는 강만길·성대경 편, 위의 책, 290쪽.
31) 『동아일보』, 1925. 7. 30
32) 『동아일보』, 1925. 7. 15
33) 『동아일보』, 1927. 10. 13
34) 곽복산에 관해서는 최명표, 「소년운동가의 문학적 균형감각」, 『전북지역아동문학연구』, 청동거울, 2010, 117-145쪽.
35) 『중외일보』, 1928. 7. 29

입선한 바 있다.36) 이때 그는 만경소년회와 청년회에서 활동하고 있었으므로, 곽복산을 위시한 김제의 운동가들과 상호 연락을 주고받으며 운동전선의 확대와 운영에 협력하였을 것이다. 그것은 박두언이 1928년 12월 말에 열린 조선소년총연맹 제2회 정기대회에 곽복산과 함께 참가한 데서 쉬어림할 수 있다.37) 이러한 인연은 박두언에게 운동권의 인맥뿐만 아니라, 차후의 활동에도 상당한 영향을 끼쳤으리라.

또 당시 김제에는 식민지 전역에서 활발히 전개되었던 야학운동이 전개되고 있었다. 야학은 기미독립운동의 영향으로 각성된 민중들에 의하여 "1920년대를 기반으로 확장 성숙되었고, 1920년대 중·후반기를 거치면서 정치의식화 교육이 강화"38)되는 양상을 띠었다. 당시 김제청년동맹 만경지맹의 맹원으로 활동하던 박두언은 1928년 7월 1일 지맹 내에 만경노동야학을 개설하였다. 과목은 조선어·산술·주산·일어 등이었고, 교원은 곽진열·박두언·곽재형이었다.39) 야학 외에 김제 출신의 학생들이 참여한 의식화 작업도 박두언에게 영향을 끼쳤다. 일본의 유학생단체였던 재일동경김제유학생친목회는 도쿄와 전주 그리고 김제에 지부를 설치하였으며, 학보 『금광(金光)』을 발간하였다. 또 김제학우회는 주민들을 대상으로 학술대강연회와 음악회 등을 열었다.40) 1928년 7월 28일 박두언이 거주하던 만경에서는 서울과 동경에 유학중이던 학생들을 맞는 재외만경유학생환영회를 개최하고, 그들과 함께 만경독서구락부를 조직하였다.41) 이날 만경독서구락부의 창립식에서 선출된 임원은 위원장 곽대형42), 위원 박두언, 곽

---

36) 당시 입상자는 1등 구낙환, 2등 박순석, 3등 송수윤·박두언 등이다.(『중외일보』, 1927. 11. 23)
37) 「조선소년총연맹 제2회 정기대회 개최의 건」, 문서번호 경종경고비 제17542호, 발송자: 경성 종로경찰서장, 발송일: 1928. 12. 31, 수신자: 경성지방법원 검사정, 수신일: 1929. 1. 4(국사편찬위원회)
38) 천성호, 『한국야학운동사』, 학이시습, 2009, 112쪽.
39) 『동아일보』, 1928. 7. 6
40) 『동아일보』, 1928. 8. 7
41) 『동아일보』, 1928. 8. 3

형담, 곽종렬43) 등이다.44) 이들은 만경의 청년 유지들로, 이 구락부뿐만 아니라 청년회와 소년회의 임원을 겸하고 있었다. 일례로 1927년 6월 5일 만경청년회관에서 열린 만경소년회의 정기총회에서는 박두언, 백명섭45), 곽형담, 최회근, 곽종렬, 이상섭, 곽장희, 곽숙규, 최석남 등을 소년소녀웅변대회의 준비위원으로 선출한 바 있다.46) 이날 열린 총회가 제2회인 것으로 보건대, 만경소년회는 1925년 경에 조직된 것으로 보인다. 위처럼 그들이 여러 단체에 중복 가입한 것은 지역사회의 빈약한 인적자원으로 인한 한계에서 비롯된 것이다. 역으로 이러한 현상은 유관단체 간의 연대를 꾀하여 사업의 추진 역량을 제고하기에는 효과적이었다.

박두언은 이어서 1928년 9월 11일 같은 장소에서 열린 만경소년회의 정기총회에서 위원장으로 선출되었다.47) 이 무렵에 그는 만경청년회에도 관여하고 있었다. 1929년 4월 15일 만경청년회의 제2회 정기대회가 열릴 찰나, 주재소에서 위원장 곽대형과 박두언을 소환하여 불분명한 이유로 집회의 중지를 명령하였다.48) 이외에 박두언은 만경의 농민운동에도 깊이 관

---

42) 곽대형은 서울의 중동학교에 재학 중 1926년 6·10만세운동에 참여하였다가 격문을 소지한 혐의로 체포되어 1년 3개월간 복역하였다(『동아일보』, 1926. 11. 4). 그가 1927년 9월 20일 출옥하여 낙향하자, 김제 만경청년회와 만경소년회에서는 김제역전에서 환영회를 열고, 자동차 2대를 이용하여 만경까지 행진하였다.(『동아일보』, 1927. 9. 24)
43) 곽종렬은 1927년 1월 조선공산당 경기도당 선전부 위원으로 활동하였다. 9월 제1차 조선공산당 검거 사건 당시 일경의 방청 금지에 경무국을 찾아 항의하였다. 1928년 3월 조선공산당 제3차 대회 상황, 당 중앙위원회 조직, 결정사항 등을 갖고 일본에 파견되어 조선공산당 일본 총국의 간부와 서남부 야체이까 부책임을 맡았다. 7월 조선공산당 전남도당에서 개설한 하기강좌에서 철학을 강의했고, 신간회에 관여하였다.(강만길·성대경 편, 앞의 책, 29쪽)
44) 『중외일보』, 1928. 8. 6
45) 백명섭은 조선총독부 관보 제2224호(1934. 6. 11)의 '도순사정근증서수여―전라북도'에 순사로 표기되어 있다.
46) 『중외일보』, 1927. 6. 11
47) 이날 선출된 위원은 정일준, 백종기, 김경연, 은희용, 정형완, 이광덕 등이다. (『중외일보』, 1928. 9. 14)

여하였다. 그는 1933년 3월 5일 김제경찰에 의해 곽대형, 이광득과 함께 피검되었다.49) 또 그는 1935년 11월에 만경적색농민독서회 사건의 주동자로 검거되었다.50) 1936년 4월 전주지방법원 검사국으로 송치된 그는 이광덕51), 정환표52), 서재순53) 등과 함께 치안유지법 위반 혐의로 재판에 넘겨졌다.54)

고향에서 운동 경력을 쌓은 박두언은 전국적인 청년운동으로 발걸음을 넓혔다. 그가 본격적으로 활동하기 전, 김제의 조기승은 창립총회에 김제무산청년회 대표로 참석한 바 있다.55) 박두언은 1930년 3월 23일에 박승극56) 등과 조선청년총동맹57) 지방 대표로 성명서를 발표하였다.58) 그는 박승극 등과 함께 조선청년총동맹 중앙 간담회를 4월 6일로 확정할 정도로59), 그의 위상은 청년운동계에서 무시할 수 없을 만큼 높아졌다. 나중에 그는 4월 조선청년총동맹이 전국의 사회 사정을 살피기 위해 대표를 파견할 당시에, 전북 지역에 파견되었다.60) 그는 1930년 5월 20일 6·10만세

---

48) 『중외일보』, 1929. 4. 22
49) 『동아일보』, 1933. 3. 9
50) 『조선중앙일보』, 1936. 5. 3
51) 이광덕은 재판 당시 25세로, 정읍군 신태인역전에 거주하고 있었다.
52) 정환표는 재판 당시 24세로, 김제군 만경면 화포리에 거주하고 있었다.
53) 서재순은 재판 당시 26세로, 김제군 진봉면 정당리에 거주하고 있었다.
54) 『동아일보』, 1936. 5. 5
55) 「조선청년총동맹 창립의 건」, 문서번호 경종경고비 제4619의 4호, 발송자: 경성종로경찰서장, 발송일: 1924. 4. 23, 수신자: 경성지방법원 검사정, 수신일: 1924. 4. 24(국사편찬위원회)
56) 박승극은 경기 수원 출생의 소설가이다. 그는 신간회 수원지부 서기장, 수원청년동맹위원장, 신간회 중앙집행위원 등을 역임하면서 사회운동에 참여하였다. (강만길·성대경 편, 앞의 책, 196-197쪽)
57) 1930년 당시 조선청년총동맹은 전국적으로 125개의 산하 조직과 회원수 35,000명을 거느리고 있었다.(「현유 세력 총조사—신간, 농총, 노총, 청총, 근우, 천도교, 기독교, 불교」, 『삼천리』, 1930. 10)
58) 『중외일보』, 1930. 3. 24
59) 『중외일보』, 1930. 3. 29

사건으로 각지에 검거 선풍이 불 당시 조선청년총연맹 상무위원으로 종로경찰서에 피검되었다.61) 그는 또 서울 시내 상춘원에서 청총 대표자회의를 갖다가 집회 신고를 하지 않았다는 이유로 동대문경찰서에 피검되었다가62), 28일에 방면되었다.63) 그는 곧 모종의 비밀결사에 연루된 혐의로 종로경찰서에 검속당했으나, 이 사건은 실체도 없는 유령사건이었다. 당시 2개월간 80명을 검거한 중에서 기소자는 불과 10명이었을 뿐, 박두언을 비롯한 다수가 방면64)된 것만 보아도 일경의 조작 사건이었다.

앞서 살펴본 과정을 통해 헤아릴 수 있듯이, 박두언은 만경과 김제 그리고 전국적인 운동에 두루 관여한 운동가였다. 그는 서울과 향리를 오가며 운동하는 중에 보고들은 바에 입각하여 정세의 추이를 살피면서 전선의 확대에 분투한 것이다. 그의 구체적 운동 내력은 아직껏 소상하게 재구할 수 없으나, 조선청년총동맹의 간부로 활동한 사실만 보더라도 만만치 않았던 줄 알 수 있다. 그는 소년회와 청년회 운동을 전개하면서 주민들의 계몽에 전력하고, 전국 단위의 조선청년총동맹에도 깊숙이 개입한 인물로 사상적으로 사회주의의 세례를 받은 것은 확실하다. 그는 이처럼 바쁘게 활동하는 와중에도 문학작품의 발표에도 관심을 기울였다. 박두언의 사례는 현재도 확실하게 규명되지 못한 지역 문단은 물론, 한국문단의 형성 과정을 살피기에 유효한 단서를 제공할 수 있다는 점에서 연구의 필요성은 확인된다.

2. 문학적 역정

박두인의 문학 활동 기간은 길지 않다. 그것은 그가 변혁운동에 복무하

---

60) 『동아일보』, 1930. 4. 9
61) 『중외일보』, 1930. 5. 21
62) 『중외일보』, 1930. 5. 26
63) 『중외일보』, 1930. 5. 29
64) 『중외일보』, 1930. 9. 19

는 운동가였던 탓이 크다. 현재 찾아볼 수 있는 그의 작품은 동요(시) 12편, 동화시 1편, 시 1편, 소설 3편, 전설 2편, 평론 1편, 수필 4편 등, 24편이다.65) 그가 남긴 작품들은 빈약한 편이라고 할 수 있다. 그래도 그의 작품을 무시할 수 없는 이유는 첫째, 앞서 말한 근대 문단의 형성 과정을 헤아리는데 알맞은 실마리를 제공한다는 점이다. 둘째, 그가 의식했거나 안 했거나를 막론하고, 여러 장르를 구분하며 작품을 발표하여 장르사의 측면에서도 소홀하게 다루기 힘든 증거자료라는 점이다. 이런 점을 전제하고 나면, 박두언이 문학작품의 생산 대열에 합류하게 된 동기가 궁금하다. 일제의 감시를 받으면서 운동에 복무하는 분주한 중에 그가 무슨 이유로 문학을 가까이 접하게 되었는지 알아볼 일이다.

그 단서는 박두언이 1927년 김제에서 열린 동화대회에 참석하여 입상한 경력에서 찾아볼 수 있다. 1920년대의 식민지에서 널리 유행한 동화회는 문학의 근대화를 이루어가는 흔적이었다. 동화회는 본래 일본에서 시작되었고, 식민지에서는 1913년 9월 일본의 아동문학가 이와야 사자나미(巖谷小波)가 와서 동화구연회를 열어 퍼지기 시작했다. 이어서 동화구연가 아와사부로우(冲野岩三郞)66)가 1922년 5월 군산과 전주 등을 방문하여 소학교 학생들을 상대로 동화를 구연하였다.67) 또 1922년 소년운동가 방정환이 출판한 세계동화집 『사랑의 선물』이 폭발적으로 팔리는 동시에, 그의 전국 순방이 이어졌다. 동화구연 부문에서 보여준 그의 빼어난 성적에 상응하여 동화에 대한 관심은 확산되었다. 그 무렵에 다소나마 취학층이 늘어나면서 동화의 소비층이 늘어나게 되면서 동화는 어엿한 장르로 수용될 만한 조건을 거느리기 시작했다.

동화회는 집단을 대상으로 열렸다. 그 시기에는 창작동화가 미처 정착

---

65) 박두언의 문학작품은 최명표 편, 『전북문학자료집』, 신아출판사, 2012, 205-245쪽에 수록되어 있다.
66) 아와사부로우는 「大衆文藝について」(『朝鮮及滿洲』, 1926. 1) 등을 발표하였다.
67) 오오타케 기요미, 『근대 한일 아동문화와 문학 관계사: 1895~1945』, 청운, 2005, 72쪽.

하기 이전이라서 대부분 전래동화를 구연하거나, 전래적 소재를 적당히 가공한 것들이 많았다. 여럿이 거부감 없이 받아들이기 수월한 독물은 "필연적으로 공동체적 소속감과 유대감을 심화하여 민족적 정체성을 인식"68)시키기에 알맞다는 점에서, 동화회는 민족적 정서와 감수성을 전승하는 학습의 장이었다. 소년단체들은 이 점에 주목하고, 수시로 동화회를 열어 소년들을 공적 공간으로 호출하였다. 그것이 현상동화대회로 발전하자, 참가소년들의 수효가 부쩍 늘어났다. 이 대회는 참가자들에게 현상금이라는 근대적 보상수단과 함께 일정한 수준의 글쓰기 능력과 말하기 능력을 요구했다. 그러기에 이런 류의 대회는 근대문학의 연구 과정에서 무시되지 않아야 한다. 그런 탓에 참가 소년들은 당연히 국문 해독자였다. 또한 그들은 청중들에게 수용 가능한 소재의 취택과 호소력 있는 문학적 형식을 습득하지 않으면 안 되었다. 그런 과정을 통해 소년들은 문학적 글쓰기 훈련을 받고, 훗날 작가가 되거나 작품을 향유하는 독자로 거듭나게 되었다.

그 대표적인 사례가 박두언이다. 그는 소년회원으로 활동하고 있었기에, 동화회의 효용성에 주목했을 터이다. 또한 그는 동화회에 참석하는 동안에 문학이 특유한 상상력을 발휘하여 식민지 원주민들의 궁핍한 처지를 묘파하기에 적합한 제도란 사실을 깨달았을 것이다. 더욱이 동화회마다 기성인들이 다수 결집하고, 운동가들이 문학작품을 구연하는 모습을 접하면서 그는 문학의 운동적 차원을 눈여겨보았을 것이다. 그 결과로 그는 문학이 새로운 지식의 전달도구로 기능할 수 있는 줄 알게 되었다. 일례로 그가 『동광』에서 '인생과 지식'이란 주제로 소년들의 작문을 모집하자 응모하여 가작 입선한 작품에서 그 근거를 찾아볼 수 있다.

   1. 인생을 초목이라고 가정하자. 그러면 피는 꽃은 지식이라야 할 것이다. 보라 분홍빛 곱은 꽃이 송이송이 웃음 웃는 도화 가지에 나비는 춤추고 벌은 노래하니 그 얼마나 평화하며 화려한가? 그러나 그 반면으로 냉정한 바람만 지나치면 잎사귀 하나 없는 고목을 볼 때 쓸쓸함을 느끼지 않을 자 뉘 있으랴.

---

68) 최명표, 앞의 책, 69쪽.

2. 지식은 인생의 가치를 귀하게 만들며 인생의 생활을 미려하게 만든다. 만약 인생에게 지식이 없다면 그 인생은 생이 생답지 않는다는 것보다 생존권이 없다고 하여도 과언이 아닐만치 현대는 지식 본위의 시대다. 날이 갈쓰록 지식을 토대로 삼고 국가와 국가 사이나 개인과 개인 사이에 일어나는 싸움이 격렬함은 삶을 미려하게 하려는 각자의 욕망과 생존특권을 가지고저 함에 있다고 생각한다.
3. 초목에 꽃이 피어 춤추는 나비와 노래하는 벌이 와서 키쓰를 하여야만 그 초목에 열매가 열는 것과 같이 심장과 뇌리를 지식으로 장식한 인생이라야만 완전한 인생이라고 생각한다.69)

 이 글을 투고할 당시에 그는 「『동광』 사우 방명」에 이름을 올린 것으로 보아 그 잡지의 김제지국 운영에 관여했던 듯하다.70) 박두언은 지식이 '인생의 가치를 귀하게 만들며 인생의 생활을 미려하게 만든다'고 보고, 완전한 인생을 '심장과 뇌리를 지식으로 장식한 인생'이라고 인식하고 있다. 이런 시각은 지식에 대한 대단한 열정을 누출한 것인데, 변변한 학력을 갖추지 못한 그의 입장에서 보면 수긍할만하다. 또 이것은 그가 문학적 지식을 동화회의 참석과 신문 잡지 등의 매체를 접하면서 독학한 줄 짐작하게 해준다. 특히 이 시절은 마땅한 문학 교재가 없었을 때이므로, 신문이나 잡지는 그가 문학 수업을 하기에 귀한 자료였다. 인쇄 매체는 상상의 공동체로 민족을 구성하고 근대성을 형성하는 효과적 수단이었다. 곧 "인간 언어의 숙명적 다양성 위에 자본주의와 인쇄술이 수렴됨으로써 그 기본 형태에 있어 근대 민족(nation)을 준비하는 새로운 형태의 상상의 공동체가 형성될 가능성을 창조했다"71)는 점을 고려하면, 박두언이 활용한 인쇄물들은 그에게 문학과 민족과 근대성의 상관관계를 헤아리기에 알맞은 학습교재였으리라.

---

69) 『동광』 제13호, 1927. 5.
70) 박두언과 함께 김제 지국의 사우로 기재된 인물은 김수복, 허상익, 손홍주, 김기열, 김평윤, 김정두, 양상경, 하재청, 이종표, 정판산, 최태진, 곽재진, 이은섭, 곽중근, 이재근, 곽진열, 백석재, 곽한술 등이다.(『동광』, 1927. 5)
71) Benedict Anderson, 윤형숙 역, 『상상의 공동체』 나남, 2007, 75쪽.

> 오늘은아침에일즉
> 락화를만들어두엇다
> 그리고학교에가서도
> 공부할생각은하나도업시
> 해곳지기만 눈감고기둘럿다
> 해지자저녁밥도맛업시먹고는
> 락화에불부처들고
> 동모들과함께뒤ㅅ산으로갓섯다
> 편을난호아불싸홈을하는데
> 가루꼿이핀것갓하야엇디조튼지
> 썰대로쒸고노는데
> 밤에번적이는꼿속에는
> 나혼자밧게안노는것갓햇다
> ―「가루꼿」72) 전문

 이 작품은 박두언이 처음으로 발표한 것이다. 당시에는 장르 구분이 표기되지 않았으나, 내용상으로 보아 동시에 편입해야 맞을 듯하다. 문면에 나타나듯, 그는 동시라는 장르의 속성을 존중하고 있다. 그가 변혁운동에 종사하는 운동가란 사실을 감안하면, 이 점은 유달리 각광받아야 한다. 그는 조화를 만들어 불놀이하던 유년기의 추억을 시로 담았다. 작품의 '가루꼿'은 종이로 만든 꽃이 타면서 재로 떨어지는 것을 가리킨다. 박두언은 만든 꽃으로 놀이할 생각에 들뜬 어린 마음을 '공부할생각은하나도업시'와 '해지자저녁밥도멋업시먹고는'에 사실적인 표현에 싣고 있다. 그가 소년의 들뜬 마음을 제대로 담아낼 수 있었던 배경에는 문학, 말하자면 동시의 대상성에 대한 인식을 갖고 있었던 것으로 보인다. 이 점은 그가 운동에 종사하는 바쁜 틈틈이 신문지상에 발표되는 당해 작품들을 눈여겨 읽는 과정에서 습득한 것일 터이다. 그가 변변한 학력을 갖지 못하였고, 설령 학교에 다녔다고 하더라도 문학에 대한 체계적 학습이 이루어지지 못했던 형편을 감안해 보면, 그런 추정 외에는 달리 설명할 길이 없다. 더욱이 그

---

72) 『동아일보』, 1926. 5. 27

가 동시의 독자들을 상정하여 운동가다운 투지나 생경한 이념을 싣지 않았다는 점은 고평되어도 무방하다. 그의 자세는 다음 작품에서도 이어진다.

  왼들에파랏튼보리는
  어느듯누른빗츨씌엿고나
  농부들은낫가러들처메고
  보리빌째에
  점심내가는어머니짜러가
  맛잇는들밥먹을일이
  자미스러웁다
    ―「보리」73) 전문

 문면에서 엿볼 수 있듯이, 박두언은 농촌의 비참한 실정에 초점을 맞추지 않았다. 도리어 그는 '맛잇는들밥먹을일'에 들뜬 아이의 표정을 살려내고 있다. 당시 전북 지역에서는 1922년에 124건이 일어났던 소작쟁의가 1928년에 이르러 1,590건으로 급증하였다. 일본인 지주와 친일지주들은 빈농들에게 4,209건에 3,089정보에 달하는 막대한 농지의 위탁경작을 강요하였다. 이것은 "농촌의 임금률을 종전보다 고율처럼 보이게 하여 암울한 농민층을 농촌 노동자화시키는 동시에, 원시적 농노제로 변천하려는 계기"74)로 작용하던 참이었다. 이렇게 농지를 잃고 저임금노동자로 전락해버린 농민들의 비극적 국면을 타개하려는 농촌운동가였던 박두언이 문학작품에서는 철저히 대상의 특수한 조건에 착목하고 있는 것이다. 이런 점은 그가 농촌 아이의 일상적인 장면을 포착하여 어려운 표현기법을 동원하지 않은 것과 맞물려서 인상적이다. 이처럼 박두언은 일상에서 겪었던 바를 시화하려고 노력하였는데, 그러한 예는 여러 곳에서 증명된다.
 일례로 그는 1928년 4월 『동아일보』 학예부에서 모집한 '스케취 春日街

---

73) 『동아일보』, 1926. 6. 17
74) 원용찬, 『일제하 전북의 농업수탈사』, 신아출판사, 2004, 147쪽.

上所見'의 5회에 낚시질하며 느낀 경험을 쓴 생활문을 발표한 바 있다. 그러나 이 작품은 생활문이라기보다는 콩트에 가깝다. 이 사고는 아직 문단이나 전문 작가가 출현하기 전에 신문사에서 일정한 규격을 내걸고 모집했다는 점에서 살펴볼만하다. 당시 신문사에서는 응모자들에게 봄날의 거리 풍경을 자유롭게 쓰되, 40자를 한 행으로 하여 50행 내로 쓰도록 제한하였다. 이것은 신문사에서 의도적으로 일정한 형식을 요구하여 글쓰기에 참가하는 자격을 요구한 셈이다. 박두언은 이 기회에 낚시한 경험을 살려 응모하였다. 그것을 보면, 낚시는 그가 식민지의 광포한 시대를 견디는 수단으로 삼았던 취미인 듯하다.

중얼거리며 낚시ㅅ대를 힘업시 노아버리더니 족기에서 권연 한 개를 내어 부치어 물고서 빈 물속을 하염업시 바라보고 잇다.
이때 뒤에서 한 젊은이가 나타나더니
『××君 아닌가?』
하고 낚시ㅅ軍을 바라본다.
어린 낚시ㅅ군은 고개를 겨우 돌이켜보더니
『어대 갓다 오는가?』
하는 그의 말소리는 슴거웁기도 하다.
『자네 댁에 좀 갓다 오네.』
『무어 하려?』
『자네 아버지를 뵈옵고 엿줄 말이 잇서서 갓는데, 안 게신다고 하데. 어대 가섯는가?』
『오늘은 ×××로 논 갈러 갓네.』
『웅⋯⋯. 그런데 고기 만히 잡엇나?』
『고기 잡으러 다닌다는가? 소일거리로 다니지.』
『고만 두게, 이 사람아. 젊은 사람이 무얼 하면 못 해서 이 짓을 하고 잇단 말인가. 차라리 할일이 업거든 낫잠을 자든지⋯⋯.』
『아즉 자네는 이런 자미를 몰를 것이네. 어쩌네 어쩌네 하지만⋯⋯.』
하드니 다시 낚시에 밥을 뀐다.
그 청년은 한참 동안 묵묵히 서서 바라보다가 돌아서며
『조흔 자미 만히 본다. 네 아버지는 날마다⋯⋯.』
말끗을 채 맺지도 안코 가버린다.

『건방지게 아지도 못하면서……』
하며 젊은 낚시ㅅ군은 중얼거린다.75)

박두언이 낚시한 본의는 드러나지 않았다. 일하는 아버지와 달리 일하지 않고 소일거리로 낚시하던 중에 지나가는 동네 사람이 꾸중하자, 그는 알지도 못하며 빈정댄다고 투덜거린다. 도처에 일제의 감시망이 움직이는 시대에 작은 농촌 마을의 운동가로 살아가는 동안에, 그는 적지 않게 신변의 위협을 느꼈을 터이다. 하지만 식민지의 암울한 세상은 변할 기미를 보이지 않고, 시월이 흐를수록 물질적 환경은 개선될 전망이 없었다.

이런 시절에 그가 할 수 있는 일이란, 강에서 낚싯대를 드리우며 감시선상에서 벗어나 후일의 거사를 도모하는 편이 응당했을 것이다. 그가 말미에서 알지도 못하면서 아는 척하는 이웃에게 핀잔을 하는 대목은 그것을 뒷받침한다. 시대의 조건으로부터 자유롭지 못하여 낚시를 즐기던 박두언은 산문으로 일상을 정리하고, 앞에 든 동시에서 확인되는 바처럼 시상의 전개에 도움을 입고 있다.

하날우에 쏘달님은
하고맑지만
강속에 쏘달님은
알눙이저서
분유빗 그얼골이
땅동하지오

나는 간다 가만이
낚시꾼되아
강언덕에 처량한
놀애들으며
물속에 발담그고
달을낙지요

---

75) 박두언, 「능호의 낚시군」, 『동아일보』, 1928. 4. 17

—「달」76) 전문

 이 작품은 박두언이 남긴 유일한 동요이다. 형식상으로는 당시 지배적이었던 7·5조를 채택하고 있다. 박두언은 1연에서 하늘의 달 이미지를 강물에 비친 달로 하강시키고, 2연에서는 자신에게 반조한다. 그의 시선 이동에 의해 달은 하강과 상승하는 과정을 겪으면서 화자와 일치된다. 그것을 그는 낚는 행위로 빗대었거니와, 여전히 대상의 조건을 고려하는 자세를 견지하고 있다. 그에 힘입어 강에서 낚시하는 한유한 광경이 도드라져 보이는 대신에, 외적으로 식민지의 사회 현실은 사상되었다. 하지만 '강언덕'에서 들리는 '처량한' 노래를 듣노라면, 마냥 시름을 낚는 낚시꾼의 모습은 아니다. 그것은 이미 1연에서부터 마련되어 있었다. 1연의 분위기는 하늘의 맑은 달로부터 시작하나, 강 속에 비친 달은 '알눙이저서' 흐릿하다. 그것은 '분유빗'으로 퇴색된 채 시의 정조를 일거에 맑지 않도록 견인한다.
 그러고 보면 위 작품은 음률의 상투성을 제외하고 상당한 수준에 달한 시인의 기교를 엿볼 수 있다. 항상 세상의 추이를 주시하는 운동가의 처지에서 달의 속도에 맞추어 이 정도의 움직임을 보여준 점은 예사롭지 않다. 그의 노력은 아래에 드는 동화시 「동모를 짜러」를 보노라면 금세 판명된다. 동화시는 "그 형식을 무시하면 동화의 범주에 드는 것이요, 내용을 무시하면 여느 장형 동시"77)와 같아지는 형식으로, 1920년대 후반부터 동시단에 크게 유행하였다. 이 양식은 1920년대부터 나타나기 시작한 장시화 경향을 받아들인 것으로, 식민지의 현실 상황은 서사적 구조를 차용하지 않으면 표현하지 못할 정도로 참담하였던 것이다.78)

---

76) 『중외일보』, 1928. 6. 3
77) 이재철, 『아동문학개론』, 문운당, 1992, 129쪽.
78) 이 무렵에 발표된 동화시는 신고송의 「옵바를 차저서」(『동아일보』, 1926. 11. 3), 김영희의 「이상한 구슬」(『중외일보』, 1927. 5. 22)과 「사냥꾼 (1-5)」(『중외일보』, 1927. 8. 21-28), 이동찬의 「세 개의 상자 (1-3)」(『중외일보』, 1927. 12.

학교로 통하난
좁은길목에는
날마다 날마다
억개를견우고
아츰에 가고요
저녁엔오고하는
순이와 창희가
잇섯습니다.

순이는 뒷집에
부자의**딸**이요
창희는 압집에
가난집아들
학교에 가서나
집에잇서서나
서로이 차저가
글닑고놀지요

…(중략)…

순이는 열두살
창희는열세살
두렵고 깁흔밤
갈수록더하나
얄미운 세상은
두아해가슴에
영원이 못니즐
한을품겻습니다79)

―――――――――――

11-14)과 「맘씨 좋은 신복 (1-3)」(『중외일보』, 1928. 3. 17-20), 김계담의 「뻑꾹새 울거든」(『중외일보』, 1928. 3. 30), 이구월의 「늑대와 어린 양 (1-2)」(『중외일보』, 1928. 7. 15-18), 이경노의 「혹뿌리 이야기」(『어린이』, 1930. 5) 등이다.
79) 박두언, 「동모를 짜러」(1), 『중외일보』, 1928. 4. 27

인용시에서 알 수 있듯이, 동화시는 동화적 골격에 시적 형식이 결합한 양식이다. 이런 틀이 출현하게 된 것은 앞서 말한 바와 같이, 전적으로 시대적 요구에 따른 것이다. 일제의 식민정책이 날이 지날수록 흉포화하면서 원주민들의 삶은 피폐일로에 놓여 있었다. 문단의 주축세력이었던 카프는 문학대중화론을 채택하여 일층 노동자와 농민 곁으로 다가가려고 노력하였다. 그러한 움직임은 자연스럽게 시대의 정황과 맞닿으면서 장시화 경향으로 구체화되었다. 이런 판에 등장한 동화시였으므로, 동시인들은 프롤레타리아 소년들의 궁핍한 삶을 대극적으로 묘사하는 일에 공을 들일 수밖에 없었다. 더욱이 "농촌의 발전이 없이 조선의 발전을 말할 수 없으며, 농민의 교양이 없이 조선 민족의 향상을 볼 수 없을 것"[80]이라고 확신하고 있던 박두언으로서는 '교양' 수준의 향상을 위한 행동을 모색하지 않으면 안 되었다. 그것은 시적 경향의 전환으로 나타났다. 이 작품은 그 장면에 적확하게 들어맞는다. 그가 서정성보다는 서사적 요소가 더 필요한 동화시에 품을 들이게 된 동기는 한 평문에서 단서를 찾아볼 수 있다.

조선 푸로 문예가 제군!
제군은 원고를 쓸 때부터 그 원고를 발표할 당시까지 조선의 노동자 농민 대중을 순간이라도 염두에서 망각하지 안헛슬 것을 필자 자신도 부인치 안이 함으로써 여기서도 조선의 푸로 문예가라고 부르는 것이다. 그러나 발표되는 작품을 읽을 때마다 한심함을 늣기게 되는 동시에, 문예가는 가증한 인간이라는 심적 불쾌를 늣기게 되는 것은 그 작품이 신문지나 잡지의 일개 장식적 문예에 쯔치게 되는 것이다.

그러타고 그 작품이 푸로 작품이 안이라는 것도 아니며, 쏘는 지금 푸로 뿌르의 시비를 논하러 하는 것도 안이요, ㄱ 작품의 대상, 즉 읽어야 될 조선의 노동자 농민과는 넘어나 배치되는 작품이라는 것이다. 말하자면 그 작품이 중국어식으로 한자를 나열하엿스며, 쏘는 중학 정도의 지식분자도 각종의 사전이 업시는 읽지 못할 외래 신술어와 ××○○이 심히 만흔 것과 한층 더 난잡한 작품은 노동 대중에게 읽키기 위하야 간이하게 쓴다고 순국문으로 쓴

---

80) 박두언, 「농촌과 교육의 소감」(하), 『동아일보』, 1933. 11. 30

것이 역시 한문 신술어를 그대로 쓴 것에 불과하나니, 이러한 작품이 조선 노동 대중의 독물이 될 수 잇슬 것인가? 조선 노동 대중의 의식 수준을 파악 치 모하는 푸로 문예가로서 혁명이니 운동이니 하는 것은 가소로운 일이다.
    필자가 푸로 문인을 맛나 이것을 질문한즉, 그는 객관적 조건을 이해치 못함이라고 할 뿐이다. 이와 가튼 답변은 조선 푸로 문인의 공통된 답변인 것 가티 모든 것을 객관적 조건에 한 짐 지우려고만 한다.[81]

    당시에 발표되는 프로 작품들이 '노동자 농민과는 넘어나 배치되는 작품'이라고 날선 비판을 감행하고 있다. 프로 작가들은 국문조차 온전하게 해독하지 못하는 노동자와 농민들의 실정을 외면한 채 '중국어식으로 한자를 나열하엿스며, 쏘는 중학 정도의 지식분자도 각종의 사전이 업시는 읽지 못할 외래 신술어'를 구사하고 있으며, 국문이라고 해도 한문을 그대로 사용한 것에 불과하여 대중용 독물이라고 하기에는 너무 어렵다는 것이다. 그처럼 노동자와 농민들의 수준조차 파악하지 못하면서 그것을 시비하면 '객관적 조건을 이해치 못함'이라고 도리어 힐난하니, 그들을 가리켜 진정한 프로 문인이라고 부를 수 있느냐는 것이다. 박두언의 비판은 카프 조직원들의 논쟁을 두고 생겨난 것일 터이다. 당시 그들은 목적의식론을 넘어 예술대중화론을 진행하고 있었다. 그들의 논의는 비평사적 발전에 기여한 바 크지만, 그와 동시에 대중들의 의식 수준이나 기대와는 상당히 괴리되어 있었다.

    박두언의 지적은 중요하다. 그는 지역에서 자란 운동가였기에 누구보다도 노인들의 실정을 잘 알고 있었다. 그는 식민지 사회에서 일어나는 모든 변혁운동은 대중성을 확보하지 않으면 필연적으로 실패하게 될 것을 체감하고 있던 차에, 논리적으로는 무산대중의 해방을 도모한다는 비평가들의 논전이 허황한 관념의 유희로만 비쳤던 것이다. 사실 제1차 방향전환을 통해서 정치투쟁으로 방향을 바꾼다한들, 노동자와 농민들에게는 비현실적인 공론이었을 뿐이다. 우선 농민들에게 필요한 것은 소작료 인하나 당장의

---

81) 박두언, 「일부 푸로 문예가에게 일언의 충고를 정함」, 『조선일보』, 1930. 1. 17

먹고살 끼니를 해결하는 것이었다. 그런 상황에서 제출되는 문예작품이라면 노동대중의 실상을 적확하게 묘파하려고 고민해야 할진대, 중등학교 졸업자 정도의 학력 수준에서도 읽기 사나운 용어를 나열하여 스스로 내건 대중성을 상실하는 작태를 박두언은 비판하고 있다. 이러한 사태가 그로 하여금 서정성보다는 서사적 요소를 필요로 하는 동화시 창작에 나서도록 추동한 것이리라.

박두언은 도입 부분에서 순이와 창희라는 등장인물을 소개한다. 두 소년은 앞뒷집에 살면서 같은 학교를 다니며 친하게 지내고 있으나, 부잣집 참봉의 딸과 가난뱅이 아들이라는 신분상의 차이로 인해 비극적 결말을 준비한 사이이다. 참봉은 둘 사이의 만남을 훼방하고, 순이는 아버지의 눈치를 피해 창희의 집에 갔다가 창희 아버지가 병환으로 누어있다. 하지만 창희네가 약 쓸 돈이 없는 줄 알게 된 순이는 아버지의 돈을 훔쳐다가 창희에게 건네준다. 창희는 망설이다가 그 돈으로 약을 지어 달여 드리지만, 아버지는 차도도 없이 죽고 만다. 그 뒤로 창희는 나무를 베어다가 시장에 팔아서 어머니와 근근이 살아간다. 그러던 어느 날, 창희는 나뭇짐을 지고 오다가 산비탈에서 넘어져 자리에 눕게 된다. 순이가 정성스럽게 병구완을 하지만, 창희는 "『순이야 인제간다/부대잘잇거라』"[82]란 유언을 남기도 죽고 만다. 참봉은 딸을 잃고 나서야 잘못을 뉘우친다.

  눈감은 창희를
  보고잇든순이는
  『창희야 창희야
  참으로갓느냐』
  웨치며 붓들고
  울엇지만은
  말업는 창희몸은
  어름갓헛습니다

---

82) 박두언, 「동모를 짜러」 (4), 『중외일보』, 1928. 4. 30

창희의 찬얼골에
얼골을맛대고
밤새썻 섧이울든
어린순이는
얼골을 맛댄채
나란이누어서
가엽게 이세상을
써낫습니다

순이와 창희가
나란이누은곳에
『순이야 순이야
너는갓느냐
동모를 짤어서
멀이갓느냐
그곳에 가서는
자유롭게살어라

순이야 이아비를
용서하여라』
목노아 부르짓고
설게도우는
회개한 순이의
아버지소리에
마을에 처량이
써단엿습니다83)

    위처럼 이 작품은 서사적 구조에 시적 표현으로 주제를 전달하고 있다. 박두언이 당시 유행하던 동화시에 주목하게 된 것은 결국, 자신의 운동 경험과 구체적 삶의 현장에서 목도했던 일상적 체험으로부터 기인한 것이다. 그의 주거지였던 김제 만경은 말 그대로 김제에서도 옥답에 속하는 곳이

---

83) 박두언, 「동모를 짜러」(5), 『중외일보』, 1928. 5. 1

다. 그런 탓에 일본인들의 농지 수탈이 끊이지 않았고, 친일 지주들은 빈 농으로 전락한 소작인들에게 고리대금을 일삼았다. 이런 상황에서 농민들은 일상의 미봉책으로 색조를 쓸 수밖에 없었고, 그것은 소작인에서 농노의 차원으로 전락시키는 주범이었다. 박두언이 처음 발표하던 동시와 달리, 동화시에 이르러 계급적 대립 국면을 조성한 것은 주변의 연건을 무시할 수 없었던 사정에 있다. 식민지는 그에게 단형의 동시를 고수하지 못하도록 강권하고 있었던 것이다. 이 무렵에 그가 평야지대에서 농민들을 옭죄던 색거리를 신랄하게 비판한 것은 현실에 대한 반응인 동시에, 문학적으로는 탈동시화를 부르짖은 선언이기도 하다.

> 농촌 고리대 중에서 가장 비인도적인 것은 色租(색거리)라는 것이다. 正租 一石의 利息이 길면 3, 4개월, 짧으면 2, 3개월 동안에 十斗나 된다. 그런데 이 대부는 무시로 잇는 것이 아니라, 이앙기에 시차를 보아서 대부하면 거개 음9월말 이내로 還付하게 되는데, 색조의 利息이라는 것은 비윤리적이며 무조건적이다. 4, 5, 6월 어느 달에 대부하든지 구별없이 一石에 대한 利息은 十斗이다.
> 이것이 봉건적 대차관계인 것은 말할 필요도 없지마는, 法定利息이 제정되어 법률이 사도 제재를 가하게 되니까 대차관계를 기술적으로 횡포하게 이용하야 빈농들을 잔인하게 착취하고 잇다.
> 貸代額은 一石이면서도 계약으로는 利息과 倂하야 一石十斗로 하고, 還付期間 내에는 無利息이라고 하는 등, 대부 당시에 利息을 선불케 하는 등등의 법률을 기묘하게 피하는 기술적 방법이 잇다.[84]

이처럼 농민들을 괴롭히던 색거리의 폐해를 고발한 그로서는 동시가 지닌 한계를 극복하기 위해 시를 쓴다. 식민지 농촌은 '비인도적'이고 '비윤리적'인 국면에 노출되어 있었다. 농민들은 고리의 원금을 빌려 쓰고 갚을 길이 없어서 야반도주하거나, 고질적인 농부병에 시달리면서도 약 한 첩을 제대로 쓸 수 없었다. 더욱이 대부자들은 법망을 교묘히 피하면서 경제적

---

84) 박두언, 「농촌 고상 이제, 간평과 색조에 대하야」, 『동아일보』, 1933. 10. 11

약자이자 자신 소유의 농지 경작자인 농민들을 괴롭혔다. 이런 실정에도 불구하고 당국은 단속하기는커녕 방관하여 농민들의 울분을 가중되어도 호소할 방도가 없었다. 박두언은 식민지 농촌에 만연되어 있던 고리채 문제를 거론하고 있다. 이렇게 그가 농촌의 현실에 대응하기 위해서는 기존의 동시라는 장르는 너무나 유약하고 순진하다. 동시는 근본적으로 나이 어린 독자를 심정적으로 상정하며 발표되기에 성인을 대상으로 한 시의 대응력을 따라가지 힘들다. 이 점을 알아차린 그는 아동문학을 포기하고 시와 소설을 써서 현실과 직접적으로 대응하려고 시도했다.

  해가 赤血을 吐하며
  西海ㅅ속으로 숨어드니
  愛人의 입김 갓흔
  보드러운 灰色帳幕이
  살핏ㄱ 휘둘너쌀제
  終日疲困한 大地는
  고요히 잠들어 꿈꾸는
  아름다운 黃昏은 다시 왓서라

  거리에 奔走히 활개치는 사람은
  봄바람 부는 집안에서
  굼굼이 기다리고 안젓든
  쌧쯧한 님의 품을 차저가것만
  님 업는 외로운 이몸은
  얼빠진 사람과 갓치
  쓸쓸한 山우에서서
  北天을 바라며 한숨만 쉬노라
  1926. 12. 3
  서울게신 白水兄의게
    —「黃昏」[85] 전문

---

85) 『매일신보』, 1926. 12. 19

시의 문면에 드러난 바와 같이, 박두언은 '얼싸진사람'이 느끼는 상실의 심정을 표출하였다. 1연에서 그는 황혼을 '愛人의입김'으로 표현하여 이어지는 연에서 '님업는외로운이몸'이 겪게 될 쓸쓸함을 마련하고 있다. 시상의 전개 방식을 보면 그의 시재가 만만치 않다. 특히 '西海'와 '北天'의 불임성은 화자의 처지를 강화하여 전반적으로 시의 분위기를 가라앉게 만들도록 기여한다. 두 연에서는 바다와 산이 대조되어 비극적 분위기로 그 사이를 채울 수 있도록 도와주고 있다. 말하자면 수직성과 수평성에 편승하여 화자의 허무한 기분이 확산될 수 있도록 각 연이 주제의 초점화를 지원하고 있는 셈이다. 그 덕분에 '거리에奔走히활개치는사람'에 대비된 화자의 처량한 처지는 도드라진다. 결국 박두언의 의도는 '서울게신 白水兄'에게 안부를 전하는 방식으로 대화를 시도하는 데 있었던 것이다. 그는 일간신문이라는 전달수단을 이용하여 시골에서 살고 있는 자신의 형편을 전하고, 그로부터 전언을 받고자 꾀한 것이리라.

박두언은 시 작품 외에도 창작 두 편을 선보였다. 먼저 「객사」는 식민지의 가난한 현실을 배경으로 설정한 작품이다. 작품이 발표될 무렵에 전라북도는 1924년 수해를 입은 여파와 농지 수탈로 인해 극심한 기근에 처했다. 1930년 현재 전북의 농가 중에서 62.6%가 춘궁을 겪을 정도로, 각 지역에 노숙자와 문전걸식하는 숫자가 급속히 늘어났다. 식민 당국의 방관 속에서 기근을 구제하기 위한 모임이 자발적으로 결성되었으나 역부족이었다. 그 원인은 자연재해와 함께 "일본인 지주의 수는 2배로, 그 면적은 약 2.5배로 증가한 데 반해, 자작농을 포함한 조선인 지주는 5.8퍼센트, 조선인 소유자는 15.2퍼센트"[86]로 급감한 전라북도의 특수 사정이 자리하고 있다. 그로 인해서 누천년간 지속되어 오던 식민지의 농촌공동체는 와해되었고, 삶터를 잃은 농민들은 도회지 근교에서 움집을 지어 생활하거나 간도로 떠났다. 이와 같이 엄혹한 식민지 농촌의 실정을 체감하던 박두언이므로 '써치로 덥허 노흔 그 시톄'에 대한 느낌은 남달랐을 터이다.

---

86) 강만길, 『한국현대사』, 창작과비평사, 1985, 96-97쪽.

그 잇흔날이다. 내 동싱이 학교에 갓다 오더니
　　『형님! 저 웃거리 가가에서 늙은 거지가 죽엇는대 참 흉하게 싱겟서요.』
　　하는 소리를 나는 듯고
　　『어제 그 거지나 안인가?』고 내 마음은 쏠엿다. 그리해서 웃거리로 갓섯다.
　　발서 순사, 의사, 면쟁이 와서 진찰을 하는 둥 엇저는 둥 야단인대, 사람들
　　은 막 으워쌋다. 그런데 새파란 그 얼골이 어제 왓든 거지가 분명하다.
　　　써치로 덥허 노흔 그 시톄! 울어쥬는 이 하나 업는 외로운 그 시톄! 더구
　　나 긱사한 그 시톄! 나는 울고 십헛다.87)

　'나'는 아침밥을 먹다가 말고 보리밥에 담긴 어머니의 정성에 부끄러웠다. 그 순간에 문 밖에서 밥을 달라는 늙은이의 소리가 들리기에, 나는 보리밥을 나누어 먹인다. 밥을 먹는 그에게 걸식하는 사정을 묻자, 그는 부잣집 머슴으로 살다가 늙어서 쫓겨난 신세이다. 그가 사의를 표하고 나간 다음날, 동생으로부터 그의 부음을 듣게 된다. 도처에서 속출하는 아사자 사태를 맞아 박두언처럼 농민운동가가 발표한 문학작품에서 지주에 대한 분노와 당국에 대한 투쟁의식이 형상화되리라고 예상하기가 어렵지 않다. 그러나 그는 각종 사회운동에 가담했으면서도 절제감을 바탕으로 문학의 자율성을 존중하고 있다. 단지 그는 식민지의 원주민이 당하는 물질적 궁핍을 소설의 형식에 담아내려고 노력하고 있을 따름이다.

　그의 자세는 두 번째 창작「편련」에서 거듭 확인 가능하다. 사실 이 작품은 소설이라기보다는 콩트에 가깝다. 동시에서 시작하여 시를 지나 소설과 콩트까지 아우르며 작품을 발표한 것을 보면, 박두언의 문학적 관심은 상당했던 듯하다. 그렇다면 사회운동가에게 수용된 문학의 함의와 운동가이자 작가로서 나아갈 바는 그에게 여러 가지 고뇌를 안겨주었을 터이다. 이 지점에서 그는 문학보다 운동에 전념하게 되는데, 그 이유인즉 전적으로 식민지 농촌의 열악한 사정이 그로 하여금 문학을 후순위로 밀려나도록 부추겼을 듯하다. 아래에 인용한 콩트를 보더라도, 그의 문학적 관심은

---

87) 박두언,「객사」,『매일신보』, 1927. 10. 9

적극적인 편이다. 주위의 흔한 소재를 작품화하려고 노력한 점은 예나 다르지 않다.

> 례배는 맛낫다. 집사가 강단에 올나와서 엄숙한 태도로 즐거운 어죠로
> 『○○서 온 목사 ○○씨의 쥬례하에 우리 례배당 김명순양과 ○○례배당에 잇는 ○○○군과 결혼식이 잇겟습니다.』
> 고 광고를 한다.
> 방안 사람들의 시선은 명순의게로 쏘친다. 명순이는 붓그러운 듯이 얼골에 미소를 씌우고 고개를 푹 수그린다. 방안에 사람들은 모도가 명순양과 ○○○군 결혼 축하하는 즐거운 마음을 가젓다.
> 그러나 부인방 맛바라기에 안진 한 명의 청년은 낙심한 빗츨 얼골에 씌우고 한숨을 겁허 쉬인다.[88]

작품이 끝나도록 이름이 밝혀지지 않은 그는 성탄절을 맞아 다니지도 않던 교회에 나간다. 그곳에서 크리스마스를 맞아 김명순의 독창회가 열리기 때문이다. 명순을 한 번 보고 단박에 사랑에 빠진 그는 예배당에 열심히 다니기 시작한다. 그는 명순을 사모한 나머지 혼몽 상태에 이르기도 하고, 그녀를 향한 사랑은 날이 가면서 더욱 심화된다. 그러던 어느 날 그의 기대는 허무하게 무너진다. 명순이가 같은 종교를 믿는 신랑과 혼인하게 되는 것이다. 이 대목에서 작가가 제목을 짝사랑으로 붙인 이유가 밝혀진다. 이상의 내용을 보면, 변혁운동에 복무하는 운동가의 시선이라고 하기에 의아할 정도로 차분하고 여유가 넘친다. 콩트라는 장르가 본질적으로 한바탕의 웃음을 마련하기 마련이므로, 도리어 그가 이 갈래를 선택한 배경이 궁금해진다.

박두언의 '처녀 애화'「유방의 비극—『젓때미』의 유래」는 만경 지방에 전해오는 슬픈 이야기이다. 그 모두에 적은 바에 의하면, 이 글의 부제로 삼은 '『젓때미』라는 말은 『젓 때문에』의 전라도 사투리니, 이삼십년 전만 해도 김제 만경 근처에서는 로소남녀를 물론하고 삼사인만 뫃아 노는 좌

---

[88] 박두언,「편련」,『매일신보』, 1927. 10. 30

석이면 누구의 입에서든지 반듯이 젓때미라는 말이 나오게 되야 담소의 조미제'가 될 정도로, 근읍에서는 널리 알려진 사연인 듯하다. 서울에서 낙향한 참판 김직구의 무남독녀 옥녀는 사십이 넘어 얻은 여식이다. 그녀는 용모가 미려하고 성정이 온순하여 '군자의 숙녀가 되기에 추호의 손색'이 없어서 근동에서 혼담이 끊어지지 않았다. 그러나 마땅한 혼처를 구하지 못한 참판댁은 옥녀가 스물두 살이 되자 급한 마음에 만경의 서당댁 박정일의 사대독자 인수와 혼인을 약속한다. 그로서는 처진 혼례였으나, 사돈댁이 소문난 유학자여서 재질이 둔한 사위지만 맞아들이기로 하였다. 평소 옥녀를 흠모하던 아전의 아들 명진은 옥녀를 중상하며 혼인을 훼방한다.

옥녀의 집에는 차돌이라는 총각으로 이십이 넘는 노복(奴僕)이 잇스니, 옥녀가 차돌이와 정을 통한다는 것이엿습니다.
『처녀가 늙으면 여수가 되나니 내가 보앗단든 믿겟는가만, 자네가 겪거 보면 내 말이 옳은 것을 알 것이네.』
인수가 의아한 기색을 보고 하는 명진이의 말에
『어떻게 알 수 잇나?』
『응. 알 수가 잇지. 남자가 관계가 잇고 없는 것은 젓을 보면 알지. 처녀 때는 젓통이 나오지를 않고 젓꼭지가 작지만, 남자와 알게 되면 젓통이 커저서 투실투실하고 꼭지도 커지는 것이네. 보면 당장에 알지.』
일가집 색시들을 대하는 데도 부끄러워하는 인수는 명진이 말을 믿엇습니다.
그러나 엄한 아버지와 틀실어운 어머니 앞에서 이러한 불평을 말할 용기를 인수는 갖지 못하엿습니다.
이러구러 봄도 지나 락화는 날리고 꾀꼬리 우는 사월을 맞이햇습니다.
사월도 흘러 초팔일. 옥녀와 인수의 동방화촉의 첫날밤이 되엿습니다.
신방에 안즌 인수는 어리석은 눈을 부비고 어머니방에서 신부로 꿈인 늙은 색시 옥녀는 가슴이 두군거렷습니다.
방안은 불이 켜지고 물 끓는 듯하든 집안이 조용해지니, 신랑과 신부는 한 방에 앉게 되엿습니다.
쪽고리와 원삼으로 성장을 하고 점잖게 앉은 옥녀의 위신에 기압이 된 인수는 신부를 정면으로 바라볼 용기가 나지 않엇습니다.
용기를 내여 벼르고 벼르고 하야 겻눈으로 두서너 번 바라본 인수는 명진

(明辰)이의 말을 참말로 알게 되엿습니다.
　몸은 똥하고 키는 커보이는데, 점잖게 앉은 태도가 아무리 보아도 귀부인의 태도이요, 색시와 같지는 않엇습니다.
　이런 속을 몰으는 신부. 과년한 옥녀의 가슴은 몹시 두군거렷습니다.
　신랑이 고개만 들어도 인제는 저 손이 내 몸에 닿거니 하고 마음을 죄이며 신랑이 기침만 크게 해도 가슴이 울적하기를 한번 두 번 세 번 네 번, 이러는 동안에 밤은 자정이 넘어 만뢰는 적적햇습니다.
　밤을 재촉하는 첫닭소리가 들리자, 인수는 벌덕 일어섯습니다. 쪽도리를 벗기고, 원삼을 벗기고, 또 벗기고, 또 벗기여 신랑은 떨리는 손으로 신부의 가슴을 만지자 깜짝 놀라 손을 떼엇습니다. 그리고 무서운 자리나 피하는 것처럼 어느 틈엔지 혼함(婚函)을 짊어지고 도망하듯이 신방을 나섯습니다.[89]

　박두언은 이 글을 '통인 객사에서' 썼다. 그때는 이미 청년운동을 위시한 거의 모든 부문에서 일제의 각개격파가 이루어져 운동하기에 삭막한 여건이었다. 그가 가담했던 소년단체만 보더라도, 일제의 탄압에 분쇄되어 어린이날조차 주체적으로 열지 못하던 시기였다. 소년운동가 중에는 상당수가 일제의 회유공작에 넘어갔고, 1936년 12월 조선아동애호연맹이 발기되면서 기존의 조선소년총연맹과 경기도소년연맹 그리고 경성소년연맹 등의 해체가 결의되었다.[90] 또 일제는 1936년 경성청년단을 조직하여 청년운동을 무력화시켰고, 전국적으로 대대적인 사상 검열에 착수하여 지도부는 궤멸된 상태였다. 1937년 일제는 어린이날 행사조차 중지시키고, 9월에는 조선소년군의 해산을 명령하였다. 이러한 조치의 배면에는 만주사변과 중일전쟁, 태평양전쟁 등으로 이어지는 전쟁을 수행하는데 방해되는 각종 사회단체들과 운동가들을 고세하려는 일제의 식민통치 전략이 작동하고 있었다.
　그런 판국에 박두언은 고향의 전설을 정통문예지가 아닌 잡지에 발표하고 있다. 그는 이밖에 만경의 전설을 한 편 더 발표하였다.[91] 그 배경에

---

89) 박두언, 「유방의 비극—『젓때미』의 유래」, 『월간 야담』, 1938. 11.
90) 이에 관해서는 최명표, 『한국근대소년운동사』, 2011, 도서출판 선인, 211-217쪽.

관해서는 행적이 자세하게 밝혀져야 할진대, 1930년의 검속 이후 그의 생애는 지금까지 알 수 없다. 다만 발표지의 특성으로 미루건대, 아마 그는 서울에서 운동 아닌 다른 일을 모색하고 있었던 것으로 추정된다. 그것은 그의 문학작품이 더 이상 발표되지 않았고, 위처럼 본격적인 문학의 범주에서 일탈한 작품을 발표한 것으로 보아도 수긍할 수 있다. 그런 점에서도 박두언의 일생에 대한 복원이 어서 뒤따라야 할 터이다. 다만 그가 '월리학인(月裡學人)'[92]이라는 필명을 사용한 것으로 짐작되나, 분명하게 밝혀진 것은 아니어서 부득이 본고의 논의선상에서는 열외한 사정을 부기해 둔다.

Ⅲ. 결론

앞에서 살펴본 바와 같이, 박두언은 김제에서 태어난 소년운동가요 농민운동가이며 청년운동가였다. 그는 식민지 현실을 혁파하고자 여러 변혁운동에 복무하는 동안, 수 편의 문학작품을 발표한 작가이다. 그를 일컬어 전문 작가가 아니라고 작품을 폄하하기 쉽다. 그렇지만 그 시대에 발표된 숱한 작품을 일별해 보면, 그런 자세는 엘리트 중심의 문학사에 길들여진 관점 탓인 줄 알 수 있다. 지금까지 서술된 한국의 근대문학사가 유명작가와 유학파 중심으로 서술된 까닭에, 그와 같이 운동에 종사하면서 문학 활

---

91) 박두언, 「만경 별악성과 미녀봉」, 『동아일보』, 1927. 11. 27
92) '만경 月裡學人'으로 투고된 작품은 동시 「갈매기」(『동아일보』, 1927. 12. 18)와 「철필」(『동아일보』, 1927. 12. 27)이다. 참고로 「갈매기」의 내용은 "햇님이 서산뒤에 숨어안저서/붉은놀 짜내이는 저믄날인데/강가에 갈매기는 하얀옷입고/짝지어 다니면서 춤을춤니다//언덕에 몸부듯는 물질은울고/浦口에 다은배는 잠을자는데/강속에 피인놀꼿 빗이곱다고/갈매기 춤춤니자 노래불으며—夢山浦에서"이고, 「철필」은 "내가쓰는철필은/이상도하지/엠분글자쓰려고/고이그서도/그슬때에쌘이지/써놋코보면/쎄틀쎄틀멋업서/보기도실허"이다.

동을 벌인 부류들이 홀대되어 왔다. 그러나 그들의 움직임이 있었기에 근대 문학의 실체적 모습이 갖추어질 수 있었고, 특히 지역의 문단이 형성될 수 있었다. 그런 공로를 무시하게 되면 한국 문단의 형성 과정은 온전히 명망가에 의해 좌우되었다는 결정론적 오류에 함몰하기 십상이다.

박두언의 작품들은 여러 장르에 걸쳐 있다. 이것은 그가 문단의 추이를 눈여겨보고 있었다는 증거이며, 사회적 현실의 문학적 수용방식에 고뇌하고 있었다는 반증이다. 그는 운동가답지 않게 문학의 형식적 요소를 훼손하지 않았다. 그는 동시요에서 출발하여 동화시, 평론, 소설로 나아가는 경로를 밟았다. 이러한 추세는 날이 갈수록 악화되는 식민지 현실에 따른 문학적 대응으로 보인다. 그의 활동이 지속되지 못한 채, 1930년대에 접어들어 전설의 수집 등으로 기울어진 것은 아쉽다. 그렇기에 그의 작품 세계가 완전하게 밝혀지기 위해서라도, 아직까지 확실치 않은 그의 행적이 규명되어야 한다. 그래야만 그의 작품들이 지닌 현실 대응력을 점검한 결과물들의 객관성이 담보될 수 있으리라.(『한국지역문학연구』 제1집, 한국지역문학회, 2012. 12)

스스로 그러함의 시학
―박희연론

I. 전기적 생애

　박희연(臥石 朴喜演)은 1934년 전라북도 무주군 설천면 두길리 와석마을에서 박순하(朴荀夏)와 이천천(李千千)의 4남 1녀 중 맏이로 태어났다. 그는 학업을 위해 일찍 고향을 떠난 뒤로 돌아오지 않고 서울에 정착했다. 그런 탓인지 박희연의 시편에는 고향에서 보낸 시절이 배면에 깔려 있다. 눈내(雪川)의 눈돌(臥石)에서 나고 자란 체험이 그의 시세계를 성장시킨 원초적 자질이다. 무주의 맑은 산하가 키운 그이니 만큼, 시편마다 스스로 그러한 줄 아는 태도가 짙게 배어 있다. 박희연은 아호를 고향마을에서 따다가 지었을 정도로 애향심이 투철하다. 다만 생업 때문에 서울에서 살다 보니, 이런저런 이유로 귀향하지 못했을 따름이다. 그런 이일수록 이향으로 인한 애틋한 마음이 지극할 터. 그의 시세계는 설천의 산골짜기가 키운 것이다.
　1954년 2월 향리와 이웃한 대전고등학교를 졸업한 박희연은 연세대학교 국어국문학과에 재학 중이던 1957년 1월『동아일보』신춘문예 시「歷史掛圖」가 입선되었다. 당시 그는 '朴永吾'란 필명으로 응모하면서 주소를 하숙하던 '서울시 마포구 신촌동 134번지'로 표기하였다. 그해에 시 부문은 당선작이 없이 가작만 3편이 뽑혔다. 전남 광주에서 성장하여 서울대학교 사범대학에 다니던 윤삼하가 쓴「壁」과 전남 목포 영흥중학교에 근무하던 순창 태생의 권일송이 쓴「江邊이야기」가 가작으로 뽑혔다. 그때 시조 당선작은 전남 여수에서 근무하던 정소파의 「雪松詞」, 단편소설은 이화여대 국문과에 다니던 정연희의 「波流狀」이었다. 시 부문의 심사는 주요한과 김동명이 맡았다. 박희연은 가작으로 입선되자 성에 차지 않았던지, 1958년 4월 월간 『현대문학』에 시 「詩人像」, 「大地」 등을 추천받아서 재차 등단하는 수고를 더했다.

1958년 2월 대학을 졸업한 박희연은 1958년 5월부터 1961년 2월까지 전주고등학교에 근무하였다. 그가 생애 중에서 고향 가까이 살았던 기간이다. 전주에 살던 1960년 2월, 그는 진정순(陳貞順)과 혼례를 올리고 슬하에 2남(박호용, 박진용)과 2녀(박수진, 박수영)를 두었다. 1961년 5월 한국교육문화원에 근무하느라 전주 생활을 청산하고 서울로 올라갔다. 그는 이 전주에서 짧은 기간을 살았던 게 마음에 걸렸던지, 고향에 한 일이 없는 사람이라고 스스로를 낮추었다.

박희연은 1963년부터 <현실> 동인으로 활동하였다. 1963년 5월 동인지 『현실』 제1집이 세상에 나오자, 당시 신문(『경향신문』, 1963. 5. 11)은 40여 명에 달하는 동인명을 밝혔다. 동인은 박희연을 비롯하여 강태열, 강민, 고원, 구상, 권용태, 김윤기, 김재섭, 김재원, 김정옥, 김춘배, 김춘수, 남윤철, 민병산, 서림환, 송혁, 신동문, 원영동, 유종호, 유정, 유경환, 이동연, 이성환, 이열, 이영일, 이인수, 이중, 이중한, 정공채, 천상병, 최원식, 최해운, 허유, 홍윤숙, 황갑주, 황동규, 황명걸 등이었다. 나중에 그들이 한국시단을 대표하는 시인으로 성장한다는 점에서 <현실> 동인들의 결집은 문단의 관심을 집중시켰다.

박희연은 1964년 3월 전남 광주의 사례지오여자고등학교 교사로 부임하며 교사로 복귀했다. 1968년 2월까지 광주에 살았던 그는 1965년부터 <원탁시> 동인으로 합류하면서 시단에서도 부지런한 모습을 보였다. 그는 신춘문예 동기 윤삼하와 동인회에서 조우하였다. 당시 신문 보도(『경향신문』, 1967. 6. 3)에 따르면, 박희연은 1967년 6월 3일 하오 7시 30분부터 원탁문학회가 미 공보원에서 연 발표회에서 '오늘의 한국시'를 주제로 발표했다.

당일 발표회에서는 송기숙의 '현대소설에 있어서의 심리주의', 조성원의 '아동문학에 대하여', 구창환의 '한국 현대소설의 과제'가 연속적으로 발표되었다. 번듯하게 구색을 갖춘 모임에서 박희연이 당당하게 한 축을 맡았다는 것은 의외였다. 그는 여럿이 모이는 곳에 잘 나다니지 않을뿐더러, 남들 앞에 서는 것조차 스스로 삼가는 성격을 지녔기 때문이다.

1968년 3월 서울 대광고등학교로 근무지를 변경한 그는 1983년 2월까지 재직하면서 문예부원들을 열심히 지도했다. 당시 가르친 학생 중에서 류시화, 정희성, 지웅(속명 전홍배), 정현우, 최중홍, 원재훈, 권대웅, 이희주, 강호정, 김홍렬, 백상열, 윤원희 등이 등단한 것을 볼 양이면, 그가 문예반 학생들을 열심히 가르친 정도를 가늠하기에 충분하다. 제자복으로 먹고사는 선생의 처지에서 이 많은 시인들을 출세시켰으니, 적어도 교직생활은 성공한 셈이다. 제자 시인들로서도 훌륭한 시인 스승을 만나 덕에 꿈에 그리던 시단에 입성했으니 여간 복 받은 게 아니다. 제자들은 박희연의 시집 『우리는 산벚나무 아래서 만난다』에 시작품을 실어서 스승의 은혜를 기리고 사제간의 인연을 내외에 자랑했다. 박희연 역시 친우들과 대학 시절의 스승 김형석의 백수 기념연을 베풀어 제자된 도리를 다했다. 그런 품성이 제자들에게 교육되어 박희연 시집의 출판연을 성료하게 만들었을 터이다. 말하자면 내리사랑이 박희연을 중심으로 3대에 걸쳐 시연된 셈이다.

박희연은 1983년 3월부터 1984년 2월까지 서울 무학여자중학교, 1984년 3월부터 1988년 2월까지 청량고등학교, 1988년 3월부터 1993년 2월까지 자양고등학교, 1993년 3월부터 1999년 2월까지 광남고등학교에서 근무하다가 정년을 맞았다. 전주에서 시작하여 광주 그리고 서울에 이르기까지 계속된 교직은 그에게 필생의 사업이었다. 그 바쁜 틈에 그는 1986년 2월 건국대학교 교육대학원에서 「박목월 시의 변용 과정」으로 교육학석사 학위를 받았다. 그가 여러 시인 중에서 박목월에 연구 역량을 집중한 사실은 시세계를 살펴보면서 기억할 점이다.

박희연은 과작의 시인이다. 그는 등단 30년을 훌쩍 넘긴 1993년 10월,

평생을 헌신한 교직에서 물러나는 것을 기념하여 첫 시집 『햇빛잔치』(종로서적)를 상재하였다. 그 속사정이야 알려지지 않았으나, 그가 남 앞에 나서기를 삼가는 성품인 것은 바로 눈치챌 수 있다. 그런 성정이 그의 시편에 스며들었을 것은 지레짐작할만하다. 그는 2002년 10월 제2시집 『우리는 산벚나무 아래서 만난다』(들꽃누리)를 내었고, 2012년 11월 시선집 『바람의 길』(들꽃누리)을 출간하였다. 시력이 만만찮은 그가 상당한 기간을 두고 3권의 시집을 낸 것은 시를 빚고 정리하는 일에 신중한 줄 추측하기에 부족하지 않다. 그렇다고 그가 시업을 게을리 한 것은 아니다. 2005년부터 <동오재> 동인으로 활동한 것을 봐도, 그가 시우들과의 어울림을 통해서 시작업에 부단했던 그의 모습을 짐작할 수 있다.

박희연의 시세계를 살피는 중에는 스승과의 인연을 먼저 알아봐야 한다. 그는 사람들에게 청록파 시인으로 유명한 박두진이다. 박희연이 대학원에서 박목월의 시를 공부한 사실을 떠올리면, 한국시사에서 막강한 위치를 차지하는 청록파의 시세계가 은연 중에 시작품에 삼투되었으리라고 여겨진다. 그는 스승에 대하여 기회 있을 때마다 각별한 존경을 표했다. 그는 세상에 처음으로 시집을 내면서 제자와 서문을 스승의 것으로 채웠다. 역으로 스승도 제자에 대한 극진한 사랑을 지면으로 공식화한 셈이다. 그처럼 박두진은 박희연에게 "스스로 꽃잎을 터뜨릴 능력"(「꽃」)을 준 스승이다. 그러니 박희연이 대광고에서 가르친 제자들로부터 존경을 받을 수밖에. 세상의 부모나 스승의 사랑이 내리사랑이 아닌 게 없듯, 박희연의 스승에 대한 존경심은 제자들에 의하여 대물림되어 흐뭇한 꽃으로 피어났다.

박두진에게 박희연은 자신이 추천해 준 제자 3인방(박희연, 정공채, 유경환) 중에서 아픈 손가락이었다. 다른 시인들이 데뷔하자마자 작품을 활발히 발표하여 자신의 자리를 굳히는 마당에, 유독 박희연만은 시쓰기에 여의치 못하기라도 한 양 활약이 미미했던 것이다. 스승은 제자의 사정을 묻지 않고 말없이 기다림으로 시작을 성원하였다. 박두진은 박희연이 "푸른 하늘을 이고 부끄럼없이 살아온 내 여정을 뒤돌아보는 시점"(「후기」)에 다다라서야 시집을 낼 요량으로 서문을 부탁하자, 작품을 일별하고 나서 "청정 순수하고 소탈 유연하면서도 섬세하고 품격 높고 뚜렷한 개성의 수작들"(「서문을 대신하여」)이라고 평했다. 제자의 시집에 얹는 서사인 줄 감안하면, 글쓴이의 사랑을 감출 길이 없을 것이다. 그렇다면 시인의 작품 수준이 스승의 평어에 값하는지 찬찬히 읽어보고, 나름의 평언을 더할 일이다.

Ⅱ. '임진강'에서 '고향'으로

1. 전후의 여울목

시인의 등단작은 여러모로 유의미하다. 장차 그가 나아갈 방향을 짐작할 수 있고, 시세계를 검토하는 단서가 될 수도 있기 때문이다. 이 점은 박희연의 경우에도 해당한다. 1957년 『동아일보』 1월 12일자에 실린 그의 당선작은 「역사괘도」이다. 역사괘도는 예전 수업 현장에서 흔히 사용되던 여러 가지 괘도 중의 하나로서, 역사를 가르치는데 소용되었다. 박희연의 교사다운 소재안이 제목과 시의 구도에 영향을 끼친 것이다. 그는 이 작품에서 "기름진 고구려"와 "숨가쁜 반도"를 교직시켜 "반 남아 허전한 땅"의 "상달 고사가 푸짐했던 역사"를 '괘도'화하였다. 그는 이 시편이 당선의 영예를 차지하지 못하자, 연달아 분단을 형상화한 시를 썼다. 아마 임진강 가까운 부대에서 복무한 그의 체험에서 우러난 시편이었을 것이다. 그의 이 시편들은 전후의 황량한 세태를 묘사하여 "전쟁은 또 다른 슬픔을 낳는다"(「나팔소리」)는 전언을 전하기에 부족하지 않다.

임진강은 서럽도록 긴 세월에 매달려
조국의 역사를 갈라놓고

산기슭마다 흰 깃발을 꽂았다.
―그것이 남방한계선이라던가―

휴전선
지번도 애매한 산골짜기에
절규하던 포연이 머물다가 간 애련한 그림자로 태어났다.

저주와
분노,
그리움과 좌절에 못박힌 저 지점은
악의 없이 민둥산 산마루인데
너는 불행한 좌표 위에서
고향을 불러보는 안타까운 부활의 몸부림이다.
　　―「임진강 너머」 부분

　　휴전선은 전쟁의 종료를 알려주는 선이 아니라 쉼터의 표지이다. 그 선 위에서 전쟁은 쉬고 있다. 애초에 존재하지 않았던 휴전선이기에 '지번도 애매'하여 경계가 모호하고, '절규하던 포연이 머물다가 간 애련한 그림자' 인 양 실체도 불분명하다. 마치 "이승과 저승 사이의 좁은 통로"(「자동유리문 1」)처럼, 누구나 들어가기 꺼려하나 엄연히 존재하여 모두에게 두려움을 안겨주는 '선'이다 어렸을 적에 놀이하다가 말고 금 밖으로 나가면 죽듯이, 휴전선은 남북을 꼼짝달싹하지 못하게 기속하고 "골목길 같은 인생살이"(「수락산 끝자락에는」)를 제어한다. 어쩔 수 없이 선으로 분단된 채 살고 있는 한국인의 삶이 온전하지 못한 이유이다. 박희연은 전쟁 체험을 뚜렷이 기억하는 세대이므로, '민둥산 산마루'에 불과한 휴전선이 민족의 처지를 증명하는 불행의 표지가 된 사실을 안타깝게 여기는 마음이 우심하다.
　　휴전선은 '산기슭마다 흰 깃발을 꽂'아서 남북의 불가침선인 줄 알린다고 하나, '그리움과 좌절에 못박힌 저 지점'의 원상태를 증언하지는 못한다. 예나 지금이나 다름없는 땅 위에 찍힌 '불행한 좌표'로 말미암아 '고향을 불러보는 안타까운 부활의 몸부림'을 쳐야 하는 비극적 장면이야말로 박희연에게 '임진강 너머'를 응시하도록 압력하는 역사의 지시이다. 시인은 무심한 척 '그것이 남방한계선이라던가'라고 말하지만, "찢어진 역사와 조국의 산하"(「숲」)를 바라보는 심정이 달가울 리 없다. 더욱이 "평생토록 하나이면서 둘이 되어"(「산곡」) 만날 날을 고대하는 작금의 현실은 박희연의 뇌리에 각인되어 사라지지 않는 '서럽도록 긴 세월'의 전쟁 기억을 데불고 와서 괴롭다.

박희연처럼 십대에 동란을 겪은 이라면 휴전 후에도 줄곧 내상에 시달린다. 특히 그가 시작하는 이라면 특유의 여린 감수성을 순치하기 힘들다. 또한 그가 태어난 고장은 "억새만이 살아가는 산골"(「서부전선」)인 듯하지만, "참혹한 전쟁의 포화"(「돌담」)를 간직한 아픔으로 얼룩진 곳이다. 그 시절에 무주는 산사람들이 들락날락하며 전투와 보급투쟁을 일삼던 전장이었다. 심심산골이라는 지리적 특성이 전화의 생채기를 계곡 사이에 묻은 채 "서러운 그늘의 역사"(「창세기의 신화」)를 나이테처럼 간직하고 있다. 그곳에서 자란 박희연이 어릴 적에 목도했을 법한 비극적 체험이 군대 체험으로 이어지면서 가슴속에 똬리를 틀고 있던 잔상들이 "슬픔을 잊은 숨가쁜 세월"(「풀벌레들의 춤」)을 불러왔다.

그런 이유인지 박희연의 고향시편은 많지 않다. 그가 고향을 앞에 단시는 「고향길」, 「고향 친구」, 「고향 가는 길」, 「고향의 느티나무」, 「그래도 고향은 거기 있단다」 등이다. 비록 5편에 불과한 고향시편이지만, 그의 사향심을 헤아리기에는 충분하다. 고향을 그리워하는 마음이 편수로 가늠될 것은 아니다. 겉에 고향을 표나게 내세우지 않아도 시정을 품는 순간 그리로 향하기 마련이고, 시작을 마칠 때까지 고향은 시작품의 곳곳에 육화되기 십상이다. 고향은 잊으래야 잊히는 것도 아니고, 나쁜 기억을 안겨주었다고 지우려고 해도 외려 선명해진다. 고향은 마치 부모와 같아서 사람의 성장 과정을 반영한다. 출향한 아이가 부모를 그리워하는 것은 고향에서 보낸 유년기로 회귀하고 싶은 욕망의 발동이다. 그가 고향을 생각할 때마다 어린 시절에 체험한 원형을 드러내는 이유이다. 그러므로 고향을 노래한 시는 굳이 특별한 형식이나 비유를 필요로 하지 않는다. 고향은 "기장 없이 아늘한 마음으로 언젠가도 고향처럼 품어주는 흙냄새"(「대지」)마냥, 시인이 착상하는 순간의 생이미지로 선보이면 그만이다.

> 덕유산
> 물줄기를 따라
> 물줄기마냥 굽어진 신작로를 따라
> 새로 포장된 아스팔트길을 따라
> 해발 500
> 옹기종기
> 뒤웅박만한 마을
> ―「고향길」 부분

인용시는 딱히 돋보일만한 구석이 없다. 박희연은 행을 가르며 자신의 탯자리를 서술할 뿐, 단 하나의 수사도 사용하지 않았다. 고향으로 가는 길이기에 몸가짐과 마음가짐만 채비하면 될 뿐이라는 듯, 행의 모양이나 가름조차 신경 쓰지 않은 것처럼 평범하다. 그저 고향마을의 전경을 적기만 하면 된다. 일체의 꾸밈이 불필요한 것은, 출발하는 순간부터 "숙제를 않아 벌 받던 일에서, 청소시간에 도망친 이야기"(「이야기꽃과 웃음꽃」)가 주저리주저리 길 '따라' 펼쳐지기 때문에 신난다. 그것은 2, 3, 4행에서 우러난다. 시인의 발길은 물줄기를 '따라' 신작로를 '따라' 아스팔트길을 '따라' 가면 그만이다. 고향 가는 길이니 길을 물을 필요도 없다. 그저 '따라' 가기만 하면 '뒤웅박만한 마을'에 이른다. 박희연의 얌전한 시풍이 이 시에서 들뜬 표정으로 바뀔 수 있었던 것은 고향실이 주는 편안함에서 밀미암았다. 그와 같이 고향은 언제나 회향하는 이의 발자국 소리만 들려도 팔을 벌리고 버선발로 뛰쳐나간다. 즉, 출향자가 귀향할 적마다 느끼는 편안함은 숱한 기다림을 온축한 고향의 마중의식에서 비롯되는 것이다.

세상에 난 길은 셀 수 없이 많다. 사람이 태어나서 평생 동안 걷는 길만 해도 "늦은 햇살이 퍼지는 오솔길"(「길을 가다가」)처럼 여유로운 길이 있고, "수직으로 뚫린 하늘길"(「한계령 주전골」)처럼 아스라하여 긴박한 고갯길도 있다. 산책로도 "단조로운 산책로"(「산책로」)부터 "잘 다듬어진 산책로"(「천사와 공원 1」)까지 숱하다. 이처럼 많은 길과 고향길이 다른 점은 걷는 도중에 단행하는 성찰에 있다. 저마다 길에서 자신을 되돌아보지만, 고향길의 성찰은 유가 다르다. 고향에 대한 모든 생각은 부모로부터 출발한다. 자식은 부모를 통하여 조상과 연결되고, 유년기의 추억을 회상하게 된다. 그가 생각에 잠길수록 부모는 멀어져 간다. 세상의 모든 부모는 자식의 성장과 자신의 목숨을 바꾼다. 따라서 자식의 고향길이 마냥 기쁘고 설렐 수 없다. 부모의 부재는 자식의 이향심을 정당화한다. 그러다 보니 고향마을은 '아래위를 훑어보아도 남은 건 아무 것도 없'게 된다.

> 아래위를 훑어보아도 남은 건 아무 것도 없지만,
> 그래도 고향이라고 다시 뿌리를 박아야지
> 첩첩산골이라고 어찌 차마 등을 돌리겠는가.
> 선산이 게 있고, 이웃사촌도 있으니
> 나 혼자 툴툴 털고 어디로 간단 말인가.
> 그래도 고향은 그곳이 아니겠는가.
> ―「그래도 고향은 거기 있단다」 부분

그렇다. 고향은 떠나고 싶다고 떠날 수 있는 게 아니다. 부모가 있고 없음이 자식의 출향과 귀향에 영향을 끼치는 것은 사실이다. 그러나 그가 출향을 다짐할수록 '선산'과 '이웃사촌'이 걸린다. 죄다 부모를 매개로 이어지고 연결되는 혈연이다. 설령 그가 당초 마음먹은 대로 고향을 떠난다고 할지라도, '선산'과 '이웃사촌'은 결코 관계망을 벗어나지 않는다. 거주지가 고향이냐 아니냐와 상관없이 그는 고향으로부터 자유로울 수 없다. 부모가 묻은 탯줄이 그를 '첩첩산골'이라고 등을 돌리지 못하도록 가로막는다. 그것이 '선산'이 있는 시골사람과 뿌리 없이 살아가는 도시사람을 차별한다.

시골 태생이 "뉴타운으로 들뜬 소문을 안고 살아가는 마을"(「수락산 자락에는」)보다는 '뒤웅박만한 마을'을 사랑하는 까닭이다. 이 사실은 박희연의 시작품들이 고향에서 얻어진 농경적 상상력에 뿌리박고 있는 줄 알려준다. 그 결과, 그의 시에는 모난 구석이 하나도 없다.

2. 스스로 그러함의 세계

사람으로 살면서 노장의 가르침을 따르는 쉽지 않다. 말하기 좋아하는 사람들은 공맹을 따르면 승자이고, 노장을 좇으면 패장이라고 한다. 그렇지만 이 말은 성공에 목 맨 청춘의 논리요, 나이가 들면 공자와 맹자보다는 노자와 장자가 윗길인 줄 경험으로 알아차린다. 그 이유인즉, 공자의 경전이 사람의 절제와 극기에 터한 규격화를 강요하는데 비해, 노자의 경전은 자연스러움을 최고로 치기 때문이다. 무릇 사람은 나이가 들면서 자잘한 일에 행복감을 느끼고, 온갖 욕망으로부터 벗어나게 된다. 나이 40이 넘어서면 화를 내지 말아야 한다거나, 60이면 저절로 세상의 순리를 따른다는 말들이 그것을 뒷받침한다. 그처럼 인생은 연치가 더하면서 생각이나 행동이 가벼워진다. 죄다 욕심을 내려놓아서 얻어지는 값진 교훈이다. 이 점을 "애욕의 그림자"(「밀물」)에 포박된 젊은 때는 알지 못한다. 그 시절에는 당장 눈앞의 이익에 눈이 멀어 이웃과 척지고, 자신이 세상의 중심이 되어야 한다는 강박감에 휩싸여 친구와도 자리를 다툼한다. 모두 자연의 섭리를 외면한 조급증 때문에 벌어지는 사단이다. 그러다가 세월을 이기지 못하고 "문지방만 넘으면 저승"(「그 끈을 놓게나」)인 줄 아는 나이가 되어서야 그는 지난날을 후회하며 자신의 무명을 책망하게 된다.

이만한 깨달음을 얻기까지, 사람들은 상당한 생을 소비한다. 자신에게 할당된 삶의 시간이 동날 즈음에 이르러서야 깨닫게 되는 철리는 "마음이 움직이면 생각도 따라 움직"(「움직이는 산」)인다는 사실이다. 그것을 알아차리기까지 사람들은 불나방처럼 무시로 날개를 헐떡거린다. 사실 사람들이 열심히 살았다고 자부하는 태도야말로 이웃과 더불어 사는 것보다는 직진의 삶을 영위한 줄 가리킨다. 그의 생애가 주변과의 조화를 염두에 두지 않았다고 해서 잘못 산 것은 아니다. 그렇지만 앞만 보고 산 이들일수록 사방의 미세한 변화에 둔감하다. 더욱이 젊을수록 그런 경향은 강해서 큰 흐름만 볼 줄 알지, 작은 달라짐은 눈에 들어오지도 않는다.

그러나 박희연의 시를 읽노라면, 젊어서부터 "작고 보잘 것 없는 벼꽃"(「처서」)에 관심한 시작을 보여주어 주목된다. 그의 조숙한 시선은 주위의 하찮은 물상들에 눈길을 주고, 그것들을 시의 공간으로 불러내도록 조장하였다. 그 덕분에 그의 시 속에는 "꽃향기보다 더 짙은 풀냄새"(「부활하는 여름산」)가 흥건해졌다. 그와 같이 박희연은 여럿의 눈을 잡아끄는 화려한 '꽃'보다, 남들이 눈을 주지 않는 '풀냄새'를 맡는 일에 익숙하다. 아래에 든 그의 초기시를 볼 양이면, 따뜻한 시선의 근원을 어렵지 않게 짐작할 수 있다.

    사월이면
    아니, 삼월이면
    헛소문처럼 무성한 봄소식이 퍼지고,
    사월이면 양지녘부터 둘씩 셋씩
    우렁찬 꽃망울 터지는 함성이,
    우리 귀에 익숙한 그 만세의 함성처럼
    화려한 꽃이 핀다.

    오월이면
    우리의 오월이 오면,
    산이나
    들이나
    골짜기나 언덕을 가리지 않고
    온갖 꽃이 앞 다투어 핀다.

    저렇게 고운 꽃이 언제부터 봄을 기다렸을까

지난 해 가을부터일까
그보다 더 긴 세월을 기다리고
새 꽃을 피우기 위한 거룩한 작업이 시작되었겠지.
모든 준비를 마친 꽃나무
새로운 의미의 꽃을
조용히 기다린다.
　　—「햇빛잔치」 부분

　박희연이 첫 시집의 제목으로 삼은 시이다. 달이 바뀔 때마다 꽃은 '핀다'. 사월의 '화려한 꽃'과 오월의 '온갖 꽃'처럼, 꽃은 간단없이 '골짜기나 언덕을 가리지 않고' 피어난다. 시간의 흐름에 따른 꽃의 핌은 지극히 자연스러워서 괄목할만하지 않다. 사람들이 자연의 변화에 특별히 관심하지 않는 이유이다. 자연의 변화는 그와 같이 달마다 철마다 낯익다. 하지만 사월과 오월의 개화를 위해서 자연은 '지난 해 가을'부터 '새 꽃을 피우기 위한 거룩한 작업'을 시작했다. 해를 바꾸어 피어난 꽃이므로, 그것은 '새로운 의미의 꽃'이다. 날마다 하는 일이 무료한 일상사인 듯하나 똑같은 게 하나도 없듯이, 봄마다 피는 꽃도 같은 게 하나도 없다. 그것을 가능케 해준 것은 햇빛의 힘이다. 그래서 그의 시 속에 피어난 꽃들은 한결같이 "활짝 웃는 해님과 눈맞춤"(「꽃」)한다.

　인용시에서 보듯, 박희연은 스승의 명시 「해」에서 영감을 받은 듯하지만, 해가 벌이는 잔치를 '조용히' 그려내 차별화했다. 그 점에 힘입어 가파른 호흡이 필요한 스승의 시와 다른 분위기를 자아낼 수 있었다. 이처럼 박희연의 시는 조용하다. 아마 그의 성품을 닮은 흔적일 테지만, '긴 세월을 기다리고' 피어나는 꽃의 '새 의미'를 탐구하는 시인답게 세사에 요동치지 않는다. 이처럼 그의 시는 태생적으로 "식민지 같은 도시"(「시계탑」)와 어울리지 않는다. 그는 번잡하고 소란한 것을 멀리한다. 생업을 위해 서울이라는 최대도시에 닻을 내렸지만, 그는 "소월길을 따라 남산을 오를 때도 혼자였다"(「혼자 놀기」). 그런 연유로 박희연의 시집 속에는 "멀고도 힘든 여행에서 맛본 나그네의 외로움"(「바람의 길」)이 쭈뼛이 고개를 내밀기도 한다. 시는 '멀고도 힘든 여행'의 동반자였다. 그의 외로움은 농경적 상상력을 소유한 채 서울에서 살아가는 이방인의 고질이다. 박희연은 그것을 이기고자 거리를 조정하는 요령을 터득했다. 다음에 든 산문에서 그의 거리두기가 아우르는 반경이 만만치 않은 줄 추량할 수 있다.

> 산들의 아름다움은 적당한 거리감이 좌우한다. 더 가까이에서 산을 대하면 푸른 숲이 아니라 자갈이나 모래 또는 돌멩이로 합성된 험한 산이요, 볼품없는 잡목으로 가득하다. 비바람에 쓰러진 나무에 병든 참나무 등걸이 무더기로 넘친다. 가까이에서 볼 것은 가까이에서 보고, 멀리서 볼 것은 멀리서 보는 지혜가 있어야 한다.(「책머리에」)

산의 아름다운 모습을 보려면 '적당한 거리감'이 필요하다. 이런 시각이 '미적 거리'라는 용어를 발명했다. 가까이에서 산을 응시하면 '푸른 숲이 아니라 자갈이나 모래 또는 돌멩이로 합성된 험한 산'이다. 그 산은 '볼품없는 잡목으로 가득'하고 '비바람에 쓰러진 나무에 병든 참나무 등걸이 무더기로 넘친다'. 그러나 한 발 물러서 보면 비로소 산의 진면목을 발견할 수 있다. 사실 미적 거리는 원래 심리적 거리라는 용어가 전이된 것이다. 그처럼 사물을 미적으로 바라보는 것은 보이지 않는 심리의 움직임을 드러내는 일이다. 박희연이 주장하는 '가까이에서 볼 것은 가까이에서 보고, 멀리서 볼 것은 멀리서 보는 지혜'야말로 "높낮이를 구분하는 지혜"(「공간 나누기」)와 다르지 않다. 그런 지혜는 생과 세상사의 거리를 조절하는 힘이 된다. 바야흐로 그가 "좁은 골목길 같은 삶"(「새벽에」)조차 사랑할만한 '거리감'을 획득한 것이다.

박희연이 "묵직한 저 산의 무게"(「산」)를 느낄 수 있게 된 계기는 거리감을 인식한 뒤부터였다. 그렇잖아도 신인답지 않게 가벼운 몸놀림을 지양하고 '묵직'한 행보를 보여주었던 그의 시적 움직임이었으나, 셋째 시집에 가까워질수록 "한 번 왔다간 되돌아가는 일"(「썰물」)에 대한 사유가 잦아졌다. 그런 경향을 가리켜서 나이가 들어가면서 나날을 반추하는 습관이 나타난 것이라고 치부할 수 있다. 하지만 박희연이 이전부터 보여주었던 단아한 포즈는 후기까지 여전하다는 점에서 시의 비의를 풀 열쇠로는 불만족하다. 그가 체험으로 얻은 '적당한 거리감'은 삼라만상과의 거리뿐 아니라, 시세계에도 고스란히 반영되었다. 그 덕에 "자연스러운 몸가짐"(「아침을 열고」)이 그의 시와 삶을 단박에 아우르게 된 것이다. 아래에 인용한 시편은 "오가던 바람의 냄새와 햇볕의 싱그런 기운"(「햇빛농원」)을 받아 쓴 박희연의 시가 이룩한 최고의 성취라고 평할 수 있다.

  나는 편한 옷이 좋다.
  색깔도 수수한 게 좋고, 모양도 평범한 게 좋다.
  소매 끝에 너덜너덜 달린 쇠단추는 공연히 거북스럽다.
  웃옷의 단추도 두 개면 족하다.

  집에서 먹는 밥은 속이 편하다.
  아내 솜씨 덕분에 반찬 가짓수가 많다.
  밭에서 갓 뜯어 온 야채로 이것저것 나물을 만들고,
  국이나 찌개도 삼삼하다.
  세 끼니를 다 먹어도 속이 편하다.

  요즘 나는 미각보다 후각에 신경이 쓰인다.
  숲속에서는 나무 냄새가 좋고,
  풀밭에서는 풀향기가 좋다.
  야생화의 순한 냄새나, 더덕이나 도라지 냄새도 좋다.

  그래서 자주 산이나 들을 찾는다.
  논밭에서 익어 가는 곡식도 제 나름의 냄새가 있다.
  밭두렁길을 걸으면 잘 익은 수박냄새의 싱싱함이
  흙냄새에 섞여 여름의 더위를 말끔히 잊게 한다.
  달콤한 다래는 벌꿀맛을 옮긴 듯하다.
    —「마음 편한 것이 좋다」 전문

박희연의 인생관이 절로 드러난 작품이다. 한평생 "욕심 없이 살아온 농부"(「부지런한 농부」)를 닮으려고 노력한 그이고 보면, 세속의 성공이나 권력과 거리를 두고 '마음 편한 것이 좋다'는 자세로 생을 달관한 서술이 낯설지 않다. 그의 시가 하나같이 일상에서 얻어진 소재로 평이하게 진술되는 점을 기억한다면, 위 시를 통해서 시작의 자세를 단박에 엿볼 수 있다. 또한 '색깔도 수수한 게 좋고, 모양도 평범한 게 좋다'거나 '집에서 먹는 밥은 속이 편하다'는 구절에서 짐작 가능하듯이, 박희연은 질박한 생활을 추구한다. 그가 말하는 '수수'나 '평범' 그리고 '편한 것'은 허식을 멀리한 자연에 가깝다. 그런 까닭에 박희연의 시에는 교언이 없다. 그는 "진실한 말은 꾸미지 않고, 꾸민 말은 진실하지 않다"(信言不美 美言不信)는 노자의 명언을 몸에 달고 삶으로 본연의 모습을 추구한다. 이런 점들을 종합해 보건대, 그의 시세계를 일컬어 '스스로 그러함의 시학'이라고 명명할만하다.

위의 인용작은 박희연이 추구하는 스스로 그러함의 실체를 여실히 보여준다. 그가 요즘 '미각보다 후각'에 신경 쓰는 것은 실내에서 맛보기 위해 인공적으로 버무린 미각보다는, 실외에서는 날것의 냄새, 곧 자연의 향을 맡고 싶은 본능적 움직임이다. 이 점만 보아도 그가 천성적으로 "푸른 산 그림자가 발을 담구는"(「고향 친구」) 무주사람인 줄 판명된다. 그는 "서울에서 산 지 반백 년"(「얻은 것과 잃은 것」)이 지나도 "낯선 서울의 사람"(「휴일」)일 뿐이다. 그는 날마다 설천을 생각하며, 밤마다 와석을 그리워한다. 즉, 그의 그러함의 시를 숙성시킨 것은 고향의 '산'과 '들', '논밭', '밭두렁길'이었다. 그가 노년에 이르러 '미각보다 후각'에 신경이 쓰이는 것은, 결국 눈내의 눈들에서 나는 '흙냄새'를 잊지 못하기 때문이다. 박희연은 천상 무주시인인 것이다.

Ⅲ. 결어

위에서 알아본 바와 같이, 박희연은 과작의 시인이고 과언의 시인이라서 가벼운 시를 쓰지 않고 불필요한 말을 삼간다. 그의 몸에 밴 근신의 태도야말로 결벽한 시업을 이끌고, 시인의 자세를 잃지 않도록 막아선 금도였다. 그는 타인의 시선에 아랑곳하지 않고 묵묵히 자신의 길을 걸어 왔다. 박두진과의 만남이 계기가 되어 시인으로 등단한 그는 한평생 줏대를 잃지 않고 스승의 뒤를 따랐다. 비록 그의 시적 성취수준이 스승과 견줄 바 못 될지 모르나, 시의 자세는 스승을 닮아 근엄하다. 그것이 그로 하여금 초기부터 후기까지 여일한 호흡을 유지할 수 있도록 지탱해주었다. 그의 교사의식은 바른 행실과 건실한 생각을 지니도록 끊임없이 제어하여 시 속에 삿된 이미지가 번지지 않도록 제어하였다. 그의 염결한 자세는 "흐리고 찌든 도시"(「오월에」)가 아니라 "산자락을 비스듬히 베고 누운 보리밭"(「청보리밭」)에서 시어를 채취하도록 인도하여 시의 정서에 건강성을 더했다.

박희연에 관한 소론을 마치는 자리에서 사소한 일화를 적어서 기록으로 남긴다. 필자와 그의 인연은 만남으로 이어지지 못하고 예닐곱 번의 통화로 이루어졌다. 서울과 전주라는 물리적 거리가 그와의 회합을 가로막은 제일 이유일 테다. 그와의 통화는 필요에 의하여 시도되었다. 필자는 계간 『문예연구』의 '우리시대 우리작가'를 주관하고 있다. 이 특집은 전북 출신의 생존하는 원로작가들의 작품세계를 집중적으로 조명하는 자리이다. 그 선정은 재전북이나 출향을 막론하고 한국문학사나 전북문학사에서 필히 거론되어야 할 도내 출신 작가들을 대상으로 삼는다. 박희연은 그러는 중에 정해진 경우이다. 그러나 그는 첫인사에서 노 신사의 연륜이 담긴 목소리로 정중히 거절하였다. 여느 시인들이 그 자리에 초대되기를 고대하거나 압박하는 것이 다반사인 마당에, 일부터 찾아서 전화한 필자에게 거절하다니! 그는 한사코 전북문학의 발전에 도움을 준 것이 없으니 제안은 고맙지만 사양한다고 거푸 거부했다.
 그럼에도 불구하고 필자는 박희연을 불러내고자 다시 전화했다. 삼세판의 통화에서 그는 필자의 구애가 지겨웠던지 조심스러운 자세가 묻은 음전한 목소리로 응낙하였다. 하지만 받아본 약력사항은 학교 전근 따위만 적혀 있었고, 사진자료에는 스승과 제자 외에 등장인물이 단출했다. 속세에 나아가 허명을 구하지 않고, 오로지 이세교육에 몸 바친 교사다웠다. 그처럼 박희연은 세상사람들과 인연 맺기가 서툴다. 그 대신에 스승을 살뜰히 위하는 일에 부지런하고, 제자들에게서 흠뻑 존경받으니 가히 사표라 할만하다. 그처럼 그의 인생은 학교를 벗어나지 않았다. 이러니 세인들의 관심을 구하기 힘들었을 터이다.
 필자는 박희연이 상당한 시력의 시인이고, 전라북도의 명문 고등학교에서 교편을 잡았음에도 불구하고 서울에 산다는 이유로 묻히고 있어서 안타까움을 금할 수 없었다. 사실 이런 경우가 흔하고 보면, 그처럼 이름 내기에 서툰 시인이 각광받기란 무망하다. 예나 지금이나 문단은 낯내기 좋아하는 무리들이 휩쓸고 있으나, 비평 작업은 그와 전혀 무관하게 객관적 관점으로 단행되어야 한다. 또한 그런 결과물을 종합한 문학사를 지향할 양이면, 박희연 같이 "무색의 마음"(「시인상」)을 지닌 시인의 업적을 제외하면 안 된다. 적어도 시가 영혼의 예술이라고 주장할 것이라면, "착한 마음을 읽을 수 있는 밝은 눈"(「순수하다는 것」)을 지닌 시인이 정당히 대접받아야 온당하다. 이런 전차로 그와의 인연이 맺어져 소략하나마 졸고를 썼다. 그것도 잡지에 쓸 목적이 아니라, 순전히 그의 시업에 대한 존경심으로 말이다. 모쪼록 박희연의 시에 관한 연구자들의 관심이 이어지기를 바란다. 덧붙여 고향에서도 그의 시적 성취에 관심하는 이들이 늘어나기를 고대한다.

은자의 시학
—김영석론

Ⅰ. 서언

김영석은 1945년 전라북도 부안군 동진면에서 출생한 중견시인이다. 그의 시작생활은 1970년 『동아일보』와 1974년 『한국일보』의 신춘문예를 통해 화려하게 비롯되었다. 그러나 등단한 후 20년이 넘어서 "이제 나이만큼 철이 들고 나서 외롭고 신산한 인생살이를 시에 의지해 산다는 것이 무엇인지, 시가 인생의 구원이 될 수 있다는 것이 무슨 뜻인지 겨우 알 것 같다"(「후기」)며 1992년에야 첫 시집 『썩지 않는 슬픔』을 냈다. 그는 두 번의 강산이 바뀌는 동안 학업에 몰두하여 배재대학교 교수로 취임하며 이력을 쌓았다. 그 뒤로 그는 심리적 안정을 얻었는지 여러 권의 시집을 틈날 적마다 내놓으며 존재를 알렸다.

사실 김영석은 40여년에 다다른 시력에도 불구하고 상응한 평가를 받지 못하였다. 그가 시집을 발간하기까지에 걸린 기간을 감안하면 의문이 금세 풀린다. 그가 시작에 소홀했던 기간은 1960년대부터 시작된 이 나라의 정치적 조건이 작동하고 있다. 그 시절에는 군사독재에 대한 투쟁이 우선시되던 즈음이라서, 김영석의 시풍은 전혀 호응을 얻을 환경이 아니었다. 산야에는 거대한 정치담론이 횡행하여 시단마저 둘로 갈라놓은 판에 "가볍게 분노하거나 서투르게 절규하지 않고 절제있게 묘사한다"는 김현의 평언에 부합하는 그의 시가 설자리는 마땅치 않았다. 서정마저 정치성을 함유해야 평가되는 어지럼판에서 정통적 서정시를 추구하는 김영석은 오갈

데 없어 엉거주춤하였다. 그 통에 시일은 흘렀고, 시단에는 새로운 세력이 자리잡으면서 그의 입지가 묘연해진 것이다.

하지만 김영석의 시에 대한 평단의 관심은 시집을 낼 때마다 새롭게 일어났다. 평자들은 그의 시작업에 대한 홀대를 자인하면서 갖은 노력을 기울이며 시세계를 탐색하느라 공을 들였다. 이러한 움직임이 이어지던 찰나, 그는 세월의 몰이를 이기지 못하고 정년을 맞아 교단에서 물러났다. 그 동안에 선보인 김영석의 시세계는 심오하다. 그는 불교적 상상력에 터한 허허의 세계를 탐구하는 한편, 시론집 『도의 시학』을 펴낼 정도로 노장적 세계도 치밀히 공구하여 시작업에 반영하였다. 또 그는 "<기상도>라는 부제를 붙인 '관상시'와 시와 산문을 한 구조로 결합한 '사설시'"(「시인의 말」) 같은 실험적 양식을 시도하는 일에도 게으르지 않았다. 이처럼 김영석은 시와 시론의 양면에서 독자적 일가를 이루었다. 그의 시를 궁구할 양이면, 이 점을 전제하지 않으면 안 된다. 곧, 그의 시는 천천히 읽으면서 찬찬히 뜻을 새겨야 비로소 열린다.

II. '일여적' 세계관의 서정적 외연

1. '비민의식', 서정의 기원

시인들은 곧잘 자신의 시론을 표백하곤 한다. 그가 시론을 공개할 의무는 없다. 그렇지만 시인들은 스스로 시에 관한 생각이나 느낌을 공개리에 곧잘 드러낸다. 김영석도 예외가 아니다. 더욱이 그가 시를 가르치는 교수로서 시론서까지 상재한 사실을 감안하면, 시론을 제출했다고 해서 크게 주목할 일은 아닐 성싶다. 그렇지만 그의 시세계를 탐구할 양이면, 몇 차례에 걸친 자리를 외면하지 못한다. 그도 여느 시인들처럼 시집을 간행할 적마다 머리말이나 끝말을 이용하여 주장을 펼쳐 왔다. 그러다가 최근에

낸 시집 『시인 풀꽃 당나귀』라는 시집에 와서는 양골로 말하고 있어서 시선을 끈다.

　시는 산문과 달리 두세 번씩은 곰곰이 음미하면서 읽어야 한다. 그렇게 시집 전체를 끝까지 읽어가다가 단 한 편이라도 마음 깊이에서 공명을 일으키는 작품을 만나게 된다면 그것은 메마른 영혼을 적시는 얼마나 희유한 행복의 경험이겠는가.(「시인의 말」)

　작고 힘없고 외롭고 가난하고 쓸쓸하고 그리고 거의 부재의 끄트머리에서 어렵사리 존재하고 있는 이것들과의 공감 속에서 느끼게 되는 이 슬픔을 무엇이라 해야 하는가. 자기연민인가. 나는 이런 슬픔이 자기연민일 뿐만 아니라 그것을 넘어서 그렇게 존재하며 살도록 한 하늘과 그렇게 존재하고 살 수밖에 없는 것들 자체를 안타까이 여기고 불쌍하게 생각하는 비천민생(悲天憫生)의 비민의식, 즉 우주적 비정(悲情)에까지 맞닿아 공명하는 것이라고 생각한다.
　그러므로 이러한 감정은 생명과 존재의 공감 속에서 가장 직접적이고 분명하게 느끼게 되는 아주 단순하고도 강력한 힘이다. 단순하기 때문에 강력하기도 한 이 **원초적 슬픔이야말로 우리의 삶을 바르고 튼튼하게 잡아주는 진정한 힘**이라고 나는 생각한다.(「시인·풀꽃·당나귀」)

　두 인용문은 한 시집의 앞뒤에 놓인 시인의 시론이다. 앞뒤에서 공통적으로 추출되는 단어는 '공명'이다. 그것은 시인에 따르면 '생명과 존재의 공감 속에서 가장 직접적이고 분명하게 느끼게 되는 아주 단순하고도 강력한 힘'이다. 공명은 '공감'을 전제하여 일어나는 '힘'으로, 그에 앞서 슬퍼하고 불쌍히 여기는 '비민(悲憫)'으로부터 비롯되는 정서적 반응을 가리킨다. 그는 그것도 못 미더웠던지 진한 글씨로 '원초적 슬픔이야말로 우리의 삶을 바르고 튼튼하게 잡아주는 진정한 힘'이라고 되풀이하여 강조하고 있다. 즉, 비민의식은 김영석으로 하여금 '썩지 않는 슬픔'을 찾아 나서도록 종용한 '힘'이다.
　슬픔은 자기연민이건 이웃에 대한 동정이건, 서로 공감하여 공명하기에 앞서 갖추어야 할 심리적 조건이다. 김영석은 별마저 "눈물의 소금 성에"(「별」)라고 부른다. 대부분의 시인들이 별을 우러르거나 우주와의 대화에 동참하려고 시도하는 것에 비해, 그는 별이 '뼛속에' 떠 있다고 본다. 뼛속 깊이 박혀 있는 별이므로, 그것은 필연코 '눈물'을 머금지 않으면 안 된다. 그의 세계인식은 그처럼 슬픔으로 시작된다. 오죽하면 그는 꽃마저 "온 세상이 부수고 망가뜨린 조각들"(「꽃」)로 본다. 그러나 '조각'들은 아침마다 '온전한 새 얼굴로 태어난다'는 점에서 생산적이다. 말하자면, 김영석을 슬프게 만드는 '작고 힘없고 외롭고 가난하고 쓸쓸하고 그리고 거의 부재의 끄트머리에서 어렵사리 존재하고 있는 이것들'은 순환론적 사유에서 탄생한 것으로, 대상을 무시로 연민하도록 부추긴다. 그에 따라 시인은 "흰 구름이 이윽고 빗물 되어 돌아오듯"(「모든 돌은 한때 새였다」) 순환하는 슬픔으로 빚어진 '삶의 옹이'를 어루만지게 된다.

> 멍들거나
> 피흘리는 아픔은
> 이내 삭은 거름이 되어
> 단단한 삶의 옹이를 만들지만
> 슬픔은 결코 썩지 않는다
> 옛 고향집 뒤란
> 살구나무 밑에
> 썩지 않고 묻혀 있던
> 돌아가신 어머니의 흰 고무신처럼
> 그것은
> 어두운 마음 어느 구석에
> 초승달로 걸려
> 오래 오래 흐린 빛을 뿌린다
> ─「썩지 않는 슬픔」 전문

인용시를 읽노라면, 김영석의 내면에 똬리를 튼 '슬픔'의 근원이 얼비친다. 아픔은 옹이로 단단해지나 썩고 만다. 그에 반하여 슬픔은 썩지 않고

집 주위에 남아서 '오래 오래 흐린 빛을 뿌린다'. 그렇지만 슬픔이 주조한 '흐린 빛'은 '오래 오래'라는 시간 부사의 기운을 받아 몽연하다. 슬픔과 인접한 아픔이 거름이 되고 옹이가 되어 결정화하는 것과 다르다. 슬픔은 고향집의 살구나무 밑에서 썩지 않고 묻혀 있던 '돌아가신 어머니의 흰 고무신'처럼 '어두운 마음 어느 구석'에 켜켜이 쌓여 있을 뿐이다. 겉으로는 형체를 드러내지 않으나, 속으로는 모습을 감추지 않는 슬픔은 "동청(冬靑) 가지 하나"(「슬픔」)와 대비되면 비로소 세상에 낯을 선보인다. 그것은 한겨울 눈 속에서 저 혼자 빛나는 '동청' 가지를 떠올리게 만든다. 세상이 순백으로 덮여 있는 바에 빛의 통일성을 깨뜨리는 '청'의 색조성, 또 그것과 어울려 부조화한 조화를 빚으려고 몸부림치는 '동'의 시간성이 자아낸 긴박한 '흐린 빛'은 슬픔을 심화시킨다. 그 이유인즉, 그를 포박하고 있는 슬픔이 '돌아가신' 어머니의 부재로 생겨난 것이기 때문이다.

　그와 같이 김영석의 시에서 어머니가 차지하는 비중은 빈도수에 비해 무겁다. 그녀는 "제 자식들의 덧없는 주검"(「종소리」)을 가슴에 묻은 인물이다. 이것은 그의 개인사적 관련성을 차치하고, 한국의 어머니들에게는 "소리 없이 숨어 있는 덫"(「덫」)마냥 편재하는 보편성을 가진 슬픔이다. 그녀들은 파란한 삶의 길목에서 떠맡겨진 "노여움의 검은 피"(「빈 들판 하나」)를 가슴마다 쟁여둔 채 '썩지 않는 슬픔'으로 굳어진 사리를 빚는다. 이러니 세상에 남겨진 자식들이 할 수 있는 일이란 "어머니의 호젓함 무덤"(「동생」)에 가서 풀을 뽑는 일밖에 없으며, 근대의 초입부터 신산한 주름을 이마에 인 이 나라의 어머니들은 "슬픔이 어떻게 저녁 못물만큼 무거워지는지"(「말을 배우러 세상에 나왔네」) 자식을 지켜보느라 슬프다. 마치 "전생부터 나를 기다리고 있었다"(「황금빛 꽃」)는 듯이, 슬픔은 시인을 대책없는 그리움의 세계로 몰아넣으며 윽박한다. 그에게 슬픔에서 연원한 그리움을 가르쳐 준 이는 어머니였던 셈이다. 그런 연유로 김영석의 그리움은 어머니를 닮아서 오랜 세월동안에 지긋이 숙성된 맛이 난다.

한 사람을 그리워한다는 것은
갈꽃이 바람에
애타게 몸 비비는 일이다
저물녘 강물이
풀뿌리를 잡으며 놓치며
속울음으로 애잔히 흐르는 일이다

정녕 누구를 그리워하는 것은
산등성이 위의 잔설이
여윈 제 몸의 안간힘으로 안타까이 햇살에 반짝이는 일이다
　　　―「그리움」 전문

　시를 읽노라면, 시인의 '그리움'이 서서히 돋아난다. 그리움은 '애타게 몸 비비는 일'이고 '속울음으로 애잔히 흐르는 일'이며 '여윈 제 몸의 안간힘으로 안타까이 햇살에 반짝이는 일'이다. 그가 정의한 세 가지를 따라가노라면, 몸짓과 마음이 합해져 반짝여야 그리움이 되는 줄 알 수 있다. 그와 같이 그리움은 온몸으로 전력을 다하지 않으면 형상을 드러내지 못한다. 가령, 봄비를 "면사포를 쓰고 오는 저것"(「봄비」)이라고 표현하거나, 초승달을 "제 수심에 쓸린 난초 잎 같은"(「초승달」) 모습이라고 비유할 양이면, 날마다 밤마다 대상을 향한 그리움으로 미만해 있어야 한다. 그렇지 않다면 그는 "흰 백지의 아우성"(「흰 백지」)이나, 봄에서 나는 "햇살 같은 소리"(「봄」)를 들을 수 없다. 그와 같이 김영석에게 그리움은 세상을 향해 뻗는 위족 같은 것이다. 그는 쉼 없는 위족의 나아감과 거두어들임을 통하여 세계와 교통한다. 그것은 공감을 얻으려는 지난한 몸짓이고, 공명하려는 숙명의 안달이다.
　김영석이 이슬 속에서 "어디론가 끝없이 떠나는 사람들"(「이슬 속에는」)을 발견하거나, 비눗방울 속에서 "실낱처럼 사라지는 몇 가닥 길과 마을"(「비눗방울」)을 찾아내거나, 숯을 지칭하여 "고요 속의 검은 뼈"(「숯」)이라고 묘사할 수 있는 것은 죄다 "아직 태어나지 않은 바람소리"(「바람의 애

벌레」)까지 들을 수 있도록 예민한 촉수와 날렵한 감수성을 가진 덕분이다. 더하여 그는 "앙상히 결만 남은 목재"(「바람의 뼈」)를 '바람의 뼈'로 은유할만한 탁월한 상상력을 소지하고 있다. 이런 상상력은 만물이 사위와 경계하는 결까지 씀벅 붙잡아낼 수 있다. 가령, 전혀 다른 질료에서 '고대(古代)'라는 시간의 층을 발견하는 모습을 견주어 보면, 김영석의 시안이 꿰뚫고 보는 궁극을 짐작하기에 모자라지 않다. 두 예는 배롱나무 꽃그늘에서 "고대(古代)의 호수 하나"(「배롱나무 꽃그늘」)를 포착하거나, 돌에서 "쌓여서 무덤, 무덤, 이루는 고대(古代)의 꿈"(「무거운 돌」)을 찾아내는 형안이 적절하다. '호수'와 '꿈'은 실재와 관념의 표상이다. 양자를 '고대'라는 시간의 그물로 한꺼번에 건져질 수 있다는 것은 애초부터 같이 있었다는 것이나 진배없다. 즉, 김영석에게 실재와 관념은 당초부터 하나의 다른 이름에 불과했던 것이다.

그런 인식 수준에 도달하기 위해서는 "슬픔과 외로움과 그리움"(「빈집 한 채」)을 나누거나 차별하지 않고 응시할 수 있어야 한다. 세 가지는 "가슴에 묻은 날카로운 칼날"(「이슬 속에는」)이 움직일 때마다 그은 상흔들이다. 그것들은 슬픔에서 순차적으로 파생한 '부재'의 흔적이라서 연민을 불러일으킨다. 연민은 공존, 공감, 공명으로 진입하기 위해서 필수적으로 구비해야 할 감정적 조건으로, 세 가지 반응을 '우주적 비정'의 세 형상으로 변주한다. 그 덕분에 시인의 비민의식은 "까마득히 잊어버린 마음의 끝"(「깊은 강」)을 찾아 '속울음으로 애잔히 흐르는 일'에 동참할 차비를 마칠 수 있었다. 김영석이 날마다 밤마다 찾아가는 '까마득한' 곳은 본성이 온전하게 존재하는 원초적 공간이다. 그는 그곳에서 '아주 단순하고도 강력한 힘'으로서의 '썩지 않는 슬픔'의 본모습을 찾아내고 만다.

2. '세설'의 제의성

김영석은 스스로 신세를 거두어 능가산의 한 귀퉁이에 움집을 짓고 '세설헌'이라 이름한 집에서 지금도 눈을 씻고 있다. 불가에서 '세설(洗雪)'은 '설욕(雪辱)'의 다른 말이니, 그가 날마다 밤마다 씻는 '눈'이란 속세에서 살아서 얻어진 '욕'에 다름아닐 터이다. 세상을 일러서 불가에서는 '인토(忍土)'라 하거니와, 무릇 그 땅에서 사는 사람들이라면 자연스럽게 욕된 상태에 놓이기 마련이다. 석가모니 부처님조차 전생에서 '인욕존자(忍辱尊者)'로 불리며 왕의 핍박을 받아 피를 흘렸다고 하니, 욕은 세상살이를 하는 중에 누구를 막론하고 일방적으로 당하게 되는 줄 알 수 있다. 그런 전차로 불가에서 인욕은 윤회를 벗어나는 길이라 하여 수도자들이 기본적으로 갖춰야 할 덕목이다. 아울러 욕됨이란 부끄러움의 다른 말이니, 그것은 욕과 달리 자신이 지은 허물로서 세상을 뜨기 전까지 타인들에게 용서받아야 할 과오라고 할 수 있다. 그렇다면 김영석이 '날마다 흰눈을 씻는 집'이라고 지은 당호의 뜻을 풀어 쓸지라도, 작명에 은닉된 바는 목숨을 부지하느라고 불가피하게 얻게 된 욕됨과 부끄러움을 씻는 것이나 진배없을 터이다.

  가만히 돌아보면, 사람들은 저마다 "살 속의 부정과 치욕의 간"(「빈 들판 하나」)을 갖고 살아가는 듯하다. 그들의 살 속을 파고들어 마침내 살이 된 '부정'과 '치욕'은 "생각의 씨앗"(「무엇이 자라나서」)이 자라나는 순간부터 몸속에 배태되어 있었다. 그것은 마치 "쉼 없이 알을 까 무한대로 증식한다"(「소공조(巢空鳥)」)는 전설 속의 새를 닮아 사람마다 간직한 속살에 가로세로로 각인되어 있다. 다만 사람들은 자신의 몸을 숙주로 삼아 자라나는 '생각'의 '씨앗'이 자라는 줄 인지하지 못할 뿐이다. 그 씨앗은 살과 하나되어 치욕을 양산하며 무한량을 '증식'한다. 그 과정은 무량겁의 시간을 타고 지금도 인류에게 이어지고 있다. 이것을 가리켜 김영석은 "존재한다는 것은 참는다는 것이다"(「존재한다는 것」)고 단언한다.

  그리고 보니 사람들은 "육장 시끌시끌한 세상"(「거름」)에서 생을 영위하는 동안에 숱한 욕을 얻어먹는다. '얻어' 먹는다는 말 속에 감추어져 있듯이, 욕은 남으로부터 얻어진 것이고, 주체의 얻기 위한 노력이 전제되어 있다. 사람들은 욕을 얻어먹는 과정을 통해서 인격을 수양하고, 사람들 사이(인간)에 자리할 수 있는 자격을 얻는다. 그러므로 욕은 얻어먹어야 제격이다. 또 욕은 '인욕(忍辱)'이라는 말이 있듯이, 사람들에게 참음을 가르친다. 불가에는 '인욕바라밀(忍辱波羅密)'이라고 하여 사람들에게 하심하라고 설교한다. 욕됨을 참는 것은 스스로를 낮추는 행위이다. 사람들은 욕을 얻어먹는 과정을 통해서 모난 점을 닳아내고 원만해진다. 그 상태는 "많은 것을 잃고 잊어버린 마음의 빈터"(「그 빈터」)와 같아서 언뜻 보면 본래의 면목을 잃어버린 듯하나, 본래무일물(本來無一物)이니 '잃고 잊어버린'다고 한들 달라지지 않는다. 모든 것이 마음의 산물(一切唯心造)일 따름이므로, 우주의 기운을 입어 바뀌는 철을 좇아 "형형색색 피고 지는 꽃"(「아무 일도 없다」)조차 무의미하다.

  홀로 길을 걸으면
  지나가던 바람이 일러준다
  맨 처음에 길은
  내 마음의 실마리에서 시작된 것이라고

  들꽃을 보고 있으면
  지나가던 바람이 일러준다
  맨 처음에 꽃은
  내 마음의 빛깔을 풀어놓은 것이라고

  굽이굽이 흐르는 강물도
  푸른 하늘을 나는 새들도
  먼 옛날
  내 마음이 아기자기 자라난 섯이라고

  멀고 가까운 온 누리 돌아서
  아득한 별까지 두루 지나서
  내 귀에 속삭이는 바람이
  바로 내 마음의 숨결이라고

지나가던 바람이 일러준다
　—「바람이 일러주는 말」 전문

　김영석에게 인욕을 가르쳐 준 것은 바람이다. 바람은 그의 생로를 알려준 방향타이고, 시적 자세를 시사한 스승이다. 그가 감히 "바람은 세계의 몸이다"(「얼굴」)고 선언하는 것만 보더라도, 바람이 끼친 영향력이 다대한 줄 짐작할 수 있다. 바람은 찰나적 현상이고 순간적 존재이다. 바람은 한 순간도 정지하지 않으며, 한번도 모습을 드러내지 않는다. 또한 바람의 수유와 같은 속성은 일회성으로 휘발되고 마는 인생에 비유되어 왔다. 김영석이 자꾸 '허공'을 응시하고 '구멍'을 굽어다보고 '길'을 걷는 것도 따지고 보면 죄다 바람결에 얻어진 습벽이다. 그는 세계의 물질성을 단단히 믿고 있기에 영원한 근원을 찾는 발길을 멈추지 않는다. 심지어 그는 "바람이 일어나 흔드니/온갖 바람의 형상이 생기는도다"(「외눈이 마을」)라고 설법하여 바람을 창조자의 반열에 올려놓는다. 이쯤 되는 그의 바람에 대한 애착 또는 숭앙은 차라리 '육추(六麤)의 구멍 속에서 숨 쉬는 그대'를 구원하기 위한 수행이다.

　그렇듯이 김영석의 시는 바람에 대한 집요한 탐구에 다름아니다. 바람은 길이 '내 마음의 실마리에서 시작된 것'이라고 알려주고, 들꽃이 '내 마음의 빛깔을 풀어놓은 것'이라고 가르쳐주며, 강물이나 새들도 '내 마음이 아기자기 자라난 것'이라고 들려주고, 궁극에는 바람조차 '내 마음의 숨결'이라고 일러준다. 시인을 가르친 것은 바람을 일으킨 '내 마음'인 셈이다. 다시 말하건대, 간단없이 이성에 조종당하는 그의 인식안은 스쳐가는 바람 앞에서 무력하기 그지없다. 이 점에서 그의 시는 그것을 모르는 중생/독자들을 위하여 무명에서 비롯된 업고의 여섯 가지 상(육추)이다. 바람은 김영석의 시에서 틈날 적마다 등장하여 시작품에 내려앉은 이성의 먼지를 쓸어간다. 마치 그 모습은 "햇빛 밝은 빛나는 세상"(「덫」)으로 나아가려는 "한 줄기 맑은 바람"(「바람과 그늘」)이다. 그와 같이 실재는 항시 언어의

『전북시인론』

밖에 존재한다.

    고요가 쌓이면
    산이 되느니

    초승달 같은
    흰 뼈 하나 속에 품고
    풀잎이 무거워서
    지긋이 내려감은 눈이여
      ―「산」 전문

고요는 '산'이다. 산은 고요의 힘을 빌려 "거대한 적멸의 집"(「바람의 뼈」)으로 탈바꿈한다. 일종의 물화행위를 거치자, 산은 "가물가물 스러지는 실낱같은 길"(「탑을 보기 전에는」)을 거두어버리고 인기척조차 거세하여 "말의 집"(「개와 빗돌」)마저 지워버린다. 시방이 고요해지자 '흰 뼈' 같은 초승달이 돋아나 "시퍼런 침묵"(「여뀌풀」)의 발화까지 앗아버린다. 온 산을 흰 빛으로 도포한 산이 '지긋이 내려감은 눈'에 고요를 가득 채우니, 마침내 고요와 산은 한몸이 된다. 김영석이 이처럼 고요한 적멸의 상태를 지향하는 까닭은 저 너머의 세계 혹은 "인간의 오랜 꿈의 내력"(「연장들」)에 대한 궁금증 때문이다. 이러한 호기심은 무릇 시인이라면 다 갖고 있다. 시인은 차안에서 피안을 응시하고, 이것에서 저것을 찾아내느라고 호기심을 발동한다. 그런 자잘한 의문이 모여서 근사한 심상이 태어나는 것만 보더라도, 시인의 고질을 나무랄 사람은 아무도 없다.

  그런데 김영석의 호기심은 만상의 근원이나 우주의 이법에 대한 접근으로 이어지고 있어서 주목을 요한다. 한 예로, 그는 "보이는 모든 것은 보이지 않는 뒤안이 있습니다"(「아편꽃」)라고 말한다. '보이지 않는 뒤안'에 대한 갈망은 그가 어려서부터 가지랑이 사이로 올려다보면서 품게 된 원초적 욕망이다. 만물을 거꾸로 보고, 아래서 우러르는 자세에 터하여 그의 인식안이 정립된 것이다. 우연한 기회에 발견한 안목을 통해서 산은 "새들을 낳는 푸른 자궁이고/새들이 다시 돌아와 묻히는/큰 무덤"(「산과 새」)이 된다. 산의 양가적 모순이야말로 시공을 관통하는 철리의 근본적 속성이다. 그것은 '푸른 자궁'처럼 '보이지 않는 뒤안'을 볼 줄 아는 혜안을 지닌 자에게만 보인다. 이로서 김영석은 삶과 죽음이 동시대성을 지닌 운명의 공동체인 줄 노래하게 되었다. 이제 그의 시에서 "찬란한 아우성"(「다시 또 눈이 내린다」) 같은 역설적 존재론을 자주 접하게 되어도 낯설지 않다. 요새 들어서 "자기의 시선에서 세상의 꼴이 생기는 이치"(「왕의 꿈」)를 초월한 김영석은 "까마득히 잊어버린 마음의 끝"(「깊은 강」)을 보기 위해서 '은자'가 되기로 결심한다.

>   진실로 이 세상에 은자가 없다면
>   저잣거리의 난장판 어느 구석에서
>   햇살에 조용히 몸 덥히는 맨 흙살을
>   우리는 영 볼 수도 없고
>   들판의 말뚝에 매여 되새김질하는 황소의
>   큰 눈 속 푸른 하늘로 점점이 날아가는
>   작은 새들이 있다는 이야기를
>   우리는 영 알 수도 없을 것이다
>   —「은자에 대하여」 부분

김영석은 "빈 껍질 같은 이름"(「내소사는 어디 있는가」)을 버리고 '세설헌'의 주인으로 살아간다. 그는 종일 "가파른 바람받이 언덕"(「새벽의 마음」)에서 "무량한 마음"(「마음아, 너는 거름이 되어」)을 닦느라 고요하다. 그가 "한량없이 너그러운 무명(無名)"(「메두리댁」)에 몸을 맡길수록 바람은 세설헌 주변에 몸을 푸지게 풀어놓는다. 바람은 천지간을 오가면서 황소의 눈이 껌벅일 적마다 "오는 듯 가는 듯"(「꽃과 꽃 사이」) 날아오르는 작은 새들의 비상을 알려준다. 새의 공간 이동은 허공 속에도 딴 세상이 있다는 자연의 법리를 알려준다. 그처럼 그는 바람을 통해서 온 곳이 세상이라는 범신론적 세계관을 깨우쳐준다. 그 가르침을 따라 시인이 시 「비급(祕笈)

에 관한 전설」의 앞에 따다 논 "허공은 아무 것도 없는 빈 곳이 아니다. 거기에도 삼천대천세계가 있다."는 『대방광경(大方廣經)』의 한 구절은 불교의 우주관을 극적으로 나타낸다. 시인은 이 구절을 끌어다 놓고 '비급에 관한 전설'이라고 이름하며 시작한다. '비급'은 가장 소중히 전하는 책을 의미하므로, 무릇 시는 물리적 '허공'이 되어 '허공'의 질서를 옮겨 적는 처소가 된다.

그로부터 설욕은 세설과 자리를 바꾸고 허공으로 무화한다. 김영석이 날마다 밤마다 눈을 씻는 제의를 주재하는 사연인즉, '허공은 아무 것도 없는 빈 곳이 아니다'는 불법의 궁행에서 찾아진다. 그는 허공의 응시를 통하여 '영' 볼 수 없었던 '삼천대천세계'의 존재를 알게 된다. 허공은 그처럼 "아주 크고 온전한 하나의 고요"(「고요의 거울」)한 세계이다. 단지 허하고 공한 진공상태의 세계가 아닐뿐더러, "내 속의 허공 속에서 부화한/하얀 새들이 창을 통해"(「알껍질」) 날아가는 모습을 보여주는 구체적 현장이기도 하다. '작은 새'와 '하얀 새'가 깃들고 비상하는 허공은 김영석에게 여여(如如)한 세계이다. 그가 굳이 현실계와 거리를 둔 채, 자신의 시업을 손짓하여 "말씀의 빈 자취"(「꽃 말씀」)를 좇는 일이라고 이름하는 이유이다. 그의 세설행위는 '허공'의 만유 혹은 만유의 '허공'을 찾으려는 간절한 몸짓이다.

3. 무유의 시학

세상을 살아가면서 "침묵의 깊이에 고개를 숙인 이"(「넋 건지기」)는 삶이 히무한 줄 안다. 히무는 히외 무로 이루어져 있다. 허는 만물이 태초부터 비어 있음을 가리키는 말이고, 무는 애초부터 만상이 부존한다는 것이다. 있지 않고 비어 있는데, 사람들은 이승과 몌별하는 순간까지 그것을 깨닫지 못하고 매달린다. 사람은 알몸으로 태어나서 맨몸으로 돌아간다. 누구든지 이로부터 벗어나지 못한 줄 번연히 알면서도 사는 동안에 좀 더

잘 살겠다고 발버둥친다. 그의 몸부림은 물질적 만족에 생의 목표를 두고 있음으로 말미암아 생겨난 것이다. 설령 그가 인생에서 높은 지위를 얻거나 경제적 부를 쌓았다고 할망정, 피안을 건너면서 그것을 가져가지 못한다는 한계를 뛰어넘을 수 없다. 허무는 누구에게나 공통적으로 내재하고, 무차별적으로 존재한다. 사람들이 생을 마감하는 순간에야 알게 되는 허무는 부정적 의미만 거느리는 것이 아니다. 이 증거는 아래의 시편에서 찾아 볼 수 있다.

    참되고 영원한 길은 말할 수 없고
    이미 말한 것은 거짓이니
    말없는 무명(無名)에서 천지가 비롯하고
    말많은 유명(有名)이 만물을 낳아
    시끄럽게 부딪치며 돌아가는
    세상이 되었다고 노자는 말씀하셨다
    그리고 노자는 노파심에서
    그 무명과 유명은 결국
    입과 항문이 하나이듯
    유현(幽玄)이 낳은 한 물건이라고
    자상하게 덧붙이셨다
        ―「도덕: 잠언 2」 부분

위에 적은 시를 볼 양이면, 김영석이 노자에게 받은 영향을 금세 알아차릴 수 있다. 그의 시를 논구한 비평가들이 이 사실을 수차례 언급한 것만 보더라도, 노자에게 받은 세례의 정도를 짐작하기에 어렵지 않다. 그가 흠앙하는 노자는 『도덕경』 첫 장에 "말로 표상해낼 수 있는 도는 불변하는 도가 아니고, 이름하여 부를 수 있는 이름은 참다운 이름이 아니다. 무는 천지의 처음이요 유는 만물의 어머니이다. 고로 항시 무에서 오묘한 도의 실재를 보려 하고 항상 유에서 도의 운용법을 살펴야 한다. 무유는 한 곳에서 나왔으나 이름만 다르니 그것을 현묘하다고 이른다. 그것은 현묘하고 현묘하여 모든 도의 근본이 된다(道可道非常道 名可名非常名 無名天地

之始 有名萬物之母 故常無欲以觀其妙 常有欲以觀其 此兩者同出 而異名 同謂之玄 玄之又玄 衆妙之門"고 천명하였다. 유명한 이 구절로서 노자가 말하는 도의 실체, 상도로서의 도, 도의 실재나 실상 등이 요연(窅然/了然/瞭然/窈然)하게 밝혀졌다.

무는 천지의 시초(無, 名天地之始)이고, 유는 만물의 근원(有, 名萬物之母)이다. 무는 속인들이 생각하듯이 아예 없는 것이 아니라, 천지가 비롯되는 시초이다. 만물이 시작되는 무야말로 유에 앞선다. 그렇다고 유가 무보다 윗길에 놓이지 않는다. 무는 유와 자리를 다투지 않으며, 유는 무와 힘을 겨루지 않는다. 그러므로 "빛과 어둠은 빛과 어둠 속에 있"(「그대가 어찌 구별하리오」)고, "그 빈터에 빈터가 있"(「옛 종소리」)다. 무유에서 기원한 우주의 질서가 유무를 따지지 않는 이유이다. 유와 무, 무와 유가 서로를 포옹하여 하나인 듯 둘이 되고, 둘인 듯 하나가 되는 모습이야말로 '우리의 삶을 바르고 튼튼하게 잡아주는 진정한 힘'이다. 그런 마음가짐이 몸가짐을 데불고 아래의 시론을 생성하니, 스스로 그것을 '도의 시학'이라 일렀다.

시쓰기란 물론 다 그렇다는 것은 아니지만, 말과 사물이 미묘하게 어긋난 그 틈으로 들어가는 일, 그 틈을 가능한 한 넓게 벌리는 일, 그 틈으로 무한대의 공간과 무량한 고요를 체험하는 일, 그래서 눈에 보이는 사물이나 말의 의미에만 매달리지 않고 자유롭게 살게 하는 일, 일종의 그런 것일 수도 있지 않을까. 가뜩이나 요즘처럼 사람들이 '없음의 있음'이나 '있음의 없음'을 까마득히 잊어버린 나머지, 있음과 없음, 이론과 실천, 미학적 영역과 비미학적 영역, 구상과 추상, 의미와 무의미, 자아와 세계, 존재와 언어, 음성주의와 문자주의, 책과 텍스트 등등, 무수한 분열과 대립을 초래한 마당에 그러한 시쓰기는 불가피하게 요청되는 것일 수도 있지 않을까.

나는 바로 위에서 열거한 대립항들이 동양의 사유 전통에 따라 일여적(一如的)이라 생각한다. 다시 말하면 그것들은 하나이면서 둘이고 둘이면서 하나이다. 그것들은 상호 순환적이고 상호 생성적이다. 그래야만 생명과 존재와 자유가 하나가 되어 살 수 있다. 예사 사람은 말하기를 '사람은 진실로 천지의 마음이다', '말과 글이야말로 천지의 마음이다'라고 했다. 이러한 일여적 사유가 아니면 무수한 대립과 분열을 초래하고 생명과 삶의 세계를 황폐화시킨 오늘날의 기술적 이성의 일방적 횡포로부터 벗어나기는 매우 어렵다고 나는 생각한다.
　이런 까닭에 나는 나의 시가 공(空)과 존재와 언어의 일여적 순환과 생성 속에서 태어나 생명과 존재와 자유와 하나가 되기를 희망한다.(「서문」)

　김영석이 등단 30년 만에 내놓은 두 번째 시집 『나는 거기에 없었다』에서 언급한 내용이다. 그의 시적 사유를 가늠하기에 알맞은 대목을 따왔다. 단 하나의 어휘로 아우를 수 있다면, 그것은 망설이지 않고 '일여적'일 것이다. 그가 말하는 '일여적' 세계관은 '있음과 없음, 이론과 실천, 미학적 영역과 비미학적 영역, 구상과 추상, 의미와 무의미, 자아와 세계, 존재와 언어, 음성주의와 문자주의, 책과 텍스트'들을 하나로 포용하는 인식론의 외연을 지칭한다. 근대 이성의 발달로 말미암아 생겨난 세계를 이분법적으로 분류하고 인식하는 버릇이 작금의 분열과 대립을 야기한 주범이다. 이러한 문제사태를 슬기롭게 극복하기 위한 대안으로 김영석은 '일여적' 사유를 제시한다. 즉, 그것은 대립항으로 자웅을 겨루는 듯하지만, 실상은 '상호 순환적이고 상호 생산적'이다. 그러므로 일여적 세계관은 세상을 지배하는 이성이 자아낸 대립과 분열의 미망을 수습하고, 그것을 외려 '생명과 존재와 자유'가 하나가 되도록 이끌어 줄 희망의 끈이 될 수 있다.
　그런 전차로 김영석의 시에는 "양달과 응달이 하나"(「무지개」)라는 식의 '일여적' 표현이 빈번히 돌출한다. 예를 들어서 "쌀 한 톨이 곧 삶이고 죽음"(「널 뒤주」), "삶이 곧 병이고 병이 곧 물결인 것"(「오갈피를 자르며」)을 보면 금세 수긍할 수 있다. 이런 사유를 통해서 "하늘의 허공과 마음의 허공"(「종소리」)이 한데 이어져서 "극지에 이를수록 살아있는 모든 것들"(「극지」)로 거듭난다. 곧, 일여적 세계관은 일여적 작법을 낳게 하고, 세계의 대립하는 쌍들을 한자리에 모아서 하나되게 만든다. 김영석의 시편에서 일여적 시작법은 "장공에 무지개를 세우는 일"(「진흙의 꿈」)마저 가능케 한다. 세상의 온갖 만물이 쟁쟁하지 않고 화해하여 화합하는 마당에 "슬픔과 그리움과 쓸쓸함"(「만물이 지나가는 길」)을 한데 비벼 '무지개' 하나 못 걸겠는가.

> 산기슭 자귀나무 꽃가지에
> 나비 형상의
> 물고기 등뼈 하나 걸려 있다
> 새가 그런 것일까
> 탈화하여 날아간 것일까
>
> 나침반처럼 그것이 가리키는 곳
> 먼 하늘가에
> 흰 나비떼가 분분하다
> ―「나침반: 기상도 22」 전문

위 시를 매끄럽게 해석하기 위해서는 장자가 『도덕경』의 '소화 편'에서 얘기한 선지식을 취득할 필요가 있다. 그는 유명한 호접몽을 풀이하는 과정에서 자신이 꿈에 나비가 된 것인지, 나비의 꿈에 장주가 된 것인지를 모르겠다고 엄살을 피우며 소위 '물화(物化)'를 말했다. 장주와 나비의 사이에는 분명히 경계가 있을 것이니 그것이 물화이다. 이 지점에서 노자와 장자가 갈린다. 노자의 무위는 말 그대로 아무 것도 하지 않는 것을 말한다. 그에 반해 장자는 내적으로 절대 자유한 세계에서 무심히 소요하는 것을 무위라고 칭한다. 장자는 이 소요를 변화하는 자연과 대응시키기를 즐긴다. 그런 버릇을 알 수 있는 대목이 물화를 설명하는 장면이다. 노자보다는 후세대답게 장자가 훨씬 자유롭고 역동적이다. 장자가 고도의 비유를 동원하여 가르친즉, 속인들은 꿈과 현실 그리고 자신과 나비를 구분치 못하나, 참된 도를 터득하고 나면 양자의 구별이 가뭇없이 사라져 하나로 통하게 된다는 것이다. 그에 따라 세상에 존재하는 듯한 미/추, 대/소, 장/단 등의 대립쌍이 하나로 보여서 꿈과 현실 그리고 사람도 나비로 물화되기에 이른다.

따라서 진정한 물화를 꿈꾸거든 "교과서는 믿지 말라"(「바다는」)는 김영석의 경고를 귀담아 들을 필요가 있다. 장자와 나비의 경계가 불분명해진 것처럼 물화에 이르기 위해서는 원래의 모습을 잃어버려야 한다. 그렇지 못한다면 물화의 지경에 이를 수 없다. 이 점에서 물화는 기왕에 주체를 장악한 견고한 사고방식의 멸족 위에서 시작된다. 그러므로 "자음과 모음이 이어지는 사이"(「재(灰)의 사상」)에서 발화하는 언어란 차라리 "거짓말을 위한 기호"(「움베르토 에코에게」)에 불과한 줄 알 일이다. 말조차 본의를 뒤집어버리는 접점에 이르러서야 '눈에 보이는 사물이나 말의 의미에만 매달리지 않고 자유롭게 살게 하는 일'이 가능해진다. 그처럼 위의 시작품은 실재와 현상이 간섭하지 않고 조응관계를 형성하고 있어서 그야말로 김영석의 시론을 뜬눈으로 확인하기에 적합한 예이다.

> 인적 없는 외진 산 중턱에
> 반쯤 허물어진 제각(祭閣)
> 아무도 모르는 망각지대에
> 스러지기 직전의 제 그림자를
> 간신히 붙들고 있다
> 구석에는 백치 같은 목련이
> 하얀 꽃을 달고 서 있다
> 아, 기억만 거울처럼 비치는 것이 아니구나
> 망각은 더 맑고 고요한 거울이구나.
> —「거울」 전문

여느 시인들이라면 '반쯤 허물어진 제각'에서 '거울'을 찾지 않는다. 적어도 거울은 극정의 모더니스트 이상이 예시한 것처럼, 실상으로 존재하는 거울에서 거울에 상당하는 이미지를 빚어낸다. 시사적으로도 거울은 실물로 제시된 후에 관념을 얻는 편이 대종을 이루었다. 말하자면, 지금까지 시편에 등장하는 거울이란 거개가 거의 비슷했다는 말이다. 그러나 김영석은 다르다. 그는 "눈에 잘 띄지 않는 어느 구석"(「등불 곁 벌레 하나」)에 버려지듯 자리하여 아무도 눈길을 주지 않는 제각에서 거울 이미지를 찾아내고 있다. 그의 시안은 이와 같이 '스러지기 직전'의 찰나적 시간에 머문다. 그마저 눈을 주지 않았다면, 제각은 거울 이미지를 선사하지 못하고 스러지고 말았을 터이다. 김영석의 눈길을 붙잡은 제각은 당돌히 출현하여 홀연히 '썩지 않는 슬픔'의 진면목을 보여준다. 그것은 끝에 장치된 기억 <망각의 부등호의 도움을 받아 소외된다.

　사람들은 망각보다는 기억을 선호한다. 하지만 기억은 집단적 무의식의 산물에 지나지 않는다. 그것은 동일집단에 속한 무리들의 결속을 다지는데 소용되는 심리적 원형이고, 자아의 자존감을 훼손치 않으려고 동원되는 '편집된 기억'의 화신이다. 사람들이 기억에 목을 매는 이유는 이 두 가지이다. 따라서 그들에게 망각이 '더 맑고 고요한 거울'로 포착될 리 만무하다. 대부분의 사람들은 망각에 중점을 찍지 않는다. 그들은 기억의 편에 서서 망각조차 망각하며 살아간다. 이런 세태에서 김영석처럼 망각을 불러오는 이는 환영받지 못한다. 그의 시선은 세상의 주류로부터 벗어나 있기 때문이다. 김영석이 '백치 같은 목련'을 앞세워 망각의 거울스러움을 강조하면 강조할수록, 호르크하이머가 말한 "모든 물화는 망각이다"의 참뜻이 도드라진다.

　기억이 아니라 망각이 지닌 거울의 덕목은 '아무도 모르는 망각지대'에 자리잡은 '제각'이 이고 있는 세월의 더께마저 벗겨내었다. 망각의 도저한 힘이 자아낸 물화에 힘입어 제각이 붙들고 있는 '스러지기 직전의 제 그림자'들이 "기억 속에 서성이고 있다"(「대숲」). 왜냐하면 "그림자는 거울을 떠나 살 데가 없고"(「하늘 거울」), 제자리를 찾기도 난감한 까닭이다. 김영석은 망각을 배겨내지 못하는 기억의 연약한 속성을 소슬한 이미지와 병치함으로써, 기억에 내함된 생의 허무를 증언하고 있다. 기억과 망각을 굳이 구분하지 않는 경지는 "아예 늙어 가지고 나온"(「무덤에 대하여」) 노자가 설파한 무유의 삶이다. 김영석은 이것을 일러 '무명(無名)'이라고 부른다. 그는 바람이 굽이치는 산의 끝자락(변산)에서 허공에 집을 짓고 자신의 이름마저 세속에서 거두어들이고 있다.

Ⅲ. 결언

위에서 살핀 바와 같이, 김영석의 시세계를 거칠게나마 '은자의 시학'이라고 요약한다손 그리 큰 허물이 아니다. 그만치 그는 고향으로 돌아와서 날마다 세상살이에서 묻은 진애(눈)를 씻느라 분주하다. 은자는 세상과 불화한 패배자의 지시어가 아니다. 외려 그보다 은자는 허공마저 삼천대천의 세계로 인식하기에 무한한 관심이나 한량없는 사랑을 감춘 자(은자)이다. 주야로 세설헌의 안팎을 주유하는 바람에게서 세상 돌아가는 모습을 전문하는 것만 보아도, 김영석이 세사와 세인들에게 푸짐하게 관심하는 줄 알 수 있다. 다만 그는 실재와 관념의 이분을 삼가고 원시적 질서를 존중하며 갈등하거나 대립하지 않는 세상을 꿈꿀 뿐이다. 그 증거는 김영석이 비민의식에 기초하여 허무나 무유의 본초적 국면을 중시하는 대목에서 쉽사리 찾아볼 수 있다.

김영석은 "땀 젖은 칼날의 이마에 비추어 본 사람"(「두 개의 하늘」)이다. 그는 '칼날의 이마'에 비친 모습이 자신의 것인 줄 알며, 그것이 자기의 마음이 만들어낸 초상인 줄도 안다. 그처럼 그는 실상과 허상의 경계마저 뚜렷이 감별하는 혜안을 갖고 있다. 한편으로 그는 여린 감수성에 터하여 '원초적 슬픔'을 '우리의 삶을 바르고 튼튼하게 잡아주는 진정한 힘'이라고 여긴다. 이런 관점은 그로 하여금 작디작아서 힘없고 나약하여 사람들의 시선을 끌지 못하는 이름없는 '것'들에 주목하도록 견인한다. 그의 세심한 눈길은 삼라만상의 실재와 현상에 대한 무차별적이고 근본적인 사랑에서 기인한다. 그가 시편의 어느 구석에서도 그것을 언표하지 않았지만, 작고 쓸쓸한 것들을 향하여 눈을 줄 수 있는 손길은 사랑으로 따뜻하다. 그가 허허한 발길을 움직일수록 사랑은 지천으로 퍼질 것이며, 유한한 문자로 무한한 불립문자를 따라갈수록 사랑은 선명하게 각인될 것이다. 김영석은 이렇게 빼어난 시재를 허공에 감추고 '흰 눈 씻는 집'에서 "외로움의 뼈"(「그대에게」)를 어루만지고 있다.(『문예연구』, 2019. 겨울호)

'말'과 '낙타'와 그리고 '사람'과
−우한용론

I. 서론

  사람은 언어적 동물이다. 사람은 하룻내 밖으로 말을 떠벌이거나, 안으로 오물거리면서 살아간다. 어쩌면 그가 태어나서 하는 일이란 말놀이에 지나지 않는지도 모른다. 그렇게 말로서 살아가는 것도 모자랐던지, 사람들은 자신의 삶을 말로 정리하려고 든다. 사노라면 한 말과 못한 말, 할 말과 못할 말, 하고 싶은 말과 하기 싫은 말이 있기 마련이다. 이것은 그 사람의 말하는 능력을 나타내는데 그치는 것이 아니다. 사람들은 그의 말버릇을 통해서 인격을 가늠하고 분류하기를 그치지 않는다. 그것은 언어가 태생적으로 위선적이고 타인지향적인 속성을 지니고 있기 때문이다. 오죽하면 사무엘 베케트가 "나는 타인의 언어로 이루어진다"고 말했겠는가. 이처럼 언어는 태어나서 현재까지도 쓰는 이에게 그것의 본질에 대한 고민을 안겨주고 있다. 그런 고민은 언어를 다루는 사람들일수록 더 하다. 그들은 겉으로 보아 말에 관한 한 어떠한 장애도 느끼지 않을 듯하지만, 속으로는 말이 안겨준 번민에 힘겨워 한다. 그것은 평생 동안 그를 괴롭히며 답을 요구하나, 마땅한 답을 갖지 못한 그는 현안을 해결하지 못한 무능력에 비탄한다. 그들 중에서 우한용처럼 "송이송이 현란한 언어의 꽃"(「연변에서」)으로 수놓아진 문학작품의 생산에 참여하는 작가와 문학을 가르치는 교수직을 병행하는 이라면, 말이 초래하는 번뇌가 우심할 터이다. 그것이 우한용에게 소설 외의 세상으로 외도하도록 부추겼을 듯하다.

작가-교수로서 우한용은 여러 권의 소설집을 펴내는 동안에 다양한 문학교육논저를 집필하였고, 국어교육과 문학교육과정의 개정에 참여하는 사범대학 교수로서의 직임에 분망하였다. 이 명함만 보아도, 그가 직업에 충실하는 동안에 얼마나 바쁘게 살았는지 능히 짐작하고도 남는다. 그 와중에 그가 『청명시집』(문학의전당, 2008)과 『낙타의 길』(태학사, 2012)이라는 두 권의 시집을 상재한 줄 아는 이는 드물다. 평생 동안에 걸쳐 대학에서 소설을 가르친 그가 소설과 상거를 띤 시를 썼다는 사실은 의아하기도 하고 참신하기도 하다. 왜냐하면 시는 소설과 전혀 다른 장르적 속성을 지니고 있기 때문이다. 범박하게 말하여 시가 사유를 고도로 응축하여 말하고자 하는 바를 행 안에 서술한다면, 소설은 흥미를 제일요소로 삼아서 요설에 가까울 정도로 쓸 데 없는 말까지 진술하느라 분망하다. 이 점은 장르의 특성이기도 하고, 읽는 이를 가르는 변별점이 되기도 한다. 시 전공자는 나무를 보느라 눈을 낮고 크게 뜨는 반면에, 소설을 분석하는 이들은 숲을 보느라 목을 빼고 눈을 작게 뜬다. 둘 중에서 어느 쪽이 옳고 그른 것은 아니다. 둘은 장르의 차이처럼 나름대로 곡절이 있으며, 그로 인해 갈라져 다른 길을 가고 있을 뿐이다. 여행은 두 길의 모습을 제대로 볼 수 있도록 돕는다.

우한용의 두 시집은 온통 여행시로 가득하다. 다른 점이라면 시집의 발행 순서를 좇아 여행지가 국내외로 나뉘고, 시적 사고의 주제가 말과 존재로 갈라졌다는 점이다. 앞의 시집에서 그는 국내의 여러 곳을 돌아다니는 동안에도 "무너져 내리는 언어"(「남해 적조」)에 대한 고뇌를 그만 두지 않았다. 뒤에 낸 시집에서 그는 이역의 낯선 풍토를 접하는 호기심 속에서도 존재에 대한 성찰을 지속하였다. 그가 사유한 경로를 따르다 보면, 언어는 존재의 집이라는 하이데거식의 결어에 닿는다. 그 속뜻이야 언어가 그 사람의 존재를 드러내는데 가장 유효하다는 말일 테지만, 더 깊은 속뜻은 언어가 존재를 구속한다는 것이다. 언어를 사용하지 않고서는 존재를 드러낼 수 없다는 사실에 골몰한 철학자들은 존재와 언어의 상관관계에 논의를 집중하여 언어철학을 창안하였다.

그러나 문학자에게 언어는 존재의 집이다. 언어는 "유리잔의 공간 속에 출렁이는 우리들 음성"(「와인 바에서」)처럼 산화해버릴 뿐, 주체에게 실체적 모습을 보여주지 않는다. 언어로는 도저히 형용할 수 없는 창대한 모순과 극악한 왜곡이 넘실대는 세상을 형상화하지도 못하는 판인데, 언어를 존재의 윗길에 놓을 수 없다. 지금도 세상에는 말이 되지 않거나, 말로는 설명할 수 없는 일들이 도처에서 시시각각으로 일어나고 있다. 사람의 살아간 흔적, 곧 인문학을 자처하는 문학이기에 그처럼 말이 무기력한 세상의 난장판을 기록하며 독자적인 답을 제시하지 않으면 안 된다. 그 지점에서 불립문자의 한계를 태어날 때부터 안고 살아가는 언어로 인한 교수-작가의 번민은 심각해진다. 우한용이 두 권의 시집에서 여행지를 바꿔가며 말과 존재의 문제에 집착한 사정이다.

II. 낙타의 '추억'과 '욕망'하는 낙타

1. '청명', 말이 꽃으로 피어나는 울음을 듣다

가히 무작정에 가까울 만치 어려서부터 이황보다는 이율곡이 좋았다. 율곡의 가르침이 맘에 들었던 것은 퇴계가 한 곳에 머물기를 고집하며 종의 등을 빌려 등산하기를 좋아했다는 세인들의 입방아 탓만은 아니다. 율곡은 여러 곳을 옮겨 다니면서도 자신의 수양에 한 치의 흐트러짐이 없었다. 그의 생에서 세 장소가 지닌 함의는 중차대하다. 강릉의 오죽헌은 구차한 설명이 필요치 않은 곳이고, 경기도 파주의 율곡은 조상 대대로 살아온 곳이다. 황해도 해주는 처가의 전답이 있던 곳이다. 그의 다른 호 석담(石潭)을 낳은 지명이다. 율곡의 명작「고산구곡가」가 석담구곡의 아름다움을 노래한 곡이거니와, 석담의 산수에 반한 그는 그곳에 청계당(聽溪堂)

을 세웠다. 당호의 뜻이야 '골짜기에 흐르는 물소리를 듣는 집'일 테지만, 그 의미가 지닌 참뜻은 세상의 명리나 출사를 마다하고 학문 연구와 후학 양성에 몰두하고 싶었던 그의 바람에 있을 터이다. 훗날 그와 이황의 이름을 끌어들여 기호학파니 영남학파니 떠들었던 치들의 우행은 결국 두 사람의 학공에 기대어 권력을 차지하려는 얼버무림이며 몸싸움이었던 줄 알게 되면, 조정의 부름을 한사코 마다하면서 굳이 석담에 은거지를 장만한 이이의 몸가짐에 절로 고개가 숙여진다.

이이를 본받아 세상의 소리에 귀를 기울여야겠다고 다짐한 터에 우한용의 시집 『청명시집』을 받았다. 1986년 그를 문단으로 불러낸 소설 「고사목 지대」 이후의 작품은 두루 독파했어도 시집은 처음이었다. 더욱이 시집의 제목이 '우공시집'이 아니라 '청명시집'이라서 의아하였다. 일단 청명을 통용되는 어의대로 '명령을 듣는다(聽命)'고 읽고 나니, 시집은 노년기에 접어든 시인의 인생론에 불과하여 심상해졌다. 그답지 않았다. 그는 인생을 살아가는 방법에 관한 잔소리를 하는 대신에, 그것은 온몸으로 실천하는 편이다. 그리하여 시집을 다시 펼쳐 보니, 시인은 가라사대 "말이 꽃으로 피어나는 울음을 듣노라면, 그게 청명(聽鳴)이다"고 적어 놓은 게 아닌가. 시인은 나이가 들수록 문학적 귀가 밝아져 '말이 꽃으로 피어나는 울음'을 듣고 있는데, 미욱한 제자는 하늘의 명이나 헤아리려는 속인의 현실적인 독법을 버리지 못한 채 미망의 늪에서 허우적거린 셈이다. 이에 시집의 머리말을 대신하여 붙여둔 서사 「울음을 듣다」를 인용하여 그가 일생 동안에 고민한 '말'에 관한 단상을 구경하기로 한다.

> 진리를 외치는 언어는 수평과 수직 두 방향만 있어 나무와 물과 구름의 숨결과는 거리가 영 멀다. 그럴지도 모른다. 수신과 존양(存養)을 돕는 언어의 진리는 참 낮을지 모른다. 그럴 것이다. 비판이 아니라 지성을 도모하는 언어는 또 너무 소극적이다. 그러나, 그럴 것이다. 철학자 소크라테스는 죽었어도 푸른 하늘에 '구름'은 흘러간다. 말은 숨결이고, 사랑이고, 힘이고, 몸이고, 그대와 내가 밟고 이승을 돌아다니다가 저승으로 건너가는 다리가 되어

주는 마전한 피륙이 아니겠는가.

　우한용은 "육십년 차가는 세월"(「굳은 빵을 먹으며」)을 말과 함께 지냈다. 그 직업에 복무하며 얻을 수 있었던 결론은 '말은 숨결이고, 사랑이고, 힘이고, 몸이고, 그대와 내가 밟고 이승을 돌아다니다가 저승으로 건너가는 다리가 되어 주는 마전한 피륙'이다. 대학에서 소설과 진리를 가르치느라 젊음을 소진한 그가 말에서 소크라테스도 찾지 않은 숨결을 찾고, 사랑을 찾고, 힘을 찾고, 몸을 찾고 있었다는 것은 학문의 언어가 지닌 수평과 수직의 '두 방향'에 진저리치고 있었단 말과 다르지 않다. 대저 학문은 진리로 위장하여 가르치는 이에게 수많은 고뇌를 안겨준다. 현실과의 괴리감은 말할 것도 없고, 여러 가지로 그를 곤혹스럽게 한다. 더욱이 우한용의 지적처럼, 지성을 도모하는 언어는 정작 문제사태에 직면할 때마다 '소극적'이어서 효용성을 떨어뜨린다. 이런 점은 가르치는 이에게 매번 말에 대한 회의를 재촉하여 우한용에게 "언어를 벗어난 이 고요한 골짜기"(「여름날」)를 찾도록 권면한다.

　우한용은 말을 잘하기로 익히 소문나 있다. 그의 말주변은 거칠 것이 없어서 시공을 초월하고, 동서를 자재하게 넘나든다. 그의 입에서 나온 말들이 상대의 폐부에 닿으면 가르침이 되고, 귓속으로 들어가면 교양이 되어 포만해진다. 이렇게 도저한 발화를 끊임없이 내세울 줄 아는 그의 신공은 말할 것도 없이 부단한 책읽기와 안광이 지배를 철하는 사유에 힘입은 것이다. 또한 그가 사람이 언어적 동물이라는 사실을 한시도 잊지 않고 있다는 증좌이기도 하다. 그를 떠난 말들은 한번도 경계를 넘지 않으며, 상대를 곤경에 빠뜨리지 않는 편안함을 보장한다. 그의 주변에 사람들이 모여든 것은 말을 듣기 위함이고, 그가 세상 사람들과 척을 지지 않는 것도 말의 위의를 깊이 인식하고 생활화한 덕분이다. 그러나 그도 "날개 없이 빛나는 관념의 새"(「이집트의 새」)와 같은 언어 때문에 번뇌를 멈추지 못한다. 언어는 날 수 없으면서도 새의 형상을 지니고 있는 관념에 불과하다. 언어는 제 뜻을 죄다 실어 펴지 못한다는 한계를 받아들이지 않는다. 제가 세상의 온갖 관념을 다 담아낼 수 있다는 어엿한 망상과 미망으로부터 벗어나지 못하는 말이야말로, 그것의 주체인 사람이라면 누구나 한번쯤 고민해 보아야 할 과제이다.

> 말은 말을 낳는다.
> 그리하여
> 우리는 노래하고
> 사랑과 내일을 이야기한다.
> 그리하여
> 우리는 절망하고
> 웃음과 침울을 이야기한다.
> 그리하여
> 우리는 다시 웃고
> 춤추며 그림자와 뛰논다
> 그림자는 그림자를 밟고
> 너의 그림자 없는 밝은 얼굴
> 햇살을 등지고 어성인다
> 그림자를 붙들고 춤이 어우러져도
> 춤은 춤으로 춤을 부르지 않는다
> 말은 말을 휘감아 돌아간다 그리하여
> 말은 또 말이다.
> ─「그리하여」 전문

흔히 사람들은 "언어만이 진실이고, 그 밖의 모든 것은 허접쓰레기"(「식인의 나라에서」)라고 말한다. 하지만 말은 "악업을 씻어내는 해맑은 독경 소리"(「고달사 부도 앞에서」)도 이기지 못한다. 말이야 바른 말이지만, 말은 사람들이 처한 입장을 비호해주고 기득권을 보장해주는 담보물에 지나지 않는다. 말은 돌아보면 자신을 칭칭 동여매고 있는 칡넝쿨이며, 자기동일성을 강조하려고 위선과 위악을 감추는 똬리에 불과하다. 무릇 말은 말할 게 못 된다. 그것은 세상에 나오는 순간에 이미 타인의 말과 싸움을 시작한다. 말의 생리적인 투쟁지향적 속성은 타인에 대한 존중은커녕, 그에게 '진실'을 강요하려는 폭력성을 은닉하고 있다. 이런 탓에 사람들 사이의 발화를 매개하는 말의 참모습은 아무도 볼 수 없다. 그것을 우한용은 '말은 말을 낳는다'는 선언으로 시작하여 '말은 또 말이다'는 무한반복적인 췌사로 마감한다.

  그렇다면 사람들의 발화행위는 가상의 공간에 누각을 짓는 것처럼 허무한 몸부림과 진배없다. 말은 '그림자'와 '춤'을 불러와서 자신의 정체를 가리고자 휘감아 돌아가면서 다른 말을 대령한다. 앞말이 다른 말을 데려와 그 자리에 놓아두고, 뒷말로 하여금 자신이 머물다 간 자리를 차지하도록 농간을 부리는 양상이다. 그 와중에 발화자와 수화자는 공중을 배회하는 말의 의미를 해독하느라 수고를 아끼지 않는다. 하지만 본래 모습이 없는 말이다 보니, 발화자와 수화자가 수용한 말이란 당연히 본모습으로부터 벗어날 수밖에 없다. 동양식으로 말하자면, 도는 말로 세울 수 없다. 사람의 발화로 이루어진 일체의 장면은 말이 만들어낸 허구물에 불과한 셈이다. 말은 발화되자마자 "소백산 자락 타고 너울지는 법어"(「부석사에서」)처럼 수림 사이로 흩어져 숨어버린다. 주체로부터 육탈된 본래무일물을 찾아나서는 일처럼 무의미하고 무료한 것은 없다. '법어'조차 허공에 흩어져버리는 판국에 '웃음'과 '침울'이 무슨 낯이며, '너의 그림자 없는 밝은 얼굴'이 형상을 지닐 수 없다.

    추억으로만 가는 길이 있다.

    삼십년 만에 남산에 올라
    멀리 가을로 흘러드는
    한강 강줄기에 젖어드는
    가로등 불빛을 바라보고 있노라면

    멀리 뻗어가는 불빛을 따라
    찬연히 밝아오는 내일 대신

불빛 하나 하나 살아와
내게 안겨서 추억으로만 가거니

유년의 풀밭으로
그 젊음의 꽃밭으로
치달려 가는 향기 있어
향초에 불을 당겨 하늘로 오르는 기원

오늘 내 발밑의 디테일을 지우며 지우며
추억으로만 달려가는, 아 그런 길 있어
　　―「야경(夜景)」 전문

　우한용은 '삼십년 만에 남산에 올라' 왔다. 남산이란 '멀리 뻗어가는 불빛을 따라' 서울을 조망하기에 최적의 장소이다. 그곳에 서본 사람이라면 누구나 추억에 잠긴다. 나이가 지긋해질수록 눈에 들어오는 풍경마다 추억이 가상해진다. 그에게 포착된 공간은 추억의 장소로 변환되면서 시간을 과거로 되돌린다. 시간이 세월을 거슬러 올라가자 '찬연히 밝아오는 내일 대신' 멀리 '불빛 하나 하나 살아와'서 '추억'을 내민다. 추억은 '유년의 풀밭'과 '젊음의 꽃밭'을 가로지르며 '오늘 내 발밑의 디테일을 지우며 지우며' "달려온 시간의 깊이"(「겨울밤」)를 돌아보기를 강권한다. 그에 따라 당자는 추억을 일컬어 자신의 젊음을 송두리째 바쳐서 빚어낸 생의 노작이라고 뜻매김하기에 이른다.

　어둠이 불빛을 이기고, 현재가 과거에 밀리는 전장이 추억이다. 그래서 추억은 생각만 해도 배가 부르다. 그러나 추억은 말해지는 순간 "탈색된 추억"(「얼굴」)이 되고 만다. 추억은 호출되는 순간, 과거시제로 되살아나는 성질을 갖고 있다. 곧, 사람들은 추억을 소환하기로 마음먹자마자 과거로의 여행에 탑승하는 셈이다. 그것은 시간의 불가역성에 대응하는 기억의 가역성에 힘입은 것으로, 사람에게 과거와 현재의 시간적 교차점에서 설 것을 요구한다. 그 점에 서는 순간, 그는 '탈색된 추억'을 찾아 떠나는 나그네가 된다.

　이와 같이 추억은 사람들로 하여금 선조적 시간의 승인없이는 아무 것도 할 수 없는 줄 알게 한다. 사람은 시간과 기억의 대립에 당면하게 될 즈음, 친소관계에 따른 선택을 감행한다. 사람들이 저마다 익숙한 추억을 대할 적에 미소를 거두지 않는 이유이다. 그런 측면에서 보면, 사람들은 날마다 '추억으로만 가는 길' 위에 있다. 그 길은 안으로 켜켜이 적층화한 추억으로 이루어져 있다. 그는 추억의 힘에 편승하여 '오늘 내 발밑의 디테일을 지우며 지우며' 살아간다. 그의 추억놀이는 고단한 현실적 삶의 두께가 가하는 압력이기도 하나, 사실인즉 추억이 생성되기 이전의 순수한 상태로 되돌아갈 수 없다는 절망감이 마련한 도피이기도 하다. 한편으로 추억은 "자꾸만 기울어지는 몸"(「시간을 베면 나무도 살이 튼다」)의 형상을 지니고 있어서 시간의 무게를 견디지 못한다. 왜냐하면 추억은 본질적으로 시간의 생성물에 불과한 까닭이다. 그것은 시간이 지날수록 제 모습을 잃어버릴지 두려워 "밤처럼 깊어지는 고민"(「개구리 소리」)을 거듭하도록 채근한다.

　추억은 말이 시간의 억압으로 형해화된 것이다. 그것은 우한용의 "시간은 낙인"(「피부과에서」)이라는 정언에서 명료하게 입증되는 바, 추억은 변색된 종이처럼 쉬 사위고 만다. 그는 애초에 추억에서 '그림자 없는 밝은 얼굴'을 볼 양이었으나, 그것이 말로 쌓여 형체를 목도할 수 없다는 사실을 알게 된다. 급기야 그는 '내게 안겨서 추억으로만 가거니'라고 말하여 추억이 '내게 안겨' 있는 동안에만 존재의 의미를 갖고 있는 줄 인정하고 만다. 흔히 "사람에게 가장 확실한 유품은 그가 남긴 말뿐"(「매화 향기와 유물론」)인 듯하지만, 당자가 없는 세상에 유복자로 남은 자손에게 언중들은 의미를 부여하지 않는다. 말은 발화되는 순간에 추억으로 변주되는 법이다. 따라서 말이 추억 속에서 수유의 의미를 지니게 된다는 사실 앞에 당도한 우한용이 "내가 쓴 문자들은 다 어디로 갔는가"(「나도 좀 위험해지고 싶다」)라고 자문한 것은 당연하다. 물론 그가 "산초여, 공산은 명월이다!"(「소설론을 위하여」)라고 자답한 것도 동일한 이유로 마땅하다.

2. '낙타', 밤은 깊고 꿈은 멀다

사람은 여행하는 동물이다. 가브리엘 마르셀이 이렇게 말했을 때, 굉장히 철학적인 체했겠으나, 한국인들은 그 사실을 유행가 가사에 실을 만큼 사은유로 대를 이어 전해 왔다. 하기야 사은유는 은유가 최초로 태어난 순간의 다른 이름에 불과하다는 점을 인정하고 나면, 사람의 숙명을 여행에서 찾는 시원은 인류가 지상에 출현할 때로 거슬러 올라가야 맞을 터이다. 그만치 사람의 생애는 여행과 흡사하다. 그 점은 아이들조차 여행을 좋아하고, 늙은이가 삶을 여정으로 파악하는 것만 보아도 금방 수긍된다. 그렇다면 모든 여행이 그렇듯, 사람의 것도 딱히 다를 게 없다. 건듯 보면 왕후장상과 장삼이사의 것이 확연히 다른 듯하나, 한 줌 흙으로 돌아가는 점에서 동일하다. 그러니 그들의 삶이라 해서 별반 달라질 게 없다. 여행이나 삶이나 빈손으로 났다가 빈손으로 돌아가기는 매양 한 가지이다.

세상의 시인들은 이 점을 받아들이고 다수의 여행시를 발표해 왔다. 그들의 시편이란, 결국 삶의 행적에 다름 아니어서 비평가들은 그것에 착목하여 시인의 세계관을 추출해낸다. 어떤 여행이나 나선 이에게 세상을 새로 보도록 돕는다. 그것이 성찰이건 회고이건 간에, 여행의 도정을 팍팍하지 않게 만들어주는 것은 여행자의 시선이다. 그가 응시하는 만물이 제 모습을 감추고 전혀 새롭게 다가설 때, 자아와 세계의 조응은 여행자에게 '떨림'의 순간을 선사한다. 바슐라르가 말하는 우주적 '떨림'은 여행자에게 감수성을 선물하여 시인이 되도록 옷깃을 끈다. 여행은 매 순간 인식의 변화를 요구한다. 어렸을 때 보았던 풍경도 나이 들어 보면 느낌이 확 달라진다. 그것은 물리적 연치의 더해짐에서 비롯되는 게 아니다. 도리어 최초의 만남에서 발동된 호기심이 시간을 숙주로 따뜻하게 농익어진 것이라고 보아야 맞다. 그것을 사유의 발효라고 칭할 수 있을 텐데, 주름을 가진 여행자는 자신의 삶이 발효시켜 준 사유를 바탕하여 온화한 시선으로 대상을 바라본다.
　우한용의 둘째 시집 『낙타의 길』은 여행시편이다. 그의 시는 전량이 생의 노상에서 얻어진 것이기에 어느 한 편도 여행시가 아닌 게 없다. 시집의 각 부에 붙인 명칭이 '백두산 사바람', '파피루스의 나라', '식인의 나라에서', '산타루치아와 제우스', '소가 꽃을 먹는 나라', '칼과 오동의 나라', '그리운 동정호', '북경과 베이징 사이', '폐허는 살아 있다─태국편', '흙과 하늘의 노래', '짝사랑하는 나라들'인 것을 보아도, 시인의 여행 경로가 시집의 얼개인 줄 금세 알게 된다. 그와 같이 이 시집은 그가 여행이나 학회를 다니는 동안에 스쳐가거나 머무르며 마주쳤던 사람들과 물상에 대한 단상을 모아 놓은 것이다. 그는 여행을 하는 동안에 경험한 '떨림'의 순간을 꼼꼼하게 촘촘하게 적어두었다가, 시적 상상력을 발휘하여 시편으로 가다듬어 묶어냈다. 곧, 그 순간은 '말이 꽃으로 피어나는 울음'의 시각이다. 그때에 당도하자 그는 낙타의 길이 사람의 것과 흡사한 줄 깨닫게 되었고, 시적 사유와 현실적 사색의 만남을 주선할 수 있게 되었다. 양자의 조우 공간이 시집이다. 그가 이 시집의 모두에 「꿈꾸는 자와 떠도는 자」라는 이름으로 얹어둔 서사를 읽을 양이면, 사람의 삶이 낙타의 삶과 다르지 않다는 사실을 단박에 알아차릴 수 있다.

　　꿈은 꾸는 것은 떠돈다는 뜻이다. 여기 이대로 앉아서 즐기는 사람은 꿈을 꾸지 않는다. 그리움이 없기 때문이다. 그리움으로 가슴이 달아올라 잠시도 안존히 앉아 있지 못하는 사람이라야 산을 넘고 물을 건너 여행을 한다. 여행은 그리움을 현실화하기 위한 소극적인 방책이다. 허나 소극적이라 탓하지 말자. 모든 최선은 그 나름 혁명적이다.
　　나는 꿈꾸면서 떠돌고 떠돌면서 또 꿈을 꾼다. 꿈에서 꿈으로 건너 떠도는 자는 좀 불온하다. 현실을 현실로 수용하지 않으려는 심사가 안에 도사리고 있기 때문이다. 그러나 꿈과 현실 사이를 오가면서 갈등하기보다는 무모한 도약이 순정성에서는 좀 나아간 것이지 않겠나 싶다.

인용문을 읽고 나면, 우한용의 시편들이 떠돌면서 꿈 꾼 것들의 모둠인 줄 알게 된다. 그러니 시는 "기억과 욕망의 분말"(「안개」)이다. 이 시집이 그의 정년퇴임을 기념하여 발간된 사실을 주목하면, 시집이 '기억'과 '욕망'의 양축으로 구성되었으리라고 추측하기 용이하다. 그에 따라 전자는 현실적 삶의 흔적에 해당하고, 후자는 전자를 초월하고 싶은 시인의 바람이 된다. 전자는 생애를 바쳐 구축한 욕망의 기억이고, 후자는 전자를 구축하고 싶은 기억의 욕망이다. 전자는 욕망을 기억하기 위해서 '여기 이대로 앉아서 즐기는 사람'이 되라 하고, 후자는 기억을 욕망하기 위해서 '잠시도 안존히 앉아 있지 못하는 사람'이 되라 한다. 양자의 길항은 우한용의 인생을 결정한 씨줄과 날줄이다. 현실적 생으로 가를 수 있는 기억은 교수의 삶을 강권하고, 이상적 꿈으로 부를만한 욕망은 소설가의 꿈을 꾸도록 유혹한다. 두 가지의 삶이 그가 세상에 제출한 기억과 욕망의 보고서인 셈이다.

그러고 보면 우한용의 시에서 '기억'과 '욕망'은 범상치 않은 의미망을 거느리고 있다. 그에게 "추억과 욕망은 한바탕 흘레"(「낙타」)와 같아서 긴장과 이완의 변증법적 움직임을 거듭하며 당사자를 '추억'의 과거적 시간과 '욕망'의 현재적 공간으로 데려간다. 양자는 시시로 대립하고 때때로 갈등하며 '흘레'함으로써 '꿈'의 완성을 시도한다. 그의 꿈은 '현실을 현실로 수용하지 않으려는 심사'의 소산이라서 '혁명적'이고 불온하다. 일상으로부터의 일탈은 '무모한 도약'을 '욕망'한다. 말하자면 '꿈'은 "잡성스런 기억들"(「야경」,)로부터 탈피하여 여행하기를 추동한다. 여행은 '그리움을 현실화하기 위한 소극적인 방책'이라서 소극적이나마 '그리움'을 데불고 온다. 그래서 모든 여행의 시간은 과거로 향한다. 여행은 추억인 것이다. 추억으로서의 여행이 그리움을 동반하게 되면, 여행은 주체의 의지와는 달리 마치 미리 정해진 거역할 수 없는 행로를 따라가는 것처럼 보인다. 그처럼 여행은 '순리'를 가르쳐주는 스승이다.

너에게 정해진 길이 있더냐

하늘과 땅이 맞닿은 지평선
그 너머 별 지고 해 뜨는,
풀 돋고 나무 우거진 강가
거기만을 바라고 갈 뿐 아니더냐

너에게 자기 묶어매는 고삐가 있더냐

너의 눈은 별빛에 젖고
너의 코는 풀냄새와 바람에 홀리고
네가 따라가야 할 길은 너의 길일뿐

바람은 늘 가슴으로 난 길에 어지러워
내가 내 길에 있어 그림자도 따라오고
나는 오늘 그림자 없는 육신을 끌고
낙타보다 아득히 먼 길을 허적허적 간다.
　―「낙타에게」 전문

　사람들은 나이가 들어가면서 자신도 모르는 사이에 숙명론자가 된다. 그는 자신이 걸어온 길을 돌아볼 때마다, "버거운 삶의 색깔"(「북경의 밤」)이 우연이 아니라 필연의 소산이라고 믿는다. 그렇게 생각하는 버릇이 심리적 안정을 도와주기도 하는 게 부인할 수 없는 사실이기에, 사람들은 망설이지 않고 숙명을 받아들인다. 그 뒤에 그는 그것을 순리라고 정당화한다. 그와 같이 삶이란 항상 주체의 언행을 합리화하는 과정의 연속이다. 숙명론은 "태어남이 보배롭지 못한 나"(「하남박물원」)의 업죄를 덮어주고, 어느덧 "소멸의 존재"(「화산」)로 자리매김된 생의 오예를 정화시켜준다. 그러니 사람들마다 숙명론을 자연의 섭리처럼 인식하고 자신이 살아왔던 과거와 현재의 시간을 불러서 미래의 시간과 타협하기를 시도한다. 그가 석양을 자주 바라보는 것은 이처럼 각기 다른 빛깔의 시간들이 화해하는 모습을 확인하기 위해서이다. 그 찰나에 "죽고 싶게 찬란한 노을"(「노을 사이에서」)과 마주한 낙타가 "기도하는 그리움의 화신"(「낙타」)인 양 눈에 선해진다.

낙타는 한국의 근대시사에서 이한직에 의해 자아의 대용물로 차용된 바 있다. 그가 늙은 낙타와 늙은 선생님을 동일시하며 동정의 시선으로 바라보다가, 급기야 자신까지 동일선상에 놓고 성찰하게 되는 이 시편은 동심의 순수한 상태로 돌아가기를 갈망하는 중년 사내의 무기력한 의지가 행을 거듭하면서 도드라진다. 거기에다가 시인이 전라북도장관을 지내고 조선인 최초로 조선총독부 학무국장에 임명된 친일관료의 아들이라는 원죄에 신음하고 있었던 사실을 더하면, 타인의 짐을 대신 짊어질 숙명을 갖고 태어난 것도 모자라 한 번도 소화할 수 없는 팔자를 평생토록 반추하지 않으면 목숨을 위협받는 낙타의 타고난 불행을 제 것인 양 노래한 이한직의 기구한 생은 '낙타'와 흡사하다.

그와 같은 시사적 기원을 선이해하고 나면, 우한용이 이 시집에 낙타시를 3편이나 수록한 것이 전혀 예사롭지 않다. 그 역시 태양이 이글거리는 사막의 화염지옥을 삶터로 삼아서 천부적인 외로움과 선천적인 욕됨을 되새김질하며 살아내는 낙타에게서 "나를 겨누는 총부리"(「대부」)를 의식하며 살아가는 자신의 모습을 본 것은 아닌지 모르겠다. 낙타가 광대한 사막을 횡단하여 존재감을 드높이듯, 그 역시 부지런히 공부하고 써서 교수-작가의 행로를 개척했다. 정시에 출근하여 책을 읽고 밤을 틈 타 글을 쓰는 습관이 몸에 밴 그였다. 다음의 시편을 읽노라면 "낙타 같은 목숨"(「수타사 풍경소리」)에 대한 그의 집요한 관조가 뚜렷하게 떠오른다.

　　몽골 고비사막 초원에서
　　낙타를 타고 거드럭거리다가 돌아보면
　　나는 무릎이며 등이며 낙타와 닮아가다가
　　마침내 내가 타고 가는 낙타 곁에
　　멀리 보는 눈을 가진 낙타로 걸어간다.

> 낙타의 삶과 내 삶이
> 어느덧 같은 궤적을 그린다.
> 태어나자 정수리에 철동곳을 꽂고
> 세 살이 되어서는 코를 뚫어 꿰고
> 말 없이 천천히 되새김을 하면서
> 사람을 등에 태우고, 말이 끝난 길
> 선한 눈에 고이는 눈물 안으로 삼키며
> 끝이 안 보이는 지평선을 바라보며
> 서른 해를 걸어서 사막을 건너다보면
> 아, 거기 적멸하는 존재의 무덤이……
> ―「낙타의 길(駱駝行)」 부분

우한용은 '낙타' 연작에서 유난히 '지평선'에 주목한다. 그는 "하늘과 땅이 맞닿은 지평선"(「낙타에게」)과 "끝이 안 보이는 지평선"(「낙타의 길」)을 되풀이 응시하고 있다. 이런 표현은 낙타의 일생이 끝없는 지평선을 향해 나아가는 것과 유사하다는 인식의 기반 위에 얻어진 비유일 터이다. 그러나 지평선은 낙타에게 이정표가 되어 생의 전진을 촉촉하는 최음제인 듯하지만, 사실인즉 가뭇없는 지향성 때문에 외려 절망의 표지이며 생의 종말을 요구하는 절망의 최루제이기도 하다. 인생도 그와 같다. 사람들은 각기 설정한 목표를 향해 중단없이 나아가려고 용쓰지만, 그곳에 도달하고 보면 자신의 노력이 생의 유효기간을 확인하려는 하릴없는 궁행이었다는 사실을 알게 된다. 다시 말하면 우한용은 인생이라는 여행의 도달점이 생의 소실점이라는 덧없는 진리를 낙타의 체험을 빌려 우회적으로 말하고 있는 셈이다. 그런 사고방식은 '나는 무릎이며 등이며 낙타와 닮아가다가'라는 표현에서 극명하게 엿볼 수 있다. 그가 지평선을 두고 '말이 끝난 길'이라고 규정한 의미는 체험적 인생론이자 평생 동안 괴롭혀 왔던 말에 대한 고민의 해답에 해당한다.

우한용은 지평선 너머에서 낙타를 간단없이 유혹하여 "존재를 지우는 신기루"(「할아버지」)처럼, 일생을 문학교사로 살아오는 동안에 고뇌했던 언어가 그와 같은 줄 깨닫는다. 지평선은 "소멸을 거듭하는 언어"(「구채구」)의 정체가 탄로나는 곳이고, 언어가 간직했던 "그리움의 끄트머리"(「천지간은 서광으로 가득하고」)이다. 낙타는 '선한 눈에 고이는 눈물 안으로 삼키며' 오로지 지평선에 의지하여 길을 간다. 그의 눈은 늘 지평선에 고정되어 있어서 말이 필요하지 않다. 그는 쉼없이 반추하여 세상 밖으로 돌아다니고 싶어 안달난 입안의 말들을 단속해서 지평선으로 초점화한다. 그는 사막살이에서 획득한 체험에 의하여 지평선이 "언어가 끝난 절벽"(「아득함에 대하여」)인 줄 알고 있다. 낙타는 지평선에 다다르면 모랫바람에도 발화하지 않은 속울음을 되새김질하여 '소멸을 거듭하는 언어'로 바꾼다. 그리하여 지평선은 '언어가 끝난 절벽'으로 뜻매김되어 "모든 언어는 평등하여 침묵, 소멸한다"(「지평선 (2)」)는 점에서 '적멸하는 존재의 무덤'으로 거듭난다. 이것이 낙타가 지평선을 찾아가는 이유이고, 발화의 발아를 제지한 까닭이다.

　이 시집에서 또 주목하여 읽을 대목은 우한용이 두보에게 각별한 애정을 표하고 있다는 점이다. 한국인들은 여느 중국 시인보다도 두보를 좋아한다. 딱히 그 이유를 알 수 없으나, 그의 시문과 행장이 조선조의 유교 이데올로기를 공고화하는데 유용했던 듯하다. 더욱이 출판조차 통제하던 조정에서 그의 시를 풀이한 『두시언해』를 간행할 정도였으니, 이웃나라의 궁핍한 시인을 길이 기린 유림들의 속마음은 따로 설명하지 않아도 능히 짐작할 만하다. 우한용은 "박복한 사나이 두보"(「두보의 초당」)의 뒤를 좇아 "반트럭 짐차가 졸음 겨운 새벽길"(「두보를 만나러」)도 마다하지 않는다. 이러한 그의 행동은 두보를 "안으로 깊어질수록 형형히 빛나는 존재"(「자작나무숲」)로 흠앙하여 우러난 것이다.

　　　노동자들 등판을 지지며
　　　산란하는 햇살을 비껴서
　　　오욕과 비애가 섞인 물내음
　　　내 배 속 저 밑바닥까지 끼친다.

두보(杜甫)여, 그대 병든 몸 의지하고
눈물도 쏟던 그 난간에
일천 사백년 세월의 끝자락을 붙들고
눈물 없이 바라보는 동정호(洞庭湖)
저편 오초(吳楚)가 나뉜 터에 전쟁은 끝나고
아우성치는 한족의 깃발.

악양(岳陽)의 그림자 아래
흔들리는 내 메마른 추억들.
동정호 물결은 스스로 끓어올라
하늘과 땅은 아득하기만 하여라.
　　—「동정호(洞庭湖)—동정호에서 두보를 회억하다」전문

　위 시작품은 두보의 시「登岳陽樓」를 원작품으로 삼아서 탄생한 것이다. 768년 두보는 악양루에 오르고 나서 그 소회를 시로 남겼다. 악양루는 원래 오나라의 노숙(魯肅)이 수군의 조련 과정을 지휘하고자 지은 3층짜리 누대이다. 순전히 동정호의 양양한 물과 어우러져 생겨난 루와 군의 합세는 세월이 흐르면서 무력을 강화할 목적은 사라지고, 무수한 묵객들이 문력을 과시하는 누각으로 변모하였다. 악양루가 '천하제일루'로 사람들에게 유명해지자, 천하제일시인 두보도 친히 구경하고 싶어 발걸음을 옮기고 시를 읊은 것이다. 아래의 작품이 세인들로부터 애송받는 그의 명품이다. 두보의 시편은 악양루의 성가를 대폭 올려놓았다. 바다 건너의 우한용이 이 시를 읽은 경험에 따라 악양루를 찾은 것만 보아도, 한 시인의 명성이 후대에 미치는 영향력의 세기를 가늠하기 넉넉하다.

　　昔聞洞庭水 동정호 이야기를 옛날에 들었는데
　　今上岳陽樓 오늘에야 악양루에 오르게 되었네
　　吳楚東南坼 오나라 초나라가 동남으로 갈라졌고
　　乾坤日夜浮 하늘과 땅, 해와 달이 밤낮으로 그 속에 뜨고 지네
　　親朋無一字 친척 친구들 소식 한 자 없고
　　老病有孤舟 병들고 늙은 몸을 가까스로 쪽배에 의지하는 외로운 신세

戎馬關山北 관산 북쪽으로는 아직도 전쟁이 계속되나니
憑軒涕泗流 난간에 기대어 하염없이 눈물콧물 흘리네

　인용시를 보노라면, 두보 시의 배경으로 설정되는 '전쟁'과 '외로운 신세'가 처음부터 끝까지 만연하다. 그의 시가 대부분 그러하듯이, 이 시에서도 그는 전란이 끊이지 않는 나라의 모습을 작품의 원경으로 장치하고, 악양루의 풍광을 제대로 관상치 못하는 늙고 병든 자신의 신세를 전경화하여 한탄하고 있다. 가히 "붓끝에서 떨어지는 핏방울"(「말」)이다. 작품 안으로 흐르는 유장한 시간은 양자를 부각시키는데 유용할 뿐, 악양루나 동정호의 아름다운 풍경을 앞세우는 일에는 무관심하다. 구체적으로 두보는 악양루에 오른 것을 시제로 전제하고서 그것을 찬미하지 않고 '동정호, 악양루, 오나라, 초나라, 관산' 등의 지명을 열거하며 시선이 응집되는 것을 통어한다. 그에 따라 악양루는 초점화되지 못한 채 배경으로 등장한 지명에게 자리를 빼앗긴다. 지명은 '옛날/오늘, 하늘과 땅, 해와 달, 밤낮'과 같은 대립쌍의 도움으로 자연스럽게 역사적 사건을 맥락화한다. 이 점이 이백의 과장스러운 찬양과 대비되는 두보만의 개성일 테다. 바로 그 점이 우한용으로 하여금 그를 칭송하게 거들었으리라.

　우한용은 두보를 "가난한 자의 헐벗어도 품위 있는 삶"(「빛과 길과 바람」)의 전범으로 추앙한다. 그는 오래 전부터 악양루의 명성을 자자히 들었으면서도 이제야 올랐다는 두보의 곤핍한 생을 "내 헐벗은 생애"(「들의 역사」)와 겹쳐 본다. 두 사람은 가난을 매개로 동격화되어 세상살이에 지친 피로를 위로한다. 그처럼 우한용이 "악양루 유명한들 무슨 즐거움 있으랴"(「구름 낀 날의 여행」)고 은밀한 속내를 적삼 사이로 흘깃 내비친 것만 보아도 두보를 경앙하는 정도를 짐작할 수 있다. 두보의 시편이 공간을 전면화하고 시간을 후면화하여 자신의 삶과 사상을 육화했듯이, 우한용도 '말'로 이루어진 "소처럼 살아온 생애"(「소가 꽃을 먹으면」)를 추억하여 시에 삼투한다. 그것이 그가 '낙타'처럼 "떠돌면서 꿈을 꾼 기록 가운데 시형식을 취한 것들"(「꿈꾸는 자와 떠도는 자」)을 한데 묶은 두 권의 여행시집이다.

Ⅲ. 결론

위에서 알아본 것과 같이, 우한용의 시는 "말과 낙타와 그리고 사람"(「지평선」)에 대한 사유의 총합이고 혼화이다. 삼자는 시간을 연결소로 결속되어 시적 사유를 종횡하여 획정한다. 그가 이러한 믿음에 다다르게 된 계기는 말에 대한 회의로부터 비롯되었다. 그는 평생을 말로 이루어진 문학작품을 생산하고 교육하는 일에 투신하면서도 말의 근원을 물어 왔다. 그는 이곳저곳을 여행하는 동안에도 이 화두에 정진하였다. 그러다가 사막에서 낙타를 타고 보았던 지평선에서 답을 찾았다. 그것은 온전히 지열이 대지를 달구는 열사에서 사람이 강요한 말에 순치된 듯이 절대고독과 모욕된 생을 감당하면서도, 사람의 말을 거부하기 위해 끊임없이 되새김하는 낙타의 지평선을 향한 불굴의 의지가 알려준 것이었다. 낙타에게 말이란 지평선에 닿는 과정에 전혀 불필요하고 쓸모없는 거추장이다.

사막의 지평선은 신기루와 같아서 다가갈수록 달아난다. 당초에 실상을 갖지 않았으니, 두 것이 본모습을 보여줄 리 만무하다. 그러므로 낙타에게 지평선이란 여행의 출발점이고 종착점이며, 희망과 절망이 공존하는 지점이다. 낙타가 일생 동안 바라본 것은 지평선이 아니라 "청청 개어 올라간 하늘끝"(「폐허의 하늘」)이었다. 환언하면 "아무 형상도 없는 지평"(「지평선 2」)과 '하늘끝'은 결국 한 지점이었고, 그것은 '적멸하는 존재'의 소실점이었다. 그곳에서는 "말씀도 울음도 순백의 단색으로 울릴 뿐"(「겨울 천지」)이기에, '말'과 '낙타'와 그리고 '사람'은 '순백의 단색'으로 소멸하게 된다. 이 점에서 우한용의 시가 여행에서 얻어진 것이라는 사실은 유의할 만하다. 여행의 속성은 공간을 앞에 내세우고 시간을 뒤에 장치함으로써, 여행자의 운명을 공론화하는 일이다. 그 과정에서 여행자의 비밀한 인생과 내밀한 사상은 감회로 표현된다. 우한용이 여행시의 형식을 차용하여 '말'과 '낙타'와 그리고 '사람'이라는 자신의 공안을 제시한 것은 탁월한 선택이었다. 그것은 두보를 사숙한 젊은 날의 독서 체험이 내면화된 결과로 보인다.(『문예연구』, 2017. 가을호)

전일성의 시학
-김동수론

1

　시는 시인의 삶의 궤적이다. 그는 일생 동안 시를 통해서 자신의 의식을 수련하고, 구체적 삶과 이상을 형상화하느라 고투한다. 그러므로 중견 시인에게 시란 자신의 청춘기를 돌아보는 추억의 사진첩이다. 그 시절에 그는 세상의 불의와 사람들의 부정에 분노하느라 숱한 밤을 지새웠다. 시인은 자신의 삶을 압도하는 청춘의 무게가 견디기 힘들어서 배회했던 정신적 방황을 시에 투영하였다. 그의 시편에서 서슬 푸른 청년의 감수성이 도처에 산재하고, 질척거리는 욕망의 늪에 빠진 자의 허우적거림을 쉬 볼 수 있는 것도, 결국 젊어서 생겨난 자연발생적인 실존적 외로움이다. 하지만 그가 나이를 먹게 되면, 자신도 모르게 녹 슨 청동거울을 닦는 심정으로 젊어서 괴로웠던 시절을 위로하게 된다. 누구나 피해갈 수 없는 철리 앞에서 시인은 순한 양이 되고, 남들보다 먼저 철들어 자연의 이법을 시화한다.

2

　시력 30년의 김동수도 예외가 아니다. 그는 2012년에 펴낸 시집 『말하는 나무』(불교문예)에서 "이제 온 힘 다해 살지 않기로 한다"(「나이를 먹는다는 것」)고 선언하여 물리적 나이 먹음을 순순히 받아들인다. 그는 "그 어디에도 매이지 않아"(「무심 2」)도 되는 삶의 진정한 의미를 깨우치는 경지에 도달한 자신의 인식론적 단계를 작품에 반영한다. 그것은 자연의 이치를 몸으로 실천하는 삶을 가리키기에, 젊은 날의 역린 같은 행위는 찾아볼 수 없다. 제1시집 『하나의 창을 위하여』를 펴내는 발간사에서 "여기에 수록된 60여 편의 시들은 20세 미만이었던 대학 시절부터 40세를 넘어 선 오늘에 이르기까지 내 삶의 고뇌와 우수 그리고 이를 극복해 보고자 간절히 기구하고 몸부림쳐 온 뜨거운 내 삶의 족적들이다"(「엮고 나서」)고 고백한 바를 불러오면, 그가 '나이를 먹는다는 것'에 대하여 자각한 바가 여간 아닌 줄 알게 된다.

> 가장 고요한 때에만
> 들려 오는 소리가 있어
> 문 밖에서 조용히
> 날 부르는 그림자가 있어
> 벌레처럼 긴 밤을
> 뒤척이곤 한다.
>
> 우리는 어디에서 와
> 어디로 가는 걸까
>
> 심원도 알 수 없는
> 먼 곳에서
> 허기진 영혼을 적셔주는
> 추억의 가랑비처럼
> 이 밤도
> 뜻 모를 설레임에 뒤척이노니
> ─「그림자의 노래」 부분

젊은 시인의 오뇌가 잠을 이루지 못하도록 제어하는 줄 절로 느낄 수 있는 작품이다. 김동수에게 잠을 못 이루도록 방해하는 '날 부르는 그림자'는 '가장 고요한 때'마다 찾아온다, 그의 방문으로 밤은 '벌레처럼 긴 밤'이 되고, 시인은 벌레가 된다. 마치 프란츠 카프카의 『변신』을 연상시키는 이 장면만 보아도, 시인의 현실에 대한 불안의식과 자아의 치열한 대응전략이 섬세하게 모습을 드러낸다. 다만 그것은 '심원도 알 수 없는' 막막한 '뜻 모를 설레임'이어서 젊은 시인을 놔주지 않는다. 그러나 그의 삶을 억압하는 근심이란 누구도 규명하지 못한 인류사의 영원한 화두이다. 그러므로 '우리' 중의 누구도 "내가 어디에서 와 어디로 가고 있는지"(「젊은 도사」) 마땅한 답을 내놓을 수 없다. 그것은 '벌레처럼 긴 밤'이라는 시간적 배경에 놓인 '허기진 영혼'의 '뜻 모를 설레임'을 재촉할 뿐이다. 김동수가 밤마다 잠 못 이루고 허기진 것은 그로부터 비롯되었다.

이에 김동수는 밤을 휴식의 시간으로 만들기 위하여 궁구한다. 그것은 "어두워 고단해진 그림자"(「풍경」)를 집으로 데리고 가서 같이 자는 것으로 습관화되었다. 자신을 구속하고 자극하여 불면하도록 부추기는 '그림자'를 일상으로 받아들이자, 종전까지 "잠이 오지 않는 밤"(「너에게 가는 길」)은 한낮의 부산했던 일상이 쉼을 선택하는 밤의 일부분이 되어 어둠 속으로 산화되고 만다. 그 대신에 그는 밤을 기다림의 시간으로 치환한다. 이것은 "어디쯤 하얗게 돌아오실"(「청개구리의 추억」) 어머니를 기다리느라 지쳐 칭얼대는 동생을 재우는 와중에 얻어진 외로움에서 말미암은 것이다. 그에게 동생의 건사는 "벗을 수 없는 한 짐의 슬픔"(「비 오는 밤이 오면」)이었다. 그처럼 지리산으로 유명한 남원 출신의 김동수에게 유년기를 장악했던 외로움은 산처럼 든든하고 튼튼했다.

    천 년 세한풍에
    금이 가고 흔들리다가도

    제 무게의 깊이로
    가라앉은 산

    아픈 세월을 갈아
    긴 그림자를 가리우고

밤새 몸살을 앓다가도
아침이면
먼동을 맞이 하는 산
　　―「산」 부분

　인용시를 볼 양이면, 김동수의 초기시에서부터 줄곧 출현하는 '그림자'가 어김없이 나타난 줄 볼 수 있다. 하지만 이전과 다르게 위의 '그림자'는 시인의 것이 아니라 산의 것이다. 외형으로는 산이지만 실제로는 자신의 은유라고 해도 무방한 산은 '아픈 세월을 갈아' 속으로 쟁일 줄 안다. 산은 '밤새 몸살을 앓다가도' 아침이면 '먼동을 맞이'하여 그림자를 가리운다. 젊은 날처럼 슬프다고 밤 내내 낑낑거리고 뒤척거리는 것이 아니라, 어느덧 '제 무게의 깊이'를 알아차릴 정도로 시인은 내적 성숙을 이룬 것이다. 이때 그는 지리산에서 "산처럼 든든한 얼굴"(「장승」)을 발견한다. 마치 큰 바위 얼굴처럼 김동수는 자신의 탯줄을 묻었던 지리산이 가르쳐준 섭리를 깨달을 만치 나이가 든 것이다. 그로부터 김동수에게 나이를 먹는 것은 "나를 꺼내 말리는 일"(「나이를 먹는다는 것」)이 되어 "쏘아대고 부딪고 울부짖음"(「바람의 노래」)의 비망록을 펴서 '말리는 일'에 나선다. 그가 말림을 계속하여 "지울 수 없는 우리들의 얼굴"(「표정」)이 역사를 구성하는 인자인 줄 깨닫게 되자, 그에게는 세상의 쇄말적인 소사들조차 소중하게 보인다.

내가 집을 비운 사이
거미가 집을 지었다
우리 집 마당은 더욱 가벼워져
바람을 불러들였나
햇살이 고루 들고나고
서재 안에 갇혀 있던 컴도
집 뒤안 툇마루로 나와
감나무 그늘을 덮고 잠이 들었다
내가 문을 걸어 잠그고

> 낯선 곳을 기웃거리고 다니는 동안
> 구석에 밀려 있던 먼지들도
> 제자리로 나와 한낮을 즐기고 있다
> 문(門)간에 풀(木)도 한 두 포기 돋고 있다
> ─「한가(閑暇)」 전문

젊은 시절의 시인이라면, 나들이에서 돌아올 때마다 빈 집에 쌓이는 먼지를 탓했을 터이다 그렇지만 이 즈음의 시인은 헝클어진 집안의 질서조차 불평하지 않고 그대로 받아들인다. 그의 도저한 여유는 풀이 나무(木)처럼 자란 것조차 '한가'로 뜻매김하도록 이끌고 있다. 이처럼 태평한 마음은 물상이 존재론적 의미를 인정하는 순간에만 얻어진다. 시인은 먼지가 앉은 자리조차 '제자리'라고 선언하여 그의 '집'을 이루는 구성원으로 받아들이고 있다.

앞의 작품에서 보여준 '한가'는 "비우고도 넉넉한"(「무심 1」) 경지에 다다른 그의 상태를 증명하기에 부족하지 않다. 그의 시작활동이 무르익을 대로 무르익었다는 결정적인 물증이 위 시편이다. 그의 시편이 지닌 강점은 먼지조차 한낮을 즐길 줄 아는 소요의 시학에 있다. 그만치 김동수는 시적 자재로움 속에서도 '제자리'를 잊지 않는 경지에 올라섰다. 이와 함께 아래의 작품은 김동수의 시와 시론을 명증하게 드러낸 작품이라서 주목을 요한다.

> 차를 마신다
> 내 몸과 따뜻하게 하나가 된다
> 싸늘한 아침 공기가 방안을 엿보고 있다
> 저도 한 잔의 차가 그리웠던지
> 슬금슬금 문틈으로 기어든다
> 찻잔의 온기들이 자리를 조금씩 내어주자
> 미안한 낯빛으로 다가와서 앉는다
> 먼저 와 있던 두 손들이 그를 감싸
> 차와 나, 창밖의 것들이 하나가 된다

천천히 밝아오는 아침, 눈부시다
—「차 한 잔」 전문

　김동수가 자신의 시를 가리켜 "전일성을 꿈꾸는 인간 본연의 그리움"(「시인의 말」)이라고 규정한 바를 떠올리면, 위의 작품이 지닌 의미는 각별해진다. 어느 날 차를 마시다가 시인은 우주와 하나가 된 체험을 느낀다. 시인이 '차와 나, 창밖의 것들이 하나가 된다'는 사실에 전율하니, 희부옇게 밝아오는 여명조차 '눈부시다'. 그의 눈부신 성취는 시작에 나선 1982년부터 줄기차게 연마했던 시력의 당연한 결과물이다. 이제 김동수는 "저 우주의 푸른 힘"(「무덤」)을 온몸으로 체감하고 있다. 그리하여 그의 시에서 "골짜기를 덮던 가슴(「가을 숲」)을 헤친 모습이 기다려진다. 아마 앞으로 그는 위의 시편에서 획득한 '전일성'을 발휘하여 "학처럼 솟은 말간 아침"(「아침 經 2」)을 즐겨 노래할 터이다.
　이 시로 김동수는 '인간 본연의 그리움'으로 승화시킨 '전일성'을 구현하고, 겸하여 시적 보편성을 확보하게 되었다. 그 구체적 증거를 들자면, 젊은 시인이라면 여지없이 '그림자'로 표현되었을 '싸늘한 아침 공기'가 이 시에 이르러 제 모습을 감추지 않고 그대로 드러났다는 사실이다. 젊은 날의 시인이 시간에 구속당한 채 고뇌했다면, 이제 '한가'한 시간을 주체적으로 경영한다. 그 차이가 연치의 다소에서 비롯된 것은 마땅하나, 김동수의 시적 사유가 응숭깊어진 결과라고 봐야 맞다.
　또 앞서 인용했던 「산」에서 시인은 밤새 몸살을 앓고 그것을 가린 채 먼동을 맞았으나, 인용 작품에 달해서는 '천천히 밝아오는 아침, 눈부시다'에서 확인할 수 있는 것처럼 번민의 기미조차 가신 아침을 맞는다. 이처럼 김동수의 시는 세월의 흐름 속에서 시인의 눈디를 작품에 제화하고 있다. 그것은 일생의 시적 주제였던 '전일성'을 목표로 일관한 그의 실천적 노력이 낳은 것이다. 그의 첫 시집부터 눈여겨 읽은 이라면, 이런 발전에 당연하다는 반응을 보이리라. 시인이라면 모름지기 이 경지에 달하기를 손꼽아

기도할 터이다.

3

　지금까지 김동수는 "나의 시는 내 영혼의 사당"(「詩」)이라는 신념으로 '전일성'의 시를 추구해 왔다. 시단에 데뷔한 초기에 그는 젊은이의 열정과 고뇌 그리고 내면의 갈등을 소화하느라 분주하였다. 이 시기를 가리켜 그는 '춥고 배고픔'이라고 칭했거니와, 그것은 청년기를 거치는 동안에 당면할 수밖에 없었던 온갖 존재론적 상황에서 비롯된 것이다. 밤마다 잠을 못 이루게 김동수를 고통스럽게 압박했던 지난 시절은 "낮잠 위로 날아가 버린 푸른 계절"(「낮잠」)이었다. 하지만 시일이 경과한 요즈음에는 그를 곤혹스럽게 만들었던 과거의 갖은 요인들이 시작품의 숙성 과정에 개입하여 현재시제로 전환됨으로써, 작품에 서정성을 획득하도록 도와주고 있다.
　김동수가 요새 들어 부쩍 하심의 시학을 보여주는 것은 결국 시제의 변환으로 말미암은 것이다. 그것은 어린 시절을 '푸른 계절'로 채색할 정도로 여유를 갖게 된 만만찮은 시력을 뒷심으로 보유하고 있다. 줄여서 말하면, 그의 시세계를 칠하고 있는 '푸른'색은 예나 지금이나 변함이 없으나, 그것을 '힘'으로 활용할 줄 알게 된 것은 지리산의 생존법을 시와 일상에 차용하여 얻어진 것이다. 그로서 그의 시에서 '춥고 배고픔'이 사라지는 대신, 그 자리에는 젊어서부터 꿈꾸어 왔던 '전일성'이 육화되었다.(『월간문학』, 2016. 10)

제7부 시집평

여행을 통한 자기 성찰
-김철모 시집 『꽃샘추위에도 꽃은 피고』 해설

1

　시인은 듣는 사람이다. 고대 아람어의 기원을 찾아보지 않더라도, 그는 우주의 소리에 귀 기울이는 사람이다. 천자문의 우(宇)와 주(宙)는 '집'과 '집'을 가리키는 것이 아니라, 시간과 공간을 의미한다. 그러므로 시인이 듣는 것은 저 무수한 시간과 광활한 공간의 소리이다. 여기서 시간은 전생-현생-후생으로 이어져서 반복되는 동양의 순환론적인 시간이지, 서양에서 통하는 과거-현재-미래의 직선적 시간이 아니다. 동양 사람들이 우주의 시간 속에서 '집'과 '집'을 이어주는 빌미를 찾아 우주의 섭리에 순종하게 된 속사정이다. 그가 시간의 순환에 자발적으로 참여하는 이유인즉, 온전히 세상의 제반 현상을 경청하는 고질에서 추량할 수 있다. 고인들은 어려서부터 사람이 시간과 공간 속에서 실재화되는 존재인 줄 알았기에 우주의 소리에 귀를 기울였다. 그들이 어린이들에게 『천자문』을 외우게 한 것은 한사코 순리를 강조하고, 자연에 순응하며, 남의 말을 잘 듣는 사람으로 자라기를 바라는 가르침에 기반해 있다. 그의 경청법 중에서 여행은 세상사를 목도하고 체험하기에 안성맞춤이다.

　김철모 시인은 여행을 좋아한다. 그가 이 시집에 "여행을 다니면서 느낀 자연의 감정과 현상들, 거스를 수 없는 시간의 흐름들, 사랑하는 가족과 고향 이야기 그리고 필자 자신의 부족한 믿음을 고백"한 총합 86편의 시를 수록한 것만 보아도 여행 취미를 단박에 알아차릴 수 있다. 다들 알다시피, 그는 지금까지 "비정상이 정상으로 되는 날"(「비정상에서 정상으로」)을 기대하며 고위 공직에 종사 중이다. 그처럼 바쁜 직장생활을 영위하면서도, 김철모는 틈나는 대로 국내외를 돌아다니며 견문을 넓히고, 공직의 고단한 노독을 풀며 재생의 에너지를 보충한다. 여행은 그에게 삶의 동반자인 셈이다.

2

　사람은 여행하는 동물이다. 사람의 방랑벽은 타고난 것이어서 대를 이어 계승된다. 만일 사람들이 여행하지 않고 한곳에 머물기만 한다면, 그야말로 세상을 살아가는 몰골이 말이 아닐 것이다. 여행이라도 하니 사람이 비로소 사람노릇을 하는지 모른다. 이런 측면에서 여행은 성찰하는 자의 몫이다. 그는 자신이 태를 묻은 곳과 다른 곳을 돌아다니는 도중에 다른 이들의 삶을 목도한다. 그는 삶에 편차가 있다는 것도 알게 되고, 급기야 다름이 모여 세상이라는 하나의 유기체를 구성한다는 깨달음도 얻게 된다. 그런 줄 아는 자는 여행을 쉬지 않는다. 서양의 어느 비평가가 말한 바와 같이, 길이 끝나자마자 여행은 시작되었다! 혹은 여행이 끝나자마자 길은 시작되었다. 사람의 여행은 그처럼 끝이 보이지 않는다.
　김철모는 2007년 데뷔 이래 여행을 통해서 "푸른 생(生)과 사(死) 사이"(「가을의 길목」)를 가늠한다. 그는 수시로 이곳저곳의 "보이지 않는 봄"(「꽃샘추위에도 꽃은 피고」)을 찾아다니며, 이리저리 걸어서 "내차게도 솟아오른 새움"(「완산칠봉의 봄 1」)도 찾아내고, 방방곡곡 움직이며 "기다려주지 않는 꿈"(「향적봉 봄맞이 2」)을 찾아 헤맨다. 그의 발길은 "작은 마을부터 거대한 도시"(「카파토키아」)까지 이르지 않은 곳이 없어서 가히 순례자를 닮았다. 중국의 두보가 국토를 주유하며 세파와 인정의 결을 노래했듯이, 김철모는 삼천리 여행을 통해서 "자연의 섭리를 잊고 살아가는 우리"(「향적봉의 봄맞이 1」)들의 어리석음을 꾸짖는다. 그것도 자신의 잘못을 책망하여 상대로 하여금 자신의 우를 깨닫게 만드는 고도의 수법이

다. 그러하기에 김철모의 시편에는 여행도 삶이요 시며, 인생이요 가르침
이다.

   계절의 뒷걸음질인가
   겨울이 벌써 다가섬인가
   모악산 산 봉오리
   화사한 봄옷차림에
   밤새 새치머리 만발은 웬일인가
    ―「4월 속의 겨울」 부분

 인용시처럼 시인은 계절의 바뀜 속에서 인생무상을 느낀다. 그가 여행을 즐기는 이유가 인생의 철리를 깨닫기 위한 간절한 바람에 있다는 증좌이다. 그는 속으로 '모악산 산 봉오리'에서 "어김없이 솟아오르는 그 태동의 용트림"(「외도의 봄꽃」)을 보고 싶었지만, 무심한 계절은 "봄소식 물고 온 개울물 기침소리"(「산수유마을 3」) 대신에 산 능성이마다 희끗희끗한 겨울을 장만해 두었다. 시편의 '밤새 새치머리 만발'이라는 표현이 그것이다. 이 값나가는 구절을 통해서 시인은 모악산의 겨울눈과 자신의 머리에 난 새치를 등가시킨다. 전혀 어울리지 않는 이질적인 물질이 시인의 과도한 상상력에 의해서 등가물로 변환된 것이다. 이처럼 김철모의 시적 상상력은 여행을 통한 자연 탐구로부터 비롯된다. 그가 시간이 날 적마다 카메라 셔터를 누르는 것도, 결국 자연에 대한 탐구욕에 다름 아닐 터이다.

   제천을 떠나
   단양과 영주, 태백과 영월을 거쳐
   다시 제천으로 돌아오는 순환열차

   농사 준비하는 아버지를 보았고
   밭두렁 앉아 쑥 캐는 어머니를 보았고
   까까머리 중학생 때
   서울로 수학여행 가는 기차소리를 들었다

달리는 열차의 승강구에 매달려
스치는 바람에 새로운 세상을 꿈꾸었고
　　―「중부 내륙 순환열차 1」 부분

　기차는 근대의 산물이다. 사람들은 영국의 리버풀과 맨체스터 사이에 기차가 달리는 순간부터 시간의 노예가 되고 말았다. 기차가 늘 이롭기만 한 것은 아닌 셈이다. 기차는 전세계 사람들에게 제 속도처럼 빠르게 속도전을 주입시켰으며, 사람들의 왼손목마다 시계를 차서 시간에 차압된 자신의 처지를 내외에게 인증받도록 강요했다. 그로부터 시간은 사람들의 구체적 일상마저 구획하고, 사람들의 육체를 계획적인 내일을 준비하도록 훈육하는 수단으로 쓰였다. 기차가 포획한 이승의 시간은 태생부터 제국주의적이며 전진적이고 일방적이다. 시간은 기차에 장악된 이후로 이 세상 사람들에게 선조적 시간관을 삶의 가치관으로 상시 지닐 것을 명령하였다. 그로부터 동양 사람들의 시간은 서양식 시간 일색으로 바뀌고 말았다.
　기차는 이곳과 저곳을 이어주며, 그곳과 이곳을 갈라놓는다. 기차가 공간을 결정하며 지나가는 곳마다 소리를 남기고 세상 사람들을 호출한다. 기차는 "인간의 한계를 측정하고서야 이르는 곳"(「천문산(天門山)」)에 사람들을 데려다 주기도 한다. 기차는 "봄을 맞으러 찾은 사람들"(「순천만의 봄」)에게 '농사 준비하는 아버지'와 '밭두렁 앉아 쑥 캐는 어머니'를 보여준다. 이처럼 김철모는 '중부 내륙 순환열차'를 타고 여행 중에도 가족을 별견하는 습벽을 갖고 있다. 그 동기야 대부분의 여행을 동부인한 탓에 그럴 수도 있으나, 한국인들에게 누천년 동안 전해 내려오는 가족을 중시하는 가풍에 기인한다고 보아야 할 터이다. 사람들 중에는 이것을 유가의 풍습인 양 호도하지만, 아주 오랜 옛날부터 한국 사람들은 가문을 중요시하였다. 그 풍속은 지금까지도 유유히 전해져 오고 있다. 이 점에서 김철모는 영낙없이 전통적 혹은 보수적 체질을 드러낸다. 그는 만해가 머물렀던 설악산 백담사를 찾아가는 길에 본 돌탑을 보고 "어머니의 정성"(「백담사 가는 길 4」)을 헤아리거나, 또 육지와 다리로 이어진 소록도의 바닷물 소리에서 "보고픈 자식 소식"(「소록도의 봄 2」)을 듣기도 한다.

    자리 잡고 누워 계신지 어언 10년
    사시사철 서당봉과 지내며
    그토록 무더운 날에
    물 한 모금으로 밭 매시던 어머니
    질리지도 않는지
    아직도 어머니는 아무 말이 없으시다

    지금도 치매로 잃은 말문을
    열지 못하고 계신 것인지

    금방이라도
    방문 열고 손 내밀며
    막내아들 부를 것만 같은
    빨간 대문 고향집
        ―「떠나신지 10년」 부분

  세상의 아들들이 어머니를 그리워하는 것은 별다른 의미를 획득하지 못한다. 왜냐하면 어머니란 편재적이어서 특정 시인이나 아들만 누릴 수 있는 호사가 아니기 때문이다. 그러므로 이 세상의 시인들이 노래하는 사모곡은 읽어봐야 거기서 거기일 뿐이다. 그처럼 어머니란 존재는 세상의 모든 아들들에게 무너짐 없고 가없는 헌신적인 존재이다. 어머니가 지닌 의미하중은 하도 무거워서 신사임당 같은 부인을 얻는다고 해도 가벼워지지 않는다. 차라리 그녀가 함의하고 있는 사랑의 무게는 우주의 그것만큼이나 무겁다고 해야 옳으리라. 그런 점에서 모정을 노래하려면 남과 다른 그리움의 깊이를 증명하지 않으면 안 된다.
  김철모 시인도 여느 아들들처럼 어머니를 잊지 못한다. 그가 "딱딱하게 굳은 손마디"(「가슴속 어머니」)의 어머니를 그리워하는 것은 막내로 태어난 자신에게 각별했던 사랑을 기억하기 때문이다. 그는 어머니의 사랑을 받을 줄만 알았던 철없는 '막내'아들이었으므로, 어머니의 빈자리가 더 돋아 보이는 줄 안다. 언제까지나 자신의 뒤에서 후원해주고, 앞에서 인도해줄 줄 알았던 어머니는 벌써 '10년' 전에 돌아가셨다. 이미 "내일 모레 육십줄"(「강산이 세 번 바뀌고」)에 들어선 막둥이로서는 불효에 눈물 흘릴 수밖에 없는 것이다. 더욱이 어머니가 '치매로 잃은 말문' 때문에 자신과 의사소통조차 다하지 못한 사실은 그로 하여금 "마음껏 희생하는 그 사랑"(「해바라기 사랑」)을 기리는 일 외에 달리 할 것이 없다는 사실에 절망한다.

세상에서 말하고 싶은 자의 말 못하는 서러움이야말로 지극한 고통일 터. 그렇기에 막내자식은 명의도 해결하지 못하는 치매라는 몹쓸병에 걸려서 평생 동안 '물 한 모금으로 밥 매시던 어머니'의 최후를 상기하면 가슴이 먹먹해질 수밖에 없다. 그렇지만 어머니는 마르지 않는 사랑으로 되살아나서 '빨간 대문 고향집'에서 막내아들의 귀가를 반겨준다. 그녀가 버선발로 뛰어나오며 아들을 부르는 소리야 자식이 듣고 싶은 욕망이 낳은 환청일 터이나, 막내는 여일한 어머니의 소리를 통해서 어린 시절로 되돌아갈 수 있다. 곧, 시인이 어머니를 기리는 것은 원시적 평화의 세계를 향한 내밀한 의지의 에두른 표현이다. 그의 가족사랑은 유달라서 「고생길 나선 아이 2」, 「자식의 출가 2」, 「자식의 출가 3」 등에서 "모진 애비의 정"(「자식의 출가 2」)으로 변주되어 속출한다.

3

앞서 살펴본 바와 같이, 김철모는 여행을 통해서 시저 감정을 순화한다. 그가 틈날 때마다 떠나는 여행이 시적 연원인 셈이다. 그의 여행시편들이 다른 이들의 것과 다른 점은 생의 성찰을 단행한다는 데 있다. 그는 여행을 하는 동안에 발견한 자연의 이치를 통해서 반복되는 일상이나 지루한 직장생활의 애환을 치유한다. 그가 자신을 한없이 낮추어 자연에게 다가가서 찾아내는 우주의 이법들은 여행이 아니고서는 얻어지지 못하는 것들이다. 사정이 이러할진대, 그의 시작품에서 여행이 차지하는 비중이 다소 높다손 큰 허물은 아니다.

바쁜 공직생활 중에도 김철모 시인은 시심을 잃지 않고 계속하여 시작업을 하고 있다. 그의 지위나 사회활동으로 보아서는 좀처럼 내기 힘든 자투리시간일 텐데, 한시도 한눈팔지 않고 시작을 지속하고 있어서 믿음직하다. 앞으로도 그가 이번 제4시집에 그치지 말고 "다시 기억나지 않을 아름다운 추억"(「이 가을이 가기 전에」)을 좋아하는 카메라에 담고 시화하여 제5, 제6시집 등을 꾸준히 냄으로써 이 나라의 내노라 하는 중견시인의 반열에 오르기를 기대한다.

낭만파 사내의 늦은 '사랑' 고백
— 김무영 시집 『미완성까지』에 부쳐

1. 사랑의 문자화

친구 김무영이 시집을 내겠다고 전화를 걸어왔다. 평소에 안부를 묻는 것과 달리, 그의 목소리는 에움길을 도는 듯 쭈뼛거렸다. 전라도의 남과 북에서 태어나고 만나 서로 허교한 지가 40년이 넘은지라, 알만큼 안다고 자부하는 판에 '사랑'으로 가득한 시집을 내겠다고 말하는 것이다. 우리는 험악한 시절에 만났다. 대머리가 선배에게 배운 대로 권총을 차고 헌법을 유린하여 정권을 찬탈하던 때, 둘은 앞길이 구만리 같은 대학생이었다. 처음 만났을 때, 그는 껀정한 키를 내세워 상대를 압도하였다. 그러나 다부진 어깨에 얹어진 구수한 남도 사투리는 만나는 사람의 긴장을 풀어버리고도 남았다. 수인사 단계부터 그에게 호감을 아니 가질 수 없었다. 그 덕분에 우리는 떨어져 살고 있으면서도 마음을 주고받으며 우정을 쌓을 수 있었다. 우정은 그의 시집 출판에까지 이어져서 활자화되고 있는 중이다.

김무영의 말을 빌자면, 시집은 "살면서 느낀 감정을 감히 언어로 만들어 표현"(「시작의 변」)한 것이다. 하지만 사람이 살아가면서 느끼는 '감정'이 어디 하나둘이랴. 감정이란 사람들마다 갖고 있는 요물단지이다. 그것은 천성이 자유하고 버릇이 분방하여 좀체 종잡을 수 없다. 감정은 '언어'에 의하여 질서화될 수 있을 뿐이다. 언어는 불가처럼 불립문자로 표현되기도 하고, 언어학자의 건조한 기호로 구현되기도 한다. 종류는 다르나 시간을 통과해야만 결과된다는 점은 공통적이다. 더군다나 '살면서 느낀 감정'이니 살아온 시간만큼의 숙성 기간이 요구된다. 김무영은 그 시간을 용케 견뎌낸 것이다. 그러므로 이 시집의 행간에 켜켜이 은닉된 '감정'들은 시간의 도움으로 빚어진 '사랑'의 결을 선보이고 있다.

2. 사랑, 생의 바람난 흔적

  김무영의 시집은 '살면서 사랑하리', '느끼며 사랑하리', '슬퍼도 사랑하리', '또 다시 사랑하리' 그리고 '마주보며 사랑하리'의 다섯 매듭으로 묶여져 있다. 60을 넘어선 사내가 '사랑'이라니, 그것도 "시선만 남은 사랑"(「많이 아프지?」)에 목을 매는 것은 예삿일이 아니다. 그런데 시집을 꼼꼼하게 읽노라면, 그가 '사랑'에 애가 단 이유가 납득된다. 지금은 사상 유례가 없는 괴질이 발견되어 인류를 공포에 떨게 만들고 있다. 전쟁통도 아닌데 나라마다 죽어가는 이가 속출하고, 백신조차 제조되기 난망할 만큼 혼돈 상태이다. 이름하여 코로나사태에 직면한 인류는 하루빨리 종식되기를 간망하지만, 전문가들은 사람들이 내면화한 채 살아갈지 모른다는 절망섞인 전망을 내놓고 있다. 이런 판에 시집을 내는 김무영이 "아름다운 생은 마감되지 않을 거"(「펜데믹 스케치-그 후 이야기」)라는 희망어린 전언을 전하고자 '사랑'을 표나게 노래한 셈이다. 그것은 그가 시집의 앞머리에서 '코비드19 펜데믹 겨울에서 다음 여름까지'라고 적어 논 구절을 통해서도 헤아릴 수 있다. 그렇다면 김무영의 '사랑'이 '당신' 한 사람이 아니라, "아주 생소한 역사"(「펜데믹 스케치-먹는 일」)를 만들고 있는 '당신'들을 향한 헌사이기도 하다. 그렇다면 그의 '시선만 남은 사랑'은 늙어가는 길목에서 발견한 허무의 수사가 아닌 줄 알 수 있다.

  돌아보면, 인생은 찰나에 불과하다. 세상을 다 가질 수 있을 것 같던 청춘도 잠깐, 어느덧 "하루밤 머물고 가는 짧은 삶"(「우리들 눈물 속에」)인 줄 알고 나면 생은 내리막길로 접어든 뒤이다. 그처럼 사람은 어리석다.

그는 발버둥치며 살아온 생이 "바보 같은 몸짓"(「사랑해」)에 불과한 줄 뒤늦게 깨닫는다. 그래서 우리들은 늘 후회하고 만다. 앞서 간 현인들이 삶이란 수유라고 수차례 설파했건만, 사람들은 그처럼 단순한 진리마저 외면한 채 온 생을 낭비한다. 삶이 덧없어질 나이에 다다라서야 우리들은 미국 출신의 그룹 캔사스가 노래한 「Dust in the Wind」를 따라 부르고 있는 자신을 발견하게 된다. 본래무일물인 줄 아는 지라 원래부터 허무주의를 끼고 사는 축에 들어서인지 몰라도, 이 노래가 처음 나왔을 때부터 맘에 들어서 오나가나 흥얼거렸다.

　캔사스에는 한 번도 가보지 않았으나, 노래의 멜로디는 캔사스에 불어오는 바람의 결을 고스란히 보여주었다. 바람은 캔사스나 전라도를 가리지 않고 속이 빈 채 불어오는 속성을 지니고 있다. 이 노래를 들을 때마다 무릎에서 바람이 빠져나가는 듯 허전했던 이유인즉, 삶의 허무를 일찍 알아버린 사정에서 말미암았을 터이다. 비록 보지도 못한 팝그룹이지만, 그들의 노래 속에서 '하루밤 머물고 가는 짧은 삶'조차 그만두어야 하는 찰나에 당도하니, 바위덩어리보다 무거운 괴로움을 들고 날마다 찾던 히말라야시다 아래의 벤치에서 맞던 석양의 고독한 세례조차 바람결에 날리는 먼지처럼 덧없었다. 대학생의 예민한 감수성은 통째로 건조당하였고, 그로 말미암아 동시대에 대한 공감능력이 거세당하는 아픔을 겪었다. 그때 캔사스의 모랫바람이 불어와 인생이란 "참을 수 없는 존재의 가벼움" 때문에 힘든 줄 알려주었다.

　그리고 보면, 인생은 "처절한 외로움을 겪은 자"(「위로가 되는 하루」)가 쓰는 한 줄의 일기와 다르지 않다. 그가 통속적일지언정 '네 이웃을 사랑하라'고 가르치게 되는 것도, 결국 '처절한 외로움'으로 충만한 인생길에서 '사랑'만치 효과 빠른 진통제도 없는 줄 익히 알고 있기 때문이다. 그런지라, 그가 틈날 적마다 '사랑'을 노래한다고 해도 결코 낯설거나 진부하지 않아진다. 그와 같이 사람들에게는 그놈의 사랑이 늘 문제였다. 왜냐하면 사랑은 사람을 살아갈 수 있도록 이끄는 힘을 지니고 있기 때문이다. 사람은 사랑으로 만들어진 탓에 사랑을 갈구하는 원죄를 지니고 태어났다. 사람이라면 누구나 다 사랑하지 않으면 존재의 이유를 상실한다. 사랑은 소멸시효가 완성되지 않는 유일한 범인류적 범죄이고, 유통기한이 거세된 무이한 묘약이다. 사랑이야말로 선사 이후 인류가 창안한 최고선이기에, 사랑하지 않는 사람은 지구상에 존재할 자격이 없다.

> 사랑한다면
> 길에서 울지 않는다.
> 길에서 흘린 눈물은
> 뒤돌아서면 마르기 때문이다
>
> 터벅터벅 자기 가던 길 가면 된다
> 사랑이 끝나면
>
> 가슴 아픈 사람들이
> 꽤 많아졌다
>
> 사랑보다 미움이 많아졌다면
> 조금 떨어져 바라보자
> 더 이상 미움이 많은 세상은 멀리 보내자
>
> 사랑은 길에서 머물지 않는다
> ―「길가에 서서」 부분

한때 낙양의 지가를 올렸던 이제하의 소설 제목처럼, 나그네는 길에서도 쉬지 않는다. 그는 사랑의 환영을 찾아 길을 떠나왔기에 잠시도 쉴 수 없다. 하지만 진실한 사랑이 이미 떠나버린 마당에 사랑은 찾을 길 없고, 더 이상 이승에 존재하지 않기에 다시는 되찾을 수 없다. 그래도 그가 굳이 사랑을 찾으려고 몸부림치며 길에서 쉬지 않는 까닭은 사랑이 존재의 근거인 까닭이다. 비록 사랑이 화석화된 관념이라고 할지라도, 그는 발걸음을 재촉하여 길을 떠나지 않으면 안 된다. 마찬가지로 '사랑은 길에서 머물지 않는다'. 사랑은 '미움이 많은 세상'일수록 끽긴한 법이다. 김무영이 "미워하는 추억 프리즈마는 모두 지워라"(「카톡으로」)고 권유하는 이유인 즉, 사랑은 한 치의 미움조차 용납하지 않기 때문이다. 게다가 지금은 신문물의 창궐로 "침묵이 서로를 그립게 하는 소통"(「많이 아프지?」)으로 변모하고 말았다. 이런 판국에 사랑꾼 김무영이 '사랑'의 형질 변경을 아니 걱정할 리 만무하다.

　　유목인
　　그 자체가 되어
　　자유스러울 것 같았을 거야
　　우리 문명인들은

　　새로운 감옥인 줄 모르고
　　아름답게 갖힌 것도 모르고

　　서로 소통하자고 다짐하고
　　정말 좋은 소식 없어 초대하고
　　보이지 않는 시선을 의식하면서
　　세상 중심에 우리가 있다

　　우리 서로 아끼고 사랑하자
　　언어 속 비수를 감추면서

　　어둠속에도 더욱 성실하게 소통하자
　　누가 죽던지 상관 말고

　　함축되는 의미가 보장되는 외계어로 서로를 사랑하자
　　누구 심장 터지던지 생각말고

　　보살피지만 뜻깊은 댓글 예쁘게 달아주며
　　잔인한 부활 기쁨을 마련토록 해주자
　　　－「SNS」 부분

요즘 들어서 사랑이 위기에 몰려 있다. 여태 "보이지 않으면 잃어버린 것"(「익어가기 1」)이라는 기조를 발판으로 삼았던 사랑은 퇴색해 가고 있는 중이다. 사람들은 "힘들지만견디어온사랑/바보처럼아파온사랑/세상에살게한사랑/아파도참는사랑/너를위한사랑/간절한사랑/슬픈사랑/한사랑"(「사랑은 원래 하나였다」)을 사랑이라고 부르지 않는다. 그것은 주체를 힘들게 하고 괴롭게 하며 아프게 하므로 사랑이 아니다. 모름지기 사랑이라면 "당신이 사는 여기"(「저도 있어요」)에 존재하지 않으면 안 된다. 날마다 확인할 수 없으면 사랑이 아니고, 밤마다 재확인할 수 없다면 사랑이라고 부를 수 없는 세상이다. 사랑은 "처절한 외로움을 겪은 자"(「위로가 되는 하루」)의 그리움이 빚어낸 사리가 아니라, 반드시 "니가 이만큼 다가와서 나를 꽃처럼 맞아주면/나도 저만큼 달려가서 너를 빛처럼 안아주리"(「나도 그래」)로 설명될 수 있어야 한다. 이처럼 사랑은 본래의 모습을 잃어버리고 합리적 논리로 입력되도록 변질되어버렸다.

그것은 '새로운 감옥인 줄 모르고' SNS를 이용하는 사람들이 늘어나고 있어서 생겨난 것이다. 인터넷이 나와서 전인류를 '유목인'으로 만들더니, 잇따라 새로운 소통도구가 개발되어 사람들을 공중에서 이어준다. 사람들은 예전처럼 수줍은 인사 절차도 없이 안부를 왕래하고, 낯설어도 스스럼없이 정보를 나눈다. 마치 준비된 것처럼, 가상공간에서의 만남은 버릇인 양 익숙해졌다. 덩달아 만나지 않아도 되는 사랑이 발달하고 있다. 바야흐로 사랑의 낭만성이 거세되는 이즈음이다. 산업혁명이 성공하면서 장착되기 시작한 사랑의 낭만주의적 성질은 뭇사람들의 영혼을 온유하게 만들었을 뿐더러, 상대에 대한 연모를 간단없이 자극하여 오매불망하도록 부추기는 마법을 부렸다. 그때까지 사랑은 절대자에 대한 무조건적 복종으로부터 말미암는 줄 알았던 인류는 사랑이 추상적이지 않고 구체적이란 점을 깨달으면서 공동체의 구성원으로서 지녀야 할 덕목에 사랑을 추가하게 되었다. 그러나 전세계가 코로나 사태로 휩싸여버린 지금, 대면을 생리적 속성으로 삼는 사랑은 위태로운 국면에 처해 있다. 게다가 비대면의 메신저는 사랑마저 축약시켜버리고, '함축되는 의미가 보장되는 외계어'로 대체되는 마당이다.

특히 전세계적으로 보기 드물게 '국어기본법'(2005)을 제정하고, '국어'의 '진흥'에 법률이라는 강제적 수단을 동원하는 나라지만, 이 나라 안에는 제국주의자들의 글자(영어, 한자, 일본어) 등이 가로안내판부터 정부 정책까지 안 쓰이는 데가 없을 정도로 범람해 있다. 텔레비전은 보란 듯이 국어를 비틀어버리고, 도대체 알 수 없는 줄임말을 사용하여 나이 든 사람들을 시세와 동떨어진 사람을 분류해버린다. 그러다 보니 법률은 지키는 자가 바보가 되어버리고, 젊은이들은 또래들로부터 소외당하지 않으려고 '새로운 감옥'에 자청하여 갇히는 판국이다. 사람들은 하루라도 문자행위를 하지 않으면 살아 있는 줄 모른다.

김무영의 시집 『미완성까지』는 여느 시집과 달리, 편마다 음악이 1편씩 딸려 있어서 이채롭다. 그에 따르면, 작품의 말미에 부기된 음악은 "시를 한층 더 음미할 수 있도록 평소에 즐겨 듣던 음악을 골라 시 끝부분에 넣었"단다. 그렇다면 소개된 음악은 개인적 취향을 좇아서 선정되었을 터이다. 이쯤에서 그가 대학가요제에 나가서 입상할 정도로 빼어난 노래 실력을 갖추고 있었다는 사실을 떠올림직하다. 음악은 그뿐 아니라 청춘들이 시대의 우울을 견디는 해방구였다. 저마다 좋아하는 노래를 목 놓아 부르지 않으면 직성이 풀리지 않던 삼엄한 계절이었다. 그는 훤칠한 신장으로 근사한 품을 잡으며 시대와의 불화를 삭혔다. 그처럼 음악에 소질을 지닌 그가 내는 시집이니 만큼 애창곡들을 소개하는 자리를 마련한다손 탓할 일이 아니다. 외려 시가 노래로부터 갈라져 나왔다는 근원적 사실을 확인하면서 시작품의 정조와 노래의 분위기를 아우를 일이다.

　　잠들기 전
　　불 꺼진 창
　　너머에 달

아직은
떠난다는 생각은 없다

매일 아침
웃으며 일어나야 하기에

아직은
슬프다는 느낌은 없다

내일 저녁
행복을 담아야 하기에

붉어진 해
그리운 벗
눈감은 후
　-「창 너머 일상」 전문

　위 작품의 끝에는 1969년 말에 발표된 전설적 록 밴드 The King Crimson의 「Epitaph」이 '함께 듣는 음악'으로 부가되어 있다. 시적인 가사를 앞세워 록 음악의 지평을 열었던 그들의 등장은 한국의 억압된 정치상황과 맞물려 많은 이들의 반향을 불러일으켰다. 애청자들은 저마다 군부독재로 인한 암울한 정국을 원망하며 '묘비명'을 썼다. '묘비명' 에피타프는 비문을 뜻하는 그리스어의 에피그람마(epigramma)를 어원으로 삼은 경구(epigram)와 어의가 비슷하다. 그래서 비문은 망자의 행장을 짧게 요약하거나, 묘 주인의 인생관을 요약한다. 하기야 묘비에 주인의 이름이나 적으면 되지, 그 긴 생애를 다 적어서 무슨 소용이겠는가. 청춘들이 강고한 시대의 폭력 앞에서 자신의 무기력을 깨달을수록 에피타프는 에피그램이 되어 간다.
　더욱이 울어야 할 일이 두렵다거나 혼란이 나의 묘비명이 될 것이라는 비관 섞인 노래를 따라 청년들은 군사정권이 강압하는 불합리와 비민주성에 대한 분노를 작은 주먹으로 표출할 수밖에 없었다. 그런 전차로 인용작과 함께 들으라는 노래를 떠올릴 수 있는 사람은 "도망 간 월남댁 새끼들"(「가뭄」)을 걱정할 나이에 접어들었다. 말하자면, 그는 "겨울을 순순히 받아들이는 인생"(「우리들의 사계」)의 주인공이라 할만하다. 김무영의 추천사에서 '달콤쌉쏘롬한 초콜렛'의 맛을 감출 수 없는 사정이다.

> 마로니에 씨앗을 몇 알 주었다
>
> 이름만으로도 그리움을 갖는다
>
> 밥알같은 그리움이 큰 고목처럼 추억으로 남겼지만
>
> 마로니에 숲에서는 그리움을 지우자
>
> 다시는 잊어버린 것을 떠오르지 않게
> ―「마로니에」 전문

마로니에는 이국적인 수종이다. 종로에 식재된 마로니에는 대중가요의 가사로 편입되어 '사랑'의 여러 장면을 노래하는 소재가 되기도 했다. 얼굴에 주름진 이들에게는 서양종 가로수가 '밥알같은 그리움'을 데불고 오는 계기로 작용할 수 있는 순간이다. 씨앗은 마로니에의 사계가 응축된 결과물이다. 그러므로 김무영이 '이름만으로도 그리움을 갖는다'고 자랑할 만하다. 그가 '마로니에 숲에서는 그리움을 지우자'고 말하거나, '다시는 잊어버린 것을 떠오르지 않게' 그리움을 지운다손, 그것은 지워지지 않는다. 그리움이 그처럼 쉽게 지워질 수 있는 것이라면, 애초부터 생겨나지도 않았다. 그리움은 고무처럼 질기고 '큰 고목'처럼 늙어서 고집불통이다. 한번 당자의 가슴속에 일기 시작하면 걷잡을 수 없이 외연을 확대하고 깊이를 심화하는 몹쓸 성질을 갖고 있다.

그와 같이 그리움은 '밥알' 같아서 삼시마다 치밀어 올라서 주체하기 어렵다. 그리움은 일용할 양식과 같아서 마로니에 씨앗을 볼 때마다 그 숲에

두고 온 기억을 떠올리도록 강권한다. 그리움은 그처럼 계기가 주어지면 주체의 의지와는 달리 용솟음치는 '감정'의 산물이다. 이 감정을 다스리기 위해서는 언어의 힘에 의탁하여 시커먼 글자로 성문화하지 않으면 안 된다. 그 순간에 다다라야 마로니에가 '씨앗'으로 굳어진다. 김무영에게는 "살면서 이렇게 가슴이 나에게 말하는 것을 듣는 것"(「사랑해 사랑해」)이다. 마로니에 숲에서 비롯된 그리움이 씨앗으로 버무려져 그의 손에 들어올 때까지, 그리움은 "또 다른 세상으로 가야 할 문턱"(「약속 1」)에서 우리를 기다리고 있다. 이런 측면에서 『미완성까지』 속의 '사랑'은 오랜 시간의 터널을 통과하면서 곰삭은 '감정'의 흔적이 '언어'로 살아난 것이다. 시집의 편편마다 간직된 그의 저의를 세심하고 정밀하게 굽어보아야 할 근거이다.

3. 시, 은자의 여행기

평생을 몸담았던 교직에서 물러나는 즈음, 김무영의 뇌리에는 여러 가지 상념이 교차할 것이다. 특히 교육자들은 다른 직종에 종사한 이들과 달리 남다른 자의식으로 자신의 생을 반성하는 버릇이 있다. 그들은 직장을 "돈 버는 일 아닌 숙명이다"(「아침 직장」)고 여기는 탓에 엄격한 자기비판과 혹독한 자기검열로 생을 재단하려 든다. 하지만 대과없이 공직을 마감하는 이들은 모두 축복받아야 마땅하다. 1980년을 전후하여 벌어진 일련의 정치적 사태 속에서 대학을 다니느라 영육을 난자당한 김무영이고 보면, 출사한 몸을 거두는 마당에 상재한 시집이 각별할 터이다. 이제 그는 자잘한 규범으로 자신을 옭죄던 교직을 물러나거니와, 내일부터는 온갖 인연으로부터 자유로운 은자가 되어 맘껏 주유천하할 수 있다.

옛 사람들은 "큰 은자는 조정에 숨어들며, 보통 은자는 시정에 몸을 감추고, 작은 은자는 초야에 묻혀 산다(大隱隱於朝, 中隱隱於市, 小隱隱於

野)"고 말했다. 도연명이 울타리 아래서 국화를 꺾어 들고 남산을 바라본 것은 가장 작은 은자의 취할 짓이었고, 대부분의 은자는 거리에 살면서 은인자중하였다. 그 반면에 황종희(黃宗羲)는 백성이 귀할 뿐 군주는 아니라고 일갈하며 전제 정치의 폐해를 신랄하게 비판한 뒤, 자신의 신념을 펼 수 없는 현실을 개탄하고 화안산에 들어가 책을 쓰며 여생을 보냈다. 셋 다 은자의 표본일 따름이지, 선후나 우열을 가릴 게 아니다. 더욱이 모든 환경이 예와 다르지 않은 작금에서야 은자는 자신의 신념을 고수하며 살아가는 이라고 칭할 만하다.

　그러니 친구여! 장만옥의 물오른 연기가 화면에 넘실거리던 영화『화양연화』속에 나오는 "지금 사랑하는 자는 모두 청춘"(「화양연화」)이라던 대사처럼, 그대는 공직에서 은퇴하는 지금이야말로 '인생에서 가장 아름답고 행복한 순간'을 가리키는 '화양연화(花樣年華)'에 접어들었다. 부디 그대는 새롭게 내딛는 여정 속에서 마주치는 모든 사람들을 '사랑'으로 거두어들이고, 그들에게 베풀고 배운 '사랑'으로 미만해진 여로 위에서 "나의 슬픔을/등에 지는 자"(「나만 아프면 되지」)를 친구로 인정하는 인디언의 율법을 체현하기 바란다. 그것은 이순을 훌쩍 넘기기까지 고생한 그대의 생애를 위로하는 '사랑'이다. 따라서 지금부터 그대가 노래할 '사랑'이 그대에게 온전히 바쳐져서 한 권의 시집으로 헌정되기를 기대한다. 그것은 한 생을 후세교육에 봉직했던 그대를 위한 새로운 한 생의 송가이다.

장소애와 만인보의 혼화
―장성렬 시집 『파파실』평

1

평소 고향의 일이라면 발 벗고 나서는 장성렬 시인이 첫 시집 『파파실』(명성서림, 2021)을 냈다. 여느 시인들과 달리, 세상에 소문날까 걱정하며 고향 우체국의 소인을 찍어 보냈다. '파파실'은 그의 고향으로, 장수군 계북면에 있는 마을이름이다. 그가 사춘기 때부터 틈틈이 적어두었던 시작 노트를 꺼내어 깁고 꿰매느라고 자시를 쉽게 넘겼을 모습이 눈에 선하다. 여드름 날 때부터 썼던 습작들을 버리지 못하고 들춰보는 이라면, 분명히 이마에 서리가 내린 이일 터이다. 수십 년을 훌쩍 넘어서까지 그를 잡아끈 문학병이 요사스럽다. 장성렬처럼 순직한 이는 소년기부터 장년기까지 따라다니며 촐싹거린 문학이란 놈에게 뒷덜미를 잡히기 마련이다. 그처럼 문학은 사람의 마음을 숙주로 삼아 평생 동안 따라다니며 부아를 돋우고 속살을 간지럽히어 운발(雲髮)마저 성글게 만들어버린다.

장성렬이 시집의 앞자리에 얹어둔 서문은 시세계를 이해하는 데 긴요하다. 서문은 차례보다 앞자리에 놓여서 서열을 가리키는 '序文'이고, 글쓴이가 하고 싶은 바의 실마리를 알려주기에 '緖文'이다. 둘 다 본문보다 앞에 자리를 잡고서 장차 전개될 글의 인상을 좌우한다. 사람으로 치면 첫인상이나 진배없다. 그렇다면 서문이 차지한 위상이 생각보다 만만찮을 줄 알게 되어 송연해진다. 서문은 글을 자리나 무게, 더께로 판가름해서는 안 된다고 경고하고 있다. 이 점을 익히 알고 있는 장성렬은 시집의 서문에 얹은「시인의 말」을 통해서 서문의 중요성을 웅변한다. 즉, 그의 시세계가 궁금하다면, 서문을 재삼재사 읽어야 비밀의 문을 열 수 있는 것이다. 그 서문은 이렇다.

사람들 사는 모습은 다 비슷해서 파파실에도 다른 마을에서 흔히 볼 수 있는 지명들이 많다.
나무꾼들이 세 번을 쉬어야 집에 갈 수 있다는 세바탕골에 호랑이 닮은 바위가 있는 호랭이바우골 그리고 흔한 질마재와 노루고개도 있다. 양지뜰 음지뜰에 건너뜰까지 있고, 바위가 들어앉은 바우백이에 매우 작은 삭갓다랭이 그리고 추자나무거리와 왕밤나무거리도 있다. 마을이 생긴 지 150년이 넘었다는 지금도 그 이름들을 고스란히 간직하고 있다. 마을이 생긴지 150년이 넘었다는 지금도 그 이름들을 고스란히 간직하고 있다.
파파실 사람들은 파파실에서 태어나 파파실에서 살다가 파파실이 바라보이는 양지쪽에 무덤 하나씩을 만들어 누우면서도 끝내 파파실을 버리지 못했다. 춘성이 어머니도, 도식이 아버지와 선주 아버지도 그렇게 살다 가셨고, 새집 아저씨와 형구 형도 그렇게 살고 있다.

처음으로 펴내는 시집의 모두에 붙인 말치곤 산문적이다. 여느 시인의 처녀시집에는 "초야의 붉은 얼굴"(「장수사과 1」)처럼 수줍음과 처녀의 귀밑머리처럼 남사스러울 염려에 쭈뼛거리는 부끄러움이 행간에 수북하다. 그러나 장성렬은 대뜸 시집의 제호로 사용된 '파파실'의 역사, 지명, 사람 등을 호명하여 기대를 거스르고 만다. 그에게는 시인으로서의 개별적 서정보다는, 파파실 백성으로서의 집단적 정서가 중했던 것이다. 그의 "부끄럽기는 하나 어린 몸을 이만큼 길러주고 좁고 얕은 생각을 이렇게라도 키워준 파파실을 뒷배 삼아 오랫동안 만지작거리던 노래들을 모아 처녀시집이라는 이름으로 조심스럽게 세상에 내놓는다"(「시인의 말」)는 고백담은 『파파실』의 탯줄이 '파파실'에 있는 줄 알려준다. 그처럼 그가 시집에 허두에 붙인 서언은 시의 입구로 들어가는 열쇠이다.

2

　한국시에서 고향의식은 흔히 발견되어 심상하다. 더욱이 한국은 근대의 초입에서 외세에게 강점된 역사를 갖고 있는 탓에, 시인들의 고향에 대한 감정은 남달랐다. 그들에게 고향은 잃어버린 고국의 환유물이었고, 고향땅은 이상화의 싯구처럼 '빼앗긴 들'로 숱하게 호출되었다. 평소 글이나 끄적거리는 통에 무력한 집단으로 불리는 그들로서는 시를 통해서나마 고토회복 의지를 발양하는 것 외에 딱히 할 게 없었다. 그들의 고향 노래는 저마다 처한 사정에 따라 여러 층위로 갈라졌다. 그것이 다양할수록 고향시는 시대의 주요 경향으로 자리잡았고, 시인들은 그것을 시대상황에 맞는 당연지사로 여겼다. 그들의 번민 속에서 한국 시의 고향 담론이 생산된 것이다.

　이와 달리 장성렬의 고향 사랑은 사람에 대한 사랑이다. 그는 시집의 시작부터 끝까지 '파파실'이라는 고향마을에서 살았던 "하얀 무명베 같던 파파실 사람들"(「파파실—도식이 아버지」)을 불러낸다. 그들은 하나같이 가진 게 없어서 서러운 생을 살았다. 그들은 시인이 「시인의 말」에서 언급한 '춘성이 어머니', '도식이 아버지', '형구 형', '선주 아버지', '새집 아저씨' 등이다. 이들은 '파파실' 연작에 부제로 등장하여 시인의 창작 동기를 입증해 준다. 장성렬은 그들을 하나하나 호명함으로써 '파파실'로 들어가는 제의를 시작한다. 하나같이 가난하여 원통한 삶을 살아야 했던 그들을 해원하지 않는다면, 그는 "떠난 이들의 한숨"(「산수유 1」)까지 안아주고 있는 '파파실'로 들어갈 엄두조차 낼 수 없었다. 즉, 이 시집은 그들에게 바친 진혼곡이자 만인보이다.

　　　한여름 폭염 위에 무릎까지 쏟아 놓던 우박 앞에
　　　이웃들의 작은 희망들이 얼음처럼 굳어지던 날
　　　분연히 떨쳐 일어나
　　　차가운 관심과 딱딱한 제도를 녹여
　　　다시 일어서는 이웃들의 가냘픈 사리에

『전북시인론』

넉넉한 보상의 힘을 불어넣었고
　　세상이 변하고 사람이 변하는 모습을 미리 살피고
　　스스로 농민의 대표가 되어
　　부당한 제도와 싸늘한 소외를 걷어내자고
　　앞장서서 소매를 걸었다.
　　　―「파파실―형구 형」 부분

'형구 형'은 부잣집 도련님이다. 하지만 그는 '가난한 집 아이보다 더 가난하게' 살았다. 그는 '농민이 되어 고향과 함께 살겠다'고 도회지의 안락한 삶도 마다한 채 '농업대학'을 나왔다. 장성렬이 공을 들여 형상화한 '형구 형'의 실존 여부는 중요하지 않다. 다만 그가 '피와 뜨거움으로 넘치던 가슴'을 지닌 '겸손하고 넉넉한 웃음'의 소유자지만, '제도의 벽에 부딪혀 절망'하는 젊은이란 사실이 먼저다. 예나 지금이나 농투산이들은 '부당한 제도와 싸늘한 소외'로부터 벗어나지 못한다. 장래에도 그들은 '교묘한 정치의 횡포'에 휘둘릴 터이다. 이처럼 절망이 여전한 농촌에서 '형구 형'의 '흙 사랑 농민 사랑 계북면 사랑'은 "가망 없는 소망"(「늦은 만남」)에 지나지 않는다.

하지만 "궁궐보다 깊은 안방 높은 자리에 앉"(「괘종운명」)아 있는 이들이 "고바가지의 뼈저린 깨달음"(「고스톱의 미학」)을 얻을 때까지, '형구 형'의 시도는 계속되어야 한다. 외세에 기가 죽은 듯 보이는 녹두장군이었지만, 그의 형형한 눈빛이 지금도 살아서 민주정을 지켜주고 공동체를 지탱해주듯, '형구 형'의 '소망'은 언젠가 '가망'으로 실현될 것이다. 그날은 "냉과 온의 이념 대립과/상과 하의 계층간 갈등"(「반신욕」)이 해소된 대동세상이리라. 장성렬이 '파파실'에 살던 이들을 지속적으로 불러내는 것은 그날을 앞당기려다가 좌절한 이들의 소박한 진심을 세상에 알리려는 간절함에서 우러났다.

『파파실』에는 여러 지명이 속출한다. 예를 들면, 파장금항(「파장금항에서」), 참샘(「참샘」), 싸리재(「싸리재야, 네 등을 낮추어라」), 팽목항(「팽목항

만가」), 동엽령(「동엽령」), 동화호(「동화호」), 반추정(「반추정」) 등이다. 이
처럼 지명을 시제로 삼은 작품들 말고도, 작품 안에서 "고속도로 덕유산
휴게소"(「물류를 멈춰 세상을 바꿔 보자」)처럼 방향을 표시하는 역할을 수
행한 지명까지 숱하다. 지명은 시에 조연으로 출연하여 작품의 사실성을
더하고 감동이 배가되도록 돕는다. 물론 낯선 지명은 흙길의 돌부리마냥
나그네의 앞으로 나아가기를 훼방하기도 한다. 하지만 지명은 시인의 발이
지나간 흔적을 보증하므로, 시적 친밀성에 터하여 유대감을 갖도록 지원한
다. 시인들마다 지명을 동원하여 호응을 유도해내는 것은 결국 전략의 일
환이다. 장성렬도 지명의 잇점을 익히 알고 여러 시작품에서 두루 사용하
고 있다.

   동화호반 십리 벚꽃길
   꽃비가 내리는 날
   둑길을 따라 걷다 고개를 들면

   북으로 흐르는 대간 백두길에
   백운산이 구름 위에 떠 있고
   무룡궁 영취에서 새 길을 닦는
   금남호남정맥은
   우뚝 장안산을 세워 제 길을 재촉하는데

   상 하평 마을은
   천길 물속에 잠겨 옛날을 추억하고
   골짜기를 더듬어 내린
   지지 동화 다섯 동네 정다운 이야기를
   푸른 숲을 벗어나 쪽빛 물결로 넘실댄다
    ―「동화호」 부분

 장성렬의 시에서 보기 드물게 사람이 나오지 않는다. 시는 마치 카메라
의 시선처럼 원근을 천천히 교차하며 찬찬히 묘사되었다. 시인의 발길을

따라가노라면, 동화호는 장안산의 품안에서 상평마을과 하평마을을 수몰하여 끌어안고 있다. 이 시 안에는 '백운산', '장안산', '무룡궁', '상 하평 마을', '지지', '동화' 등의 지명이 연달아 등장하여 동화호를 감싼다. 마치 풍수론의 포란형처럼, 동화호는 두 산을 병풍처럼 두르고 '지지 동화의 다섯 동네 정다운 이야기'를 실타래로 감았다가 "열아홉 수줍음"(「홍시」)을 이기지 못하고 '물결'로 '넘실'거린다. 동화호의 "옷섶 터지게 부풀던 가슴"(「장수사과 1」)은 "점순이랑 가시내 몇"(「앨범을 들추다가」)의 "뿌리치고 싶지 않은 속삭임"(「진입금지구역」)에 넘어간 파동이다. 물결은 시인의 의식현상을 호수 위에 낙인한 흔적으로, 그에게 '제 길'을 가라고 재촉한다. 그 길 위에서 지명이 생성되는 바, 장성렬에게 지명은 '정다운 이야기'가 층층이 쌓인 세월의 더께이다. 이 점은 『파파실』을 읽어가는 도중에 빈번히 목도할 수 있다. 그의 시에 출현하는 인물은 한사코 어린 시절에 만났던 사람들이다. 그들과의 "부질없는 인연"(「물봉선」)이 "드러내고 싶지 않은 수많은 이유"(「늦은 만남」)를 지워가며 '파파실'로 향하게 했다.

그리고 보면, 장성렬에게 시쓰기란 "살며시 비켜서는 기억 한 줄기"(「목욕탕에서」)를 문자화하여 기록하는 것이다. 그가 '앨범을 들추다가' 찾아낸 이름들을 불러내거나, "풀리지 않을 멍 하나씩"(「파파실—선주 아버지」) 갖고 있는 '파파실' 사람들을 점호하듯 부르는 것을 보노라면, 시가 서사의 일종이라는 문학사적 사실을 목도할 수 있다. 아래에 든 작품도 장성렬 시인의 자서전적 글쓰기라고 분류할 수 있는데, 굳이 '기억 한 줄기'를 활자화하여 "절망처럼 앞을 막던 철벽의 야속함"(「인동초 사랑」)과 결별하겠다는 서약(書約/誓約)이다.

  강냉이죽 양동이 앞에서
  하얀 백기를 들고 투항하는 병사처럼
  연노랑마저 바래버린 국물을 담고
  생명처럼 받들던 사각 양은도시락
  갈 때나 올 때나 늘 빈 도시락

마시면 단숨도 필요 없을 멀건 죽그릇에
수저는 왜 필요했는지
뜀박질로 오가던 책보 속에선
순가락 소리가 숙명처럼 달그락거렸다

밀린 기성회비 50원이
첫 시간 국어책을 열기도 전에
비 오는 오리 길로
초라한 2학년을 내몰았다
가난한 이마를 타고 내린 빗물도
야윈 눈가를 지나면 눈물이 된다
후줄근한 얼굴에
원망 담아 바라보는 아이의 시선을 피해
애써 매정해 보는 아버지
"회비 땜이 왔냐? 정골에 모나 심으러 가자."
산골 다랑이 소작논으로 다시 떠밀려
손가락이 붓도록 자락논에 모를 심었다
작은 다랑논 빙빙 돌며 써레질을 하다가
논에 선 채로 담배를 피워 물고
물끄러미 바라보던 아버지의 눈길을
마주칠 자신은 없었다
옷핀에 찔려 풀어보지도 못한 책보퉁이 속
영이와 철수도 따라왔는지
종일 비 맞은 뻐꾸기 울음도
골짜기를 벗어나지 않았다
—「파파실—유년기의 꿈」 부분

장성렬의 시에는 "비어버린 배"(「명절 당직」)의 꼬르륵 소리가 들린다. 그와 동시대의 독자라면 이런 류의 시를 읽으며 '회비 땜이 왔냐? 정골에 모나 심으러 가자.'는 아버지의 무능한 쓸쓸함에 눈물을 훔치던 어릴 적 추억을 소환할 터이다. 그 시절에는 다들 그랬다고 자위하면서도, 그들은 왜 자기만 강제로 하교당하는지 씩씩거렸다. 일찍부터 알아버린 돈 없는 서러움은 그들을 서울로 공장으로 내쫓았지만, 그래도 그들은 '비 맞은 뻐꾸기 울음'조차 그리워하며 '점순이'랑 놀던 고향을 생각한다. 그들의 대책 없는 그리움은 '파파실'의 가난마저 '유년기의 꿈'으로 미화시킨다. 고향은 그들에게 지긋지긋한 아픔을 준 곳이지만, 동시에 성공하여 반드시 돌아오겠다는 다짐을 안겨준 곳이다. 그처럼 고향은 미움과 그리움으로 구성된다. 그런 감정은 장성렬에게도 동일하다.

장성렬이 "세월 흐를수록 마음속에서 또렷해지는 고향산천"(「파파실―선주 아버지」)을 첫 시집의 대상으로 삼은 이유인즉, 마음속에 켜켜이 쌓여 있는 고향에 대한 채무의식을 탕감하지 않고서는 두 번째 시집을 낼 수 없으리라고 진단했기 때문이다. 비록 학업을 위해 '파파실'을 떠났다가 "휘어짐 없이 앞만 바라보던"(「주차장에서」) 시절을 청산하고 귀향했으나, 돌아옴만으로는 출향의 미안함을 씻어낼 수 없었다. 이에 장성렬은 '파파실'을 시적 배경으로 삼고, 개별적 서정과 집단적 서사를 행마다 연마다 장치하였다. 그 덕에 힘입어 '파파실'은 한 시인의 물리적 고향으로 한정되었다가, '58년 개띠'들이 동질의 추억으로 회상하는 정서적 등가물로 승화되었다. '파파실'이란 곳이 글거리로 채택될수록 그와 동갑내기들은 등질감을 공유하게 되는 것이다. 이로서 '파파실'은 장성렬의 탯줄을 묻은 곳을 초월하여 한국인들의 보편적 고향으로 자리매김된다.

3

장성렬의 시집 『파파실』에는 고향 사람들의 서사화 말고도 "번뇌처럼 솟아난 잡초를 뽑던 어머니"(「빈 무덤」)를 향한 그리움이 도처에서 산견된다. 그가 사모곡을 부른 것은 한국의 자식들이라면 누구나 행하는 효행이다. 그가 "효도하는 마지막 세대/효도 받지 못하는 첫 세대"(「앨범을 들추다가」)라고 씁쓸한 심정을 표했을지라도, 어머니를 향한 애절한 사모의 정은 가시지 않는다. 그에게는 "눈부신 백발 고운 어머니"(「어머니, 아흔세 살」)야말로 존재이유이고 실존의 근거였다. 하지만 자식은 언젠가는 죄다

고아가 되는 법. 어머니가 명계로 거처를 옮기고 나면, 그제부터 아들에게는 소리소문도 없이 자신의 거소가 바뀌고 말 운명이 생존의 이유가 된다. 그처럼 어머니의 부재는 자식에게 인생이 "서둘러 내려가던 산바람"(「반추정」) 같은 것이라는 유훈을 선사한다.

　이제 장성렬은 번듯한 시집을 낸 어엿한 시인이다. 바야흐로 두 번째 시집을 상재할 준비에 착수하여야 한다. 첫 시집에서 '파파실'과 그곳 사람들의 시화에 몸 둘 바를 몰랐다면, 앞으로는 "쓰레받기에 거두어지던 외로움"(「J에게」)에 부르르 떨고, 또 "창틈에 짓눌린 사위어 간 달빛"(「갈등」)에 물들 일이다. 장성렬은 지금처럼 세상 사람들의 숨결도 들으면서, 자신의 사위에 포진한 고독이 자아내는 아름다운 소리결에 포박되는 황홀경에 빠지기를 바란다. 특히 고독은 그의 숫스러움과 어우러져 시 속에서 다양한 '외로움'의 스펙트럼을 보여줄 것이다. 그것은 그의 독실한 장소애와 혼화된 만인보의 협화음에서 나아가 심미적 수준에 도달할 수 있는 두름길이 되리라 기대한다.

전북시인론

인쇄 2022년 12월 5일
발행 2022년 12월 6일

지은이 최명표
발행인 서정환
발행처 신아출판사
주   소 전주시 완산구 공북1길 16(태평동)
전   화 (063) 275-4000
팩   스 (063) 274-3131
이메일 sina321@hanmail.net
출판등록 제465-1984-000004호
인쇄·제본 신아출판사

저작권자 ⓒ 2022, 최명표
이 책의 저작권은 저자에게 있습니다. 서면에 의한 저자의 허락없이 내용의 일부를 인용하거나 발췌하는 것을 금합니다.
COPYRIGHT ⓒ 2022, by Choi Myeong-pyo
All rights reserved including the rights of reproduction in whole or in part in any form.
저자와 협의, 인지는 생략합니다.
잘못된 책은 바꿔 드립니다.

ISBN 979-11-92557-68-7   03810

값 30,000원

Printed in KOREA